パール・ハーバー

恥辱から超大国へ

上

Pearl Harbor

Craig Nelson

クレイグ・ネルソン
平賀秀明◆訳

From Infamy *to* Greatness

白水社

1.
フランクリン・ローズヴェルト海軍次官は
1914年3月16日、
「ブルックリン海軍工廠」において
新造戦艦のキールが置かれる
様子を視察した。
進水後、同艦は「アリゾナ」と命名され、
その27年後、日本軍機による
攻撃を受けることになる。

3.南雲忠一海軍中将。
山本の計画にくり返し異を唱えていたが、
「第一航空艦隊」を率いて、
そのオアフ島攻撃を実施する立場となり、
しかも第三次攻撃を命じなかったとして、
以後ずっと臆病者のそしりを
受けることになる。

2.山本五十六海軍大将。
山本は連合国との戦いに
ひたはしる中央政府の動きに
公然と異を唱える一方、
やる場合はわが真珠湾奇襲攻撃案を
採用すべきであり、
それが容れられなければ、
「聯合艦隊」司令長官を辞めると
帝國海軍を内々に脅してもいた。

4.南雲機動部隊の標的にかんする
詳細情報を提供したのは、
ホノルル在住のスパイ、吉川猛夫だった。
かれが真珠湾偵察に利用した料亭「春潮楼」は
屋号を変えて、いまも営業をつづけている。

5.真珠湾攻撃のさい、在ハワイの陸海軍トップをつとめた司令官たち。
写真は1941年、ウォルター・ショート陸軍中将(左)、
ハズバンド・キンメル海軍大将(右)がイギリスのマウントバッテン卿(中央)と面会した時のもの。
ショート、キンメル両司令官は、ハワイの大失態の責任を負わされるが、
軍法会議にかけられることはなく、そのまま退役させられた。

6.コーデル・ハル米国務長官(中央)は、
日本の2人の外交特使、野村吉三郎と来栖三郎相手に定期的に会合をもち、
東京・ワシントン間でなんらかの合意をまとめようと努めた。
後年、ハルは国際連合の創設者としてノーベル平和賞を授与される一方、
“ダブル来栖《クルス》”——「ダブル・クロス(裏切り)」のもじり——はその後、
「背信行為」を意味するアメリカのスラングとなった。

7,8.真珠湾のような浅い海においては魚雷攻撃は不可能と信じるキンメル提督だったが、
電池駆動式の小型潜航艇をふくむ日本の先進技術はその思い込みを見事にひっくり返した。
写真の潜航艇は2人乗りで、当時、5隻計10人が出撃したが、うち9人が戦死。
唯一生き残った1人は、アメリカの「第二次世界大戦」における“捕虜第1号”となった。

9,10. オアフ島の奇襲攻撃に向け準備をととのえる日本の「第一航空艦隊」。
この航空機攻撃が画期的成功をおさめた結果、巨大戦艦の時代はおわりを告げ、空母時代がやってくる。航空母艦があれば、恐ろしく遠方まで大規模火力を投射できるからである。

11,12. 攻撃は午前7時48分に開始された。
30分もたたないうちに、
ヒッカム陸軍航空隊基地は瓦礫の山と化した。

13,14.［左上］日本軍のカメラが捉えた攻撃開始直後の光景。

後方で白煙があがるのは炎に包まれたヒッカム飛行場（左）。

水面に航跡をえがく魚雷、戦艦「ウェスト・ヴァージニア」から広がる衝撃波が確認できる。

［中央］フォード島に係留される戦艦群。艦名は左から右に次のとおり。

「ネヴァダ」。「アリゾナ」と外側に工作船「ヴェスタル」。

「テネシー」の外側に「ウェスト・ヴァージニア」。「メリーランド」の外側に「オクラホマ」。

すこし離れて給油艦「ニオウショー」と戦艦「カリフォルニア」。

２枚目の写真であがる水柱は、「オクラホマ」に魚雷が一発命中したところ。

15.炎上中のフォード島海軍航空基地。この攻撃により2403名のアメリカ人が亡くなった。

パール・ハーバー　恥辱から超大国へ◆上

Cover Photo/Stocktrek Images/Getty Images
1941年12月7日(現地時間)、日本の真珠湾攻撃により炎上する米戦艦「アリゾナ」

ビルに捧ぐ

パール・ハーバー　恥辱から超大国へ◆上

目次

下巻◆目次

一九六八年四月四日、米大統領選に立候補したロバート・ケネディは、インディアナ州の演説にのぞむ直前、マーティン・ルーサー・キング・ジュニア牧師が暗殺されたとの一報に接した。あまりの衝撃に涙をうかべる聴衆たちと、この知らせを分かち合ったあと、ロバート・ケネディは古代ギリシャの悲劇詩人、アイスキュロスの次の一節を引用した。

たとえ眠りの裡《うち》にあっても
忘れようのない痛みが
一滴また一滴と心に落ちようと
やがてわれわれ自身の絶望のなか
われわれの意志に抗うように
神の妙なる恩寵をもって
痛みは叡智へと変わるだろう

巨大戦艦と甲板砥石

はしがき

一九四〇年二月十三日、十八歳の誕生日まであと十三日というとき、サン・アントニオ高校のフットボール選手、ジェイムズ・ローソンはアメリカ合衆国海軍に志願した。当時、軍の最下層にいるものがそうであったように、かれの俸給は月額二一ドルにすぎなかったが、これに加えて朝昼晩の三食と寝る場所が手に入るのだから、大恐慌後の不況下にあえぐアメリカにあっては、なかなかの待遇といえた。陸海軍の規模は「第一次世界大戦」のピーク時に比べると相当に縮小され、それゆえ狭き門ではあったけれど、世間一般は水兵のことを総じて見下しており、イカのように役立たずな連中と、評判は散々だった。エレノア・ローズヴェルト大統領夫人はヴァージニア州ノーフォークを訪れたさい、市内の公園のあちこちに「水兵とイヌは芝生に入るべからず」との看板があることに触れ、「世界でいちばん清潔な肉体と邪な精神をもった人たち[1]」という辛辣なことばを、かれらに送ったほどである。

まずはサンディエゴで新兵訓練キャンプを終えたあと、ローソン二等水兵は補給船で太平洋を横切り、ハワイ諸島のオアフ島に向かい、一九四〇年五月、真珠湾――同島の深く切れ込んだ湾――内に入れ子のようにうかぶフォード島の「フォックス8」桟橋に降りたった。到着のその日、戦艦「アリゾナ」に向け舷梯をすすんだときの昂揚感を、かれは生涯忘れなかった。三万トンの浮かべる城はまさに威風堂々、あまりの衝撃に、ついうっかり敬礼を忘れてしまったほどである。「大きさに圧倒されたのだ。新米水兵はみんなそうだ。初めて舷門に向かうときは、まずは乗艦する許可を求め、艦尾の旗に一礼せよと、事前に叩きこまれるのだが、いざその時がくると、そんな教えなどたちまち忘れてしまうのだ(2)」と。

ローソンに与えられた最初の仕事は、文字どおりの肉体労働だった。ペンキを塗ったり、真鍮を磨いたり、モップをかけたり。中でもいちばんきついのは、〝聖なる石（ホーリーストーン）〟と通称される「甲板砥石」を用いたお化粧作業だった。軍艦の甲板はチーク材で張られていたが、アメリカ海軍はそれに徹底的に磨きをかけて光沢をだすテクニックを開発し、その道具に砂岩でできたレンガを用いた。レンガには穴がひとつ空けられ、そこにほうきの柄を突っ込んで、ごしごしやるのだ。磨き用のレンガには当初、廃墟となった教会のものが流用されたので、やがて作業そのものが「聖なる石」と呼ばれ、「聖なる石する」と動詞としても用いられた。艦隊勤務の最初の一年、ローソンの〝寝床〟は高さ六フィート（約一・八メートル）の空中にうかぶハンモックだった。これなら、狭い艦内でも「人がその下を通ることが可能(3)」なのだと、水兵仲間のガレン・バラードが当時をふり返っている。「いいあんばいに揺れるので、すっと眠りに落ちるのだが、いとも簡単に振り落とされたりした。……けっこう高さがあるんだぜ」

ローソンはほどなく厨房担当の司厨兵に出世——甲板砥石かけよりは、ジャガイモの皮むきのほうがなんぼか増しだった——し、さらにその数カ月後、第四分隊の三等砲術兵曹になった。かれは日々、艦尾でくらし、左舷後甲板の四番砲塔と第二カタパルト——偵察機の発艦に利用——を担当した。「［フロート］機はカタパルト上の滑走車に載っけられ、そのカタパルトの軌道にそって長いコードが延びていた。通常、機は左舷側から発進した。艦が転針し、風上に向けて進むと、やがて発艦という命令が届く。すかさず発射キーを入れる。拳銃を撃つのと同じ要領だ。五インチ・カートリッジ、基本的に火薬を満杯にした容器に、発艦メカが点火すると、爆発によって生じたガスが一気に放出され、機体を前方へと撃ちだす。すると偵察機は滑走車に載ったままカタパルトの端まで一気に吹っ飛び、先端部に到達したときには、機体はすでに離陸速度に達しているというわけだ。カタパルトをどの方角に向ければ最適か、訓練におさおさ怠りはなく、それゆえ艦を離れたとき、機は向かい風のなかへ、発艦姿勢の状態で送りだされる。偵察機が戻ってきたら、艦はたくみに転舵して、滑らかな水面を確保してやる。巨大な船体がそれなりに位置決めすると、一種の消波ブロックとなり、海の表面が着水可能なほど穏やかになるのだ。機が水面を滑走し、艦に近づいてくると、掌帆兵曹がクレーンを操り、機をひっかけ、まずは艦上にもどし、しかるのち、カタパルトに載せてやる[4]」

　レーダー装置は当時、本格導入される前だった。だから、まずは偵察機を送りだし、そいつが標的の座標を戦艦の発令所に送ってくる方式が採られていた。四番砲塔におけるローソンの役割は照準手《ポインター》なので、仰角の制御を担当し、その間、相方の旋回手《トレイナー》が水平方向の制御を担当する。彼らがあやつる三連装三五・六センチ主砲は仰角一五度で、一四〇〇ポンド徹甲弾を二〇マイル（約三二キロメートル）かなたに放出することができ……射程がこれだけあると、水平線のかなたにいる、目に見えない敵を叩くことも可能だった。「引き金をひくだけで、水平線の向こうの敵艦に、二五〇〇ないし三〇〇〇ポンドの榴弾を叩き込めた。考えるだけでゾクゾクした……砲塔内部にある発射キーを、自分が押すたびに、その巨大な砲弾がひゅーんとばかりに海上を二〇マイル飛んでいく。『さあ、トージョー（現場の班長たちは当時、日本人のことをそう呼んでいた）にもう一発だ』と考えたものだ。わが国の卓越した国力、卓越した艦船、卓越した大砲があれば、連中なんてイチコロだ」[5]と。

艦がこれほど大きいと、すべての人間の名前と顔が一致することはめったにない。現にローソンは、名前まで知っている人間がそれほどいないため、全員を「砲術員《ガンズ》」と十把一絡げに呼んでいた。ただ海軍側は、戦友意識を高めるメリットを十分認識していた。そのへんの機微について、戦艦「ノース・カロライナ」に乗っていたジョン・ランプレイはこう説明する。「こいつはどうだと、曹長どのが名前を挙げて砲術科の全員に示す。なんか気に入らないとか、あいつはどうもという人間がいると、仲間にまぜてもらえないのだ。だから無事、受け入れられたとき、そいつは選ばれし者の一部になったと感じるんだ」[6]。じつは自分は元々、東海岸、ニューヨークはブロンクスの生まれだった。そう語るクリント・ウェストブルックは、四番砲塔でローソンの脇を固める火薬係だった。かれは巻き上げ機を操作して、六〇ポンド入りの火薬袋や砲弾を、艦の奥深くにある弾薬庫から取りだし、防火ハッチが付いた小型昇降口をくぐらせ、砲塔まで運びあげる仕事をやっていた。入隊のさい、ウェストブルックは考えた。もうじき戦争が始まるが……衝突が起きるのは太平洋側ではなく、大西洋側だと。だからこっち側にいれば「戦争をやらずに済むと思い、六年間の〝年季奉公〟にサインをしたんだ」と。

ローソンは最終的に操舵手の資格をとり、一日おきに舵を握り、この戦艦のボス、フランクリン・ヴァン・ヴァルケンバーグ大佐にお目通りがかなう立場になった。どんな状況にも対処できるように、「アリゾナ」の操艦には三種類の方式が用意されていた。すなわち機械式、蒸気式、そして〝補助〟式である。最後のやつは万一の場合、人力というか、もろ筋力に頼るやり方だった。例えば、二人一組のチームが全体重をかけて、巨大なクランクを回す。「長い廊下を走ったり、舵輪の取っ手のひとつを摑んだり、ピストンに乗って押し下げると、背後にいる別のだれかが次のピストンを押したり。それを連続してやるんだ。一人ひとりが次々と」。それでも、この手の人間動力作業や、恐ろしくきつい甲板砥石作業を除くと、ローソンは海の生活をエンジョイしていた。特に乗っているのが、軍艦の中でもいちばん大きな戦艦ときては無理もない。「われわれはこの時代の海軍の要石なのだ。われわれは駆逐艦乗りを見下していた。なんせわれわれは、大都会の住人なのだから」

　一九一四年三月十六日、ニューヨークの「ブルックリン海軍工廠」に戦艦「アリゾナ」の竜骨が据えられたとき、彼女は「第三九号」と呼ばれていた。竜骨は船体の背骨にあたり、人間の背骨と同様、構造体の基礎をなしている。「レイイング・ザ・キール（竜骨を据える）」とは、建造開始と同義であり、やがて進水台に据えられたキールを中心に、船のかたちが徐々にすがたを現し、正式な誕生日を迎える。ニューヨーク・タイムズ紙によると、「第三九号」はその姉妹艦「ペンシルヴェニア」と同様、「世界のあらゆる海軍のなかでもこれまで建造され、もしくは建造中の、最大規模の戦闘艦」になるという。[7] それゆえ「竜骨を据える式典は……ローズヴェルト海軍次官が［厚手の大外套、山高帽、金縁の鼻めがねで］出席可能な、昨日の午前十一時まで延期となった。……超ドレッドノート級戦艦ノース・ダコタからの一七発の礼砲が、次官の到着を告げる［と、］やがて誕生する巨大戦艦の船台のうえで、大型のガントリー・クレーンが移動を開始した。クレーンは大きな鋼板をはこび、所定の場所に下ろした。すると、次官が前に進みでた。クリーヴズ大佐が銀メッキを施したボルトを手渡すと、軍楽隊が国歌を演奏し、無帽の群衆がいっせいにたちあがるなか、ローズヴェルト氏がそのボルトをすばやく打ち込んだ」とのこと。

　ＦＤＲこと、フランクリン・デラノ・ローズヴェルト海軍次官は、海運業で身を立て、お茶とアヘンの対中交易で財をなした祖父、ウォーレン・デラノ氏と母のセーラを通じてつながっていた。フランクリンは十代で帆走をまなんだ。一家が所有する全長六〇フィート（約一八メートル）のスクーナー「ハーフ・ムーン（半月）号」でハドソン川を滑走した。また五歳のとき、鉄道と石炭で巨大な資産形成をおこなった有力者の父に連れられ、ホワイトハウスを訪問したこともある。この邸宅の当時の主、グローヴァー・クリーヴランド大統領はそのさい、利発なフランクリン少年にこう語りかけた。「坊や、きみにひとつお願いがある。頼むから、合衆国大統領には立候補せんでくれよ[8]」と。

ニューヨーク州上院議員をつとめていた頃、FDRは大統領選挙において、ウッドロー・ウィルソンを公式に応援し、五番目の従兄、テディ［セオドア・ローズヴェルト］を敵に回した。その後、ウィルソンは見事当選し、一九一三年、FDRを海軍次官に指名した。FDRの次官就任はまさにアメリカが「第一次世界大戦」に参戦した一九一七年四月六日のことだった。FDRは何かまっとうな仕事をやらせてほしいと言って、ジョシーファス・ダニエルズ海軍長官を悩ませたが、長官はうんとは言わなかった。軍需関係の調達にしろ、艦船がらみのあれこれにしろ、ローズヴェルト家の坊やに任せるには、どれもあまりに重要だったから。

FDRは生涯にわたり、想像を絶するような情熱をこめて、合衆国海軍を愛した。大統領職にあるあいだ、将官人事はすべて自分でやったし、海軍予算を毎年増額したし、海軍を「われわれ」、陸軍を「やつら」と呼ぶものだから、あれは止めてほしいとジョージ・マーシャル将軍に言われたほどである。ホワイトハウスで朝食をかねた会議があると、最高司令官閣下はしばしばベッドに腰かけ、海軍のブルーのケープを肩に羽織った。周囲には切手コレクションや海軍がらみの回想録が並んでいた。真珠湾後に海軍作戦部長に就任したアーネスト・キング提督は、一九三九年二月二十八日午後、FDRが巡洋艦「ヒューストン」を訪問したときのことをこう振り返っている。ローズヴェルトは「上機嫌で、その海軍愛ゆえに、海にでるといつも目に見えて気分が大きくなった。提督たちが挨拶をすると、楽しそうな、半分からかい気味の口調で、誰に対しても、親しく接してくれた[9]」と。

「第一次世界大戦」で、FDRが海軍関係の要職にあったとき、ウィンストン・チャーチルも大英帝国の海軍卿（軍政のトップ／海相）だったため、われわれは似たようなキャリアを歩んでいるとローズヴェルトは見ていた。やがてFDRは一九三九年、チャーチルに手紙を書き、「そちらの要望が奈辺にあるか知りたいので、個人的関係を今後も続けたいのだが、如何」[10]と伝えた。お二方の関係はどのようなものなのですかと、アメリカの駐英大使、ジョゼフ・ケネディがかつて尋ねたことがある。すると、FDRはこう言った。「私は一九一八年に訪英したとき以来、彼のことがずっと嫌いだった。ディナーでは鼻持ちならない女のようで、われわれ全員に君主然とふるまう……現在、彼にそれなりに配慮しているのは、将来、首相になる可能性が高いからだ。だから今のうちに慣れておかんとな」[11]。閣僚の一人、フランシス・パーキンズはかつてローズヴェルトのことを「私が知っているなかでも最も複雑な人間」と言ったことがある。

一九二一年八月十日、ローズヴェルトはカンポベロ島で、家族と休暇をすごしていた。そこはカナダ南東部、ニューブランズウィック州の沖合に位置する、かれの父親が所有する島だった。FDRが息子たちとセーリングに出ると、森で火の手があがるのが見えたので、一行はすぐさまヨットを岸に着けると、消火作業を手伝った。その晩、夕食のさい、ローズヴェルトは気分がすぐれず、早めにベッドに入った。朝、目が覚めると、歩けなくなっていた。夜になると、腰と両脚が痛みに襲われ、体温が一〇二度（華氏／摂氏三九度近く）に達した。最終的にポリオ（小児麻痺）と診断され、以後、腰から下が思うように動かなくなった。かれはいまや階段の上り下りにも介護が必要となり、愛車のフォード・コンバーティブルは手だけで運転できるよう改造された。この間、一九二八年にはニューヨーク州知事に当選、一九三二年には合衆国大統領となったが、かれは報道関係者（特にカメラマン）と紳士協定をむすび、どうしようもなく無力でいる姿が外部に漏れないようにした。その一方で、訓練を重ね、公衆の面前ではあたかも歩いているように見せる〝特技〟を身に付けた。片手で杖をにぎり、もう片方を側近や息子で固め、役に立たない両脚（鋼鉄製の装具でがっちり固めてある）を左右に振りながら、両腕と両肩だけで前にすすむのだ。信じられないような芸当だったため、史上最長の任期を更新中の大統領の、腰から下がじつは完全に麻痺しているなんて知っている人間はほとんどいなかった。この病気はまた、アメリカ社会のなかで無視されている人、恵まれない人、切り捨てられている人への共感に、かれを目覚めさせた。かれはアメリカ初の女性閣僚〔労働長官〕、フランシス・パーキンズ女史に「われわれは、だれ一人見捨てられることのない国をつくるつもりだ[12]」と言い、また「マーチ・オブ・ダイムズ（小児麻痺救済募金運動）」を立ちあげたりもした。この活動は最終的にポリオ・ワクチンの開発につながり、この病気の撲滅がそう遠くない時期に達成される見通しをつけた。

麻痺をかかえるということは、日々必要なあれこれを、すべて手の届く範囲に置いておくことを意味し、それは必然的にモノが散乱する居住環境へとつながった。FDRは「オーヴァル・オフィス（卵形の仕事場）」と呼ばれる大統領執務室からではなく、「オーヴァル・スタディ（卵形の書斎）」からこの国を切り盛りした。それはホワイトハウスの二階、大統領の寝室の隣にある小部屋で、数々の船の模型や、かれの所有するヨット「メイフラワー号」から持ち込んだ家具などであふれていた。部屋の片隅にはパイプ・オルガンが鎮座し、棚には一五〇冊におよぶローズヴェルトの切手コレクション、壁にはかれの母親、妻、歴史的な帆船の数々を描いた絵が掲げられていた。寝室、浴室、書斎という隣接する三つの部屋を用いるかぎり、FDRはだれの助けも要らなかった。この続き部屋はあまりに重要なので、停電が起きたときは、予備の発電機が動きだし、この三部屋に給電できるようになっていた。「大統領執務室」のほうには、そんな備えはなかった。

「アリゾナ」の甲板にならぶ四基の砲塔には一四インチ（三五・六センチ）主砲が各三門据えられ、またそれ以外に五インチ（一二・七センチ）砲一二門、三インチ（七・六センチ）高角砲四門、〇・四五口径機関銃三九挺、二一インチ魚雷発射管二門が暫定的に艤装されていた。歴史的なご先祖にあたる英海軍戦艦「ドレッドノート」と同様、「アリゾナ」も四軸のスクリューを備え、それで最大二一ノットの速力を実現した。その推進力は三基のバブコック／ウィルコックス製ボイラーを備えたパーソン製タービンが生みだしていた。ただ、英国生まれのご先祖とは違って、彼女の燃料は石炭ではなく、石油だったが。

「アリゾナ」の乗員は自分たちの艦《ふね》を「アッテム・マル」というあだ名で呼んでいた。「しっかり働け」という意味の「アップ・アン・アッテム」という英語の熟語に、「船」をあらわす日本語の「丸」を合体したものだ。ハーバート・フーヴァー大統領はこの戦艦に乗り込んで、カリブ海の視察に出かけた。同艦はその後九年間、西海岸のサンディエゴを母港としたあと、一九四〇年六月、その他の艦隊とともに、真珠湾に前進配備された。

ハワイ艦隊における二大スター、「アリゾナ」と「ペンシルヴェニア」は当時、手にはいる最良の戦艦だった。それは全世界の海軍が以後永遠にこの方式で行くと信じるほどのコンセプトを元にしており、いわば戦争のやり方における革命の所産だった。三世紀つづいた帆船時代に、各国は競って戦列艦を建造してきた。互いに舷側を相手側に向け、各デッキに配置した大砲やら何やらをぶっ放すやり方が当時は一般的だったが……射程距離は数百メートルがせいぜいだったし、また砲の威力や艦の運動性は、そのときの風速、風向に左右された。一八五〇年、フランスは「ナポレオン」を嚆矢として、自国の軍艦に蒸気機関を次々導入し、さらに一八五九年の「グルワル」では鉄製装甲を採用、一八七六年には「ルドゥタブル」という形で、先駆的な鋼鉄艦さえ建造してみせた。このフランスの技術革新はイギリス、ドイツとの軍拡競争につながったが、一九〇六年、その最盛期に誕生した英戦艦「ドレッドノート」において、他の試みはすべて時代遅れとなった。蒸気タービンを動力源に、二一ノットという驚異の速力を実現し、厚さ一一インチ（約二八センチ）の装甲帯で守られ、五基の砲塔に一二インチ（約三〇・五センチ）砲を一〇門備えた「ドレッドノート」は、余りにも革命的かつ強力だったため、その名のとおり「恐れを知らぬ《ドレッドノート》」存在だった。ゆえにその子孫は世界中にあふれ、「ドレッドノート（弩級戦艦）」とか「スーパードレッドノート（超弩級戦艦）」などと通称された。

アメリカの戦艦搭乗員は平均一六〇〇人前後だが、艦隊におけるもう一方の雄、航空母艦には二一〇〇人もの人間が乗っていた。空母艦載機は当時、大きく四種類に分類されていた。すなわち、攻撃・防御の両任務にあたる「ファイター（戦闘機）」、目標に狙いを定めて極めて精確に叩ける「ダイヴ＝ボマー（急降下爆撃機）」、それよりは重い爆弾を、比較的安全な高度から、重力を利用してばらまく「ハイ＝レベル・ボマー（水平爆撃機）」、そして海面すれすれの低高度から魚雷で標的をねらう「トーピード・ボマー（雷撃機）」である。空母自体は脆弱なので、その周囲をぐるりと「タスク・フォース（任務部隊／機動部隊）」で固めていた。装甲の厚みは戦艦ほどではないけれど、より速力のある「クルーザー（巡洋艦）」――防備を固めたり、索敵にあたったりする――や、「デストロイヤー（駆逐艦）」――元々は魚雷艇を攻撃するために開発された艦種で、「トーピード・ボート・デストロイヤー（魚雷艇駆逐艦）」と呼ばれていた――がその主体である。むしろ「デストロイド（被駆逐艦）」という名称のほうが相応しいのではないかという水兵ジョークがある。まずは一発喰らって、それにより敵の存在を明らかにするケースのほうがはるかに多いからと。

当時、すべての海軍軍人が学ばなければならなかった操艦法は、魚雷を回避するためのジグザグ航行だった。そのジグザグの訓練中、戦艦「オクラホマ」が「アリゾナ」の艦首に衝突し、縦九メートル、横六メートルの傷を付けたことがあったが、乾ドックでたちまち修理されてしまった。「戦艦って、ホントに丈夫なんだな」とある水兵がのちに語っている。

たしかにこの時代の戦艦はまさに技術の精華といって良いだろう。例えば、一九四〇年十二月、とある士官候補生が故郷にこんな手紙を書き送っている。「ええ、母上さま、戦艦は艦隊中のどの軍艦よりも安全です。ですから、私のことはご心配なく[13]」と。もっとも、海軍基地から指呼の間に駐屯する、アメリカ陸軍の部隊では、そんな自信に満ちた声は聞かれなかったが。ハワイ諸島（ならびにそこに投錨する海軍部隊）を守る任務は、じつはかれら陸軍将兵の仕事とされていたが、一般兵士に支給される銃器は、「第一次世界大戦」のお下がりだった。彼らが手にする鉄砲は、弾薬の装塡と空薬莢の排出のたびに一々動作が必要な、ボルト・アクション式の「ウィンフィールド銃」だったし、その頭部を保護するのは、装着までに小半時はかかる木綿の付け裏付きのヘルメット、通称「洗い桶《ディッシュパン》」という体たらくだった。

一九四一年の十二月初め、艦隊所属のさまざまなスポーツ・チームに賞を授与するさい、アイザック・キッド提督は特別発表をおこなった。「諸君がクリスマスに何を望んでいるか、わたしは承知しており、諸君はきっとそれを手に入れるだろう[13]」と。「僕らはみんな、ここを離れたいと思っていた」とジョン・ラムプレイは当時をふり返る。「提督がそう言ったあと、うわさがわっと艦内に広がった。八日月曜日にはここを出発して、サンディエゴで慰労休暇がもらえるらしいぞと」。あと一週間で除隊になるガレン・バラードは、十二月十三日には家に帰れるぞと言われた。「何がどうしてそうなるのか、誰にも分からなかったけれど、われわれはみな、小躍りしたいような幸せな気分だった」

だがしかし、彼らはすでにして十分幸せ者だったのである。この地球には、「フォトショップ」や

「ハリウッド」で修正が施されていないなんて信じられないくらい、驚くほど美しい場所が数多くあるけれど、そのひとつは真っ青な太平洋のどまんなか、火山の頂がゆらめく場所にあるのである。カリフォルニアは自分のことを、世界一の美女と考えることが好きだけれど、それは間違っている。アメリカ合衆国で最も美しい州は、素晴らしい多島海と軍事基地が同居する場所であり、たゆたう海はコバルト・ブルーとコカコーラの瓶を思わせるグリーンからなり、そこにはバター・イエローの砂、クリーム・ホワイトの波、地獄のような真っ黒な溶岩、エンピツでひと書きしたような滝たち、原初の谷、雪を冠した山頂まで存在するのだ。この州には巨大な海獣たちが暮らし、この地球で最も活動的な火山があり、白い煙と灼熱のマグマを吐きだし、また沢山の花々にあふれていた。ランやジャカランダ、ハイビスカスやブーゲンビリア、ラベンダーやオレアンダー（西洋夾竹桃）。最後のやつなどは、その香りがあまりに強いため、径行く人がつい足を止めるほどだ。こうまで言っても分からない人がいるかもしれないが、私はこの州をクリスマスのように愛している――と、かの飛行家、チャールズ・リンドバーグは言っている。彼はこの地をあまりに愛したため、ここで永眠できるよう事前の手筈を整えたほどである。

ハワイ。そこは太平洋の一五〇〇マイル（二四〇〇キロメートル）余りの水域に広がる一三〇ほどの島々とサンゴ礁からなる集合体である。最初にやってきたのは、マルケサス諸島のポリネシア人だった。彼らは背の高い、細身の、顔をしかめた神々と、「カプ（禁令制度）」と呼ばれる、行動様式や人間関係にともなうタブーをこの地に持ちこんだ。例えば、妻の交換や拷問、人身御供をめぐるあれこれ。さらにはカヌーや霧、異音や狂気の中に神々や精霊の存在を見、それらを敬う信仰などを。かヨーロッパから最初にやってきたのは、一八世紀のイギリスの航海家ジェームズ・クックである。かれは一年後、盗まれた船を取りもどすためこの地に戻ってきたが、二〇〇人の戦士に攻撃され、戦いのなかで命を落としている。以後百年、この太平洋の十字路に、クックの同輩である旅行家が次々と招き寄せられることになり、その結果、彼らはある種の復讐をなし遂げることになる。なんとヨーロッパ人たちが持ちこんだ伝染病により、この群島に暮らす住民の実に九〇パーセントが亡くなったのだ。

当時「サンドイッチ諸島」と呼ばれていた、マウイ島、カウアイ島、そして最大のハワイ島からなる群島を最初に訪れたアメリカ人、そしてイギリス人はどんな人たちだったのか。記録を見れば、たちまち分かる。例えば、一七九四年、アメリカの商船「レディ・ワシントン号」は、積んでいた大砲一門をその脅迫手段に用いて、オアフ王を後押しし、彼がラビット島とワイ＝モミ――現在のフォード島と真珠湾――を手に入れるのを支援している。その十五年後、初代カメハメハ王がこの群島の統一に成功し、かくてポリネシア人国家が樹立されると、その十年後、キリスト教会衆派教会が一〇人あまりの伝道師からなる最初の使節をこの王国に派遣してきた。一八二〇年には合衆国商務・船員庁の職員がホノルルに常駐し、アメリカの捕鯨船団や商船の支援に当たるようになった（一八六七年十一月時点で、同港を拠点とする四八隻のうち、アメリカ船籍の船はじつに四二隻を数えるまでになった）。一八八七年一月二十日、アメリカ上院はハワイと結んだ条約を修正し、そこには以下のような文言が並んでいた。「ハワイ諸島の国王陛下は、合衆国政府に対し、オアフ島のパール川の港に入り、そこに合衆国船舶が使用する石炭積み込みと補修のための施設を建設・維持し、その目的のため、合衆国が上記港湾への入口を改善し、当該目的に有用なあらゆることをおこなう排他的権利を供与する」と。かくてマウイ島のラハイナは実質的にアメリカ人の町へと変わり、捕鯨船員であふれ返り、また、オアフ島東方のモロカイ島などは、悪名高きハンセン病患者の隔離地域となった。発症すると、患者たちはボートで運ばれ、「ほら、モロカイで野辺送りの準備をするのだぞ」と告げられ、波間へと追い立てられるのだった。

　伝道師たちは学校を設立し、ハワイ語の書き文字を考案し、さらに一八二三年、死の床にあるケオプオラニ王妃をキリスト教に改宗させ、ハワイ諸島に〝ハオレ（白人）〟のための生息空間を確保する。そのおかげで白人入植者の多くの子孫が「白い黄金」、すなわちサトウキビの栽培と精製加工で一財産を築くことになった。一八五〇年、一般住民の土地所有が認められ、また「外国人土地保有法」が議会で採択されたことにより、元からいた住民たちは島外からやってきた人間に自分の土地を売るようになった。捕鯨産業は衰退したが、製糖業は急成長し、アメリカ製の服や家具が死ぬほど好きなとあるハワイ人などは、島の白檀の森を破壊して、その購入代金にあてたほどである。そしてついに一八九三年、「アメリカ併合クラブ」が率いるクーデターが発生した。この秘密結社の主要メンバー、いわゆる「ビッグ・ファイブ」は製糖業界の大立て者である白人たち――かつては伝道団の一員としてサーフィンや、淫らで猥褻なフラダンスの非合法化を試みたこともあった――で構成され、さらに港内に碇泊する軍艦から出撃したアメリカ海兵隊員がこれを支援した。こうして、リリウオカラニ女王は廃位の署名を余儀なくされる。彼女はホワイトハウスに窮状を訴えたけれど、陰謀を画策したアメリカ人に恩赦を与えるという譲歩案すら通用せず、ハワイの統治権は以後、植民者出身の富裕階級により、恥知らずにも強奪されてしまうのである。

　ハワイ王国はその後五年、サンフォード・ドール大統領のもと、ハワイ共和国として続いたのち、一八九八年、アメリカ合衆国に併合され、八月十二日、イオラニ宮殿で公式式典が催されたが、現地人はだれひとり出席しなかった。「私にとっては、死よりもつらい瞬間だった[14]」とリリウオカラニ女王の姪は語っている。翌一八九九年、合衆国海軍はオアフ島に太平洋戦域の作戦全般を統括する施設の建設に着手し、一九三五年には、ニューヨーク・タイムズ紙がこう報じるまでになった。「一六〇隻からなる最大級の艦隊が真珠湾を訪れ、今宵、東と西の入江に係留・投錨した。戦艦一二隻、駆逐艦二個小艦隊、およそ三〇隻の潜水艦、重巡一二隻、軽巡七隻、数十隻の補助艦艇が〝港内でたゆたっている〟。……大型の航空母艦、すなわちレキシントン、レインジャー、そしてサラトガはホノルル沖の外洋に投錨。……これほど多数の海軍艦艇が集結したのは初めてのことで、その存在はまさに、真珠湾が第一級の海軍基地であることの証左である[15]」と。

司令長官のジェイムズ・リチャードソン提督によれば、一九四〇年の大艦隊集結は本来、年恒例の大演習――今回の作戦名は「フリート・プロブレムXXI」――のためのものだったという。ところが、一週間足らずのちの五月九日にはカリフォルニアに帰投する予定だったのに、ハロルド・〈ベティ〉・スターク海軍作戦部長の命令で、引き続きハワイに留まることになってしまった。[*] 二週間後、リチャードソンはスタークに縷々苦情を述べ、真珠湾の施設はわが艦隊にはおよそ不向きだと言ってきた。「ここに延々留まることには反対だ。まず第一に、港が、安全な港が一カ所しかなく、しかもひどく混み合っている。部下たちが息抜きできる娯楽施設もない。真珠湾からホノルルまではかなりの距離があり、輸送手段も飛行場も十分ではない。飛行甲板だけでは、空母はすべての訓練はおこなえない。飛行機を発艦させるには、空母側もそれなりの速力を出さねばならず、大量の燃料が必要だ。それゆえ空母艦載機の訓練には別途、陸地側の飛行場が必須なのである。それさえあれば、

＊ スターク提督の〈ベティ〉というニックネームは、アメリカ独立戦争期の英雄、ジョン・スタークの妻の名前に由来し、「アナポリス海軍兵学校」時代にさかのぼる、旧友たちの内輪のギャグからきている。ただ、ヘンリー・スティムソン陸軍長官は、あのあだ名にはそれ以上の含意があると見ていた。つまり、スターク提督は「小心で無能で……いちばんのヘタレ[16]」だという当てこすりだと。

艦そのもののオーバーホールや補修、維持管理のあれこれをおこないつつ、艦載機のほうはそうした飛行場を使って、訓練が続けられるからだ。これだけの艦隊が投錨するには、とにかく水面が足りないし、適地が乏しい。艦を真珠湾から出したり入れたりするだけで、ムダな時間がかかってしまう[17]」と。

こうした電信のやりとりの一本（結果的にリチャードソン提督の降格処分につながる）の中で、スターク作戦部長は五月二十七日、こう言い放った。「貴官がそこにいるのは、抑止効果のためである。貴官がそこにいれば、あるいはジャップが東インド諸島に入ってくるのを抑えられるかもしれない。……ジャップが東インドにくることを考えてみたまえ。その時、一体なにがやれるね？　いいか、私の答えはこうだ。そんなこと私にだって分からんし、貴官にそれを告げられる者など、どこを探しても金輪際見つからんのだ[18]」

六月十七日、アメリカ陸軍省は、好戦的な東京政府が日ソ中立条約を奇貨として、いまやハワイ諸島までその視野に入れつつあると判断し、ハワイ駐留部隊の陸軍側トップ、チャールズ・D・ヘロン少将にメッセージを送った。それはその後、次々と送られる警告電文の最初のものだった。「即時警戒を要す。起こりうべき太平洋越えの急襲に完璧に備えよ……別命あるまで警戒態勢を維持せよ[19]」と。ただ、この時の警戒態勢は数カ月間維持されたあと、いったん立ち消えとなる。

ハワイ残留命令を再考する件について、海軍作戦部長のスタークから門前払いを喰ったため、「CINCUS（合衆国艦隊司令長官）」殿は、ならばお歴々相手に自説をぶつけてやろうと、ワシントンに直接乗り込んできた。「十月七日、私はスターク、ニミッツ、ノックスと話をした[20]」とリチャードソンは言う。「また、この街にいるあいだに、大統領と昼食をともにした。事情も縷々説明した。大統領が言うには、ハワイ水域に艦隊を留めるのは、日本の行動にたいする抑止効果を狙ったものだと。そこで私は、ハワイに艦隊を置けば、文民政府なら影響を及ぼせるかもしれません。ですが、日本は軍事政権です。米国艦隊は人員不足で、戦争の備えができておらず、またそれ無しには実際の作戦行動が取れない補助艦艇の数が足りないと、連中には分かっています。従って、ハワイにおける艦隊のプレゼンスは、日本の行動に抑止効果を発揮できず……」

「すると、大統領は概ねこういうことを言われた。『貴官がどう考えようと、ハワイ水域における艦隊のプレゼンスは、これまでも、そして現在も、日本の行動に対する抑止効果を発揮しているのだ』と」

「私は言った。『大統領閣下、私はいまだ合点がいかないのです。しかも、わが艦隊は作戦準備においても、日本と戦争をおこなう面でも、いまだ不利な状況におかれていることを私は知っているのです』と」

「すると大統領はこう言われた。『わたしの名演説によって、戦艦群を西海岸に戻してもわが国は後退していないと、国民に、そして日本政府に確信をいだかせることが、もし仮に可能ならば、それなら戦艦群の西海岸帰投は望ましいと信じられるのだがな』と」

コーデル・ハル国務長官らワシントンの文民幹部も、リチャードソン提督の現状認識には異を唱えた。「なるほど当時、政府は日本に対し、実態の伴わないハッタリをかけようとしていると示唆するものもいた」[21]と、ハル長官はのちにそう証言している。「だが実際のところ、わが方は自国の水域、自国の領土内、つまり太平洋のわれわれの側におり、しかも完璧に平和的な防御態勢を築きつつあった。日本側と、わが方の代表との会談のすべてにおいて、われわれは誠心誠意、彼らとの平和的な関係、両国関係の継続を訴えてもいた。われわれが無法者と話し合うさい、偶々、自宅のどこかの隅に、二連の散弾銃が立てかけてあったとしても、そんなものがそもそも害になるだろうか。こちら側は多少なりと気分が落ち着くだろうし、背後に銃器が並んでいるのを見たら、逆に相手側は若干落ち着かない気分を味わうと思う。そうした心理的効果は、誰も逃れようがないのである」

ワシントンでリチャードソンの自己主張に面食らった高官のなかには、ウィリアム・リーヒー海軍元帥もいた。「十月八日に昼食をともにしないかと、大統領に言われた」[22]とリーヒーは当時をふり返る。「行ってみると、リチャードソン提督もその場にいた。……その時のことはよく憶えている。その時感じた驚きがあまりに大きかったからだ。なにしろ司令長官みずからが、うちの艦隊は戦争への備えが不十分ですと口にしたのだ。だが、太平洋はいまや交戦状態の初期段階にあるというのがわたしの認識だった。それでも当時、現場からかなり離れた場所にいたため、この問題を考えるうえで、いかなる最新データも持ち合わせてはいなかったけれど」

リーヒー元帥はさらに言う。リチャードソンはつまり「各艦は戦争に向け完璧な状態ではなく、真珠湾の施設は、各艦に常時万全の備えをするには十分でなく、ハワイ諸島を起点にあらゆる方面に艦隊をくりだすに足るだけの給油艦が不足し、艦隊のメンバー、士官も下士官兵も、どうして自分たちがハワイ諸島なんぞにいるかが分からず、交戦任務に就かされているのだという自覚が明らかに誰にもなく、兵も士官もその家族はアメリカ本土にいて、皆、家に帰りたい、家族に会いたいと考えており、上陸してもホノルルには娯楽も、部下の面倒を見てくれる施設もないため、少なく見ても、状況は万全とはいえず、もし今後、実戦任務に艦隊を投入する展望があるならば、むしろ合衆国の西海岸の港に置いて、各艦を実戦可能な状態にみがきあげ、平時気分の乗員たちを鍛え直すべく、追加措置を講じることが必要であるなどといった考えを持っているようであった。……私はリチャードソン提督が、みずからの艦隊がかかえる諸問題をすでに大統領に伝えていたことに、むしろ驚きを表明し、貴官がそれら多くの問題補正に可及的速やかに取り組むことを希望すると伝えた。なぜなら、私は議会に対し、そしてアメリカ国民に対し、常に一貫、わが海軍は戦争への備えが万全ですと請け合っており、実態はそうではないと言われたら、ただ困惑するしかないからだ」と。

日本側は実際、アメリカ艦隊がいまだ真珠湾に居続けていることに留意していた。ただ、彼らの反応は大統領の予想とは違っていた。日本の山本五十六提督は「逆に言えば、われわれも「ハワイを」攻撃しうる距離にいるということだ。わが方への威嚇を試みることで、アメリカは現在、みずからを脆弱な立場に置いている。どう見るかと問われれば、いささか自信過剰ではないかというしかない[23]」

リチャードソン提督とローズヴェルト大統領の見解の相違はその九十日後に解消された。「一月初めの至急電により、リチャードソンは解任され、後任の司令長官にはハズバンド・E・キンメル海軍少将が就任することになったからだ[24]」と、ジョージ・ダイアー海軍中将は当時をふり返っている。「『そんなバカな、彼らが私にそんなことをできるはずがない』というのが、その時のリチャードソンの言葉だったが、もちろん、彼らはそれができるし、事実やったのである」と。人間的面白みに欠け、何事も型どおりにおこない、生来が仕事の虫だが、写真うつりは抜群にいいキンメル提督は一九四一年二月一日、オアフ島に到着した。彼には「合衆国艦隊」司令長官と、「太平洋艦隊」司令長官という二つの称号が与えられた〔この職責に伴い、以後、海軍大将待遇〕。山本五十六海軍大将は、激しい気性で知られ、小柄なかれが癇癪ぎみに執務室を歩くと、什器が揺れたそうだが、対するキンメル提督も激情家で、友人から「キム」とか「ムスタファ」と呼ばれていた。逆上すると帽子を地面に叩きつけて、大声をあげながら強く踏みつける癖があるため、予備の帽子をいつも忘れずに用意していた。着任後、最初の数カ月がすぎると、キンメル司令長官は戦艦「ペンシルヴェニア」を離れ、フォード島の反対側、潜水艦基地のところに建っている艦隊司令部ビルの二階へと移動した。提督の快適性を高めるためではなく、麾下の戦艦群を平時の華々しさからもはや脱却させ、実戦に向け備えさせるためだった。一方、山本はそんなことはしなかった。かれは超弩級戦艦を、そのために生まれた軍船《いくさぶね》として用いなかった。かれは戦艦「長門」を、次いで戦艦「大和」を、司令長官の浮かべる居城としたのである。

前任のリチャードソンは半数の艦船を海に、残り半数を港内に留めるローテーション制を敷いていたが、キンメル新長官は艦隊を三つの任務部隊に分け、それぞれウィリアム・パイ、ウィリアム・ハルゼー（ホールジー）、ウィルソン・ブラウンに預け、結果、艦隊の各艦は常時、六〇パーセントが港内に留まり、四〇パーセントが外洋に出ている形となった。キンメルとしては、二個任務部隊を常に外洋にくりだし、索敵その他の任務に就けたかったのだが、ハワイにはそれを許すだけの燃料保管施設がなかったためである。「合衆国艦隊」をハワイに常駐させる最大の問題のひとつは、真珠湾で消費するすべての燃料を、アメリカ本土から太平洋を横切って運んでこなければならない点だった。

オアフ島にはそれ以外にも大きな欠点があった。それはアメリカの軍事基地の大半がかかえる問題で、偵察機の数が少ないのだ。一九四一年一月十六日、「海軍基地防衛空軍」司令官のパトリック・ベリンジャー提督は、ハロルド・スターク海軍作戦部長に対して書簡を送っている。「第二哨戒航空団司令を拝受し、状況を視察したあと、私は海軍の重要な前進基地である、ここハワイ諸島にはかろうじてやりくりできるだけの航空機しかなく、しかも今後さらに減らされる見込みもこれあることを発見し、驚きに絶えません。海軍省全体としては、じつは太平洋の状況は、要警戒レベルではないと判断している証拠にも映ります」[25]と。ベリンジャーがキンメル新長官と会うと、ならば陸軍側、すなわち「ハワイ空軍」司令官のフレデリック・マーティン将軍と協力しあい、敵オアフ島攻撃に備え、陸海軍の航空作戦を調整する案を起草せよと命じられた。かれらが作成した一九四一年三月三十一日付けのメモは、こう警告している。

（a）宣戦布告に先だって、以下のことがおこなわれる可能性がある。
1、作戦水域における潜水艦による艦船への奇襲攻撃
2、真珠湾の艦船および施設をふくむオアフ島への奇襲攻撃
3、上記二つの同時攻撃
（b）オアフ島に対する可能性が最も高く、かつ最も危険な攻撃形態は航空攻撃であろう。現時点におけるその種の攻撃のうち最も可能性の高いのは、おそらく距離三〇〇カイリの内側まで接近した単艦もしくは複数の航空母艦から出撃する形態となろう。
（c）いったん攻撃があり、当初の脅威を撃退したからといって、それはさらに続く潜水艦攻撃もしくは航空攻撃がなされないことを意味するものではない。
（d）たとえ潜水艦攻撃があったとしても、それをもって、航空母艦を伴った、おそらく高速艦で構成された、大規模かつ未発見の水上艦部隊が、現に存在しないことを意味するものではない。
（e）夜明けの航空攻撃の可能性が高く、それはわれわれが最大限の哨戒をおこなっていても、完璧な奇襲となる可能性がある。当面の待機状態に鑑みるなら、わが方は追撃の開始が遅れ、またそれに気を取られ、第二次攻撃から注意を逸らされる可能性も高い。最も不利な点は、わが方が航空母艦の発見・攻撃に当たれるのは日中のみであるということ。さらに薄暮の攻撃は、航空母艦にとり、夜陰にまぎれた逃走を可能にするであろう。

真珠湾をめぐる歴史を知っている後世の人間から見ると、この「マーティン＝ベリンジャー報告」の予見性には驚くべきものがある。報告はこう結論づけている。「現在ハワイで利用可能な航空機に

は難があり……オレンジ［日本軍の］空母からのオアフ島航空攻撃を、完全な奇襲とさせないことを保証する哨戒面の強化には甚だ足りないのが現状である」と。

二月四日、キンメルの相方、ウォルター・ショート陸軍中将がヘロン将軍の後任として「ハワイ管区」陸軍司令官として着任した。陸海軍間の、数十年におよぶ熾烈なライバル関係にもかかわらず、二人の新司令官はほどなく、一週おきの日曜日に、一緒にゴルフコースを回ることを習慣とするようになる。ハワイに投錨中、キンメルの海軍は、ショートの陸軍部隊が守ることになっているので、キンメルは早い時期からハロルド・スターク海軍作戦部長に不満を述べていた。この防衛任務を担うには、陸軍の装備は見劣りがし、要員の面でも不十分で、なかでも航空偵察の分野において、それは顕著であると。だがこの件について、陸軍軍令部門のトップ、ジョージ・マーシャル参謀総長はこう言っている。大恐慌に端を発する長年の不況のなか、陸軍のすべての基地、司令部は資金不足に悩んでおり、ホノルルもその例外ではないけれど、「陸軍のその他の司令部に比べれば、ハワイはまだ増しな方である(26)」と。

一九三七年以来、在ハワイの陸軍司令官をつとめてきた前任者のチャールズ・ヘロン少将は、新任のウォルター・ショート将軍について、あまり高い評価を下さなかった。その低評価は初対面の折りから始まっていた。ショート夫妻は二月四日、海路ハワイに到着した。ヘロン将軍は二月七日、まさにその船で米本土に向かうことになっていた。二人の将軍は丸二日間、司令官の異動にともなう各種の引き継ぎを片付け、ヘロンはその際、新司令官にこの新たな任務について十全の説明をおこなった。引き継ぎ作業の助けになると思って、ヘロンは幕僚たちに命じて、一種の作業マニュアルまで作成し、オアフ島への船中、それを熟読玩味できるよう、サンフランシスコのショート将軍の元へ送っておいた。だが二月七日、ヘロンはこう言っている。「到着した彼と会ったさい、私はあの手引や資料は読んだかと尋ねてみた。それに対する彼の答えは……船内ではそれほど時間が取れなくて……だった[27]」。なのに、彼はその間、ケネス・ロバーツの小説『オリヴァー・ウィスウェル』の読書はできたそうである。

またヘロン将軍によると、ウォルター・ショートとその妻イザベルは、ハワイ勤務を一種の都落ちと考えていたという。ショート夫妻は首都ワシントンか、もしくはサンフランシスコのプレシディオ基地に行くものと期待していたからだ。ショート夫人は、友人や家族と引き離され、こんな片田舎に連れてこられたことにとりわけ憤っていた。ヘロンはこう結論づけている。「ショート将軍との引き継ぎのあいだ中、かれは私の見解を求めなかったし、部隊の指揮やその他の問題にかんする情報や、何かあったときの私の連絡先についても尋ねなかった[27]」と。

一九四一年初め、日本軍によるアジア攻撃のニュースが増えていくなか、オアフ島に勤務する軍の将校やFBI捜査官の多くは、同島の住民のうち一五万五〇〇〇人――じつに人口の三分の一――が日本人もしくは日系人であることを知り、ホノルル各界の背後には第五列が潜み、〝トージョーの侵略〟に備えて、この地の破壊活動や人心掌握に動いていると確信した。だが、まったく証拠が見つからなかった。それどころか、歴史家のサーストン・クラークによると、アメリカの防衛態勢に最大の〝破壊活動〟をもたらすものは、日本からの移民やその子供たちではなく、南国ハワイのはなつ、その輝ける豊かさだったという。「海軍省からの電信は『本電は戦争への警告と見なすべきである[28]』と強調していた。だが、そのメッセージを受け取った側が窓の外に目をやると、朝食のテーブルのかなたには、楽園が広がっていた。やわらかな花の香りをふくんだそよ風のなかで目を覚まし、裏庭になっているパパイヤやマンゴーを食べ、冷たいシャワーを浴び、気候が全地球のどこよりも完璧なので、多くの家には温水器すらなかった。週末ともなると、女たちはゆったりとした「ムームー」や

「キモノ」を、男たちは「アロハ・シャツ」を着て、歩きまわった。このシャツは、地元の日系人の洋服屋が最近考案したもので、彼はそれを日本の子供服に使われるカラフルなシルク素材を流用して作っていた。ウィーク・デーでも、人々は午前中だけ働き、午後はゆったり過ごした。「ショフィールド兵舎」で野戦砲中隊を率いていたとある陸軍大尉は真珠湾攻撃のあと、陸軍の査問委員会でこう証言している。「熱帯なので、午後はあまり働きません。戦争みたいなものの逆なんですよ」と。

真珠湾基地そのものが当時は〝観光スポット〟だった。主力艦のシルエットはどれも、未来からやってきた小さな工業都市のように見えた。それがひとつの港にこれだけ密集しているので、見ているだけで人々はわくわくした。太平洋の大海原のもと、海軍さんの真っ白な軍服はかがやき、礼服のブルーは海の青さとマッチし、またカーキ＝ブラウンとグリーンの陸軍さんは密林に溶け込み、まるでその一部のようだった。ジェイムズ・ジョーンズの『地上より永遠に』はこの時期をとらえた作品である。アメリカの士官たちは白い手袋をはめ、短く刈りこまれた芝生のかなたを凝視し、浮き彫り印刷された名刺をやりとりし、部下たちに「シンデレラ・リヴァティー」――深夜零時までの帰還が条件の外出許可――を与える。日米開戦の年、一九四一年のホノルル市の標語を知っているだろうか？「平和の海の幸福な世界」なのだ。この町には停止信号はなかった。警官たちは傘のした、肩にレイをかけ、「停まれ」レバーと「進め」レバーを操作するか、フラダンスを踊りつつ、手袋をはめた両手で車に指示をだすのである。

だが、不穏な兆しはやはり無視しえなかった。「一九四一年の春から夏にかけての時期、われわれは死んだ船を目にした[29]」と戦艦「アリゾナ」勤務のローソンはふり返る。「それはイギリスの巡洋艦で、フィリピンで取り付けた、当座しのぎの艦首が目をひいた。恐ろしい異臭を放っていた。水漏れを防ぐため、船体の二カ所が密封されていたが、その内部は死んだ乗員たちで満ち、それらは腐るに任せてあり、港内のどこにいても、その臭いが鼻をついた。魚雷を一発、南太平洋のどこかで喰らったのだ」

まだ生きていた頃の「アリゾナ」が、最後の航海をおこなった一九四一年十一月末から十二月五日までの時期に、ハワイ諸島の周辺海域では、日本の潜水艦が艦隊の周囲をうろついていた。ローソンは言う。「午前一時前後に、全艦が警戒態勢に入り、『総員戦闘配置』が発令される。哨戒任務についている潜水艦や駆逐艦から〝ソナー感あり〟の報告が入ることもあった。それが日本の潜水艦のことだと、艦内の全員が知っていた[29]」。ただ、敵の存在を思い出させる出来事はめったになく、それへの警戒心もいまひとつだった。アルバート・ブラウワー大尉は言う。「士官クラブでビールを数杯飲んだ。話題の中心はヨーロッパ戦線の推移だった。そして、われわれは互いに背中を叩きあい、いざ戦争となっても、戦場はあっち側だなと言い交わした。俺たちは大丈夫だ。見ろよ、この広大な海、しかも合衆国海軍が俺たちを守っているんだ。俺たちは大丈夫だ[30]」と。海軍病院で看護婦をつとめていたレノーア・リカートは言う。「戦争の可能性について話すものなんて一人もいなかったわ。どこか恐ろしい遠い世界の出来事のように感じていた[31]」と。「ちょうどこの時期に、わたしは夫のアルバートと出会ったの。かれは一時期、傷病兵の一人だったそうだけど、もちろん看護婦が傷病兵とつきあうことは御法度よ。たしか彼は、病院のすぐ隣にある海兵隊基地にいた。そこで私は道路沿いをすすみながら、懐中電灯をともした。すると、やってくるのが私だと分かって、かれが茂みから姿を見せるの」

日々の仕事は退屈だけれど、オアフ島の兵士も水兵も「バウンティ号の叛乱」を率いたフレッチャー・クリスチャン副長のような生活を送っていた。アイアンウッドの木、パンノキの木立、ハイビスカスをなぶる温かい微風、さっと来てさっと去っていくスコール。戦艦「ウェスト・ヴァージニア」

のラッパ手、リチャード・フィスクは言う。「家から離れるのはじつは初めてだった。ようやっと一八歳の誕生日をむかえ、わたしは身体に腰ミノだけをまとった、沢山のフラ・ガールのことばかり考えていた。本を読むだけで、人が想像力を広げられることがまるで魔法のように感じられた……アイスクリーム・パーラーがけっこうあったし、バーもいくつかあって、二五セントで冷たいビールが飲めた。ホントに素晴らしい場所だった。ワイキキ・ビーチを歩けば、きれいな女の人が水浴びをしているのが見られた。ワイキキ・ビーチで寝ることもできたし、邪魔するやつなんて一人もいなかった」と。[32]かれらの生活を見ると、ハワイで四年連続、最も人気のあった歌のことがつい連想される。この歌はホノルルのすべての地元バンドによって演奏され、一九三七年の映画「ワイキキの結婚」でも取り上げられ、アカデミー賞「歌曲賞」を受賞している。タイトルは「スウィート・レイラニ」。ビング・クロスビーが取り上げ、ナンバー・ワン・シングルにもなった。

ああ愛しいレイラニ　天国の花よ
ぼくは二人のための楽園を夢見る
きみこそ　ぼくの楽園
きみがいたから　夢はかなった

章末注

（1）「水兵とイヌは」「世界でいちばん清潔な肉体」：Raymer, Edward C. *Descent into Darkness*. Novato, CA: Presidio Press, 1996.

（2）「大きさに圧倒された」Jasper, Joy Waldron, et al. *The USS* Arizona. New York: St. Martin's Press, 2001.

（3）「人がその下を通ることが可能」：Ibid.

（4）「[フロート]機はカタパルト上の」：Ibid.

（5）「考えるだけでゾクゾクした」：Ibid.

（6）「こいつはどうだと、曹長どのが」：Ibid.

（7）「これまで建造され」："Lay Keel of Navy's New Dreadnought," *New York Times*, March 17, 1914.

（8）「坊や、きみにひとつお願いがある」：Leckie, Robert. *Delivered from Evil: The Saga of World War II*. New York: Harper and Row, 1987.

（9）「上機嫌で、その海軍愛ゆえに」：Richardson, James O. *On the Treadmill to Pearl Harbor*. Washington, DC: Naval History Division, 1974.

（10）「個人的関係を今後も続けたいのだが、如何」：Fromkin, David. *In the Time of the Americans*. New York: Knopf, 1995.

（11）「彼のことがずっと嫌いだった」：Ibid.

（12）「われわれは、だれ一人見捨てられることのない国をつくるつもりだ」：Perkins, Frances. *The Roosevelt I Knew*. New York: Viking, 1946.

（13）「戦艦は艦隊中のどの軍艦よりも安全です」「諸君がクリスマスに何を望んでいるか」：Jasper, et al.

（14）「死よりもつらい瞬間だった」：Michael Tighe, "Hawaii Marks Annexation," *Eugene Register-Guard*, August 9, 1996.

（15）「一六〇隻からなる最大級の艦隊」：Hanson W. Baldwin, "160 Ships Beathed at Pearl Harbor," *New York Times*, May 27, 1935.

（16）「小心で無能で」：Prange, Gordon W., with Donald M. Goldstein and Katherine V. Dillon. *At Dawn We Slept: The Untold Story of Pearl Harbor*. New York: McGraw-Hill, 1981.

（17）「ここに延々留まることには反対だ」：Congress of the United States, "Hearings before the Joint Committee on the Investigation of the Pearl Harbor Attack," Seventy-Ninth Congress, 1946, Center for Legislative Archives. ／以下「PHA」

（18）「貴官がそこにいるのは、抑止効果のためである」：McWilliams, Bill. *Sunday in Hell: Pearl Harbor Minute by Minute*. New York: Open Road, 2014.

（19）「即時警戒を要す。起こりうべき太平洋越えの急襲に完璧に備えよ」：Ibid.

（20）「十月七日、私はスターク、ニミッツ、ノックスと話をした」：Richardson testimony, PHA.

（21）「政府は日本に対し、実態の伴わないハッタリをかけようとしていると示唆するものもいた」：Hull testimony, PHA.

(22)「十月八日に昼食をともに」: PHA.

(23)「逆に言えば、われわれも」: Ian W. Toll, "A Reluctant Enemy," *New York Times*, December 6, 2011.

(24)「一一月初めの至急電により」: Stillwell, Paul, ed. *Air Raid: Pearl Harbor!* Annapolis: Naval Institute Press, 1981.

(25) 第二哨戒航空団司令を拝受し: Prange et al., *At Dawn We Slept.*

(26)「陸軍のその他の司令部に比べれば」: Ibid.

(27)「到着した彼と会ったさい」、「ショート将軍との引き継ぎのあいだ中」: Clausen report, PHA; Clause, Henry C., and Bruce Lee. *Pearl Harbor: Final Judgement.* New York: Da Capo, 1992.

(28)「海軍省からの電信」: Clarke, Thurston. *Pearl Harbor Ghosts.* New York: William Morrow, 1991.

(29)「一九四一年の春から夏」「午前一時前後に、全艦が警戒態勢に入り」: Jasper et al.

(30)「士官クラブでビールを数杯飲んだ」: Brinkley, David, narrator. *Pearl Harbor: Two Hours That Changed the World.* NHK/ABC News Productions, May 26, 2001.〔真珠湾五〇周年の一九九一年にNHKスペシャル枠で放映された国際共同制作「パールハーバー／日米の運命を決めた日」の十年後に制作・放映された。アメリカ側の再編集版〕

(31)「戦争の可能性について話すものなんて」: Verklan, Laura, writer and director. *Tora, Tora, Tora: The Real Story of Pearl Harbor.* A&E Television Networks, 2000.

(32)「家から離れるのはじつは初めてだった」: Brinkley.

第1部

戦争への道

第1章

想定外を想定する

世界で最も美しい国のひとつである日本は、あまりに人が密集しているため、統一された社会規範と、もはや本能ともいうべき他者への過剰なまでの礼儀作法を発達させてきた。その国を愛し、また数々の厚遇を受けた経験のある外国人にとって、「第二次世界大戦」におけるかの国の戦争犯罪を想像することはいささか難しいことである。特に、数十年の長きにわたる同盟関係もあって、大半のアメリカ人にとって、日米両国が干戈を交えた事実には、想像を絶するものがある。だがしかし、一九四一年のアメリカ人にとっては、そうした話こそが、逆に想像を絶することなのだ。もちろん、真珠湾攻撃がもたらした衝撃の大きさがその背景にあることは間違いない。ただ、真珠湾へといたる数十年の両国関係をひとことで表現するなら、それは〝フロート（波乱ぶくみ）〟であったし、そしてその悪感情の淵源を求めるなら、両国のそもそもの出会いにまで遡らなければならない。

一八六七年二月三日、父の突然の死の四週間後、いまだ十代の睦仁《むつひと》皇太子は、日本国の天皇になった。何世紀ものあいだ、かれの国を支配していたのは、「武士」と呼ばれる封建諸侯であった。武士たちは、いずれも私兵をかかえ、互いに争い、自分自身の主君のために死ぬことを一番の名誉として生き、それらを統べる最大の有力者が「将軍」として国政を担当していた。将軍は大都市「江戸」から全国を統治し、象徴的な国家元首である「天皇」は古都・京都に住まわれ、詩歌や哲学、書道にふけり、政治には係わらないで生きていた。

一六〇〇年代、カトリックの伝道団がやってきて、日本人のキリスト教改宗を試みる動きが見えたため、将軍は中国が始めた対外政策を参考に「鎖国」を宣言し、国を閉じる道を選んだ。オランダ人と日本人のごく限られた商人が「出島」と呼ばれる小さな島で限定的な交易をおこなっていることを除けば、この国に入ろうと試みた外国人は処刑の憂き目をみた。以後、「鎖国」体制は、睦仁殿下がわずか一歳の一八五三年まで、二五〇年間維持されることになる。ブルックリンの「ニューヨーク海軍工廠」司令官にして、アメリカ蒸気機関海軍の父であるマシュー・ガルブレイス・ペリー海軍准将が、ミラード・フィルモア大統領の親書を携え、戦意のないことを示す白旗を掲げ、東京湾にすがたを見せたのがこの年である。ペリー提督の旗艦、全身黒づくめのフリゲート「サスケハナ」をふくむ、アメリカ「東インド小艦隊」に所属する全七隻の砲艦たちと米海兵隊一個連隊は、アメリカの捕鯨および商業関連事業の世界的強化を目的に、日本国に国を開き、対外交易に応じるよう要求した。大統領の親書はまた、「江戸」政権が「鎖国」をやめず、アメリカ人の入国を認めない場合は、貴国を破壊するとも述べていた。ペリー率いる軍艦を一目見て、「江戸」の将軍はこれには勝てないと判断した。その艦《ふね》は風上へも難なく航行でき、また炸裂弾の発射が可能な高性能の「ペクサン砲」を備えていたからである。かくて将軍は条約に署名し、フィルモア大統領の要求を受諾した。

外国の野蛮人が、力をもって勝手にふるまうことをよしとしない数多くの日本人がこれに続く数年間、猛威をふるった。特に「志士」――高い目的意識の人――と呼ばれる若いサムライ集団はこの現状を、社会が衰退しつつある兆しと見なした。これを正道にもどすには、外国人の殺害や放逐をふくむ暴力革命しかないと彼らは考え、またそうした排他的グループの台頭をゆるす文化的素地がそこにはあった（明治帝・睦仁の孫である昭和帝・裕仁も、一九三〇年代から四〇年代にかけて、これとほぼ同一の性格をおびた社会的圧力にさらされることになる）。思えば睦仁親王の父君、孝明天皇は身体強健だったのに、三五歳の年、一八六七年一月に突如体調をくずされ、その後崩御。当時の学者たちの多くは、毒を盛られたと信じた。薨去を受けて、睦仁親王が皇位を継承することになった。国中を席巻する革命的気分に乗るかたちで、帝はやがて、世の中のすべてを一変させることになる。

死後、「明治大帝」と尊称された睦仁天皇は、外国人を雇い入れ、鉄道や造船所、紡績工場や港湾施設、貨幣の鋳造所などを整えていった。しかも事業がいったん立ち上がり、軌道に乗ると、それらは民営化された。かれは皇居を、従来の京都からいまや「東京」と改称されたかつての「江戸」へと移し、封建的土地制度を廃止し、憲法をもち、内閣と議会をそなえた政府を樹立した。西洋式の科学やビジネス、文化等々が次から次へと導入されると、日本国は西洋の「啓蒙時代」にも似た一大文化的変容を遂げたため、その変化は明治の革命――明治維新――と呼ばれるようになる。新首都東京でまなぶ、最優秀の学生たちはその後、続々と海外に留学し、ロンドンで造船業を、パリで法律を、ドイツで医学を、そしてアメリカでビジネスを学んだ。過去三〇〇年の技術的精華は、電球から二人乗り二輪馬車まで、余すことなく、瞬く間に、輸入された。西洋式の衣服を身につけ、西洋式の食事をしながら、だがしかし、明治帝は折々の想いを日本の伝統的詩歌である「和歌」に詠み、祖先に敬意を表した。その数は一〇万首にのぼるが、そのうちの一首は、やがて孫の昭和天皇によって、ファシズムへの最も重大な抗議として引用されることになる。

四方の海
みな同胞と思ふ世に

などあだ波の立ちさわぐらむ

明治天皇はその一方で、みずからの指南役に士族出身の東郷平八郎を選び、彼はやがて帝国海軍の伝説的な英雄となる。明治帝は一八七六年、朝鮮に砲艦を送り、開国を迫り、通商条約を無理やり結ばせた。まさにフィルモア大統領とペリー提督が日本に対し、一八五三年にやったのと同じように。日本はその後、中国清朝とロシア帝国を相手に二つの戦争を戦い、そのいずれにも勝利をおさめた。当時、日本の小学生の間では、大和魂と「ちゃんちゃん坊主（中国人）」の話題でもちきりだった。例えば、日清戦争の際には、こんな歌謡が流行ったという。「牙山《アサン》の戦争はよっぽど凄いもの、ちゃんちゃん坊主はふいうちされて、こうしうへにげてゆく、メッチヤメチヤ」とか「ちゃんちゃん坊主はよっぽど弱いもの、錦の御旗にはかなはんチウデ、逃げてゆく。メッチヤメチヤ」[1]

じつは当時、太平洋の対岸、アメリカ合衆国でも似たような気分が広がっていた。まずは一八五〇年代の初め、カリフォルニアのゴールド・ラッシュに便乗する形で、広東省出身の入植者がどっと押し寄せるようになった。さらに「大陸横断鉄道」建設のため、砂漠や山岳地帯に線路を敷く肉体労働者が必要になると、中国人の数はそのピークに達した。だが、一八六九年にブームが終息すると、多くのアメリカ人ははたと気がついた。俺たちの国にアジア移民が蔓延していると。しかも連中は、俺たちの仕事を奪っている、犯罪に手を染めているといった話を、彼らは信じるようになり、やがてそうした思い込みは「黄禍」という名の集団パニックへと転じていく。サンフランシスコ・クロニクル紙は「茶色いアジア人が白人の頭脳を盗む」といった記事を矢継ぎ早に報じ、またニューヨーク・トリビューン紙の編集発行人、ホレス・グリーリー――「若者よ、西部をめざせ」というキャンペーンで名を挙げた人物だ――は、次のような悪口雑言を並べ立てた。「中国人は高度な家庭関係、あるいは社会関係をいっさい持たない、あらゆる意味において非文明的で、不潔で、不道徳な輩で、その気質は強欲、色欲、女性はすべて最下層の売春婦である」と。一八七〇年代と八〇年代には、二〇〇人のアジア人が白人から集団暴行を受けたと推計され、〝中国人の見込み（チャイナマンズ・チャンス）〟、すなわち見込みなしという口語表現まで生まれたほどである。その一方で、アメリカへの浸透があまりに著しいため、もはや中国文化と認識されない様々なものが定着していった。例えば、米海兵隊のスローガン「ガンホー（撃ちてしやまん）」は、「共和《ゴンホー》、つまり協力して頑張ろう」という意味の中国語が語源である。

一九〇五年五月二十七日、帝國海軍はひとつの歴史をつくった。イギリスから輸入した一二インチ（約三〇センチ）主砲を備えた戦艦群を用いて、ロシア皇帝と戦ったのだ。それは新型戦艦の価値を実戦において証明した稀有な例とされ、またそれで得られた戦訓は、一九四一年十二月七日におこなわれた、もう一つの歴史的戦闘において、細部にまで活かされることになる。当時、ロシアと日本はそれぞれの帝国の将来構想に、中国と朝鮮をいかに組み込むかで、競い合っていた。日本は天然資源を求め、ロシアは防衛・通商の両面で、冬季に凍るウラジオストクの代わりになる、温かい太平洋岸の港を欲していた。日本は双方の利害の違いを個別に扱い、もし朝鮮の全権をもらえるならば、満洲の優先取得権をロシア側に穣るに吝かでないとの提案をおこなった。だが、自国海軍のほうが日本海軍より遥かに強力だと知っているロシアは、この提案を拒否。これに対し日本側は、モスクワの好戦性はわが国にとって脅威であると受け止めた。一九〇四年二月八日、帝國海軍の駆逐艦戦隊は、満洲のポート・アーサー（旅順港）にいるロシア「第一太平洋艦隊（旅順艦隊）」に夜襲をかけた。二日後、日本は宣戦を布告し、さらに五月までに日本陸軍が半島への侵攻に着手。ロシア側はシベリア鉄道を用いて、自国の部隊を大挙送りこみ、さらに十月十五日、「第二次太平洋艦隊（バルチック艦隊)」の五個分艦隊を、喜望峰をぐるりと迂回するルートで、ウラジオストクへと派遣。同艦隊はやがて、日本と朝鮮半島をわかつ対馬海峡へと向かった。

一九〇五年五月二十六日の夜、ロシア艦隊は深い霧に身を隠すようにして、日朝間に広がる海峡へと入った。濃霧のなか、病院船「オリョル」は一隻の仮装巡洋艦と遭遇し、両艦は互いを識別するため信号を交わし、「オリョル」側は他のロシア艦も付近にいると付け加えた。だが、その仮装巡洋艦はロシアの軍艦ではなく日本の「信濃丸」だった。彼らはすぐさま「聯合艦隊」司令長官(明治帝のかつての指南役)、東郷平八郎大将に宛てて「敵の艦隊、二〇三地点に見ゆ。時に午前四時四十五分」と打電した。この事例は海戦史における無線利用の嚆矢のひとつとされている。一方、ロシア側も無線の傍受により、〇五〇〇時までに、自国の艦隊が発見されたことを察知した。

東郷はじつに四〇隻――日本海軍が保有するほぼすべての主力艦――を投入するリスクを敢えて冒し、一か八かの決戦に打ってでた。彼がこのとき大本営に送ったメッセージは、その決然たる調子、その沈着冷静な表現により、日本軍事史において語りつがれることになる。すなわち、「敵艦見ユトノ警報ニ接シ、聯合艦隊ハ直ニ出動、之ヲ撃滅セントス。本日天気晴朗ナレドモ浪高シ(2)」である。一三五五時、東郷提督はかねてより用意した旗旒信号、すなわち「Z旗」を掲げるよう指示した。その含意は「皇国の興廃、此の一戦に在り。各員一層奮励努力せよ」だった。

東郷にとって、いちばんの資産がその強靱な神経だとすれば、二つ目のそれは、彼の艦隊がもつ無線装置だったろう。この技術上の奇蹟について、彼はこう形容している。「海をおおう濃霧のせいで、距離が五カイリ離れると、一切の目視は不可能になるが、[無線報告によって]敵方のあらゆる状況は、三〇もしくは四〇カイリの距離からでも明白で、それはまるで肉眼で確認したようであった」と。三つ目の資産は、ロシア艦隊が一万八〇〇〇カイリの航海の果てにようやく戦場に辿りついた点だろう。この間、各艦は推進機関の維持・補修がおこなえず、本来の速力はいまや大幅に低下していた。四つ目は「旅順口海戦」のおかげで、東郷提督は世界でも唯一、弩級戦艦を用いた実戦経験を持っていたことである。ただ、おそらく日本側にとって最大の資産というべきは、これらの利点をすべて活用し、海戦史上最も偉大な戦略のひとつを、東郷が対馬沖で二度もやってのけた点にあろう。すなわち、交戦時における敵前回頭、いわゆる「T字戦法」である。

東郷はまず二〇〇〇時から三時間にわたって、二一隻の駆逐艦、三七隻の水雷艇を送りこみ、ロシア艦隊をあらゆる方角から休むことなく攻撃させた。敵方の注意が防戦一方になる間、東郷は麾下の戦艦群を敵前で一斉回頭させ、縦陣で突っ込んでくるロシア海軍——日本に対して前部砲塔しか使用できない——の前方を横一線で通過しながら、片舷斉射をやってみせた。わずか九〇分で「オスラービア」は史上初めて砲撃だけで沈んだ装甲戦艦となる。併航する旗艦「スワロフ」に乗っていた記録係の幕僚、ウラジーミル・セミョーノフ中佐はこう報告している。「上甲板の鋼板や上部構造はバラバラに引きちぎれ、破片によって多くのものが犠牲となった。鉄製のラッタルは捻れて輪のようになり、大砲は砲架から文字どおり吹き飛んだ。それに加えて、異常な高温をもち、爆発後、辺りをなめるような炎が襲いきて、ほとんどあらゆる物のうえに広がるのが見えた。わたしは実際、鋼板が爆発・炎上するのをこの目で見た[3]」と。

残った六隻の主力艦は降伏を勧告された。ロシア側は国際的な降伏のサインである「X・G・E」という三旒の信号旗を掲げたが、日本側はそれに気づかず、さらに砲撃を続けた。ロシア側の各艦は次いで、旗竿に白いテーブルクロスを掲げたが、東郷は十一年前、中国兵が策略として白旗を用い、結果、艦一隻を失った経験があったため、さらに砲撃を続けさせた。ロシア側はついに機関を停止し、そしてマストの先端に日本の海軍旗を揚げた。完全かつ無条件の降伏をしめす合図だった。

それは世界史上初めて、アジア国家がヨーロッパの海軍を破った瞬間だった。皇帝陛下の旗艦は失われ、ロシアの戦艦すべてと、その巡洋艦、駆逐艦の大半、そして四三八〇名の乗員が失われた。だが、勝利にあっても、東郷はその優雅さを失わなかった。重傷を負ったロシア側の司令長官、ロジェストヴェンスキー提督を病室に見舞ったとき、東郷は敵将への心遣いを忘れず、こう言った。「敗北は軍人の常。なんら恥じることはありません。重要なのはわれわれがその本分を尽くしたかどうかです」[4]と。東郷はその後の年月、例えばハワイで働く日系移民などをふくむ数多くの人々に敬愛され、また提督の名前を冠した日本酒が生まれたりもしている。

「ツシマ」――「日本海海戦」の英語名――におけるロマノフ王朝の軍事的失態にロシア人が不満をいだいたことが、その後のロシア革命の遠因になったとする歴史家も一部だが存在する。ただ、この勝利によって、日本が世界の列強の仲間入りを果たしたという点については、世界共通の認識といってよいだろう。その一方で、イギリスの歴史家、ジェフリー・リーガンは、「ツシマ」は予想しなかったようなさまざまな結果をもたらしたと見ている。爾来、その伝説は「日本の指導者たちに四〇年間とり憑くことになる。世界の列強のひとつに勝利できたことは、より大きな艦船、より巨大で高性能な軍艦さえあれば、太平洋全域で似たような勝利をかちとることも可能であるという確信を一部の軍指導者にいだかせた。わが帝國海軍にはおそらくイギリスだろうと、アメリカだろうと、よく抗し得まい[5]」という確信を。

当時、濃霧の対馬海峡で水雷艇を駆って、ロシア艦隊に攻撃を敢行した、身長五フィート三インチ(一六〇センチ)、弱冠二一歳の海軍少尉はこののち、あまたのライバルを押しのけて、アメリカの対日研究における最大のテーマとなる。五十六という名前は、「ファイブ・テン・シックス」という意味である。かれは高野貞吉という学校教師の息子で、父親が五六歳の時に産まれた六男坊である。子だくさんを果報者とみる日本の伝統により、五十六少年はほどなく、さる裕福な家にもらわれて行き、その後、先見性にすぐれた偉大な軍人に成長する。山本五十六提督は、往事の「日本海海戦」で味わった勝利の感触を生涯忘れなかった。なにしろ腹部にはそのさい破片で受けた傷が残り、また左手の人差し指と中指を、その戦闘で失っていたから。東京の一流ゲイシャたちは、彼のことを「八十銭さん」と呼んだ。それは口紅一本の値段が当時百銭で、山本は二本分足りなかったから。彼女たちは山本提督のことをよく知っていた。驚くほど蠱惑的な「梅龍」ねえさんとすでに十年、いい仲だったから。山本は彼女宛てにも、変革への情熱を語った手紙を何通も書いている。山本五十六は、かれの真珠湾攻撃計画を「Z作戦」と呼び、戦闘のさいは東郷元帥のZ旗を掲げよと命じ、部下たちに勝利のレガシーを思い出させた。数十年後のローズヴェルトと同様、山本もみずからの肉体的ハンディに決して負けまいと決意していた。軍務中はいかなる特別扱いも断ったし、その三本指の手で息子とキャッチボールをやったし、そしておそらくローズヴェルトと同様、他人と違うことがむしろ、かれに新たなアイデアを思いつかせる原動力となったのだ。

一九一二年、東京市長がアメリカに贈った、首都ワシントンはポトマック河畔の桜が官能的な花びらをいつもより早めに散らしたこの年、明治天皇が崩御した。その治世は四五年に及び、それは英国女王、エリザベス一世よりも長かった。帝が子供のころ、かれの国はいまだ封建制で、立ち後れていたけれど、いまや近代国家をしめすあらゆる指標を備えていた。大学、鉄道輸送、全国的な郵便制度さえ。だが、最も偉大な業績は、この国の軍を近代化したことだと、明治帝は信じていた。

「日本海海戦」でロシアに勝利したあと、日本はそれに見合うだけの対価を期待していたが、セオドア・ローズヴェルトがまとめた和平協定（かれはその功績でノーベル平和賞を受賞した）は、勝利者側が賠償金を取ることも、日本が期待していた満洲の土地を得ることも認めぬ内容だった。しかもこのあとに、「第一次世界大戦」後の一九二二年にまとめられた「ワシントン海軍軍備制限条約」が続くのである。日本は結局、戦艦、航空母艦の総トン数で、米英相手に一〇対一〇対六という比率を呑まされた。日本政府の多くの関係者は、これはつまり、わが国が英米両国——かれらはアングロ＝サクソンと総称した——から平等の相手と見なされていない証拠であると受け止めた。同条約がまとまったあと、海軍の首席随員、加藤寛治は悔しさにむせび泣きつつ、大声で誓った。「私にかんする限り、アメリカとの戦争はこの瞬間に始まった。天地神明に誓って、必ず仇を取ってやる！」[6]と。真珠湾攻撃の翌日、日本の内相、末次信正提督はハワイへの総攻撃はじつは一九二二年に始まったのだと語った。「ワシントン条約で一〇対六の比率を強要されて以来、われわれは二〇年余りにわたり口では言い表せない猛訓練を積み、そして今日、そうした訓練がすばらしい成果へとつながったのだ。猛訓練と、鬱積した恨みとが、本日ただいま一気に爆発し、この成功を生んだと言えるかもしれない」[6]と。真珠湾攻撃の立案者のひとり、源田実はこう説明する。一九二二年の数量制限が技術革新を生み、十二月七日〔ハワイ時間〕の大勝利をもたらしたと。「わが国の海軍航空の歴史をつうじて見られる顕著な思想は、攻撃、特に魚雷攻撃の強調である……われわれはまた、急降下爆撃機を導入し、それは高い破壊力を実現し、奇襲攻撃においてその優位性を発揮することが分かった。同条約のおかげで、われわれは、空母艦載機がもつ攻撃面の潜在力に、これまで以上の重点をおくようになったのだ」[7]と。

その同じ一九二二年、アメリカ最高裁判所は、日系移民はアメリカ市民になれないとの判決を下し、さらに翌二三年には、日本人によるアメリカ不動産の所有を禁止するという憲法判断が示された。当時、日系の農業移民はカリフォルニア州の一パーセントの土地で、一〇パーセントの農作物を生産していた。一九二四年、連邦議会は国別の移民割当制度を導入、その中で日本人枠はゼロとされた。東京の新聞一五紙はアメリカ人の侮辱的態度に非難を浴びせ、このあとほどなく、日本の陸軍参謀本部と海軍軍令部はその「帝国国策遂行要領」において、アメリカ合衆国を主敵と位置づけるようになるのである。

日本は、自国がアメリカとヨーロッパから侮られていると感じるだけでなく、自国の周囲を、その欧米の植民地にぐるりと取り囲まれているという事実に、改めて気づかされたのである。香港、マレー半島、シンガポール、上海の一部はイギリスのものだし、中国の山東省はドイツのもの、フランスも上海の別の地区を確保し、オランダは蘭領東インドの広大な地域をその掌中におさめ、またハワイ諸島、ミッドウェー諸島、グアム島、フィリピン諸島はアメリカが握り、そしてソ連でさえ、満洲と遼東半島に食指を延ばしつつあった。真珠湾にいたる年月、日本の指導者は不満の言葉を述べていた。「第一次世界大戦」に勝利したあとでさえ、われわれは外国勢力の包囲下に置かれていると。だが日本はいまや、かつてドイツが持っていた青島、マリアナ諸島、カロリン諸島、マーシャル諸島の管理権を手に入れ、また独自の軍事的成功により朝鮮、台湾、サハリン、琉球諸島、小笠原諸島、澎湖諸島、千島列島、そして満洲の一部をその支配下に置いていた。つまり日本は、いわゆる「十五年戦争」を始める一九三一年よりかなり前から、すでに帝國への道を歩み始めていたのである。

ロンドン・デイリー・テレグラフ紙の海軍特派員、ヘクター・C・バイウォーターが一九二五年、『ザ・グレート・パシフィック・ウォー（大太平洋戦争）』という仮想戦記を上梓した。これをニューヨーク・タイムズ・ブック・レヴューが第一面で取り上げ、その際、同紙は「もし太平洋で戦争が起きたら」という見出しを掲げた。この長編小説には真珠湾のアメリカ艦隊が日本によって奇襲攻撃される場面が描かれており、そのさい日本側はグアム島、フィリピン諸島のリンガエン湾とラモン湾を同時攻撃するとしている。同書と日本の軍事戦略との関連性をしめす文献はないけれど、この小説は一九四一年暮れの出来事を正確に予言していた。バイウォーター作品との奇妙な一致をしめす更なる点は、同書が出版された時期に、真珠湾攻撃を立案した主要人物のひとり、山本五十六が海軍から派遣され、駐米日本大使館にいたことであろう。

海軍の山本は、ちょうどこの頃まで、日本のもうひとりの歴史的人物、すなわち東條英機と、似たような人生を歩んでいた。アメリカ人は「第二次世界大戦」中、山本と東條がアジアのアドルフ・ヒトラーになると見ていた。タイム誌は一九四一年十二月二十二日号において、山本を「日本の侵略者」と呼び、この提督は悪意を秘め、不誠実で、細い目と黄色い肌をしていると描写するとともに、「いずれホワイトハウスで和平条件を伝えたい」と〝豪語〟していると強調した。実際には、アメリカとの戦争を回避するため話し合いをもちたいとする趣旨の発言だったのだが。むしろ彼があまりに熱心にワシントンとの友好を説くものだから、山本は超国家主義のファシストから、何度も暗殺の標的にされたくらいである。

山本も東條も一八八四年、日本の北方にある県において、武士階級に属する家の子として生まれた。二人はともに奮闘努力し、それぞれが所属する陸海軍から派遣され、海外勤務をこなした経験を持っている。陸軍は東條をベルリンに送り、海軍は山本をワシントンに送った。ただ、海外で受けた教育のせいで、以後、両者の共通点は失われることになる。山本提督は自信と人間味にあふれ、楽しいことが大好きで、ほとんど子供みたいな目で世界をわくわくしながら眺め、部下を次々感化し、ともに将棋やポーカーやブリッジに耽ることで、形式ばった日本流を打破してみせた。酒はあまり嗜まなかったが、女性とギャンブルを愛し、特に後者においてはプロ級だった。かつてモンテカルロのカジノでルーレットであまりにバカ勝ちしたものだから、以後、お出入り禁止になったほどである。近しい幕僚の一人はこうふり返っている。「山本長官は、ちょうど海軍の戦略を練るときのように、あらゆるゲームにおいて、いっさいの好機を逃すまいと夢中になるのです。長官はギャンブラーの心を持っていましたから[8]」と。

この若い海軍士官はアメリカ駐在中の数年間、乏しい俸給を物ともせず、全米を極力見てまわった。シラミのいるようなホテルに泊まり、食事は抜きにし、そして彼は、エイブラハム・リンカーンの熱烈なファンになった。地方の貧しい家の出から大統領まで昇りつめたこの男のことを少しでも理解しようと、いまだ十分でない英語力を総動員して、リンカーンの伝記を何冊も読破した。やがてその生き方――「人間の自由の擁護者」になること――は、山本のいちばんの理想となった。英語が上達したいなら、カール・サンドバーグの『エブラハム・リンカーン』〔坂下昇訳〔新潮社〕〕を読めと、幕僚たちにいつも勧めていたくらいである。

この時期、日米の軍事指導者はみな十分に分かっていた。自国が今後戦う太平洋の大規模海戦は、アメリカ南北戦争期の海軍大尉が世紀の代わり目ごろにまとめた革新的な戦闘理論に従って戦われるだろうと。アルフレッド・セイヤー・マハンの『海上権力史論』がその元ネタである。当のマハン大尉は蒸気船が苦手で、艦隊勤務をできるだけ逃げ回っていたものだが。『海上権力史論』は十九世紀の英仏海軍を徹底的に研究したもので、海軍は両国の国防においても、また第三国に対する世界的地位においても、最も重要な推進力として機能したと結論づけている。「海の支配権は……敵国の沿岸や港湾を封鎖し、もしくは攻略したあと、決戦において敵艦隊を打ち破ることで達成される」と。マハンはまた、日本の地域覇権を抑えるため、ハワイ諸島を確保するようアメリカ政府を促してもいる。

アメリカの指導者たちは、最新鋭の戦艦による決戦で、最終的勝利をかちとるという決戦理論を強く信じていた。セオドア・ローズヴェルトなどは一八九七年、海軍好きの従弟、フランクリンの一五歳の誕生日に、マハンの著書を一冊プレゼントしたくらいである。一方、日本もマハンの決戦理論によってロシア、中国との戦争に最終的に勝利を収めたため、かの国の提督はみな、マハンの信奉者となった。マハンの著作はどの言語にもまして、日本語に翻訳されている。しかも主力艦の削減を強いられた日本は一九二二年以降、条約の枠外にある潜水艦、および航空機がらみの関連技術を飛躍的に発展させ、独自の「カンタイ・ケッセン」理論をつくりあげていった。それは、もしアメリカが大規模艦隊をもって太平洋に進出するなら、潜水艦を用いて、西進途中でその数を漸減させるとともに、「国際聯盟」から委任統治を託された島々から航空機を発進させて、空からこれを叩き、最後は本土列島の周辺海域において、海軍の主力部隊を用いて、一気にこれを殲滅するというものだった。

だが、山本五十六は都合八年間（一九一九年から二七年まで）、留学や大使館附き武官勤務などで、アメリカとの間を行き来するうちに、その考えを大きく変えていく。特に、航空兵力こそが戦場の帰趨を決するカギであるという、ウィリアム・ミッチェル陸軍准将の先見性にみちた理論に、山本は傾倒した。ミッチェル将軍はかつて「第一次世界大戦」の折り、アメリカ人パイロットを率いてフランスの空を見事守り抜き、数々の勲章を獲得した人物である。その実績がものを言い、アメリカ議会は、ドイツ皇帝から鹵獲した小艦隊を標的に、ミッチェルがその理論の有効性をためす実験をおこなうことを許したほどである。実験台にされたのは潜水艦「U－117」、駆逐艦「G－102」、軽巡洋艦「フランクフルト」、そして戦艦「オストフリースラント」などだった。ミッチェルの航空部隊は同戦艦に二〇〇〇ポンド（約〇・九トン）爆弾六発を叩きこみ、わずか二〇分で沈めてしまった。

こんなもの、現実世界の戦闘とは似て非なるものだと、陸海軍の将領たちは不平不満を並べ立てたが、ミッチェルの伝記作家、アルフレッド・ハーリーはこう指摘する。たちまち沈めたという「基本的事実そのものが、一般国民の心に強い印象を与えた。なにしろミッチェルはできると言って、現に戦艦を沈めてみせたのだから」と。どうして軍は安上がりな航空機ではなく、いまだに高額な戦艦を求めるのかと議会からご下問があった。これに対し、米軍内部の常習的ライバル関係を抑制するため設立された「陸海軍合同会議」は、パーシング将軍の名を冠する報告書を作成し、「戦艦はいまだなお、艦隊および国家防衛の根幹である」と結論づけた。その三年後、「合衆国航空作戦にかんする下院特別調査委員会」で証言にたったミッチェル将軍は「航空兵力は果たして陸海軍の付属物なのか、それとも陸海軍は事実上、航空兵力の付属物なのかと、改めて問うてみることは、きわめて重大であります」と述べた。この遠慮の欠片もない証言は、かれの上官たちを激怒させ、ミッチェルは一九二五年三月、降格処分を受けた。だがしかし、ミッチェルはかれの大きな夢を諦めなかった。その年の末、海軍航空隊をめぐる惨事が二件、立て続けに起きると、かれの名前がふたたび新聞紙上に戻ってきた。そしてミッチェルは、海軍省と陸軍省はその「無能力や、犯罪的なまでの注意力散漫、反逆行為にほぼ等しい国家防衛上の管理能力不足」[9]を露呈したと言い放った。一九二五年十月、陸軍省はビリー・ミッチェルを軍法会議にかけ、結局、かれは退役を余儀なくされた。

一連の事件の経緯はともかくとして、山本やその同僚で、海軍航空隊を統率する井上成美提督は、ミッチェルの卓見に接し、すでに戦争観を一変させつつあった。すなわち、「航空機の出現により、戦艦はお飾りと化した。[なぜなら]空を制するものが、海をも制するから」[9]というわけだ。山本たちは要するに、海軍は今後、〝浮かべる空軍〟へと自己改造をはかるべきだと確信したのである。井上提督は将来をこう予想した。もし日本が太平洋の空を支配できたら、アメリカは日本を攻撃できなくなる。ゆえに両国海軍がせめぎ合う場は、ハワイからマラヤにかけて広がる、滑走路を築けるくらいの大きさをもった島々の争奪戦に、その焦点が移っていくだろうと。井上の予言は的中したが、真珠湾以降、日本は制空権を維持できず、アメリカが攻勢に転じると、「第二次世界大戦」における太平洋戦域の戦いは、まさにハワイからマラヤに広がる、滑走路を築けるくらいの大きさをもった島々の争奪戦に、その焦点が移っていくのである。

一九二七年にワシントンから帰国した山本は、自国の軍閥勢力に対して警告を発した。アメリカ合衆国を過小評価すべきではない。「デトロイトの自動車工場、テキサスの油田を見れば、日本にはあのアメリカと建艦競争をやる国力がないことぐらい、誰にでも分かるはずだ」[10]と。やがて将官になると、山本五十六はかれの上官たちが愛して止まない二隻の超弩級戦艦、「大和」と「武蔵」を「日本刀と同様、役に立たない」とくさし、多少言葉は選んだものの、上官たちが珍重する「カンタイ・ケッセン」理論についても、批判の言葉を口にした。その後、海軍次官に就任すると、かれは海軍部内の穏健派グループ、いわゆる「条約派」の一員であることが明らかとなった。つまり、戦争は最初の手段ではなく、最後の手段だと信じる面々である。当然、ファシストからはアングロ＝サクソンの「走狗」よばわりされ、天誅を加えるべしなどと脅された。[11]暗殺に報奨金を出すなどといった穏やかでない話も聞こえ、とあるテロリストが山本の渡る橋に爆弾を仕掛けた事件（事前に発覚した）などもあった。かれが海軍省に勤めている間、山本の家には武装した守備隊による巡回がなされていたほどである。

つまり真珠湾攻撃の構想・立案に大きく寄与した人物のひとりは、アメリカとの戦争に最も不熱心な男であり、それはやはりかなり目立つ存在だった。なにしろ二〇世紀の最初の数十年、日米両国の陸海軍は互いを攻撃する戦争プランを定期的に立案していたのだから。「パナマ運河地帯」と並んで、オアフ島はアメリカにとって、「ポスト第一次大戦」期の最も重要な軍事基地であった。米海軍はハワイにおよそ七五〇〇万ドルを投じたし、また米陸軍は一億五〇〇〇万ドルを超える資金を投入し、結果、オアフ島の守備隊はアメリカでも最大級、装備の面でも屈指の基地となった。

一九三六年、日本の海軍大学校は「対米戦略戦術作戦研究」を作成する。そこには「敵の主力艦隊が碇泊している場合、空からの奇襲攻撃によって戦端を開くべきである」[12]との記述が見られる。一九三二年の二月一日から十四日にかけて、アメリカの図上演習「統合大演習ナンバー4」がおこなわれた。同演習は陸軍が守備するハワイの島々に対し、海軍航空隊が奇襲攻撃を仕掛けるという想定で実施された。攻撃は二月七日日曜日の払暁に開始され、海軍側は完璧な奇襲に成功し、やすやすと勝利を収めた。アーサー・ラドフォード提督は当時をふり返る。「演習のもつ大まかな性質についてはかなりの部分、公開され周知のもので、日本側も印刷物を通じて細部にわたる情報を得ていたはずである。かれらの真珠湾攻撃はほぼ十年後、同演習と二カ月と離れていない時期に実施され、内容はほぼ瓜二つだった[13]」と。

一九三八年一月十日、エドワード・マーカム大佐は米陸軍省のためハワイの軍事力にかんする調査をおこない、次のような結論に達した。「日本との戦争はある日突然、なんの前触れもなく起きるだろう。歴史の最も明白かつ最も重要な教訓は、開始のタイミングを日本側が決定するということである。その統治形態ゆえに、日本の陸海軍は危機が迫った場合、文民統制から独立した形で陸海軍関連の作戦を開始・遂行できる。……もし仮に合衆国と日本国のあいだで敵意が高まった場合、ハワイ諸島が真っ先にその行動の対象となることに疑問の余地はなく、そして日本はこれら諸島に対する強力かつ決然たる攻撃を、その利用可能な人力および資源をもって実施するであろう[14]」

日本とドイツという、文化と礼節を重んじる長き伝統をもった二つの国が、どうしてファシストの無頼漢の揺さぶりに屈してしまったのだろう。文明というものはかくも脆く、かくも不安定で、古いセーターのようにあっさり脱ぎ捨てられてしまうものなのだろうか。両国が陥穽に嵌まったきっかけは社会的混乱にあった。「大恐慌」が猖獗をきわめ、多くの国が輸入関税を引き上げるという近視眼的な弥縫策にうってでると、日本はとりわけ悲惨な状況に陥った。その主要産品であるシルクが他国に売れなくなり、それがため、たちまち何も買えなくなったのだ。なかでも痛かったのは、石油関連製品の輸入難だった。一九三二年までに、ドイツではおよそ二〇〇〇万人が飢餓に瀕するようになり、また日本では大卒者でも五人に四人が職につけず、農村地帯では凶作が続き、主食のコメは配給制となり、米穀通帳がないと手に入らず、かくて貧困が常態化するにつれ、娘たちは遊郭に身売りされ、そして息子たちは偉大な明治時代の〝志士〟のように、わが国の政治には革命的変化が必要だと考えるようになった。そうした農村出身の息子たちにとって最大の成功が、陸海軍に入ることだった。そしてまさにその陸海軍において、革命のシナリオが書かれるようになるのである。歴史家のドナルド・ゴールドスタインは言う。「一九二〇年代から三〇年代にかけて、アメリカの最も良質で聡明な人材は、軍隊には行かなかった。だが日本では、軍に入ることこそ、最良の道だったのである[15]」

偉大な祖父は革命家たちに担がれて、明治という新時代を切り開いたけれど、それとどこか似て孫の裕仁天皇の周囲にも、帝國の復興をねがう過激な軍国主義者たちの姿があった。一九二一年十月、陸軍からドイツ方面に派遣されていた四人の少壮将校がバーデン＝バーデン市のリゾート地、シュヴァルツヴァルト（黒い森）に集まり、ある取り決めを密かにむすんだ。このグループは帝國陸軍の管理・人事面を思い切って刷新しようと目論んでおり、その大半はその後「統制派」と呼ばれ、ひどく現実的な方向性を持っていた。この面々のいだく夢は、日本から腐敗した政治家や財閥を一掃し、聖なる存在である天皇陛下が、大いなる陸軍による完全かつ超法規的な支持のもと、国民を導き、さらに将軍たちがその戦闘力をもって政治生活の主人公となり、その部隊がつねに総力戦に備えられるような世界を実現することだった。この密約に加わった一人はのちに、超国家主義的テロリスト集団、「皇道派」の主要支援者になるが、別の一人はやがてこの国を率いて「第二次世界大戦」を戦うことになる。かれの名前は東條英機といった。

一九二八年六月四日、満洲軍閥の頭目、張作霖は北京を引き揚げ、みずからの本拠地である奉天(瀋陽)へと向かっていた。だが、かれの乗る列車は爆破され、張作霖は殺害された。次いで一九三一年九月十八日、同じく日本が管理する鉄道沿線で、別の爆弾が破裂した。これを受けて、日本の「関東軍」は、下手人は中国の反乱部隊だと非難し、遼寧省の中心都市、奉天へと攻め入った。「関東軍」はそもそも、遼東半島の先端部にある関東州と鉄道の沿線一帯——一九〇五年の日露戦争における勝利を受けて、セオドア・ローズヴェルト大統領の斡旋で日本の管理下に入った——を守る部隊を起源としていた。予想外の軍事行動に、東京の司令部は撤退を命じたけれど、関東軍は独断専行、次々と戦線を拡大し、五カ月で満洲全土をほぼ支配下におき、これを実質的植民地に変え、鉄鉱石、石炭等々の主要産品や、さらにはロシアとの緩衝地帯まで手に入れた。

日本の新聞各紙の編集幹部は、いずれの列車爆破事件も関東軍が企てたものだと知っていた。だが、かれらは同時に「わが陸軍、長春から吉林へ歴史的行軍」とか、「皇軍、斉斉哈爾に突撃」などという見出しを掲げると、新聞の部数がうなぎ登りになることを目の当たりにするのだった。一九三二年三月一日、日本は中国東北部に「滿洲國」を正式に建国し、ほどなく五〇万の日本人入植者がこの新国家に定住するようになり、さらには中国清朝〝最後の皇帝〟で、満洲族である愛新覚羅溥儀が、この国の執政(のち皇帝)に据えられるのである。

一九三二年一月二十八日、中国人の暴漢が上海で五人の日本人僧侶を襲い、うち一人を殺害するという事件が起きた。これを受けて、日本軍は報復のための大規模軍事行動に出、結果、数十万の命が奪われた。一九三二年にはまた、東京で陸海軍の青年将校が決起し、満洲進出に反対する〝腐敗した〟指導者を暗殺する事件が発生。そうした犠牲者のなかには、首相や蔵相、教育総監まで含まれていた。

いまや伝説と化している、大日本帝國陸軍の野蛮性が際立っていくのがこの時期であり、そして関東軍はある意味、新兵たちの〝訓練キャンプ〟になっていく。例えば、富永正三中尉はこうふり返っている。「われわれは新兵たちのための訓練を計画した。その最終段階は、生きた人間を銃剣で突き刺すことだった。捕虜は目隠しをされ、柱に縛りつけられた。兵士は『突撃！』と叫んで、銃剣を標的にむけて突きだした。途中で動作が止まるものもいた。そういう兵士には蹴りを入れ、命令どおりにやらせた。これをやった男は、以後、どんなことも易々とやれた。軍は戦える男をつくったのだ。……人間が人殺しに変わったのだ。三カ月もあれば、皆、そうなる。人は持てる人間性を抑制されたときだけ、勇敢に戦えるようになるのである[16]」

一方、日本国民はこの十五年におよぶ戦争のなかで、自国の軍隊が海外で企てた陰謀の数々について、知らされずじまいだった。

この時期、十年近くにわたり、アメリカ駐日大使をつとめたのは、ボストンの名門出身で、自制心と洞察力をそなえたジョゼフ・クラーク・グルーだった。グルー大使はフランクリン・ローズヴェルト大統領や、サムナー・ウェルズ国務次官と同様、グロトン校からハーヴァード大学へという典型的なエリート・コースをたどった、ワシントンの国際派の一員であり、アメリカは大西洋と太平洋の間で孤立の道をすすむのではなく、むしろ両大洋のかなたの国と、交易や防衛面で、より積極的な交流をおこなうべきであると信じていた。ジョゼフ・グルーはこれまでにデンマーク大使やスイス大使、トルコ大使を歴任した職業的外交官だったが、特に日本大使になって以降の八年間は、妻のアリス——ペリー提督の兄弟の孫娘にあたり、流暢な日本語を話した——とともに、東京の上流階級の一員となった。おかげで、グルー大使は日本政治の複雑さについて、深い理解を得ることができたが、そんな大使の知見はワシントンでは一顧だにされなかった。

一九三二年八月十三日、グルー大使はヘンリー・スティムソン国務長官宛てに、日本の中国侵略にかんする一通の覚書を送った。そこには以下のような一節がある。「現下の情勢は、外国政府に非難を浴びせることで、国民の戦争心理を煽った一九一四年のドイツ政府の取り組みを強く想起させる。そうした取り組みは、例えば無差別潜水艦戦のような何らかの新たな冒険行為を仕掛ける前触れとして、くり返されてきた。そしていま日本でも、外国一般、特にアメリカに対する国民的敵意の意図的煽動がおこなわれている。それは間違いなく同様のプロセス、諸外国の、特にアメリカの反対を前に、満洲国をめぐる冒険行為にむけ、その軍事的手段を強化するためのものであろう。それは日本側の強さの表れではなく、弱さのそれであると私は考える。日本の国内経済、財政状況は現在深刻で、今後絶望的になる可能性もある。農民がかかえる状況は特にひどく、多くの産業が下降局面にあり、失業者は増加の一途。……そうした状況下の国民感情はつねに危険をはらんでいる。ドイツでは巧みに醸成された国民心理の支持のもと軍事機構が牙を剝き、一九一四年、あらゆる抑制作用を凌駕した。日本の軍事機構もこれと異ならない。戦争に向け建軍がはかられ、戦争準備が整ったと感じ、やがて戦争を歓迎するようになるだろう。日本はこれまで一度も敗北を経験せず、無限の自己確信をいだいている。わたしは徒に警鐘を鳴らすものではないが、アメリカは将来のあらゆる不測の事態に、目を見開いておくべきだと信じている。事実から目を背けることが、犯罪行為に等しいことは、歴史の事実が示しているからである」(17)

だが、グルー大使のボスは、もっとタカ派的な見方の持ち主だった。ハーバート・フーヴァー大統領は八月十一日、新ドクトリンを発表、「わが国は、平和協定の侵害によって獲得した領域を自国領と宣言することを、現在も将来にわたっても断じて認めない」[17]とした。同政策は、フーヴァー政権の国務長官がまとめた原則であり、このいわゆる「スティムソン・ドクトリン」に従うならば、ワシントンは当然ながら、日本が中国内にもうけたいかなる〝政府〟に対しても、不承認をもって応じるはずである。だが、日本側から見ると、この「スティムソン・ドクトリン」なるものは、偽善の極みであった。なにしろ、アメリカが太平洋に保有する〝領土〟はすべて力ずくで獲得したものなのだから。フーヴァー大統領は一九三二年の大統領選でローズヴェルトに敗れたが、スティムソン自身は新政権の陸軍長官として閣内に留まり、また元大統領で最高裁長官でもあったウィリアム・ハワード・タフトのお墨付きも得ていたことから、「スティムソン・ドクトリン」自体は、その後もずっと、アメリカのアジア外交政策の柱となり、そのまま真珠湾へとつながっていく。

一九三三年二月二十四日、「国際聯盟」に加盟する四〇余カ国の代表がスイスのレマン湖畔は「パレ・ウィルソン」に集まり、「満洲事変」における日本の行動について話しあった。結果は、賛成四二／反対一（日本のみ）で、日本はその部隊を撤収し、主権を中国に返還するよう勧告された。すると日本代表団の松岡洋右全権は演壇に近づいた。子供のころ、かれの一家は息子の養育が困難なほど貧しかったため、松岡は一三歳のとき、米オレゴン州はポートランドのメソジスト宣教団の保護下で暮らした。かれはそこでフランクと呼ばれ、やがて農場労働者や用務員、ウェイター見習いや鉄道員、代用牧師などをつとめることで貧困を脱したが、その間、人種差別に直面した。かれはのちに満鉄副総裁、さらには日本の外務大臣にまで昇りつめるのだが、そのポストにおいて彼は、ムッソリーニのファシスト党風の政党づくりに励み、さらに日独伊三国同盟の結成に尽力する。ただその一方で、松岡洋右は一九三八年、ユダヤ難民の救出に当たり、日本が支配する上海にかれらの安全圏を設けるなどもしている。

その夜、「パレ・ウィルソン」の壇上に立った松岡はこぎれいな白いネクタイに燕尾服すがたで、ヒトラーを思わせるロヒゲをたて、こう述べた。日本は当「国際聯盟」の常任理事国であり、これまで財政・外交の両面で過分の負担を引き受けてきたが、脱退することにすると。じつは脱退して帰国せよという東京の指示に、松岡自身は反対だったのだが。ところが、スイスで威勢のいい啖呵を切って帰ってくると、人種差別主義者で傲慢な西洋に果敢に立ち向かった男として、自分が国民的英雄になっていることを松岡は知るのだった。だがしかし、聯盟脱退はまた、これまで軍部の暴走をなんとか抑えていた文民政府にとって、その対抗手段を失うことをも意味した。アジアにおける戦争犯罪にかんし、日本の行動をしばる国際機関の桎梏はもはやなくなり、日本陸軍は以後、帝國建設に一意邁進し、ファシスト革命の気運も、その勢いを増していくのである。

一九三六年二月、陸軍の青年将校が率いる一五〇〇人の部隊が日本の大蔵大臣、内大臣、そして総理大臣と間違われたその義弟を暗殺した。テロリストたちは陸軍省や国会を襲い、これを占拠し、議員たちに命乞いを強い、彼らのマニフェスト「蹶起趣意書」を公表した。そこにはこうあった。「神国日本という国体は、記憶にないほど昔から果てしない未来にいたるまで、天皇陛下が統治なされるという事実のなかに存在するのである。この国の自然の美しさは、世界にあまねく伝えられるべきで、それでこそ、日の本のすべての人間はその人生を十全に味わえるのだ。ところが近年、物質的な富をかき集めることをその主たる目的とする輩が数多く現れ、日本国民の福祉や繁栄を一顧だにせず、結果、天皇陛下の統治権をはなはだしく害している。いわゆる元老、重臣、軍閥、財閥、官僚、政党はすべて、わが国体を破壊する売国奴である「謹んで惟るに我が神洲たる所以は万世一系たる天皇陛下御統帥の下に挙国一体生成化育を遂げ遂に八紘一宇を完うするの国体に存す。此の国体の尊厳秀絶は天祖肇国神武建国より明治維新を経て益々体制を整へ今や方に万邦に向つて開顕進展を遂ぐべきの秋なり。然るに頃来遂に不逞凶悪の徒簇出して私心我欲を恣にし至尊絶対の尊厳を藐視し僭上之れ働き万民の生成化育を阻碍して塗炭の痛苦を呻吟せしめ随つて外侮外患日を逐うて激化す、所謂元老、重臣、軍閥、財閥、官僚、政党等はこの国体破壊の元凶なり[18]」

これら叛乱軍兵士はたちまち包囲され、収監され、裁判にかけられ、処刑された。ところが、報道機関や国民の多くは、かれらの〝無私の想い〟自体は、崇敬に値すると考えた。そして、そのような世論の反応は、暗殺やクーデターを脅迫手段に用いる過激派の影響下に日本政府を追いやっていく。軍部は確信した。一般大衆が全体として〝コクタイ〟を信じているあいだは、軍はいかなる敵をも打倒できると。日本国は現人神たる天皇陛下に直接統治されるという独自の文化を持ち、われわれは故に唯一無二の民族であるという確信をいだくこと、それこそが〝コクタイ〟の核心だった。そして、その〝コクタイ〟に反する行為をおこなった者たちは一九三六年以降、「思想犯保護観察法」を根拠に、特高（特別高等）警察によって、ただちに収監されるようになっていくのである。

こうした〝コクタイ〟やら〝テンノー・ヘイカ・バンザイ〟やらについて聞かされると、外国人は当然ながら、こう思いがちである。どうやら当時の日本人は、自国の国家元首を聖なる存在、またその統治は「三種の神器」――それぞれ勇気と慈愛と叡智をあらわす剣と曲玉と鏡――と共にある絶対的なものと本気で信じていたらしいと。しかも、その〝神器〟なるものは、日本の夜明け、太陽神である天照大神が天孫降臨にあたり、彼女の孫、ニニギノミコトに与えたものが、その曾孫である初代の神武天皇まで延々と受け継がれてきたというのだから。だがしかし、現実には、立法機関と軍指導者、そして総理大臣と閣僚たちが政府の各種政策について合意に達すれば、天皇はそれに同意することが伝統とされ、また同意することが期待されていたのである。そして、いったん同意が得られると、コンセンサスの結果であるそうした政策は、あたかも天皇個人の判断であるかのように、国民に示されるのである。

いまだ皇太子時代の裕仁親王に対し、十年にわたって個別指導教官の役割を果たした人物は、自分に託されたこの教え子に対し、ひとつの原則を熱心に説いた。政治に無用の干渉をすると、皇族全体に対する評判や、あるいは大和民族の現人神という唯一かつ高遠なる御立場を、損なう結果になりますぞと。伝統と、そして自分自身のなんとも気詰まりな社会的立場によって、あらゆる自由を奪われた裕仁親王は、臣下たる将軍や提督、大臣や顧問のほとんど全員が好きではなかった。昭和天皇がなりたかったのは絶対的権限をもつ皇帝ではなく、海洋生物学者だったから。かれは日本酒よりウィスキーを好み、西洋のクラシック音楽に耳を傾け、ゴルフを愛した。顔にはほくろが多かったけれど、それは日本では幸運の証しとされた。昭和天皇は物持ちのいいことでも知られ、チビたエンピツをいつまでも使っていたし、ぼろぼろになった服を着て、時にそれはボタンがずれていたりもしたけれど、構わずそれで皇居内を散策したりした。これらすべてが重なって、昭和帝はごく曖昧な言葉で、自分の意見を述べる指導者になった。対する臣下たちは、その判じ物のような、表情にとぼしい発言から真意をくみ取らなければならなかった。大抵それは詩のような形をとり、先祖の和歌の引用もあった。命令というには曖昧であるため、軍の強硬派は自分たちが望む意味にそれを解釈した。それでも、昭和天皇は一九二三年と三二年に暗殺未遂を経験している。

一九三六年十一月二十五日、日本とドイツは「日独防共協定」を結んだ。ともに手を携え、共産主義の脅威と戦おうというわけだ。グルー大使がワシントンに送った報告には、日本外務省はこの協定に軍事的要素はないと断言していると書いてあったが、日本に駐在する各国外交官の中には、日本がナチの高官と軍事がらみの秘密了解覚書を交わしていることを知っているものも結構いた。ただ、日本海軍は相変わらず親英米の姿勢を維持していた。海軍航空隊の将来性を予見していた井上成美などは、『わが闘争』をドイツ語で読み、その反アジア的な視点、日本に対する痛罵の数々が日本語版かららきれいに消えていることにショックを受けたほどである。

一九三七年七月七日、中国と日本の兵士はそれぞれ北京南西郊の盧溝橋付近で演習をおこなっていた。数発の発砲があった。翌七月八日、日本の将校一名のすがたが見えないことが判明。日中間で休戦交渉が始まったその時、さらなる発砲があった。だれが撃ったのかは分からない。日本側は共産党の工作員による謀略だと考えたが、中国側は日本がまたぞろ、満洲の鉄道爆破と似たような事件を起こそうとしていると受け止めた。これにつづく散発的な、混乱に満ちた小競り合いはやがて本格戦闘へと発展し、最終的に、北京と港湾都市天津は、日本の手に落ちるのである。

日本の多くの指導者は、こうした帝國的野心はドイツの模倣ではないと考えていた。われわれは要するに、アメリカと同じ道を歩んでいるに過ぎないと。西半球に対するいかなる植民地化の試みも、アメリカ合衆国は敵対行為と見なし、軍をもって対抗するという一八二三年の「モンロー主義」、われわれはあれをそっくりマネているだけであるというわけだ。「アジアはアジア人のものであり、日本はその上位に位置する」という世界観は、同じく一八二三年に、江戸期の政治学者、佐藤信淵がその著『宇内混同秘策』で唱えたものであり、かれは日本を、そうした世界の礎と捉えていた。日本がまずは満洲を、次いで中国全体を征服することで、世界の残りの部分の「領有」にむけ、容赦ないプロセスが開始されると、佐藤は説いている。この「八紘一宇」と呼ばれる思想について、例えば、政治家の幣原喜重郎は一九二〇年代、これはつまり、「世界の八つの隅をすべて、同じ屋根の下に置き、ともに責任を分かちあう」という意味だと説明している。石原完爾陸軍中佐の説明はもっと具体的だ。「日支鮮蒙四民族の共栄共存。日　統治及大企業。支　労働及小企業。鮮　水田。蒙　牧畜[19]」

と。日露戦争でモスクワと東京の和平を仲介し、結果、数多くの日本人を切歯扼腕させた米大統領、セオドア・ローズヴェルトは「ポーツマス条約」と同じ年、ハーヴァード大学時代の旧友で新聞記者の金子堅太郎と会ったさい、こう示唆している。日本もまた、独自の「モンロー主義」を追求すべきであると。一九三〇年代、日本では陸海軍の青年将校のあいだで民衆煽動家、北一輝の手になる『日本改造法案大綱』がしきりと回し読みされていた。同書は大意、次のように述べている。「わが国の保護と指導がなければ、インドと中国の七億同胞に自立の道はない。……唯一可能な国際平和は、国際間の戦争を経たのちようやく実現され、故にそれは、当然ながら世界の大小国家の上に君臨する最強国家の出現によって維持される封建的平和であろう[19]」と。

第二次世界大戦中、日本はこの日本式「モンロー主義」により、アジアにおける自国の軍事侵略を正当化した。そこで掲げられた「大東亜共栄圏」というスローガンは、過日、国際聯盟の議場を退席し、いまや外務大臣の要職にある松岡洋右がしきりと唱えている考えだった。一九三五年十二月二十三日、外務省の高官、来栖三郎――のちに日米間で危機的状況が進行するなか、ワシントンに外交特使として派遣される――は、東京でアメリカ大使館員と面会し、この新たな概念についてこう説明している。大英帝国は劣化し、ソ連邦は見果てぬ夢を夢見る集団にすぎず、いまや西洋の大国は、アメリカ合衆国一カ国になった。合衆国が西洋文明の指導者になるように、日本は東洋文明の指導者、すなわち「中国、インド、蘭領東インド等々の領袖」になるよう運命づけられているのだ。そう述べたうえで、来栖はこう主張した。この新興のワールド・パワー同士は決して戦ってはならない。それは自殺行為になるからだと。

一九三〇年代には日本が仮想敵国だったという状況は、こんにちのアメリカ人にとって、なんとも想像しづらい面がある。しかもその時代、アメリカの最も近しい友好国は中国だったのである。一九三八年におこなわれた世論調査によると、アメリカ人のじつに八〇パーセントは、地球規模の反ファシズム闘争において、中国をごく自然な同盟相手と考えていた（ちなみに、イギリスもそうだと答えたアメリカ人は、四〇パーセントにすぎない）。この時期、アメリカの伝道団はキリスト教への改宗者を求めて、数十年にわたり中国全土を布教して回っていた。それに要する経費は、ちょうどフランクリン・ローズヴェルト大統領が展開した「マーチ・オブ・ダイムズ（小児麻痺救済募金運動）」のように、恵まれない子供たちへの寄付として集められた浄財によって賄われていた。中国にいるキリスト教伝道団と、アメリカ本国にあって募金活動に尽力する人々の巨大なネットワークは、中国という国を、いまは苦難にあえいでいても、いずれはアメリカを追って、デモクラシーの道へと続くはずの国であり、いわば彼らは、最も熱心に付き従ってくる弟たちなのだと終始一貫、描いてみせた。そうした中国人のキリスト教化に熱心に取り組むアメリカ人の中に、例えば、メディア王（にして、かつまた自身、中国で布教活動に励んだアメリカ人の息子である）ヘンリー・ルースとか、ベストセラー作家で「ノーベル文学賞」をとったパール・S・バック女史などがいた。ルースは傘下のタイム誌、ライフ誌、ルック誌を総動員して、自由のため立ち上がったアメリカ独立戦争になぞらえる形で、日本の野蛮な侵略に対する中国人の抵抗運動を日々報じ、また劇場で娯楽映画の前に流されるニュース映画枠を使って、日本の飛行兵たち――誰もみな詰め物をした木綿のヘルメットに、顔全体を覆うようなゴーグルを付けているせいで、人間よりむしろロボットに見えた――が嬉しそうに、水田や水牛を銃撃したりするさまや、あるいは地上の邪悪な日本兵が、無防備な中国農民を手荒く扱ったり、漆喰と藁でできた貧相な小屋に火をかけるさまなどを、スクリーン上に映し出してみせた。大恐慌時代のアメリカ国民は、宋家の美人姉妹――現指導者・蔣介石の妻、マダム・チャン（宋美齢）、建国の父・孫文の妻、マダム・スン（宋慶齢）ら――の艶やかな魅力にノックアウトされた。そうした空気のなかで、アメリカ初のペーパー・バック事業立ち上げに動いていたポケット・ブックス社も、アメリカ人の中国びいきに着目した。同社は一九三八年、市場動向を確かめるため、この廉価本の試験販売をおこなったが、そのさい選ばれたタイトルこそ、日々を懸命にいきる中国の貧農や邪悪な地主が織りなす感動巨編、パール・バックの『大地』だったのである。ただ、この中国人への揺るがぬ応援や支持は、その高い道徳性はともかくとして、より大きな国益との関連性に乏しいため、アメリカ政府関係者はむしろ当惑を覚えていた。「われわれは中国に対して、大きな感情的関心、小さな経済的関心をいだいてはいるものの、それは死活的に重要な国益とは無縁のものです[20]」と、アメリカの駐仏大使、ウィリアム・クリスチャン・ブリットは当時、ローズヴェルト大統領に言っている。

中国を高く評価する一方で、アメリカ人の日本人に対する評価はきわめて低かった。なにしろ連中は頭の回転が鈍く、合理的な発想ができず、幼稚で、非現実的で、強迫観念にとらわれ、内耳の欠陥、極度の近視、そして出っ歯という身体的問題をかかえ、要するに劣等人種であるというわけだ。あんな日本に、アメリカ攻撃がうまくやれるはずがない——と相当数のアメリカ人が思っていたことが、真珠湾の奇襲攻撃を成功させた大きな要因のひとつである。国務省で最も影響力のあったアジア専門家は、中国で五年間、教師として過ごしたあと、日本侵略の中心都市、奉天の総領事をつとめた人物である。そのスタンリー・ホーンベックはこう主張していた。ワシントンが東京に何を要求しようと、臆病な日本人が攻撃してくることは金輪際ないと。真珠湾直前ともいうべき一九四一年十一月二十三日、国務省外務職員局のジョン・K・エマーソンが任地先の東京からワシントンに戻ってきた。アメリカがこれ以上、日本を追い詰めると、こちらも一発喰らわすぞと、日本の軍国主義者たちは言っている——。エマーソンがホーンベックにそう伝えると、彼はそれがどうしたという感じでこう言った。「歴史上絶望から開戦した国は一つもなかった[21]」と。じつはそれを裏付けるような言葉が、一九四一年十月七日付けの、とある書簡の中にあるのである。それは高木八尺東京帝大教授がジョゼフ・グルー駐日大使に宛てて書いたもので、大使はこの情報を国務省にきちんと伝達している。戦争の危険はいまや最大級となっており、「アメリカによって窮地に追い詰められたと感じたら……日本はたとえ成算がなくても捨て身で反撃する」[21]だろうと。ホーンベックの強硬姿勢は、実は、陸軍長官ヘンリー・スティムソンの対日スタンスを映したものだった。フィリピン総督の経験を持つスティムソンは、自分は「東洋人の心」が分かるのだと主張していた。「日本相手のときは、他国と違って、手荒く扱ってやらねば[21]」とスティムソンは言っていた。

真珠湾攻撃から五〇年、そして「9・11 同時多発テロ」が起こる八年前のこと。CIAのアナリスト、A・R・ノースリッジは一九九三年九月二十二日、これら一連の動向にかんする「真珠湾報告書」を作成し、こう総括している。「われわれが日本の攻撃を予見できなかったのは明らかに、もっぱら誤ったステレオタイプをもとに、敵国を判断していたためである。今日、兵器や情報収集技術の発達により、新たな真珠湾タイプの奇襲攻撃に見舞われる可能性はなくなったが、誤ったステレオタイプ化は、ほぼ人的側面によって左右されるため、敵の能力や意図を見誤る可能性は依然として消えない。……真珠湾当時、われわれアメリカ人は日本人をどんな人間と考えていたのか、そして当時のアメリカ人は自国に対し日本人がどのような意図を持っていると考えていたのか。……『日本人は、われわれの間に利害の対立がある場合、可能ならば、あるいはそれしか方法がない場合は、不和の種をまこうとする蓋然性が高いが、彼らにはわれわれに深刻な危害を及ぼすだけの能力はなく、そしてそのことは彼ら自身も十分自覚している。他方、彼らはあまりに教養が高く、礼儀正しいため、われわれに危害を及ぼそうにも、結局、妙案は浮かばないだろう』といった具合だった[22]」

一方、日本人の側もそうした文化的、人種的盲点をかかえていた。歴史家のドナルド・ゴールドスタインは言う。アメリカ人は日本人を「ヒトの進化の低い段階にあると信じ、そして皮肉なことに、日本人もほとんど同じような目で、アメリカ人を見ていた。日本人にとってアメリカ人は決して、清く正しい《ピュア》存在ではない。そうしたアメリカ観は映画によって形成された。彼らにとってアメリカ人とはギャングであり、浮浪者であり、売春婦だった[23]」と。日本人はまた、アメリカは金持ちの、金持ちによる、金持ちのための国家だと見ていた。「統制派」のメンバーである辻政信陸軍大佐はやがて、一九四一年の東南アジア方面に対する驚異の総攻撃（真珠湾もその一環）の計画立案に参画するが、その「あ号作戦（南方作戦）」において、辻大佐はかれの同僚たちの多くがそうだったように、わが「大東亜戦争」は日本側の勝利で早期決着すると想定していた。「アメリカ人は商人であり、ゆえに利益を生まない戦争はそう長くは続けないというのが、当時のわれわれの偽らざる考えだった[24]」と。

十三年間にわたり、アメリカの指導者たちは日が落ちると、ホワイトハウス内の図書館をかねたオフィスに集まり、カクテルを楽しんだ。そうした飲み物は、車椅子に腰かけたローズヴェルト大統領が室内のカウンターで自ら作ったお手製だった。エレベーターに隣接するその二階の部屋には、大統領が一人きりで「ミス・ミリガン」を楽しむための専用カード・テーブルや、かれの切手コレクションが収納された棚、そして美術館級の絵画や彫刻――題材はどれもスクーナー、バークといった帆船や、蒸気船、戦艦とすべて船ばかり――がすべて詰まっていた。そこでの話題は上質のジョーク、とっておきの逸話、さらにはノルウェーのフィギュア・スケート選手、ソニア・ヘニーからシャーリー・テンプルにいたる様々な人物の最新ゴシップのみに限定されていた。なぜなら、昼間のその部屋は、このアメリカでもある意味、最も厳しい時代に、この国を切り盛りする男女たちがつどう会議の場だったから。

ヘンリー・スティムソン陸軍長官や大統領の側近、ハリー・ホプキンズ氏はもとより、その二階の部屋で日々顔を合わせる面々には、ローズヴェルトの軍事顧問で人事担当の責任者、エドウィン・〈パー〉・ワトソン将軍や、フランク・ノックス海軍長官、海軍作戦部長のハロルド・〈ベティ〉・スタ一ク大将、「合衆国艦隊」司令長官のアーネスト・J・〈アーニー〉・キング大将、陸軍航空隊参謀長のヘンリー・〈ハップ〉・アーノルド大将、陸軍参謀総長のジョージ・キャトレット・マーシャル大将などが含まれていた。それぞれに我の強い異能集団がこれを上回るほど顔を揃えた例はおそらく、エイブラハム・リンカーンの閣議ぐらいだったろう。ローズヴェルトは巻きたばこ用の小パイプを振り回しながら、絶え間なくジョークを飛ばし、笑い声をあげ、「いいね、いいね」を連発していたが、マーシャル将軍は笑みさえ浮かべなかった。スティムソン陸軍長官によると、大統領の話に耳を傾けることは「がらんとした部屋に差しこむ気まぐれな太陽の光を追いかけるような感があった[25]」が、一方、マーシャル将軍の話は、徹頭徹尾簡素で、必要なことだけを淡々と述べるだけだったという。「ニコリともせず、一歩も退かず、背筋をピンと伸ばした長身の将軍閣下「マーシャル」は常に格式張っており、規律面でもその態度でも謹厳実直なため、そうした要素に欠ける彼の最高司令官どの「ローズヴェルト」から、その無愛想な態度は何とかならんのかと言われていた」と、伝記作家のデイヴィッド・フロムキンは書いている。「だが将軍閣下は大統領のジョークに笑うことをあくまで拒んだ」と。

一九三七年七月十二日、ローズヴェルト政権の国務長官、コーデル・ハルはワシントン駐在日本大使、斎藤博にたいして教え諭した。戦争は勝者にも、そして敗者にも損害をもたらすので無駄であります。斎藤大使のお国のような第一級の列強は、貿易と企業活動に一意専心する一方で、自己抑制に努める余裕もおありでしょうし、それこそが正に、平和と繁栄のカギなのですと。それは「モーゼの十戒」のようにハルが信奉している「平和の八本柱」のひとつだった。さらにハルは斎藤にこう持ちかけた。中国の一部の省をめぐるつまらぬ小競り合いのかわりに、日本とアメリカが協力して、太平洋に平和と繁栄の安定した未来を築くことは可能なのではないかと。ちょうどその前年、一九三六年十二月、南北アメリカ各国がブエノスアイレスに集い、その「パン＝アメリカ会議」の席上、「連帯と協力のための原則」が宣言されたが、ちょうどあれに似たような親善プログラムを重ねることが適切なのではと。

ハル国務長官は、文字どおり丸木小屋で生まれた。テネシー州の山岳地帯の出身で、六九歳。巡回裁判所の判事をふりだしに、下院議員、上院議員をつとめ、数十年におよぶワシントン暮らしを続けてきた。政界の隠然たる実力者であったが、別段それで重んじられることもなかった。彼はこつこつ働き、仕事に熱心に取り組むタイプで、その姿勢から「教区牧師ハル」というあだ名で呼ばれていた。格からいえば長官たる自分のほうが上位にあるはずなのに、ローズヴェルト大統領はサムナー・ウェルズ国務次官をむしろ贔屓にし、結果、ハルはしばしば蔑ろにされた。大統領の目はヨーロッパ方面に向けられていたので、日本問題は二の次だった。そうした流れから、アジア外交という藪は、ハル国務長官の専管事項のようになっていた。もし、ローズヴェルトに真珠湾がらみで何か責任があるとすれば、そうした無関心がこれに当たろう。ハルにはまた、独特のなまりがあり、かれのボスはそれをジョークのタネにした。例えば、〝クライスト（キリスト）〟という単語を、ハルは〝クウィスト〟と発音した。「コーデルが〝オー・クウィスト（なんて事だ）〟と言ったら、私は悲鳴をあげるね」[26]と大統領はかつてフランシス・パーキンズに言ったことがある。「あの口を尖らせた冒瀆的響きにはどうにも我慢がならん」と。

時に頑固、時に強情、時に怒りっぽく、そして時に感情を爆発させつつ、アメリカ合衆国国務長官は日本との交渉をすすめた。日本人のその文化に由来するバカ丁寧な態度に苛立ち、まったくあれは犯罪と紙一重の偽善者ぶりだとハルは考えていた。ハル長官は東京からの外交使節を〝百姓〟呼ばわりし、また自分の相方である外務大臣松岡洋右のことを、釣り針の束のようにねじ曲がった奴と形容していた。[26] さはさりながら、ハル長官は飽くことなく、おのれの職務に邁進し、日本のファシストどもと有和的協約を結ぼうと、根気よく仕事に打ち込んでいた。少なくとも陸海軍の交戦準備が整うまで、海外とのいかなる紛争からも、わが合衆国を遠ざけておかねばならないからだ。

だが、日米友好をめぐるハルの諸提案に従うかわりに、日本軍は一九三七年八月、上海に侵攻した。それでも今回、中国側の抵抗は激しく、帝國陸軍は勝利をおさめるまでに四カ月を要した。その間、日本軍は松江県（現在の上海直轄市松江区）を焼失させたり、民間人一〇万人を殺したり、十一月十九日には古都・蘇州の住民三五万人のほとんどを虐殺したりした。「いまだブスブスと燻る廃墟、人気《ひとけ》のない街路は薄気味悪く、唯一の生き物は、死体を喰って異常なほど肥満した犬たちだけだった」と、マンチェスター・ガーディアン紙（現ガーディアン紙）は書いている。

長江を一気に遡るかたちで、帝國陸軍は十二月第二週には蔣介石政権の首都、南京を攻略した。中国人は家を捨て、市内に残った最後のアメリカ人も大使館員に促される形で、総領事館の居残り組を安全圏に運ぶため来航していた米砲艦「パナイ」の碇泊する、長江沿いの港へと向かった。十二月十一日、全員が乗り終えると、「パナイ」は一斉砲撃を回避するため出航し、大河の上流を目指した。*

十二月十二日、日本軍のパイロットは長江を遡上する「いかなる船舶」も攻撃せよと命じられた。「パナイ」の存在に、航空兵は命令内容の確認をおこなった。すると、命令どおりにせよと言われた。かくてその航空兵は二十分間、アメリカの砲艦に爆撃と機銃掃射を加え、艦長その他数名を負傷させた。ついに「パナイ」は放棄され、同行していた平底の油槽船二隻もこれに続いた。生存者の報告によると、日本軍機はアメリカ人が岸にたどり着こうと泳いでいる川辺の芦原にまで、機銃掃射を加えたという。

乗員と大使館員は地元の中国人から手当を受け、二日後、英海軍の「レディバード」と米海軍の「オアフ」という二隻の砲艦により回収された。この事件の最終的な犠牲者は死者三名、さらに軍人四三名と民間人五名が負傷した。ただ、この件にかんしてはいかなる軍事的報復もおこなわれず、かわりにアメリカは日本に対して二二〇万ドルの賠償を求め、結果、「遺憾の意が公式に記録され、完全かつ包括的な補償が義務付けられ、今後二度と中国におけるアメリカの国民、国益、財産を日本軍の攻撃対象にしないこと、もしくは日本当局および日本軍によるいかなる不法な干渉も受けないことを確約する明確かつ具体的な保証がなされた」[27]という。これに対して、米国務省はこう説明している。「今回のパナイ事件の決着方式に対し、合衆国国民が圧倒的支持を表明したことにより、国民は合衆国を戦争の埒外に置いておきたいと最大限願っていることが立証された」と。

一九三七年十二月十三日に国民党の首都・南京が陥落すると、五万人の日本兵が人口およそ五〇万人《ハーフ・ア・ミリオン》の大都市を支配下においた。街角に貼られたポスターには「日本軍を信じよ／保護と食事を与える」とあった。街区を回りながら、征服者は中国の民間人の降伏を受け入れ、彼らはおよ

＊　じつは一九二七年十一月一日、「パナイ」が、上海は江南造船所の作業場から進水する際、不吉な事件が発生していた。水面に下ろす時に使う潤滑油が、中国人の盗賊に盗まれていたため、安物の代用品を使ったところ、するすると艦尾から川面におりるはずが、乾ドックから横向きに滑落、しかも、軌条の途中で停止してしまったのである。それはまさに船乗りたちが不吉な前兆として忌み嫌う凶事だった。

そ一五〇人のグループごとに区分けされた。南京の新司令官は陸軍中将・朝香宮鳩彦王。皇族の一人で、昭和天皇は甥〔兄の娘、香淳皇后の夫〕にあたる。「捕虜はすべて殺せ」とかれは命じた。

　歴史家のアイリス・チャンは書いている。「日本軍は、見つけた男はすべて捕虜とし、何日か水と食料を与えなかったが、働けば食料を与えると約束した。そういう扱いを数日間おこなったあと、日本軍はその犠牲者の手首をワイヤーもしくはロープで括り、人気のない場所へ連れていった。疲労と脱水症状であらがう気力をなくした男たちは、食事にありつけると考え、外に出たがった。かれらが機関銃、もしくは血塗られた軍刀や銃剣を目にし、待ち構えた兵士によって、それらが揮われたり、あるいは広大な墓地、自分たちより前に連れて行かれた男たちの死体が積み重なり、異臭を放っている場所を目の当たりにしたとき、すでに逃げるには遅すぎた(28)」と。

　国民党軍は内陸部の重慶に向け、逃走したあとだったため、日本兵は数カ月にわたって南京中を荒らし回り、やがてこの事件は〝南京大屠殺〟――レイプ・オブ・ナンキン――と呼ばれるようになった。殺された民間人は二六万ないし三五万人とされるが、正確な数字はいまだ不明である。日本の従軍記者たちは東京の読者に向けてこう書いた。「一人また一人と捕虜たちは城壁の外に落とされた。あたり一面、血が飛び散り、寒さのなか、かれらは髪の毛が逆立ち、恐怖で手足を震わせていた。私はなすすべもなく立ち尽くし、何をすべきか分からなかった。……死体の山の黒々としたシルエットがそこにはあった。およそ五〇ないし一〇〇人ほどの人間がそこで立ち働き、死体の山から一体また一体と引きずりだし、揚子江に投棄していた。死体からは血がしたたり落ち、中にはまだ息のある者もいて、手足を震わせながら、弱々しくうめき声をあげていた。……しばらくして、苦力《クーリー》が死体の片付けを終えると、兵士たちはかれらを川沿いに並ばせた。ダダダという機関銃の発砲音が聞こえた。苦力たちは背後の川へ倒れこみ、激流に呑まれた。……最前列のものが首を刎ねられると、二列目のものは、自分の首を刎ねられる前に、その傷ついた死体たちを、川に投棄せざるをえなかった。殺戮は朝から晩まで休みなく続いた。……わたしは東京の大震災のとき、死体が山なす光景を目にしたが、それとは比べようもなかった[29]」

南京において、実際に戦闘に参加した日本兵、永富博道はその細部を次のように記憶している。

「兵士たちが銃剣で赤ん坊たちを突き刺し、いまだ生きているのを、お湯の煮えたぎる鍋に放りこんだなんて知っている人間はほとんどいません。かれらは女たち、十二歳から八十歳までの女たちを強姦し、その後に殺しました。かれらはもはや性欲を満たすだけでは満足できなかったのです。自分は人の首を刎ね、死ぬまで飢えさせ、かれらを焼き、生き埋めにし、その数は全部で二〇〇人を超えました。自分が動物になり、そんなことができたなんて恐ろしい。自分がやったことを言いあらわす言葉がほとんど見つかりません。自分は本物の鬼です。……兵士たちはまず中国人の捕虜グループに無理やり墓を掘らせました。第二のグループが第一のグループを埋め、そのあと第三のグループが第二のグループを埋め、次々にそうしました。……娯楽の一手段として、中国人の民衆を最上階や建物の屋根の上に無理やり昇らせ、階段を破壊し、しかるのち、いちばん下の階から火を着けるのです。……娯楽といえば、燃料をぶっかけ、銃で撃ち、一気に火につつまれる様を見物するというやり方もありました。……八〇歳代の多くの女たちが死ぬまで強姦されました。……日本兵たちがまだ十歳にも満たない少女たちを通りで強姦し、そのあと軍刀で真っ二つにするのを中国人たちが目撃しています。……年端もいかない女の子をもっと効果的に陵辱できるように女性器に切れ目をいれる場合もありました。……強姦が終わったあと、日本兵は時に、楽しみのため、妊婦の腹を裂いて、胎児を取り出すこともありました。……日本兵がある床屋のかみさんを強姦して、そのあと性器に爆竹を突っ込みました。爆発で、彼女は死にました[30]」

二万ないし八万人の女性を強姦するだけでなく、日本兵は女性の腹部を切開し、乳房を切り取り、女性器の奥のどこまで深く拳が届くか試してみたり、その一族環視のなかで、父親に娘を、息子に母親を強姦させたり、女性を壁に釘付けにしたり、身体から臓器を切除したり、舌にフックを引っかけて女性を吊したり、若い男を腰まで地面に埋め、ジャーマン・シェパードを解き放ち、ずたずたに引き裂かせたりした。処女を強姦すれば、力が強くなり、その陰毛をポケットに忍ばせておけば、ケガから守ってもらえると信じているものもいた。永富博道はこうふり返る。強姦のあとは「常にぐさりと刺して、殺しました。死体は口をききませんから。……おそらく強姦しているときは女と見ていたのが、殺すときはブタか何かに思えるからでしょう」(31)。ほどなく帝國陸軍は〝慰安所〟という名の売春宿を設け、そこに捕まえてきた台湾人、朝鮮人、中国人の女性をストックするようになった。彼女たちは「公衆便所」と呼ばれた。

また、ある匿名の兵士は当時をこうふり返っている。「私自身は四〇余りの首を刎ねました。今では、その一つひとつはよく憶えていません。大げさに聞こえるかもしれませんが、首ひとつ取らずに二週間も経つと、調子が悪くなったということはほぼ言えます。身体をスッキリさせる必要があるのです。そこで柵内に入って、誰か、そう長くはなさそうなのを一人、連れてきます。私は川岸や、連隊本部の脇、道端でもやりました。……良い軍刀は軽く動かすだけで首を落とせます。でも、そんな私でもたまにしくじることがあります。刃が肩に当たったときなど。一度、片方の肺が、まるで風船みたいに勢いよく飛び出したことがありました。この時だけはさすがに驚きました。首根っこを打つのがせいぜいでした。血がどっと噴きだして。頸動脈を切ったのです。その男はたちまち倒れ、でも蛇口じゃないから、すぐに止まりましたが。それを見て、私は恍惚感を覚えました。……ほとんど殺人中毒です。人と出会うと、しばしば首に目が行き、値踏みします。切りやすい首だろうか、それとも切りづらい首だろうかと[32]」

日本軍もその文民政府もしばしば「アジア人のためのアジア」という政策をしきりと喧伝していたが、南京事件ははしなくも、日本のアジア人に対する身の毛もよだつ戦争犯罪の一端を暴露してしまった。帝國陸軍は一九三七年から、中国人に対して化学兵器を用いはじめ、翌三八年にはルイサイト、ホスゲン、塩素、非致死性の嘔吐ガス（いわゆる「あか剤」）、さらに三九年にはマスタード・ガスを使用するまでになった。つづく十年あまりの間に、帝國陸軍は満洲のハルビン郊外に〝防疫給水部〟なる組織を設けたが、それは実際には細菌戦の実験場で、捕虜をいきた実験材料に用い、腺ペスト、肺炎、流行性出血熱、腸チフス、梅毒などに感染させた。石井四郎という名の軍医中将が組織したこの機関の正式名称は「関東軍防疫給水部本部」、通称は「731部隊」である。

このような野蛮性はどこから来たのだろう。アジア問題の専門家、ロバート・エジャートンは、日本兵はかつて世界でも最も優秀な兵士とされていたが、一九三〇年代に変化が生じたと考えている。いわゆる「武士道」は往事のサムライ、すなわち武士階級から受け継いだ名誉規範だったが、いまや敵に対しおかした犯罪行為に、誰もが口をつぐむありさまだった。従来は一八世紀のサムライ、山本常朝が口述した『葉隠』をその行動指針とするものが多かったのに。それは、「避けえない死を想うことを日々重ねるべきである。毎日、身心が穏やかなとき、サムライたるもの、弓や鉄砲、槍や刀で切り裂かれ、大波に運びさられ、大火の渦中に放りこまれ、雷に打たれ、大地震に全身を揺さぶられ、千尋の谷に突き落とされ、病気で死に、あるいは亡くなった主君のため追腹をするさまを想うべきである。そして毎日、自分を死んだものと考えるべきなのだ「必死の観念、一日仕限に成べし。毎朝、身心を静め、弓・鉄砲・鑓・太刀にてずたずたに成、大浪に打取られ、大火の中に飛入、雷電で打ちひしがれ、大地震にてゆり込れ、数千丈のほき（崖）に飛込、病死・頓死の死期の心を観念し、毎朝無懈怠死て置くべし。古老の云、「軒を出れば死人の中、門を出れば敵を見る」と也。用心の事にあらず。前方に死て置也（葉隠／聞書十一／133）」」という教えだったのだが。

帝國陸軍は「第一次世界大戦」において、同盟国イギリスとともに戦ったものの、休戦にさいし不当な扱いを受けたと感じ、以後、将校の留学・派遣先にはロンドンではなく、ベルリンを選ぶようになった。ドイツ精神に呼応する形で、陸軍省は一九三四年九月一日、「国防の本義と其強化の提唱」と題するパンフレットを作成した。「たたかいは創造の父、文化の母」という、プロイセンの将軍カール・フィリップ・ゴットフリート・フォン・クラウゼヴィッツによる、心を鼓舞されるような言葉で、その小冊子は始まっていた。帝國陸軍はまた、ドイツ式の特異な組織運営法を採用するにいたる。すなわち、中間層の参謀将校が中心となって、軍事方針を策定し、判断を下し、文書にまとめたうえで将官たちの裁可をあおぐという方式である。決定は将軍たちから下りてくるのではなく、むしろ副官から上がっていくのである。そうした起案をになう面々は〝バクリョウ〟――文字どおりの意味は幕の背後にいる将校――と呼ばれていた。一九三〇年代後半、陸海軍において最も影響力の大きかった〝バクリョウ〟は、田中新一・陸軍参謀本部第一部長、そして「不規弾〔一斉射撃のさい、あらぬ方角に飛んでいく砲弾の意〕」というあだ名で呼ばれた石川信吾・海軍省軍務局第二課長だった。事に当たるさい、田中はやたら確信めいた態度を取り、軍事政策の取りまとめでは、自他ともに認めるうるさ型だった。一方、海軍の石川は一九四〇年の末までに、「海軍国防政策委員会・第一委員会」を取り仕切るようになり、さらに後年、日本を「戦争にもっていったのは俺だよ」とうそぶくことになる。

やがて日本陸軍を牛耳るようになる青年将校たちは、その人生の大半を民間人の社会から隔絶した場所で過ごし、結果、自分たちは往事のサムライ戦士の伝統を引き継ぐ、独自の才能を備えたエリート集団だと信じ込むようになった。そこは即断即決を旨とし、もたもた考えず、すぐさま行動することをよしとする世界だった。彼らは自分の派閥に属さない人間の意見を無視し、またその実積を上回るような、自己への確信を増長させていった。さらに彼らは、これとは別のサムライ的発想をすることでも特徴的だった。日本全体を豊かにする行動が必要なとき、そこに愛国心さえあれば、たとえみずからの上官、現在与えられた命令、あるいは民間人の指導者になんら斟酌することなく、すぐさま行動に打って出て、なすべき事をなしてよい。それこそが自分たちの権利であると彼らは考えたのである。国家のためになるならば、上下関係は無視しても構わないというこの発想は〝ゲコクジョウ〟と呼ばれた。長期にわたる、理路整然とした戦略のかわりに、その場の状況で二転三転する決定の連鎖が生じるようになった根底には、こうした〝バクリョウ〟システムがあったのである。

みずからの炎でわが身を焦がす、こうした好戦的熱情は、日本政府の内部において陸海軍がしめる独特の地位と軌を一にしていた。民間人からなる議会、あるいは総理大臣に仕えるかわりに、陸海軍は天皇陛下に直属しており、それは「統帥権の独立」と呼ばれた。政治による穢れから国家を守るため、天皇臨席のもと、陸海軍の将軍、提督が議論する場には、首相その他の文官はもとより、昭和天皇の側近である木戸幸一内大臣ですら、ごく稀な、容易ならざる場合を除いて、招かれなかった。その一方で、内閣における軍関連のポストに対しては、例えば陸軍三長官——陸軍大臣、教育総監、参謀総長——の合意が必須とされ、それゆえ軍側はこれを梃子に文民内閣を揺さぶることができた。人事を取引材料に、組閣の断念や倒閣、新総理の強要などがおこなえたからだ。これは実質的に軍と民間の二つの政府を生んでいき、それぞれの政府は独自の外交政策をかかえることになった。

しかも軍部といっても、陸軍と海軍はいつも互いに抗争しており、そうした戦いがさらなる混乱を生んでいた。一九三七年から四一年にかけて、アジア全域で猛威をふるう帝國陸軍に対して、唯一重要な対抗勢力は文民指導者ではなく、帝國海軍だった。結果、海軍は、拡大一途の地球規模の戦争からなんとか日本を脱却させようと土壇場まで奮闘努力することになるのである。

日本は当時、一見すると、文民政府の体裁を備えていたが、実質的には軍部独裁の政権だった。ただ、日本以外のファシスト政権が統治という面ではある意味順調に回っていたのに対し、大日本帝國は概して混乱状態にあった。一九三一年の満州事変から四五年の無条件降伏にいたるいわゆる「十五年戦争」のあいだ、日本ではじつに総理の首が十五回もすげかえられている。しかもそれは政府がファシスト的かつ混乱しているだけでなく、「畏れおおくも」天皇陛下でさえ定期的に暗殺の不安に怯えるような、暴力が横溢する時代だったのである。どうして「真珠湾攻撃」を防ぐことができなかったのか――と問うものがいるが、アメリカ政府の指導者もさすがに正気を失った敵国に対し、効果的防衛戦略を策定することは、恐ろしく困難だったというしかない。


大富豪ヴィンセント・アスターのヨットに十一日間滞在したあと、アメリカの次期大統領、フランクリン・デラノ・ローズヴェルトは一九三三年二月十五日、フロリダ州マイアミでちょっとした演説をおこない、そのあと彼を訪ねてきたシカゴのアントン・サーマク市長と対面した。とその時、バンというライフルの音がして、サーマクが倒れた。シークレット・サーヴィスは反射的にオープンカーの速度を上げかけたが、ローズヴェルトは車を停めさせると、現場に戻って、サーマクを病院に運ぶようにと主張した。「トニー」とそっと呼びかけると、ローズヴェルトは言った。「話さなくていいから。動くな。静かにしていれば、傷は大丈夫だから[33]」と。それは死にゆく男の不安をなんとかなだめようとする言葉だった。

その夜、シークレット・サーヴィスがアスターのヨットまでローズヴェルトを送りとどけた。待っていたのは、スピーチライターのレイモンド・モウリーで、かれはローズヴェルトから何らかの反応を期待していた。なにしろ間一髪で暗殺を免れ、死にゆく男を両腕にかかえたばかりなのだから。しかし、普段となんら変わるところはなかった。「筋肉がちょっと引きつるとか、眉を曇らせるとか、あるいはカラ元気を装うとか、ほかの場所、ほかの晩とは違うなにかを見せることはなかった。ローズヴェルトはいつものローズヴェルトだった。自然体で、自信に満ち、動揺の気配はいっさい窺えなかった[33]」

この同じ一九三三年、『わが闘争』がアメリカでも出版された。ローズヴェルトは日本海軍の井上成美と同様、ドイツ語版に比べ、英語版には相当な修正が施されていることにショックを受けた。本の見返しに、かれはこう書いている。「ヒトラーの実態、当人の発言は真っ赤なウソである。オリジナルのドイツ語版は完全な別物」と。かれは国務省にこうも言っている。「ヒトラーは狂人で、その側近たち、うち何人かは私自身、面識があるのだが、連中はヒトラー以上におかしい」と。例えば、ヒトラーの最も親しい友人の一人、ナチの哲学者、アルフレート・ローゼンベルクは最近、こんなコメントを明らかにしていた。ベルリンから北海にいたる旅で、列車の車窓からの眺めは愉快だった。すべての電信柱の上に、ユダヤ人の首が載っていたのだよと。

一九三〇年代が終わった時、アメリカの国防力はいたって貧弱で、軍事技術はみな時代遅れのものばかりだった。国家がいまだ破産状態にあったから。ローズヴェルトがホワイトハウスに向け最初の選挙戦に勝利したとき、アメリカの失業率は二五パーセントに達していた。就任式がおこなわれた三月四日時点で、銀行が閉鎖状態の州は三八を数え、残り一〇州ももうじきそうなりそうな気配だった。この時期、大統領は「衣食住のすべてで問題のある」州は、全体の三分の一を占めると判断していたし、アメリカ陸軍の兵員数は一八万五〇〇〇人と、スウェーデンより少なく、それどころかスイスにさえ劣っており、しかも世界は東西両方面から同時収縮しつつあった。ちょうど日本が周囲を西洋の植民地群に包囲されていると感じたように、アメリカ合衆国もファシストの帝国主義者に包囲されていると感じていたのである。

一九三五年十月、ムッソリーニの軍隊がエチオピアに侵攻したその翌月の十一月二十二日、パンアメリカン航空の「チャイナ・クリッパー号」――同社が調達した〈マーティンM‐130〉飛行艇の一番機で、ホテルのラウンジのようなデッキ、ふかふかの安楽椅子、凝った料理が売り物だった――が、基地のあるサンフランシスコの沖合から離水し、その処女航海に旅立っていった。同機は〝パンナム〟の創業者、ファン・トリップが設置した太平洋上の新たな航空拠点――真珠湾のミドル・ロック、ミッドウェー島、ウェーク島、グアム島――を六〇時間近くかけて回ったのち、二十九日までにルソン島に到着、フィリピンの首都マニラの沖合に碇泊した。真珠湾、ミッドウェー、ウェーク、グアム、ルソンという拠点はまさに、アメリカ本土とアジアおよびオーストラリアをつなぐ空の道であった。往事、ニューイングランドの捕鯨船乗りが海上輸送路を開拓したように、今度はパンナムが空の輸送路を確立したわけである。そしてその五年余りのち、このルートは「リメンバー・パールハーバー」の道、マッカーサーとニミッツが太平洋戦域で攻めあがる勝利の道となるのである。だが、定期航路が開かれ、「チャイナ・クリッパー号」が乗客と郵便物を運ぶサービスを開始したことにより、先見の明をもった人々は改めて気づくことになった。あれだけの大海原でも、民間機でさえやすやすと巡回できるなら、そんな海は、米本土をまもる助けにはならないのではないかと。

そして実際、パンアメリカン航空ではこのあと、一〇〇人を超える社員が「第二次世界大戦」で命を落とすことになるのである。

一九三八年、山本五十六大将は、日本海軍のため新たな訓練計画を策定した。「訓練における死は英雄の死なり」というモットーが示すように、それは非常に厳しい猛訓練だった。その一方、山本自身が親米派かつ反独派であることはあまりに有名なため、一九三九年にはその屋敷の周囲を護衛で固めるだけではもはや不十分となってきた。かくて米内光政海軍大臣は山本を「聯合艦隊」司令長官に任命し、海へと逃すことを決めた。東京からこれだけ離れていれば、暗殺の恐れもなくなるだろうというわけだ。

一九三九年半ばまでに、日本は中国東北部の五省、ならびに太平洋岸の一帯をその支配下に置くようになった。そして、コーデル・ハル米国務長官がかつて予言したように、日本は貿易と条約という民間的アプローチのかわりに軍事占領に訴えることから生じる、途方もない代償を支払うようになった。だが日本にとって、この苦境を脱する唯一の方策は、ナチ・ドイツのひそみに倣うこと。すなわちさらなる占領地の拡大でしかなかった。

七月、昭和天皇は陸軍に対し、イギリスがアジアに持つ植民地への侵攻を許可したけれど、弟の秩父宮の盛んな働きかけにもかかわらず、日独伊三国同盟には、首を縦にふらなかった。天皇は陸軍が米英の脅威をひたすら強調するのは、泥沼化する中国戦線の状況から国民の目を逸らす便法だと見ており、そんなものに便宜を与えることを拒んだのである。そのころ、中国は西洋各国のメディアに対し、日本の植民地当局は「アヘン政府」を運営していると吹き込んでいた。大東亜共栄圏なるものは畢竟言葉だけで、いまやアヘンが、それら植民地の主要財源と化しているのだと。

軍が政府そのものを壟断するにつれ、文化もまた軍事色を強めていった。玩具屋で売られる戦車と兵隊の模型は売り切れとなり、男の子の衣服には鉄兜や小銃、ラッパや高射砲、曲射砲などの意匠が目立つようになった。背中に薪の束を背負い、人間爆弾のマネをすることが子供たちの一般的な遊びとなった。こんな話もある。一九三〇年代、カエルの解剖を前に涙を流した生徒がいたところ、かれの教師が大声をあげた。「カエルごときに何を泣いている。きさまが大きくなったら、中国人《チンクス》を百人も二百人も殺さなければならんのだぞ！」[34]と。

一九三九年九月一日、ヒトラーがポーランドに侵攻し、英仏両国が翌四〇年二月九日、ドイツに宣戦を布告すると、ローズヴェルト大統領は欧州和平をなんとか実現せんと、国務省のお気に入り、サムナー・ウェルズ次官をベルリン、ロンドン、ローマ、パリへと派遣した。ローマに到着すると、イタリアの指導者の多くは戦争回避に熱烈に賛成したけれど、御大のムッソリーニがウェルズとの交渉を一切拒否し、またベルリンでは、ドイツのヨアヒム・フォン・リッベントロップ外相から二時間におよぶレクチャーを聞かされるハメになった。「この男、英国憎しの感情でパンパンになっているな」[35]というのがウェルズの下した結論だった。

三月一日には、ヒトラー本人にも面会することができた。総統閣下はイライラしていた。もしやアメリカは、この戦いから下りるようムッソリーニの説得に成功したのではないかと疑っていたのだ。そこでウェルズはブラフをかけた。ええ、首領閣下《イル・ドゥーチェ》とは「長時間にわたり、建設的かつ有意義な」話し合いが持てましたし、「盤石かつ恒久的な平和がもたらされる可能性はいまだ存在する」という点では、ムッソリーニ閣下も同意されましたと伝えたのである。この発言にヒトラーは激昂し、こう主張した。そもそも責任はパリとロンドンにあるのであって、和平の可能性は実際あるが……それはファシスト政権がヨーロッパ全体を支配したあとのことであると。

恐るべき慧眼の持ち主が、後知恵的に当時をふり返ったとしても、ナチが現にやってのけた電撃戦の激しさとそのスピードがもたらした衝撃は、容易には理解できないだろう。ドイツ軍部隊は一九四〇年四月九日、デンマークを占領し、その数週間後にはノルウェーも支配下においた。同年五月十日、かれらはベルギー、オランダ、フランスの攻撃に着手し、その三カ国を計三十八日で降伏に追い込んだ。そのころアメリカは、ヨーロッパの戦場でまたも戦うことに国民的忌避感があまりに強く、ワシントンの議員たちは「局外中立」をうたう法案をほぼ毎年通過させていた。だが、さすがにフランス失陥は、そうした風潮に変化をもたらした。一九四〇年五月、アメリカ人の三五パーセントは連合軍側に支持を表明し、その割合は八月までに六〇パーセントに上昇した。おかげでローズヴェルト大統領は、陸軍省関連の予算を十倍近くに増額する案を、議会に呑ますことができたのである。

五月二十二日、ナチの外相フォン・リッベントロップが東京に対しこう言ってきた。ヒトラー総統は「蘭領東インドの問題に関心がありません」と。つまり、おたくの切り取り自由ですよというわけだ。そこで日本はまず六月、ドイツ占領下のフランス・ヴィシー政権が支配する、仏領インドシナ（今日のヴェトナム、カンボジア、ラオス）に対し、域内に軍事基地を設ける許可を求めた。また蘭領東インド（今日のインドネシア）に対しては、わが国は原材料の輸送を保証すると伝えた。さらにイギリスに対し、もし貴国が上海から部隊を移動させ、中国・ビルマ（現ミャンマー）・香港間の国境を封鎖しようとするならば、戦争を招来する結果となりますぞと通告した。

この直後に、帝國陸軍は戦争計画を作成した。そこにはインドシナとタイに航空基地を建設することや、蘭領東インド、英領香港、英領マラヤへの攻撃などが盛り込まれていた。さらに「アメリカとの戦争は極力回避するも……ありうべき軍事衝突を視野に、そのための準備は進めておかねばならない」[36]とした。そうした準備作業には「真珠湾に対する航空攻撃の可能性もふくまれる」と山本五十六「聯合艦隊」司令長官は副官に言っている。いまや五六歳になった山本は、その短く刈られた髪に白いものがまじるようになっていた。そして翌年、山本はこのハワイ攻撃計画、いわゆる「Z作戦」の立案に着手するのである。

外目には武張ってみえる大日本帝國だが、その国内は混乱しており、政治的暗殺をめぐる数々の話題が人々の口にのぼっていた。首相の米内光政は、皇居が攻撃を受けた場合に備え、天皇を戦艦に乗せて救う計画まで立てていた。さらに七月初めには特別高等警察の一部メンバーが親英米派を暗殺する計画を密かに練っていたことが発覚し、恐怖はいっそう高まった。なにしろその候補者リストには米内首相や木戸内大臣まで含まれていたのだから。これら叛乱分子はあぶり出され、身柄を拘束された。陸軍も警察も、やるべき仕事はきちんとやっていたけれど、この一件は世情の変化を伝えるいまひとつの実例といえよう。

七月十六日、陸軍が米内を辞任に追い込み、これを受けて、公爵・近衛文麿がふたたび首相の座に返り咲いた。かれが前回、総理をつとめたとき、世界は戦争における日本の残虐行為をたびたび見聞きした。近衛はそれに対しそのつど、最大級の哀悼の意をもって応じたけれど、その種の行為を阻止するため、何らの手段も講じなかった。細身で口ヒゲを生やした近衛文麿は、他人を楽しませることが何より好きで、フランクリン・ローズヴェルトに引けを取らない高名な一族の出身だった。かれの一族は、歴代天皇の妃として娘を送りだす日本でも有数の四名家の一つで、すべての天皇はこれら一族の娘から生まれてきた。近衛はまた、極端な偏食家としても知られていた。あるとき、選りすぐりの刺身を用意した宴席にかれが到着すると、一人のゲイシャがそのあとから、お湯の入った鉢を手に続いたという。彼女は一切れずつそれらをお湯でしゃぶしゃぶすると、近衛公の口まで箸で運んだそうだ。近衛はローズヴェルトと同様、ラジオで国民に直接語りかけることが大好きだった。近衛は「日本放送協会」の総裁でもあったため、そんなことはいとも簡単にできたし、かれの通りのよい声――やや哀愁をおびたテノール――は、聴くものの耳をすっと捉えた。

近衛の新内閣には少なくとも二名、〝アングロ＝サクソン〟を敵視する人間が含まれていた。ひとりは外相の松岡洋右、もうひとりは陸相の東條英機である。日本は依然として、軍事力にものを言わせるやり方を続けていたが、それでもグルー駐日大使とサムナー・ウェルズ国務次官は対日宥和策を続けるよう働きかけていた。一方、ハロルド・スターク海軍作戦部長、フランク・ノックス海軍長官、ハロルド・イッキーズ内務長官、ヘンリー・スティムソン陸軍長官は、東京へは最も強硬な態度で臨むべきだと大統領に進言していた。

これに対し、ローズヴェルトは世界の反対側から問題の答えとなりそうなヒントを得た。一九三七年十月、アメリカ「アジア艦隊」を率いるハリー・ヤーネル提督がその上官たちに向けて一通の書簡を書きおくり、そこには日本が各種物資の輸入に依存している現状が指摘されていた。この書簡は上へ上へとあがり、ついにはホワイトハウスまで届いた。ヤーネル提督はその中で、アメリカ、イギリス、フランス、オランダ、そしてソ連が打って一丸、日本との交易を全面遮断する政策を提案していた。アジアのファシストとは、兵士ではなく、商業活動をもって戦うべしと。このアイデアを読んで、大統領はアメリカがかつて「バーバリー戦争」のおり、過大な通行料を強要する海賊の拠点トリポリに対し、似たような手法を用いた前例を思い出した。しかも一九二三年には、ローズヴェルト自身がこの件について書いた一文が「アジア」誌に掲載されてもいる。もっともこの一文の中で、かれは、東京とワシントンの関係強化に期待を述べてもいたのだが。

ヤーネルの言い分はきわめて説得力に富んでいたので、新たな外交政策となった。かれの主張の骨子は、実はわが合衆国は、石油やくず鉄、その他の資源を日本に輸出し、そうすることで日本が中国を征服し、やがては極東全体を服従させるのを支援しているのだというものだった。そこで米国務省は一九三八年、無辜の市民の攻撃に航空機を用いる国に対しては、アメリカ製航空関連機器を売却することに断固反対すると表明し、さらに翌三九年には、この「道徳的禁輸措置」を航空用高品位ガソリンの製造装置にまで拡大するとしたのである。

日本側はこの措置の意味するところにたちまち気がついた。もちろん海軍で艦隊勤務にあたる最高位の軍人、山本五十六「聯合艦隊」司令長官は当然である。現在、呉軍港に隣接する広島湾に投錨する艦隊旗艦・戦艦「長門」で起居する山本長官は一九三九年九月、嶋田繁太郎海軍中将に宛てて手紙を書き、わが日本は必要とする石油とくず鉄の大半をアングロ＝サクソンからの輸入に頼っており、その彼らと手を切ることは、特に「合衆国相手の戦争に勝つ可能性が時とともに失われつつある現状」では、じつに愚かなことであると述べている。

一方、グルー米大使は十月、経済を武器につかうこの措置は、当初の目論見を外れ、思わぬ副作用を引き起こす恐れがあると懸念した。「大統領との二度の対話において、わたしは自分の意見を明確に伝えた。もし仮にわれわれが対日制裁に着手したいのなら、その果ての最終形まで見通さなければならず、最後は戦争にいたる可能性があると認識すべきであると。わたしはまた、こうも言った。われわれが日本への石油禁輸に踏み切れば、そして日本が国家安全保障を確保するための十分な商業的供給源を他の方面から得られないとするならば、日本は艦隊を派遣して、蘭領東インドを手に入れる蓋然性が極めて高いと」(37)

だが、ローズヴェルトはグルー大使の警告に耳を貸さず、そのかわりに一九四〇年一月、ハル国務長官に対し、日本にこう伝えるよう命じた。合衆国は現在、主要石油製品の輸出を差し控えつつあると。その理由は安全保障上の問題にあって、「あまりにも多くの国々が、世界のさまざまな場所で戦闘に係わり……わが政府は、万一自国が攻撃を受けたさい自国をよりよく守るため、相当量の原材料や製品の備蓄に着手しなければならない」のだと。ハルはその後、アメリカ国民にこう述べるようになる。日本は「あまりにも多くの回数、いかなる軍事機関、軍事組織も近隣にない場所において、民間人を標的に空から爆弾投下や機銃掃射をおこなっている。しかも、焼夷爆弾の使用により、民間人に途方もなく大きな被害が出ている。日本の航空攻撃は多くの場合、きわめて通常かつ明白な計画にもとづいており、故にこれは武器をもたない一般人に対し、始めからテロ攻撃を加えることを企図した意図的試みであると認識せざるを得ない」

一九四〇年の春、グルー大使はハル国務長官にこう書き送っている。日本では現在、三つのグループが自国の将来について議論をおこなっている。第一のグループはクレムリンと交渉して中国を山分けしようと考えている。第二のグループはヒトラーと手を組み、チャーチルと戦いたがっている。第三のグループはアングロ＝サクソンと和平交渉をおこない、東アジアにおける戦争を終わらせたがっている。この第三グループが最も弱く、支援を必要としているとしたうえで、グルー大使はこう提案した。日本政府と交渉し、日本が可及的速やかに中国から軍の撤退を開始するならば、アメリカはこれに対して経済的便宜をもって応じる用意があると告げることを認めてほしいと。

ハル長官は六月四日、この提案を却下した。さらに加えて、一九四〇年七月十八日、スティムソン陸軍長官、ノックス海軍長官が英豪両国の代表とディナーをともにした際、スティムソンが席上、こう述べたのである。「われわれは今や、対日石油禁輸にかんする新たな立法措置のもと、ひとつの可能性を手に入れた」と。そしてその場で、以下のことが決定された。合衆国は石油輸出を中止し、その余剰分はすべて英米両国が買い上げ、オランダは蘭領東インドの油田施設を破壊すべきであり、また大規模爆撃によってドイツの合成石油工場を破壊する。さすれば、たとえ戦争の手段を保有していたとしても、それらを駆動する燃料が足りず、傍若無人のファシストどもも、車輪の回転を止めざるを得まいというわけだ。翌日、スティムソン、ノックス、およびウェルズ国務次官がホワイトハウスで会議をもった。スティムソンはその時のようすをこうふり返っている。「大統領は……最後にようやくこう結論づけた。世界をさまざまな困難から脱却させる唯一の道は、戦争をおこなうための燃料供給［に輸出制限をかけること］であると」

一九四〇年七月二十五日、ローズヴェルトは今後、くず鉄と石油の輸出は許可制とすると発表。これを受けて同日、スターク海軍作戦部長とジョージ・マーシャル陸軍参謀総長はハワイを守備するキンメル提督とショート将軍に対しこの禁輸措置にかんする警告をおこなった。そのさいワシントン側は、こう言葉を続けた。「日本側からいますぐ軍事的手段を用いた敵対的反応があるとは予想していないが、この警告をしかるべく受け止め、ありうべき事態に備えて適切な事前警戒措置を講じる」ようにと。また翌日、アメリカ政府は東京に対し「日米通商航海条約」を破棄するむね通告した。半年後の失効をもって、日本の対米輸出に対しては、追加制限が加わるという意味だった。ローズヴェルト政権内の強硬派――スティムソン陸軍長官、ヘンリー・モーゲンソー財務長官、イッキーズ内務長官――はすべての石油製品の対日輸出を中止するよう求めたけれど、大統領は、ナチ・ドイツが大西洋でUボートによる哨戒任務をおこなっていることに鑑み、そうした措置は「別の大洋で別の時期に別の戦争」を誘発しかねないと述べた。それでも、これら航空・鉄鋼がらみの禁輸措置により、ローズヴェルトはいまや「日本の首に輪縄をかけ、時おりキュッと締めてやる」ことが可能になったのである。

政府の意向が強く反映される日本の新聞界は、激烈な反応を示した。東京最大の日刊紙「朝日新聞」は、「東アジアに勢力圏を確立せんとする日本と……大洋の反対側の問題に干渉しようと決意する合衆国のあいだに、衝突が発生するのは避けがたいように思われる」と報じた。山本は嶋田提督宛ての手紙のなかでこう書いている。近衛政府の「行動はいまやアメリカの経済的圧力に驚き、怒り、かつ憤懣を覚えていることを示すものだが、そのさまは私に、目先の要求もしくは当座のむら気程度のものを、ただ漫然と口にする小学生を思い起こさせる(38)」と。山本はまた、近衛総理の質問に対しこう返答し、警告を発した。「総理がそれが必要とおっしゃるのなら、米英相手に最初の半年か一年は存分に戦い、勝利につぐ勝利をあげてみせましょう。だが、戦争が二年、三年と長引いた場合、わが方が最後に勝利をおさめる確信はまったくありません……総理におかれてはアメリカとの戦争を回避するためあらゆる努力を払われることを切に希望します「それは、是非私にやれと言われれば、一年や一年半は存分に暴れて御覧に入れます。しかしそれから先のことは、全く保証出来ません……総理もどうか、生やさしく考えられず、死ぬ覚悟で一つ、交渉にあたっていただきたい。そして、たとい会談が決裂することになっても、尻をまくったりせず、一抹の余韻を残しておいて下さい。外交にラスト・ウォードは無いと言いますから[39]」

ジョゼフ・グルー大使はハル国務長官に宛てた九月十二日付けメッセージに、こう書いている。日本の軍部と国家主義者はヨーロッパの混乱を、アジアに一大帝國を築く「黄金の機会」と見ている。ドイツが数多くあげた勝利は、「アルコール分のきついワインのように」彼らを悪酔いさせている。東京の面々のなかには、こう考えるものもいる。ドイツがイギリスの征服を実現する可能性は薄い。ロンドンとワシントンの一体性は無敵の力となろう。結果、ドイツがヨーロッパ大陸側の全域確保に成功したら、彼らはその目をアジアに向けるおそれがあると。グルーはまた、こうも述べている。アメリカの通商停止が自国の勝利を遠ざけると、もし日本の軍部が感じたのなら、かれらの「死中に活《ドゥー・オア・ダイ》」的な気質は、なんらかの形の報復行為につながりかねず、おそらくは事前通告、もしくは東京の許可さえない形での、海軍あるいは陸軍によるある種の奇襲攻撃へと至るであろう。大日本帝國の野心は、アジアおよび太平洋におけるアメリカの国益に対する明確な脅威である——。それがグルー大使の結論だった。

そんな事態になれば、重大な脅威が出来しよう。例えば、日本には全長九メートルの「酸素魚雷」

があった。射程距離は二四マイル（四〇キロメートル）に達し、アメリカ製のいかなる魚雷よりも速力、射程、精度、破壊力の面で二倍の性能をほこっていた。〈零式艦上戦闘機（ゼロ戦）〉もそうだ。空母から発艦でき、最高速度は時速三三〇マイル（五三〇キロメートル）。格闘性能にすぐれ、まるで猛禽類のように旋回し、しかも機首に七・七ミリ機銃二挺、翼内に二〇ミリ機関砲二門をそなえ、アメリカが当時製造するいかなる戦闘機をも凌駕していた。一九四〇年九月十三日、一三機の〈ゼロ戦〉が中国側が飛ばすソ連製戦闘機と空中戦を演じたことがある。その際、〈ゼロ戦〉は〈ポリカルポフＩ－15〉、〈同Ｉ－16〉戦闘機をわずか三〇分で二七機も撃墜し、しかも日本側の損失はゼロだった。

長年におよぶ経済的苦境と党利党略政治の結果、アメリカの防衛力は相当に劣化していた。野戦司令官の最上層部を占めるのは、すべて一八九八年の「米西戦争」の生き残りばかりだった。徴集兵の数は一九四〇年時点でわずか二四万三五〇〇人にすぎず、平均的な兵士が手にする小銃は、一九〇三年設計の年代物の〈スプリング・フィールド銃〉だった。戦闘服の多くは「第一次世界大戦」のおさがりで、防虫剤の臭いがし、頭部には鉄兜をかぶり、靴のなかに水が入らぬよう足首にゲートルを巻かなければならなかった。「太平洋戦争」が間近に迫った一九四一年十月二十七日時点でも、タイム誌はこんな現状を報道している。「平時における［陸軍武器省の］最悪の手抜き兵器の実例とされたのが、兵隊がかぶるヘルメットである。頸部が剝きだしなので、砲弾の破片にやられることは百も承知、しかも現状はまずいという自覚があったにもかかわらず、同省はよりよいヘルメットをなかなか採用しようとしなかった。計画から二〇年が経過し、じつに素晴らしいヘルメットの開発はすでに終わっているのに、同省はその生産を遅らせている。製造に必要なマンガン鋼が十分な量だけ確保できないからと言って」

まさにそんな折り、状況が大きく動いた。一九四〇年九月二十三日、日本軍が仏領インドシナの北部に向け、軍を進めたのだ。采は投げられたのである。この「北部仏印進駐」を皮切りに、日本軍はやがて現在のマレーシア、ヴェトナム、カンボジア、インドネシアなど、当時ヨーロッパ諸国の植民地だった天然資源の豊かな地域へと侵攻を開始するのである。最終的に英領マラヤの広大な天然ゴム園、仏領インドシナの錫鉱脈、そして最も重要な蘭領東インドの膨大な石油資源が日本の手に落ちることになる。ワシントンのタカ派たちは、自分たちの最悪の恐怖が現実となったと考えた。日本は犯罪国家ドイツの弟分になりさがり、ドイツ人がユダヤ人を扱うように中国人を扱い、国際法をなんら斟酌することなく、現にいまも大陸全域で猛り狂ったように振る舞っていた。日本の民間人の暮らしもナチのひそみに倣うかのように思われた。その秋には本土決戦のさいにお国を守るためと称して、民間防衛をになう隣組がつくられ、市民は消防訓練や愛国デモに動員され、やがて配給制が実施されるようになる。思想犯罪を厳しく取り締まる特別高等(特高)警察はすでに数々の民間団体の内部に内通者を確保しつつあった。

ジョゼフ・グルー駐日大使は書いている。「わたしは国務省に報告した。これまで情報源としていた日本人の接触相手がわたしと距離を置くようになった。特高に厳しく監視されているというのがその理由で、大半の者はアメリカ大使館に足を運んだり、あるいは大使館外でわたしと会うこともしなくなった。日本人と外国人のある種中立的な会見の場である東京倶楽部に足をはこんでも、わたしの知っている日本人は、そそくさと他の部屋へ移ったり、部屋の隅へ行ってしまったりした。わたしと話しているところを、誰かに見られたくないのだ。敢えてわたしと会おうとする者はいなかった。こうした状況なので、この地で現在進行形で起きている事態を把握することは、いまや非常に困難になっている[40]」と。

日本が「北部仏印進駐」をおこなった四日後の九月二十七日、松岡洋右外相がベルリンに到着した。かれは万雷の拍手と、「ハイル・ヒトラー！　ハイル・マツオカ！」という呼号に出迎えられた。カギ十字と日の丸が見渡すかぎり、相並んで翻っていた。やたら熱いヒトラーの名代たちと「日独伊三国同盟」に調印したあと、松岡はローマに向かい、ムッソリーニとローマ教皇ピウス十二世の歓待を受けた。松岡はその際、教皇猊下に対しこう申し上げた。「全世界の政治家のなかでも、私ほどキリスト教を理解し、愛しているものは空前絶後でしょう[41]」と。一方、首領閣下《イル・ドゥーチェ》は松岡にこう迫った。日本はわれらが共通の敵にはっきり集中すべきであり、そしてその敵の第一位はいまやアメリカ合衆国であると。

ヒトラーもムッソリーニも、この条約によってアメリカを震え上がらせ、それにより、自国の世界征服に対する干渉が抑制されることを期待していた。三国同盟のキモは、「いまだ交戦状態にはない列強」から、日独伊三国のいずれかが攻撃を受けたとき、互いに支援しあうところにあった。

帝國陸軍は長年にわたってヒトラーとの協商を支持してきた。日本とドイツを東西にかかえれば、スターリンとて、中国問題で日本に妙なちょっかいは出せまいと考える陸軍にとって、ヒトラーは無敵の同盟相手に見えたからだ。だが、山本をふくむ帝國海軍の幹部たちは、枢軸側に公式に与することは、英米との戦争を誘発するのではと懸念していた。「三国同盟に異を唱えるわれわれは、ナイアガラ瀑布の数百メートル上流で、急流のなか、必死に櫂を漕ぐようなものだった[42]」と米内光政提督はのちに語っている。もしあの時、あなたが海相もしくは首相の座にあったら、あなたは三国同盟に反対していましたかと問われた米内提督は「もちろん。でも、きっと殺されていただろうね」と答えている。この同盟関係に心を乱された昭和天皇は、帝としては珍しいことに、個人的意見をもらされた。ナチと交わした文書を裁可するさい、裕仁天皇は近衛首相に暗い表情でこう告げた。「これであなたも、これからやってくる喜び悲しみを、わたしと分かち合わねばならないね[42]」と。

翌年の春、「日ソ中立条約」に署名したあと、意気軒昂たる松岡外相は、シベリア鉄道「赤い矢号」の一等車に乗ろうと、ホームで待っていた。するとそこへ霧のなかからスターリンとヴァチェスラフ・モロトフ外相が見送りのため、突如出現した。スターリンは公衆の面前にめったに姿を現さないため、それは途方もない名誉だった。しかもこの時、スターリンは松岡相手に、共産主義のもつ利点と欠点をめぐる彼の典型的な講義をおこなってみせた。別れる間際、スターリンはこう言った。「知っているかね、わたしもアジア人なのだ。グルジア出身のな！　われわれは兄弟であり、ゆえに協力し合わねばならんのだ！[43]」と。大判ぶるまいされたウォトカとキャビアの山とともに帰国の列車に乗りこんだ松岡は、随行の面々にレクチャーした。「オレは欧州へ行ってヒトラーと会い、またスターリンと話しているときでも、アメリカ対策を忘れてはおらんぞ」「わざわざ欧州へいったのも、日ソ中立条約を結んできたのも、みなアメリカと交渉する土台づくりのためなのだ[43]」と。つまり、この新たな同盟関係を梃子に、今後ワシントンに、より一層の譲歩を迫るという目論見だった。もっとも米英指導者の反応はいまひとつだった。サムナー・ウェルズ米国務次官などはこう言っただけだった。この条約、「気持ちが悪い《シニスター》」と。

一九四〇年十月十六日、すべてのアメリカ男子のうち、少なくとも身長五フィート（約一五二センチ）、体重一〇五ポンド（約四八キログラム）、視力に問題がなく、性病やヘルニア、扁平足でないものは、全米に六五〇〇カ所設けられた、選抜徴兵委員会のひとつに出頭するよう求められた。尿検査と簡単な健康診断、それに一分間の精神鑑定――「ああ、そいつは蝿が媒介する伝染病だ、ボタンをかけてしっかり仕舞っておけ」――が済むと、アメリカ史上初めての、平時における徴兵手続きはすべて終了である。そのうえで、四〇歳未満のものはフル装備の状態で、少なくとも二五マイル（約四〇キロメートル）を行軍させられた。さらに小銃一挺と三〇ポンド（約一四キログラム）の背嚢とともに障害コースを突破できるかどうかが試された。すなわち八フィート（約二・四メートル）の壁に攻撃を仕掛け、一〇フィート（約三メートル）のポールを伝わり下り、炎のあがる塹壕を跳びこえ、水道管の下を匍匐前進し、ロープをのぼって勢いをつけて溝を飛び越え、揺れる縄ばしごを手だけでのぼるまでを、三分三〇秒以内にこなさなければならないのだ。十月二十九日、目隠しをしたヘンリー・スティムソン陸軍長官が、一〇ガロン入りのガラス容器から数字を引き抜いた。最初の数字を手渡されたローズヴェルト大統領がラジオでそれを読み上げた。「ナンバー158」と。かくて158の番号を持った全米六一七五人の召集兵のもとに、「選抜徴兵委員会」からすぐさま電報が送られた。その電報は「グリーティングズ（おめでとうございます）」という一語で始まっていた。*

一九四〇年十一月十一日から十二日にかけての夜、大英帝国海軍は英空母「イラストリアス」から雷撃および急降下爆撃の両任務をこなせる年代物の複葉機〈フェアリーTSRソードフィッシュ〉を計二一機発進させた。これらの複葉機は、水深の浅い地中海の港町タラントに当時投錨していたイタリア艦隊に対し、空から攻撃を加えた。イギリス側は二機を失い、二名が戦死、さらに二名が捕虜となった。ファシスト側は兵員三二名のほか、主力艦のほぼ半数にあたる戦艦三隻を失った。イタリア海軍は、さらなる壊滅的打撃を避けるため、ナポリ港にむけ出航せざるを得なくなり、かくて大英帝国は地中海における制海権を確保したのである。その夜の勝利について、アンドルー・カニンガム提督はこう総括している。「タラント、そして一九四〇年十一月十一日から十二日以降は、艦隊航空部隊こそが、海軍の最も破壊的兵器であると、永遠に記憶されるべきであろう」[44]と。

この大勝利の知らせを受けて、スターク米海軍作戦部長は十一月二十二日、当時の「太平洋艦隊」

司令長官、ジェイムズ・リチャードソンに対し、真珠湾に魚雷防御網を設置するよう勧奨した。「魚雷防御網を港内に張ることは、必要でもなければ実際的でもない」というのがリチャードソン側の答えだった。その理由として、かれは「わが艦船はいま現在、湾の入口から魚雷の射程内に係留されていない」からであるとした。もっとも戦後、リチャードソンはこう認めている。「わたしはわが艦隊が空母から攻撃される可能性を想定しておらず」、タラントにおける重大な戦訓を看過していたと。だがしかし、ヘンリー・スティムソン陸軍長官がリチャードソンの後任、ハズバンド・キンメル司令長官に改めて魚雷防御網について問題提起をおこなうと、キンメル提督もまた難色を示した。「水路部分を狭めると、艦船の出入りが制限される」のでというのがその理由だった。

タラントの一件に関するワシントン側の懸念は、なんと正鵠を射ていたのであろう。実はこの時期、ドイツ出張中の内藤雄《たけし》海軍少佐が現地に飛んで、報告書を作成していたし、また日本からも、海軍の使節団が現場に足を運んでいたのである。真珠湾攻撃の総指揮官、淵田美津雄中佐はのちにこう述べている。「最も困難な課題は、水深の浅い海で魚雷を投下することだった。英国海軍がタラントでイタリア艦隊を攻撃した時から、われわれはそう認識していた」と。

タラントの一件がなんとも見事な奇襲攻撃だったこともあり、スターク米海軍作戦部長は、それがもたらす意味合いについて、特にハワイとの関連において、検討せざるを得なくなった。かれはウォルター・アンセル少将にこの攻撃の研究を命じた。そして一月二十四日、以下のような結論部分を関

＊その後一年、米陸軍は兵士九〇万人の枠を無事満たし、ガラス容器方式は廃止になったが、最終的にはアメリカ男性の六人に一人、九八一万八九七七人が「第二次世界大戦」に従軍することになる。

係各位、すなわちスティムソン陸軍長官、ハワイのキンメル、ショート海陸両司令官、およびクロード・ブロック海軍少将宛てに打電した。

真珠湾に展開中の「合衆国艦隊」、および真珠湾海軍基地そのものの安全性については、海軍省、および過去数週間現地に滞留する部隊によって、新たな研究対象とされてきた。今回の再検討は、日本をめぐる情勢の深刻さの高まりと、爆撃機、雷撃機による基地在泊中の艦船への攻撃成功にかんする海外からの報告によって、一部促された面がある。もし日本との戦争という事態にいたった場合、敵対行為が真珠湾の艦隊、もしくは海軍基地に対する奇襲攻撃によって開始されるという可能性は、容易に信じられるものである。

私見だが、艦隊もしくは海軍基地に対する大規模被害の可能性は、あらゆる措置を、しかもそれを可及的速やかに実施すべき正当な根拠を与えており、そうした措置を講じることで、陸海軍協同の待機状態は、上記の性質をもった襲撃に耐えうるものに引き上げられるであろう。

その危険度を判断するには、以下の順序で、その重要性と実現可能性が考慮されるべきである。すなわち、

（1）航空機の爆弾投下による攻撃
（2）雷撃機による攻撃
（3）破壊活動
（4）潜水艦攻撃
（5）機雷敷設
（6）艦砲射撃による攻撃（以下略）

元来、アメリカ合衆国は戦争のさい、一度に一カ国と戦う状況のみを想定していたため、戦争計画部は国別の「カラー・プラン」を用意していた。日本はオレンジ、英国はレッドという風に。ところが、枢軸諸国がスクラムを組んで台頭するに及び、米陸海軍は複数の戦線で一度に戦わなければならない事態に直面した。これを受けて、五つの「レインボー・プラン」が作成され、さらにフランス失陥後、もしここでイギリスまで負けたら、アメリカはドイツ、イタリア、日本にたった一カ国で対峙する状況——なんとも暗い、戦慄すべき事態だった——さえ出来しかねなかった。そこでスターク海軍作戦部長は一九四〇年十一月十二日、大統領にメモを送り、従来の「レインボー・プラン」を拡張し、以下のオプションを追加したうえで、選択肢のうち最後のものを推奨した。

(A) 西半球の防衛に徹する
(B) 太平洋で対日攻勢に打って出るとともに、大西洋では防御姿勢を維持する
(C) 大西洋と太平洋の双方で攻勢にでる
(D) 大西洋で(ドイツ、イタリア相手の)攻勢を続けるとともに、太平洋では防御姿勢を維持する

「プランD(もしくはプラン・ドッグ)」と呼ばれるこの選択肢は、陸海軍の軍令トップ、すなわちスターク及びジョージ・マーシャル陸軍参謀総長の「ヨーロッパ・ファースト(欧州優先)」という指針を具体化したもので、紛争が地球規模でエスカレートした場合、アメリカは大西洋を第一とし、可能なかぎりイギリスを最優先にすべきであるという考えに基づいていた。民主党主体のローズヴェ

ルト政権にあって、最も有力な共和党所属の閣僚、すなわちヘンリー・スティムソン陸軍長官とフランク・ノックス海軍長官（ノックスは、大統領の従兄、セオドア・ローズヴェルトと同様、米西戦争時の「義勇騎兵隊」あがりだった）は、強面の対外政策追求を熱烈に支持し、その中にはチャーチル英首相への全面支援も含まれていた。もし合衆国が地球規模の超大国になれば、世界は劇的な改善を見せるだろうし、ローズヴェルト政権の陸軍長官として、この私が目を光らせる様々な取り組みがなされれば、その夢はまさに現実のものとなろう――とヘンリー・スティムソンは腹の底から信じていた。一方、ローズヴェルト大統領も「プランD」が最も有効であろうと確信しており、もし仮に「大英帝国が倒れたら、アメリカにいるわれわれは全員、銃口を突きつけられた状況に陥ることになる」(45)と言っていた。

「プランD」の存在を知らない者でさえ、この時期、はてアメリカはどうすれば二つの大洋を自力で同時に守れるだろうかとそれぞれに思案していた。そんな状況にいたったら、それは圧倒的困難をもたらし、克服不能にさえ思われるからだ。例えば、一九四〇年十二月十四日、グルー駐日大使は大統領宛てに次のような書簡を送っている。

親愛なるフランク

日本とその諸活動について／

／今やわれわれは、いつの日か雌雄を決する状況にいたることがしだいに明らかになりつつあるように私には思えます。そしてこの問題にかんする主要な疑問点は、ならばその対決が早いほうがわれわれに有利か、それとも遅いほうが有利かということです。……米日関係における永続する建設的な何かを築こうと八年にわたり努力を続けてきて、私は気づくようになりました。外交活動は時代の潮流と、統御をはるかに超えた力によって敗れ去り、われわれの活動はちょうど台風に見舞われたあとのように、見る影がほとんど、あるいはまったく残っていません。日本は公然かつ恥じることなく略奪国家のひとつ、アメリカが良しとするあらゆるものの破壊を目指すシステムの一部になってしまいました。……以下のような事実をつねに念頭におき想起することが重要です。もし仮に、必要とあれば、われわれは彼らの最終判断に対ししかるべき措置をとるという実際的意図を何ら示すことなく、「戦争未満」の措置でお茶を濁すならば、こちらが本気でないことが、日本側に悟られてしまい、そうなれば、彼らは阻止されることなく前進するでしょうし、あるいはそれは、かえって前進への誘因にさえなりかねません。アメリカは必要ならば戦いも辞さないと、彼らが確信するに至った場合にのみ、われわれの予備的措置は、しかるべき効果を発揮し、戦争に向けた必要条件を除去できるのです。

一九四一年に入ると、日本に駐在する外交官のあいだで戦争をめぐる噂が飛び交うようになった。東京で出版されたある本は、日米間の戦争を予言し、その経緯（結果は日本の勝ち）を分析し、発売一カ月で五万三〇〇〇部を売り上げた。時を同じくして、アメリカ側は日本に駐在する外交官の家族の本国帰還に着手し、一方、日本側はかつて外相をつとめたこともある野村吉三郎提督を、新駐米大使として送り込んできた。これは実際には関係改善の試みだった。野村はかつて海軍武官としてワシントンで勤務したことがあり、当時のフランクリン・デラノ・ローズヴェルト海軍次官と面識があったからだ。真珠湾をめぐるアメリカ側の各種作品のなかで、野村提督はあたまの回転の鈍い主戦論者か、あるいは攻撃計画をすべて知っていた二枚舌の卑劣漢として描かれることが多く、また日本側のそうした作品群では、無能なボケ役が定番と化している。だがしかし、実際の野村吉三郎は名誉を重んじる人物であり、真珠湾というこの歴史的事件に立ち合ったキンメル、ショート両司令官のように、不運な巡り合わせのなかにいたのである。

身長六フィート（一・八メートル余り）の野村は、日本の提督としては驚くほど長身だったが、かれの身体的特徴のなかで最も人目を引くのはその点ではなかった。一九三二年四月二十九日、上海で開かれた天長節の式典で、中国人の叛乱分子が出席者のどまんなかに爆弾を投げ込み、その時の傷がもとで野村は足をひきずるようになり、また右目を失っていた。

当初、野村はワシントン行きの辞令を固辞した。その理由として野村は言った。「ドイツとアメリカの双方を手玉に取ることで、日米間の外交関係を修復するなどどだい不可能であり、たとえ私が行っても、いかなる目的も達成できないでしょう(46)」と。しかし野村はやがて、わが国には戦争回避のための確かな担い手が必要なのだと信じるようになり、一月二十三日、アメリカへ旅だった。サンフランシスコで途中下車した野村は、アメリカ海軍情報部のエリス・ザカライアスと面会した。ザカライアスは一九二〇年代、三〇年代に東京で勤務しており、その時代に野村、山本両名と友情を育んだ経験を持っていた。このときの対話は「驚くほど率直だった」とザカライアスは記憶している。日本の国力がいま、過激な主戦論者のもとにどれほど集中しているか、それを思うと、自分は恐怖を禁じ得ないと野村は言った。連中は対米戦争に向け、いまや前のめりの状態だと。さらに提督は、衝突はもはや不可避であり、そしてそれは日本にとって自殺行為であると感じていたという。

その前年、ザカライアスはさる信頼できる情報源から、日本は現在、カリフォルニア州サンペドロの米海軍基地に対して十月十七日、奇襲攻撃をかける計画を立てていると耳打ちされた。そうした攻撃は現実には起こらなかったけれど、その情報と野村の発言を組み合わせることで、ザカライアスは確信を持つにいたった。日本はアメリカと戦争をやる気で、しかもその戦争は奇襲攻撃によって始まるだろうと。

一九四一年三月末、ザカライアスはハワイのキンメル提督に対して警告を発した。日本は「週末、おそらくは日曜日の朝に、わが艦隊への航空攻撃を開始する。目的はわが国の戦艦四隻を戦闘不能に陥れることにある」(47)と。ザカライアスはさらに、空母艦載機たちは卓越風に乗って、オアフ島の北側から侵入し、またそれに先立つかたちで潜水艦による偵察も実施されると予想していた。そうした攻撃を回避するにはどうすればいいとキンメルが訊いた。「それを可能にする唯一の方法は、五〇〇カイリかなたまで毎日偵察機を出して」哨戒任務に当たらせることだとザカライアスは答えた。それをやるだけの人員も航空機もないのだとキンメルが言うので、ザカライアスは言った。「でしたら、提督、早々に確保されたほうがいいですよ。そいつは必ずやってきますから」と。

戦後、連邦議会の調査委員会からこの時の会話について質問されたキンメルは記憶にないと答えた。当時その場にいたW・W・〈ポコ〉・スミス大佐はこう言った。航空攻撃の話などまったく出なかったし、ザカライアスはきっと「千里眼を過去に向けて働かせたのだろう」と。

一方、野村吉三郎提督が二月十一日ワシントンに到着したとき、ローズヴェルトは記者会見の場で、歓迎の意を表そうとした。「野村はわたしの古い友人だ。……太平洋にはあらゆる人々を受け入れるだけの十分な余地がある。万一戦争となれば、双方とも傷つくのだから、わが国にとっても日本にとっても良いことなど一つもない」と。

この時期、「クーン・ローブ商会」の共同経営者で、東京で手広くビジネスを展開していたウォール街の銀行家、ルイス・ストラウスがある妙案を思いついた。そうだ、わが三人の友人――米郵政長官のフランク・C・ウォーカー、アメリカのカトリック系海外布教団体、「メリノール(マリアの丘)宣教会」(すでにアジアで布教と慈善活動の実績があった)で教皇代理をつとめるジェイムズ・M・

ドラウト神父、そして同宣教会のジェイムズ・F・ウォルシュ司祭——を、日本における私のビジネス・パートナー、銀行家の井川忠雄に紹介するというのはどうだろうかと。なにしろ井川は、公爵近衛文麿を始め、日本の要路に多くの友人を持っているのだから。かくしてこのアメリカ民間人グループ、自称「ジョン・ドウ（匿名篤志）協会」は、米国務省と日本外務省がしくじった、アジアに平和をもたらす使命を達成すべく勇躍動き出したのである。

一九四一年一月、「ジョン・ドウ協会」はハル国務長官、ローズヴェルト大統領と面会して、こう主張した。もしワシントンが日本との通商関係を再開すれば、東京は中国から撤兵し、ヒトラーとの関係を絶つでありましょうと。大統領もハル長官もそんな話は信じなかったが、とりあえず合意内容の草案を文書の形で提出するよう同協会に要請した。一九四一年四月九日、日本の指導者全員から支持されたとされる草案が、ハル長官に提出された。だがそれは、事前に聞いていた話とは、恐ろしく内容の異なるものだった。例えば、アメリカは満洲国に対する日本の支配を承認するとか、日本軍部隊は引き続き中国に留まるとか、蔣介石が満洲国執政、愛新覚羅溥儀との統治権統合に同意するまで、アメリカの中国国民党に対する援助を停止するとか、そんな条項が並んでいた。

ハルの「ウォードマン・パーク」のマンションで、長官と面会した野村大使はこう言った。じつは今回の計画には自分も協力しており、この草案がアメリカとの新たな対話の始まりになることを、自分は切に希望していると。これに対し、ハルは返答した。アメリカは日本軍部隊の武力による中国支配を受け入れることも、対中援助の中止要求を呑むつもりもないと。ハルはさらに、日本はわたしが示した四原則に同意しなければならないと述べた。すなわち、①領土保全と国家主権の尊重、②内政不干渉原則の堅持、③商業機会の均等を含む平等主義への支持、④太平洋地域における現状の維持——の四点だった。そしてハルはこう申しわたした。「わたしはあらゆる局面におけるヒトラーの言動を見てきた。……そして、多くの者と同様、わたしは彼がおこなったいかなる声明、公約はもとより、彼の手法やその思考形態に従うようないかなる世界にも信を置いていない。それは多くの場合、野蛮性に根差すものであり、そこで生きることすら想像できない世界である。かれはどこにも真の友人を持たず、そしてかれは誰にとっても真の友人ではない。かれは自分の目的にいささかでも合致するなら、前日に誓った最も厳粛な義務さえも一晩で放棄してしまう。それゆえ私はここに言いたい。わが国政府は、このような考えるだに不可能な統治形態が世界に強要されることを知りながら、それを座視することは、断じてありえないと[48]」

一方、日本においてこの「ジョン・ドウ協会」の草案は四月十五日、大きな喜びとともに受け入れられた。野村大使が東京に送った草案には実はハルの四項目の提案は添付されておらず、結果、政権内の右派勢力にも受け入れやすい内容となっていたからだ。ただ、松岡外相だけは、どうも妙だなと部下に言っていた。「アメリカからやってきた諒解案なるものは、仰天するような内容だった。……それらはすでに日本語で書かれていた。近衛公をふくむ全員が最も困難な部分は終わった、あとはアメリカに前向きの返答をするだけだと考えているようだった。なんと愚かなことであろう！……賭けてもいいが、いったん交渉が始まれば、あれゆる種類の問題が噴出しよう。……日華事変はいま現在も続いており、[ワシントンとの]しかるべき交渉などできっこない。……しかも万一、交渉が失敗に終わってみろ、軍に戦争を開始する口実を与えてしまうのだぞ[49]」

章末注

（1）「ちゃんちゃん坊主はふいうちされて」: Ienaga, Saburo. *The Pacific War, 1931-1945*. New York: Pantheon, 1978.［家永三郎『太平洋戦争』（岩波書

店）引用の藤沢衛彦『明治大正流行歌史』より」

（2）「敵艦見ユトノ警報ニ接シ」：Koenig, William. *Epic Sea Battle*. London: Peerage, 1975.

（3）「鋼板や上部構造は」：Ibid.

（4）「敗北は軍人の常」：Ibid.

（5）爾来、その伝説は「日本の指導者たちに四〇年間とり憑くことになる。：［原注］この説についてさらに知りたい向きは、以下を参照。Regan, Geoffrey. *The Guiness Book of Decisive Battles*. Middlesex, UK: Guiness Publishing,1992.

（6）「私にかんする限り、アメリカとの戦争は」「ワシントン条約で一〇対六の比率を強要されて以来」：Asada, Sadao. *From Mahan to Pearl Harbor: The Imperial Japanese Navy and the United States*. Annapolis: Naval Institute Press, 2006.［参考：麻田貞雄『両大戦間の日米関係——海軍の政策決定過程』（東京大学出版会）］

（7）「わが国の海軍航空の歴史をつうじて見られる顕著な思想は」：Stillwell, Paul, ed. *Air Raid: Pearl Harbor!* Annapolis: Naval Institute Press, 1981 所収の論文、General Minoru Genda, "Evolution of Aircraft Carrier Tactics of the Imperial Japanese Navy."

（8）「山本長官は……あらゆるゲームにおいて、いっさいの好機を逃すまいと夢中になるのです」：Gordon W. Prange Papers, Hornbake Library, University of Maryland.

（9）「無能力や、犯罪的なまでの注意力散漫」「航空機の出現により」：*General William "Billy" Mitchell and the Sinking of the* Ostfriesland: *A Consideration*（スミソニアン国立航空宇宙博物館の展示）における指摘。

（10）「デトロイトの自動車工場」：Toll, Ian W. "A Reluctant Enemy." *New York Times*, December 6, 2011.

（11）「天誅を加えるべし」：Prange Papers.

（12）「敵の主力艦隊が碇泊している場合」：Costello, John. *The Pacific War*. New York: Rawson, Wade, 1981.

（13）「演習のもつ大まかな性質については」：Stillwell, Paul, ed.

（14）「日本との戦争はある日突然、なんの前触れもなく」：Lord, Walter, *Day of Infamy*. New York: Henry Holt, 1957; Congress of the United States, "Hearings before the Joint Committee on the Investigation of the Pearl Harbor Attack," Seventy-Ninth Congress, 1946, Center for Legislative Archives.／以下「PHA.」

（15）「一九二〇年代から三〇年代にかけて」：Batty, Peter, writer and director, "Episode 6: Banzai! Japan, 1931-1942." *The World at War*. Thames Television,

1973.

(16)「われわれは新兵たちのための訓練を計画した」：Cook, Haruko Taya〔田谷治子クック〕, and Theodore F. Cook. *Japan at War: An Oral History*. New York: New Press, 1992.

(17)「現下の情勢は」「平和協定の侵害によって獲得した領域」：US Department of State, *Peace and War: United States Foreign Policy, 1931-1941*, National Archives, Maryland. 以下「State.」

(18)「神国日本という国体」：Toland, John. *The Rising Sun*. New York: Random House, 1970.／ジョン・トーランド『大日本帝国の興亡〔新版〕』毎日新聞社外信部訳（ハヤカワNF文庫）

(19)「日支鮮蒙四民族の共栄共存」「インドと中国の七億同胞」：Ienaga.

(20)「われわれは中国に対して、大きな感情的関心、小さな経済的関心をいだいてはいるものの」：Kennedy, David M. *Freedom from Fear: The American People in Depression and War, 1929-1945*. New York: Oxford University Press, 1999.

(21)「歴史上絶望から開戦した国は一つもなかった」「アメリカによって窮地に追い詰められた」「日本相手のときは」：Iguchi, Takeo, *Demystifying Pearl Harbor: A New Perspective from Japan*, translated by David Noble. I-House Press, 2010.／井口武夫『開戦神話――対米通告はなぜ遅れたのか』（中央公論新社／二〇〇八年）／『開戦神話――対米通告を遅らせたのは誰か』と改題（中公文庫／二〇一一年）

(22)「攻撃を予見できなかったのは明らかに」：Northridge, A. R. "Pearl Harbor: Estimating Then and Now." CIA Historical Review Program, vol.2, no.4. Washington, DC: Center for the Study of Intelligence, September 22, 1993. https://www.cia.gov/library/center-for-the-study-of-intelligence/kent-csi/vol9no4/html/v09i4a07p_0001.htm.

(23)「ヒトの進化の低い段階にあると信じ」：Batty.

(24)「アメリカ人は商人であり」：Dower, John W. *War without Mercy: Race and Power in the Pacific War*. New York: Pantheon, 1986.／『容赦なき戦争――太平洋戦争における人種差別』ジョン・W・ダワー／猿谷要監修、斎藤元一訳（平凡社）

(25)「がらんとした部屋に差しこむ気まぐれな太陽の光を追いかけるような感」：Larrabee, Eric, *Commander in Chief: Franklin Delano Roosevelt, His Lieutenants, and Their War*. New York: A Cornelia and Michael Bessie Book, Harper and Row, 1987.

（26）「コーデルが〝オー・クウィスト（なんて事だ）〟と言ったら」「釣り針の束のようにねじ曲がった奴」：Perkins, Frances. *The Roosevelt I Knew*. New York: Viking, 1946.

（27）「遺憾の意が公式に記録され」：State.

（28）「日本軍は、見つけた男はすべて捕虜とし」：Chang, Iris. *The Rape of Nanking*. New York: Basic Books, 1997.／アイリス・チャン『ザ・レイプ・オブ・南京』巫召鴻訳（同時代社）

（29）「一人また一人と捕虜たちは」：James Yin and Shi Young. *The Rape of Nanking: An Undeniable History in Photographs* (Chicago: Innovative Publishing Group, 1996)［尹集鈞、史詠『南京大屠殺：歴史照片中的見證』（海南出版社）］

（30）「兵士たちが銃剣で赤ん坊たちを突き刺し」：Pitman, Joanna. "Repentance." *New Republic*, February 10, 1992.

（31）「常にぐさりと刺して、殺しました」：Yin and Young.

（32）「私自身は四〇余りの首を刎ねました」：Cook and Cook.

（33）「トニー、話さなくていいから」「筋肉がちょっと引きつるとか」：Kennedy.

（34）「カエルごときに何を泣いている」：Yin and Young.

（35）「英国憎しの感情でパンパンになっているな」：Kennedy.

（36）「アメリカとの戦争は極力回避するも」：Iriye, Akira. *The Origins of the Second World War in Asia and the Pacific*. London: Longman Group, 1987.／『太平洋戦争の起源』入江昭、篠原初枝訳（東京大学出版会）

（37）「大統領との二度の対話において」：Feis, Herbert. *The Road to Pearl Harbor*. Princeton, NJ: Princeton University Press, 1950.／『真珠湾への道』ハーバート・ファイス、大窪愿二郎訳（みすず書房）

（38）近衛政府の「行動はいまやアメリカの経済的圧力に驚き」：Kato, Masuo. *The Lost War: A Japanese Reporter's Inside Story*. New York: Alfred A. Knopf, 1946.

（39）「総理がそれが必要とおっしゃるのなら、米英相手に最初の半年か一年は存分に戦い、勝利につぐ勝利をあげてみせましょう［それは、是非私にやれと言われれば、一年や一年半は存分に暴れて御覧に入れます］」：Fuchida, Mitsuo, and Masatake Okumiya. *Midway, the Battle That Doomed Japan*. Annapolis: Naval

Institute Press, 2001.／[参考]『ミッドウェー』淵田美津雄／奥宮正武（学研M文庫）

(40)「日本人の接触相手がわたしと距離を置くようになった」: PHA.

(41)「全世界の政治家のなかでも」: Terasaki, Gwen. *Bridge to the Sun*. Chapel Hill: University of North Carolina Press, 1957.／『太陽にかける橋』寺崎グエン、新田満里子訳（小山書店新社）

(42)「三国同盟に異を唱えるわれわれは」「これからやってくる喜び悲しみ」: Asada.

(43)「知っているかね、わたしもアジア人なのだ」「オレは欧州へ行ってヒトラーと会い」: Hotta, Eri. *Japan 1941: Countdown to Infamy*. New York: Alfred A. Knopf, 2013.／堀田江理『１９４１——決意なき開戦／現代日本の起源』（人文書院／二〇一六年）

(44)「タラント、そして一九四〇年十一月十一日から十二日以降は」: Iguchi.

(45)「大英帝国が倒れたら」: Frank Freidel, "FDR vs. Hitler: American Foreign Policy, 1933-1941," *Proceedings of the Massachusetts Historial Society*, 3rd ser., 1987.

(46)「ドイツとアメリカの双方を手玉に取ることで」: Morley, James William, ed. *The Fateful Choice: Japan's Road to the Pacific War / Selected Translations from "Taiheiyo senso e no michi: Kaisen gaiko shi."* New York: Columbia University Press, 1980.［日本国際政治学会・太平洋戦争原因研究部編『太平洋戦争への道——開戦外交史』（朝日新聞社）本編七巻別巻一巻を底本に、ジェイムズ・ウィリアム・モーリー・コロンビア大学名誉教授が全五巻にまとめた抜粋訳書］

(47)「おそらくは日曜日の朝に、わが艦隊へ」: ザカライアスの、より詳細な予測については、以下を参照。Pfeiffer, David A. "Sage Prophet or Loose Cannon? Skilled Intelligence Officer in World War II Foresaw Japan's Plans, but Annoyed Navy Brass," *Prologue* 40, no.2 (Summer 2008).

(48)「わたしはあらゆる局面におけるヒトラーの言動を見てきた」: Library of Congress. "Pearl Harbor 70th Anniversary." Experiencing War: Stories from the Veterans History Project, 23 July 2013–6 June 2014. http://www.loc.gov/vets/stories/ex-war-pearlharbor.html.

(49)「アメリカからやってきた諒解案なるものは」: Hotta, *Japan 1941*.

第2章

不穏な風

ちょうど東京の外務省が次期駐米大使に野村吉三郎海軍大将をすえる算段をしていたころ、「聯合艦隊」司令長官、山本五十六大将のほうは、真珠湾攻撃の計画立案に着手していた。山本は広島湾にうかぶ基準排水量三万二〇〇〇トンの艦隊旗艦、戦艦「長門」の長官室から一九四一年一月七日、及川古志郎海相宛てに手紙を書き、「米英との戦いは避けがたい」[1]との見通しを述べている。かつて全米を回ってみて、山本はひとつの結論に達した。これほど力強い工業力に恵まれた国と、従来型の戦争をやっても、勝てはしないと。つまり「通常のやり方では希望はほとんどない」ということだ。かれは自分の戦争計画を「Z作戦」もしくは「ハワイ作戦」と呼んでいたが、それは「絶望のなかから構想された」ものだった。

そこで山本が考えたのは、海軍版の電撃戦をやってのけることだった。「開戦の劈頭、アメリカの主力艦隊に猛然と攻撃を仕掛け、これを撃破し、それによって米海軍とアメリカ国民の戦意を一気に打ち砕く」というわけだ。日本海軍は「その初日に、この戦争の帰趨を決する必要」があり、「敵主力の大半が真珠湾に集結していた場合、月夜の晩かあるいは夜明けに、航空兵力をもって散々に叩き、港湾そのものを封鎖してしまうのだ」。山本は打って一丸、「たとえどれほどの人命［自分自身のものを含め」を失おうと、強い決意とともに、この任務に邁進する」覚悟だった。「わたしは心の底から欲していた。真珠湾攻撃にむかう航空艦隊の司令官に任命されたいと。さすれば、攻撃部隊をみずから指揮し、［それによって］祖国のため最後のご奉公に専心できるから」と。むろん仲間の海軍士官たちは、そんな計画はあまりにリスキーだと批判するかもしれないが、ならば彼らは、自分自身にこう問うてみるがいい。「敵があえて日本本土に攻撃を敢行し、首都東京やその他大都市を焼き尽くしたら、どうなるかと」。その場合、海軍は廃墟を前に、その臆病をなじられるはずだ。アメリカはいま、世界の反対側でヒトラーと戦うことを迫られている。この現状に鑑みるなら、緒戦の強烈な一撃が、もし仮に成功すれば、アメリカはアジアを日本側に明けわたすにちがいないと、山本は考えた。

だが、山本の計画は想像を絶するほど大胆だったため、やはり仲間の提督たちから激しい批判を浴びた。南雲忠一中将は、アメリカ海軍の途方もない規模、日本本土からオアフ島までの恐ろしいほどの距離、真珠湾の水深の浅さなどを考慮すると、山本案はバカげていると総括した。それよりもまずは帝國陸軍に東南アジアを攻めさせ、アングロ＝サクソンが動くのをじっと待ち、しかるのち、日本の海軍将兵がまさにその時のため死ぬほど訓練を積んできた、アルフレッド・セイヤー・マハン流の戦艦主体の決然たる攻撃、すなわち「カンタイ・ケッセン」に打って出るべきなのだと。

南雲中将の主張には幅広い支持が寄せられ、山本の参謀長、福留繁中将もこれに賛成だった。一九四〇年の春に、山本が「Z作戦」の概要を初めて明らかにしたとき、福留は言った。まずは日米両艦隊のあいだで決戦をおこない、しかるのちにオアフ島を航空攻撃するほうがはるかに良いと。ただ、帝國海軍の一部の指導者は、山本案は常軌を逸しているがゆえに、アメリカ側はまさに青天の霹靂――正気の人間にはそんな作戦は想定外だろうから――に感じられ、それゆえにこそ成功の目もありうるのではと考えた。もっとも、そんなことをやれば、反撃してくるアメリカ側の爆撃機により、わが機動部隊はその三分の一が失われるだろうがと。

偶然ながら、山本が及川海相宛てに手紙を書いたその同じ一月七日、真珠湾を預かる、リチャードソン大将もワシントンのスターク海軍作戦部長にメモを送っている。「奇襲攻撃に対する艦隊の安全、および現地守備隊の現行能力にかんする状況」というのがそのテーマで、そのメモはこう指摘していた。「真珠湾基地に対する航空機による攻撃は、間違いなく空母艦載機によっておこなわれるだろう。従ってその撃退は、二段階にわたって実施すべきである。まずは、敵航空機が発艦する前に、敵空母の位置を突き止め、これを撃破する。次いで、攻撃してくる爆撃機を対空砲および戦闘機によって撃退すると。ただ、海軍所属の現地守備隊には敵空母の位置を突き止めるための長距離偵察をおこなえる航空機がなく、また仮に位置が分かっても、空母攻撃に投入できる地元守備隊の航空機は、陸軍所属の爆撃機ばかりであり……［これらは］その機数も型式も、上記目的を満たすには不十分である。……発艦後の敵爆撃機を撃退するためには格闘戦用の航空機と対空砲が必要である。陸軍はハワイ・エリアに三六機の追撃機〔戦闘機〕を保有するものの、それらはすべて旧式に分類されている。……潜水艦に対する理想的な防御は、哨戒艇と哨戒機の一体運用によってなされるものだが、この戦区にはその種の航空機がいっさい存在しないのである」

フランク・ノックス海軍長官はまた、ハロルド・スティムソン陸軍長官宛ての一月二十四日付け書簡のなかで、これと似たような警告を発し、空母部隊によるわが艦隊への爆撃もしくは雷撃は「宣戦布告以前に、なんの前触れもなく」実施されるだろうとの見通しを述べている。

そのころ、山本五十六は空母「加賀」座乗の「第十一航空艦隊」参謀長、大西瀧治郎少将に対し海軍省に送った当初案をさらに肉付けした真珠湾攻撃計画を示し、その評価を依頼した。「もしアメリカと戦うことになったら、ハワイ水域の合衆国艦隊を殲滅しないかぎり、まったく勝ち目はない。……これは容易ならざる任務だが、わたしはこの計画の完遂のためあらゆることをやる決意であり、航空部隊についてはみずから直率する気さえある。そこで貴官には、この計画の実現可能性を細部にわたって検討してもらいたいのだ」と。

アメリカに対してきわめて好戦的な奇襲攻撃を計画している山本だったが、日本の指導者のあいだに様々な思惑が交錯するこの時期、その同じ山本が一月二十六日、反戦的内容の書簡を超国家主義者の笹川良一に送っている。しきりと対米戦をあおる笹川やその同僚政治家がいかに浅慮であるかを、山本は懇々と説いている。「日米が敵対関係に至ったら、グアムやフィリピンどころか、ハワイやサンフランシスコを獲っても、それで十分とは言えないのです。勝利を確実なものにするには、ワシントンまで進軍し、ホワイトハウスでこちらの言い分どおりの和平条件を呑ませなければならないのです。戦争について畳の上の水練がごとき議論を弄するわが国の政治家たちは、国政の名のもとにしきりと勇壮な言葉を口にしますが、果たしてその最終的な結果に確信を持っておられるのでしょうか、それに必要な犠牲を引き受ける覚悟がおありなのでしょうか。首を傾げざるを得ません(2)」

「Z作戦」が本格的に動きだすと、大西少将は雷撃戦の専門家である前田孝成中佐に声をかけた。すると前田は、そんな大艦隊が日本からハワイまで敵に気づかれずに移動するなんて、途轍もなく困難だし、また真珠湾のような浅い海では魚雷の使用は技術的に不可能だとして、「雷撃の技術分野で奇蹟でも起きないかぎり、その手の攻撃はまったくもって現実的でない。そんな困難な作戦は、海底の泥に嵌らぬよう魚雷にパラシュートを付けて落下の勢いを殺すか恐ろしく低高度から投下でもしない限り、およそ不可能である(3)」と言い切った。

二月、大西は山本長官の計画を、「第一航空艦隊」航空参謀の源田実に見せた。当時三六歳の源田は、中国上空の航空戦で空のエースとなり、また「源田サーカス」と呼ばれる三機編隊のチームを率いて、思わず息を飲むような大胆不敵なアクロバット飛行をこなし、どんな映画スターにも引けを取らないほどの有名人だった。もし山本が日本の軍事史における最も傑出した指導者で、また攻撃編隊を実際に率いる淵田美津雄が第一線における最も際立った存在とするならば、源田実は日本の勝利にとって誰よりも重要な存在、最も興味深く、かつ予見できない要素、司令長官の山本五十六をも超えて、真珠湾攻撃の構想において要《かなめ》となる人物だった。

淵田美津雄は源田のことを「むこうみず」と評していたし、江田島の海軍兵学校を一番の成績で卒業したにもかかわらず、あいつはどこかおかしいのではと考える候補生仲間は少なからずいた。海軍航空兵の間では、かれは「マッド・ゲンダ」と呼ばれるほどだった。源田実はまさに山本と同様、航空兵力がもつ潜在力を海軍は悲しいくらい過小評価していると考えていた。たとえば、名機〈ゼロ戦〉は当時、防御目的にしか使われていなかった。だが、戦闘機は戦闘に使うべきだと源田は考えていた。空母を守り、護衛機として爆撃行に参加するとともに、その機銃によって敵を叩くべきなのだと。海軍は戦艦主体の従来型を脱却し、空母、駆逐艦、潜水艦とともに、航空兵力を積極果敢に用いるべきだとの運用思想は、日本ではやがて〝ゲンダイズム〟として知られるようになる。

大西瀧治郎少将がその源田に、「Z作戦」の命令書を手渡した。その高揚したような筆遣いから、山本長官の手になるものだと即座に分かった。その計画を飛行機屋の目で読み終えたあと、源田はこれを表する適当な言葉が思い当たらず、あくまで丁寧な口調で「なんと言うべきか」とつぶやいた。「山本長官の大胆な計画、その敢闘精神[4]」を称える、これが日本流なのだ。「で、実際のところこれが実現可能かどうかを貴官に検討してもらいたい」と大西が言うと、源田は即座に答えた。「困難な計画ですが、不可能ではありません」と。

大西と源田はそのあと、かつて一九三六年、二人が「横須賀海軍航空隊」にいたころに交わした、とある会話をふり返った。アメリカの四隻の航空母艦が揃って海を往くニュース映画を見たあと、源田が空母で真珠湾を叩くという案を提起したのだ。「新たなアイデアが突如として浮かんだ。数隻の空母を一体運用できれば、すべて［の艦載機］を束ねて巨大な編隊を組むのに必要な時間は、比較的短くて済むはずだと。……決定的打撃力の証明には、密集方式のほうがむしろ優れている」と。日本海軍がその持てる空母をかき集めれば、「およそ八〇機の爆撃機と、それを守る三〇機前後の戦闘機」からなる「巨大な攻撃部隊を都合二波、送り込めるはずだ」(4)と源田は言った。

そして源田は、日本海軍が保有する空母をきたる「Z作戦」に最大限投入することを求めた。そのうえで三つの異なるタイプの爆撃機――高高度から爆弾を投下する水平爆撃機、魚雷をだいた雷撃機、そして急降下爆撃機――と、それらを守る戦闘機を組み合わせて、源田は攻撃編隊をしつらえた。ただ、そんな懸念はおくびにも出さなかったけれど、これほど大規模な機動部隊が、人知れず西太平洋を横断することは、およそ克服困難な課題に思われた。絶対的な秘密保持が必要なことは当然だったし、当時はまだ初期段階にあった、洋上給油も航海中にこなさなければならなかった。源田はまた、山本と同様、この〝ツシマ（日本海海戦）〟の再現を、払暁の奇襲攻撃によっておこないたいと思っていた。日本海軍の爆撃テクニックは、いまだ夜陰にまぎれてやれるほど洗練されてはいなかったから。源田の当初案では、容赦ない航空攻撃につづいて、帝國陸軍の手になる対ハワイ全面強襲上陸作戦が実施されることになっていた。さらに源田も山本も、片道キップ的な攻撃には断固反対だった。ともかく行って、敵を叩けさえすれば、それでいい――というのは、日本の当時の海軍士官、特に航空兵以外の兵科から賛成論の多い戦略で、貴重な空母機動部隊は、目標から五〇〇カイリ後方に待機させ、航空兵のうち生き残ったものは、潜水艦もしくは駆逐艦でのちほど回収すれば事足りるというのだった。

源田はそのあとすぐ、標的にかんする議論に入った。「航空専門家は、敵の空母こそ主要目標であると考えた」と源田は言う。「だが砲術屋は敵の戦艦をもっぱら叩くべし」と言い、しかも前田孝成中佐が指摘した、魚雷をめぐる技術問題も未解決のままだった。真珠湾の水深は平均三九フィート（約一二メートル）だが、日本のエース・パイロットが最良の魚雷を使用した場合でも、投下後の魚雷が水平状態になり、標的にむかって航走するには九八フィート（約三〇メートル）の余裕が必要だった。そうでないと浅い海では、魚雷はみずからの推進力で海底の泥に嵌まり、役立たずになってしまうのだ。

山本の命令を受け取ってから二ヵ月後、大西少将は源田の勧告を入れて、山本にこう返答した。魚雷攻撃は諦め、もっぱら急降下爆撃と高高度水平爆撃によって攻撃するのが適当と思われると。山本は意気消沈してしまい、幕僚にこう漏らしたほどである。「水深が浅いせいで魚雷が使えないとなると、われわれが望むような戦果は期待できない。だとすれば、おそらく航空攻撃を諦める以外、他に選択肢はなさそうだ」[5]と。だが、司令長官はこのことを源田にも大西にも一言も告げず、ただ彼らの近視眼的見方を批判して、魚雷は調整が可能であり、パイロットも訓練しだいでどうにでもなると力説してみせた。

源田の計画に従って、帝國海軍は四月十日、「第一航空艦隊」を創設した。〝ゲンダイズム〟が勝利をおさめ、最終的に空母六隻、三五〇機もの各種航空機が、かれの指揮下に入った。それらは三個航空戦隊を構成し、それぞれ駆逐艦の護衛を受けた。まずはいずれも二七〇〇〇トンをわずかに切る排水量を誇り、乗員二〇〇〇名をかかえる空母「赤城」と「加賀」からなる「第一航空戦隊」。これに空母「蒼龍」と「飛龍」からなる「第二航空戦隊」、そして空母「瑞鶴」と「翔鶴」からなる「第五航空戦隊」が加わるという陣容だった。

その同じ四月、航海員たちは過去一〇年あまりの間に太平洋を横断した船舶の研究に着手していた。結果、十一月と十二月に北緯四〇度以北の海域を横断した例は一件もないことが判明した（この時期、海はひどく荒れるのだ）。

「聯合艦隊」首席（先任）参謀、黒島亀人大佐は「Z作戦」成功のカギをにぎる第三の人物である。広島県の貧しい石工の息子に生まれた黒島は、背が高く、痩せぎすで光頭、その修行僧のような風貌から、仲間の士官に「ガンジー」と呼ばれていた。かれはめったに風呂に入らず、行く先々に灰皿の跡が残るほどのヘビースモーカーで、集中作業が必要となると、お香を焚いた部屋に数日間、はだかで籠もる癖があった。ただ、そうした変人ぶりは日本海軍の誰にも似ていない精神のありようの一部であって、山本は黒島のもつ独創性と、上官の意にしたがうイエスマンでない点を評価していた。しかも、「Z作戦」にかんする限り、黒島はほとんど唯一、山本長官の見境もない熱狂に共感できる人間であり、海軍内部のお偉いさん籠絡では余人をもって代えがたい才能を発揮した。その二人がいま現在、直面している最大の障害は、なんと「Z作戦」を現場でになう「第一航空艦隊」のトップ、そして山本批判派のなかでも最右翼に数えられる伝統墨守の権化、すなわち南雲忠一海軍中将であった。

同じく四月、黒島は今回の計画について海軍軍令部の作戦課長、富岡定俊大佐と話しあうため東京へ出かけた。ところが、富岡は完全に否定的で、山本の計画には承認しがたいリスクがあり、また「あ号作戦（南方作戦）」全体から、ハワイ攻撃に必要な艦船を抽出する余裕は全くなく、特に問題なのは、日本の空母が荒れた海で給油をやった経験がないことである――などなど、けんもほろろの対応だった。かわりに海軍軍令部が提示したのは、アメリカ太平洋艦隊が日本軍の南進を阻止しようと西太平洋に進出してきたとき、それと真っ向勝負をするという、より穏当なプランだった。まずはしかるべき規模の潜水艦部隊をハワイ水域に進出させ、太平洋を横断してくるアメリカ艦隊を漸減させるとか。

七月二十九日、山本は「第六艦隊」司令長官、清水光美中将にこう命じた。「第一航空艦隊」基幹の〝機動部隊〟に加わり、指揮下の潜水艦たちを統率せよと。「現下の情勢に鑑みるに、戦争は不可避とわたしは思う。戦争開始となれば、わたしは開戦の劈頭、真珠湾を攻撃し、日米のパワー・バランスを日本側有利に傾ける以外、方法はないと信じている」[6]と山本は言った。

清水中将には、日本が保有する潜水艦六三隻のうち相当部分、すなわち艦隊潜水艦二五隻と小型潜航艇（甲標的）五隻が手駒として与えられ、偵察やアメリカ増強部隊に対する邀撃、泊地から出撃する艦船への攻撃、撃墜されたパイロットの救助といった任務が託された。小型潜航艇に対しては湾内に潜入し、「第一航空艦隊」の爆撃、雷撃を逃れた米艦に魚雷を叩きこむよう命じられた。日本は過去にも小型潜航艇を用いたことがあったが、従来のものは水上艦から発進するタイプだった。だが今回は改良を施した艦隊潜水艦が母艦となり、真珠湾から一〇カイリまで迫ったところで発進される形となった。発進後、特殊潜航艇はその小ささを利用して、湾内の入江まで潜入し、水面下の浅瀬に身をひそめ、時いたれば浮上し、アメリカの軍艦に向け一撃を加えるという手順だった。

小型潜航艇は全長七八フィート（約二四メートル）、排水量四七トン、戦艦でも撃沈できるほどの威力をもった魚雷二本を積んでいた。乗員は各二名で、その内部が時に華氏一五〇度（摂氏六五度）にも達するタンス大の操縦室に前後に坐った。出撃の夜、母艦が浮上すると、乗員たちはそれぞれの艇をチェックした。波に揺られながら、乗員たちは安全ベルトで自艦に結ばれていたが、酒巻和男少尉は二度ほど波にさらわれ、必死に戻らなければならなかった。

小型潜航艇の乗員は理論的には、任務終了後生還できる可能性もあったけれど、だれ一人、少なくとも乗員自身は、攻撃後、こんな小さな艇が、真珠湾の狭い水路を抜けて脱出できるなんて幻想はいだいていなかった。一〇人の乗員のうち唯一の生き残りである酒巻少尉は、彼ら一〇人がかかえた苦境について、こう語っている。「志願者なんて一人もいなかった。全員、任務を引き受けさせられたのだ。声に出して、異を唱えたものはいない。われわれは非常に名誉なことだと感じるよう期待されていた」(7)

一九四一年一月半ば、ペルーの駐日大使、リカルド・リヴェラ＝シュライバーはとある噂を耳にし、アメリカ大使館へと赴いた。グルー駐日大使は一月二十七日、この時に得た意外な新事実を国務省に伝達した。「わがペルーの同僚がわたしのスタッフに言うところによると、かれは日本人一名をふくむ数多くの消息筋からこういう話を聞いたという。合衆国との間で問題が生じた場合、日本の軍部はそのもてる軍事的装備をすべて用いて、真珠湾に大規模な奇襲攻撃を敢行することを計画中だという。にわかに信じがたい話ではあるものの、数多くの情報源から聞かされたため、いちおう伝えておくと同大使は付け加えた」(8)と。

一九四一年二月一日、ワシントンのハロルド・スターク海軍作戦部長はこの話をハワイのハズバンド・キンメル「太平洋艦隊」司令長官に伝達したが、その際、こう付け加えている。「海軍情報部はこの噂についていかなる信頼も置いていない。しかも、日本陸海軍の現行の配置および活動にかんする既存データに基づくと、真珠湾に対するいかなる動きも差し迫ってはおらず、また予見しうる将来において計画されているようにも見えない」(9)と。キンメルはこれに対し、いずれにせよ防衛計画は現在策定中であるとして、こう述べている。「それは真珠湾に対する奇襲攻撃（潜水艦、航空機、もしくはその双方を用いる形の）はありうることだと感じているからだ。われわれは現在、与えられるダメージを最小限に抑え、敵攻撃部隊に確実に代償を支払わせるべく、実際的な対策を可及的速やかに講じつつある」と。

同じく二月、日本海軍の一個戦隊がシャム湾（現タイ湾）に到着した。これについて東京は、仏領インドシナとタイとの国境紛争を解決するための措置であると主張した。これを受けて、東京駐在のアメリカ外交官が日本の外務次官に抗議をおこない、もし仮に日本がイギリスに対して脅威を与えた場合、そうした行為は「アメリカとの紛争に発展するものと見るべきである」[10]と警告を発した。驚いた日本政府は「それはもし日本がシンガポールを攻撃したら、合衆国と戦争になるという意味か」とその真意を確かめようとした。米大使館のユージン・ドゥーマン参事官はこう返答した。「状況の論理が不可避的に、そうした問題を生起するだろう」と。さらに二月六日、今度はローズヴェルト大統領が警告を発した。もし日本がソ連を攻撃したら、合衆国は介入せざるを得ないと。すると翌七日、これに苛立った松岡外相がまさに直球の問いを投げてきた。合衆国よ、戦いの準備はできているのかと。

つづく数ヵ月間に少なくとも五回、ローズヴェルト大統領は海軍の将官たちと会合をもち、ヨーロッパに遠征軍をおくる問題について議論している。これからわずか一年半後、アメリカは連合軍の大義を擁護する、いわゆる民主主義の兵器庫になるのだが、この時点ではまだ、そうした壮挙に必要なヒトも、輸送手段も、軍艦も足りなかった。同年一月、アメリカの工場は爆撃機一五九機と戦闘機二四八機を生産したが、このうち米海軍に行ったのは七七機にすぎず、米陸軍に至ってはたったの一五機で、残り三一五機はすべてイギリスに送られた。この措置にはそれなりの効果があったけれど、この程度の支援では、ヒトラーを打倒するには不十分だった。

二月十四日、日本の新駐米大使、野村吉三郎がホワイトハウスでハル国務長官、ローズヴェルト大統領と会見した。大統領は野村との「二十数年におよぶ交情」をふり返り、大使ではなく、提督と呼んでもいいかねと尋ねた。大統領はさらにアメリカと日本は「両国関係や、両国に係わりのある問題について、いつでも腹蔵なく語りあえる友人同士だった」が、現在の関係は「悪化しつつ」あり、もしハルとローズヴェルトが「ほとんど直後に、米砲艦パナイをめぐる事件のトーンダウンをはからなかったら、わが国の国民感情にアッという間に火が着いた可能性もあった」と発言した。

二月二十五日、スターク海軍作戦部長はハワイのキンメル提督に東南アジア情勢にかんする現状分析を転電した。日本には十分な人員と艦船がないため、仏領インドシナ、タイ、英領シンガポール、米領フィリピンへの同時侵攻は不可能だと、すでに米陸軍省が断定していたが、スターク自身の結論も同工異曲だった。日本は英領、蘭領、米領のうち、せいぜい一度に一カ所しか攻撃できず、よって東京は当面、アメリカの国益にとって、ほとんど脅威たりえない――と。

三月初め、おそらくイギリスがイタリア艦隊に空から大打撃を与えたことや、駐日ペルー大使からのご注進が念頭にあったのだろう、マーシャル陸軍参謀総長がハワイのショート司令官に、真珠湾防衛の現状について訊いてきた。空母艦載の雷撃機を用いた航空攻撃に対し、在ハワイの陸軍部隊は十分な対処が可能かと。だが、現地の状況は複雑で、ストレートな答えは難しかった。陸軍省の指示に従うなら、太平洋艦隊が真珠湾に碇泊している場合、艦隊そのものの防護は本来、陸軍側の責任だった。ところが、在ハワイ陸軍部隊の参謀長、ウォルター・フィリップス大佐はのちにこう証言しているのである。「空襲については安心していました。特に艦隊が入港している時などは[11]」と。しかも陸軍航空隊は近距離の航空偵察に対しては協力をおこなうものの、長距離の哨戒任務は海軍の領分だったとも、同大佐は言っているのである。もっとも、「[哨戒機の武器弾薬を]海軍側がどうやって確保しているのか、当方はまったく知りませんでしたが[11]」と。港内にいる海軍艦船をまもる総責任者のはずなのに、ショート司令官自身、こう言っている。ウェーク島やミッドウェー島と同様、うちの部隊より、太平洋艦隊のほうが、防衛面でははるかに強力なのですよと。

三月八日、なまりのきついコーデル・ハル国務長官が野村大使と初めて、一対一の長時間にわたる対話をおこなった。野村の英語は決して流暢とはいえず、また大使はいささか難聴ぎみだった。ハルと野村はこれから九カ月にわたり、都合五〇回も顔を合わせることになるのだが、ハルは同僚たちに常々こう言っていた。日本人は面従腹背の輩で、彼らの言っていることは、まったく信用がおけないと。

対話の手始めに、ハルは野村に質問した。「アメリカのまさに目の前で二つないし三つの国が海軍や陸軍を組織して、外部に打って出、この地球の残り部分を征服するあいだ[12]」、合衆国が「ただ漫然と座視を決め込むと、日本を動かしている軍閥勢力は期待しているのかね。それらには七つの海、すべての貿易ルート、他の四つの大陸が含まれているというのに」と。これに対し野村は答えた。もしアメリカが日本の手を縛ろうと、禁輸措置に訴えなければ、日本はいま以上の軍事行動は取らないと、わたしは思っていますよと。三月十四日、ハルと野村が再度、ホワイトハウスで大統領を交えて会談したとき、ハルはこう指摘した。要するに「日本国民は、ごく少数の例外を除けば、日米両国間の戦争など望んでいないとまで、大使は断言するわけだ」。で、そのごく少数の例外、つまり「松岡が、その政治的野心ゆえに、国内向けに大言壮語を弄しているにすぎないと。日本自体には、そんな野心的計画を実現するほどの能力もないのに」とね。すると、そこでローズヴェルト大統領が口を挟み、「この協定[三国同盟]が危険な作用を持っている点、そして日本の国益に資する要素を、あらゆる面で欠いている点」をしきりと強調した。これに対して野村大使は、やや言い訳じみた口調で、おたくの国が禁輸や貿易制限で日本を追い込み、ある意味、三国同盟を結ばざるを得なくさせたのですと言ったという。

アメリカ軍はなるほど当時、世界規模の紛争に対処する準備が整っていなかったが、ワシントンは東京、ローマ、ベルリンの枢軸指導者がまったく知らない驚異の秘密兵器を持っていた。その〝武器〟は一九四〇年九月二十日金曜日に生まれた。その日、フランク・ロウレット三二歳は、勤め先であるワシントンDCの「ミューニションズ・ビルディング」に毎度のごとく、始業時間より一時間はやく到着した。鋼鉄製の扉を抜け、武装した衛兵の前をとおり、目的地である二つの仕事部屋――民間人のかれがこのプロジェクトに参加して以来、ずっと衛兵と検問付きの三四一六号室と三四一八号室――へと向かった。ロウレットのチームはそこで、日本の外務省が用いる最高難度の暗号解読に取り組んでいたのである。

それは今や歴史の一部と化した驚異の瞬間だった。ふり返ると、アメリカという国は、人間のスパイの養成・運用ではあまりパッとしなかったが、暗号解読の面では数々の成果をあげてきた。第一次大戦が終わり、「ヴェルサイユ条約」が結ばれたあとも、アメリカ陸軍はひきつづき航空写真（その後、これにレーダー情報が加わる）に特化した情報部隊を維持してきたし、陸軍と国務省から資金面の支援を受けて、暗号学者、ハーバート・オズボーン・ヤードリーが一九一九年秋、外交暗号の解読をめざす政府の秘密計画「ブラック・チェンバー」を立ち上げたりもした。同機関は一九二一年から二二年にかけての「ワシントン会議」において、対日交渉を有利にすすめるための〝武器〟をアメリカの外交官に提供した。一九二三年、米海軍の情報部員は、ニューヨーク駐在のさる日本人士官の手荷物をくまなく漁り、日本海軍が第一次大戦で使っていた作戦用秘密暗号のコードブックを入手した。米海軍はそれを用いて、日本側のやりとりを解読、それらは最高機密をしめす赤いフォルダーに保存されていたことから、これら解読済みの暗号は「RED」情報と呼ばれるようになった。

「紳士は互いの手紙を読まない」という信条から、ハーバート・フーヴァー政権の国務長官、ヘンリー・スティムソンは一九二九年、「ブラック・チェンバー」に対する予算措置を終了させたが、この取り組み自体は陸軍省の傘下で継続され、「陸軍信号情報庁」のチームのもと、解読作業は次から次へと実施された。一方、米海軍も「ONI（海軍情報部）」の「OP-20-G（通信保全課／暗号解読班）」が、太平洋における無線交信と船舶の位置情報をモニターしていた。この時期に少なくとも三回、「ONI」は日本のニューヨーク総領事館の暗号書を〝拝借〟したが、一九三〇年になると、日本側がその暗号システムを変更したため、海軍はその対応に二年を要した。新システムの解読によって得られたデータは、伝統にしたがって、「BLUE」情報と呼ばれるようになった。

一九三八年、日本が暗号システムを再度変更すると、「ONI」は国務省をお払い箱になった暗号解読の専門家、一時は音楽や数学の教師でもあったアグネス・〈ミス・アギー〉・マイヤー・ドリスコルを雇い入れた。まずは主要艦船の名称や、日本軍が頻繁に用いる専門用語がリストアップされた。ミス・アギーは、エンピツのおしりについた消しゴムで日本の暗号書のフォトコピーを丁寧にチェックしながら、この新たな暗号システムの解読に成功した（得られた結果は、「BLACK」情報と呼ばれた）。

ある解読要員が、自己流の解き方をこう説明している。「まずは私が〝じっと見〟と呼んでいる作業をおこなう。文字どおり渡されたメッセージの全文を凝視するのだ。それを様々な形で並べかえる。縦に並べたり、手書きしたり、いろいろなやり方で書き並べて、それを〝じっと見〟する。するとほどなく、一つのパターンが見えてくる。各種メッセージの間に一定のパターンがあることに気づき、これが解読の取っかかりになるのだ」[13]と。
一九三九年三月二十日、アメリカは日本の新たな外交暗号システムによる電文を傍受した。この新システムはその年の夏までに「RED」および「BLACK」と置き換わり、ほとんどの電文がまた読めなくなった。そこでフランク・ロウレットが、この暗号解読の責任者に任命された。一九四〇年九月二十日、解読チームの一員で、〈ジーン〉の愛称で知られる二六歳の女性暗号分析官、ジェネヴィーヴ・グロットジャンが、「PURPLE」と命名されたこの暗号システム解明の手がかりを見つけた。ロウレットはこう記している。「グロットジャンが部屋に入ってきた。明らかに興奮気味で、みなに手を止めてと、穏やかな口調で言うと、私の発見を披露してもいいかしらと訊いた。彼女はわれわれを、隣の部屋にある自分のデスクまで連れていき、作業用紙を広げると、ひとつの実例を、次の実例を、そして三番目の実例を示した。デスクから後ずさりした彼女の目は、その縁なし眼鏡の背後で、完全にイッテいた。あとはもう大騒ぎだった。部屋のなかを走り回り、プロボクサーのように両手を突き上げ、『やったぞ！』と声を張りあげる者までいた。ふだんは物静かなファーナーが拍手しながら、『フレー、フレー』と景気づけの言葉をくりかえし、わたし自身、『これだ、これだ！』と跳んだりはねたりした。もう人が、どんどん寄ってきて、部内の全員がその部屋に集まった。フリードマンまでやってきて、『これは一体、なんの騒ぎだ？』と尋ねた。わたしは興奮を抑えつつ言った。『ミス・グロットジャンの大発見を見てやってください』と。〈ジーン〉は目の涙をぬぐいいながら、なんとか心を落ち着けようとしていた。わたしは作業用紙を指さした。『われわれが探し求めていたものを、〈ジーン〉が発見したんです。ほら、ここと、ここと、それからここも』と」[14]
それはお国からその能力を正当に認められなかった女性が、またしても「第二次世界大戦」を勝利にみちびく画期的〝戦果〟を、人知れずあげた瞬間だった。そして、ちょうどアメリカ中の数え切れない天才おたくがその後の数十年間やり続けるように、この暗号解読チームもまた、ボトル入りのコカコーラを所望することで、偉大な〝戦果〟をみんなで祝福し合ったのである。

真珠湾以前、アメリカ軍内で出世をのぞむ野心家たちは、情報部門を避けて通っていた。一般にあそこは覇気に乏しい奴らがいく事務屋の溜り場にすぎないと忌避されてきたのだ。「PURPLE」以前には陸海軍の情報協力も、一致協力よりは、独立独歩が目立ったくらいである。だが今や、日本の在外公館の電文はアラスカ、ワシントン州、ハワイ諸島、グアム島、ルソン島に置かれた軍の傍受施設はもとより、電信会社のオフィスでもチェックされるようになった。ただホノルルだけは長年、その例外とされてきた*。傍受されたメッセージは、しばしば郵便経由で首都ワシントンに送られ、しかるのち陸海軍の情報部門によって解読、翻訳、評価がなされた。得られた結果は、リッチモンド・ケリー・ターナー海軍少将と、レナード・T・ジェロウ陸軍准将に送られ、そのうち最も重要なものだけがカギのかかるブリーフケースに入れられ、クーリエ役の将校の手で海軍長官、陸軍長官、国務長官、陸軍参謀総長、海軍作戦部長、そして大統領のもとに日々届けられた。これら国家級の幹部たちが解読・翻訳されたものを読み終えると、そこにずっと控えていた伝令役の将校に文書は戻され、あとは軍情報部の手で焼却された。

アメリカの暗号解読チームは一九四一年の秋ごろには、日本の外交政策について、駐米大使を上回るほどの知識を得るようになった（その状況は、ちょうど戦争終結の直前、核爆弾の開発状況について、トルーマン新大統領よりも、スターリンのほうがより多くの情報を得ていたことに、どこか似ていた）。あまりに驚くべき〝戦果〟だったため、〝まるで魔法《マジック》のようだ〟と言った者――ローズヴェルト大統領本人だと明言するものも多い――がいたくらいである。この「MAGIC」情報は、アメリカ陸海軍がたくみに協力しあった稀有の共同作戦のひとつとされており、処理した情報のじつに九七パーセント解読という驚異の実績を誇っていた。ただ、海軍愛にあふれるローズヴェルトゆえ、ホワイトハウスに赴くクーリエ役は常に海軍士官であり、陸軍将校に託されることは決してなかったが。

その情報リークが生じたのは一九四一年四月のことだった。「ＭＡＧＩＣ」関連の情報が、イギリスの駐米大使にも伝達され、それを同大使が本国に送ったのだが、じつはそのイギリス側暗号システムは、ナチがすでに解読に成功しているものだった。五月五日、日本外務省は野村大使に対し、照会の電文を送ってきた。「きわめて信頼できる情報筋によると、合衆国政府は貴官の暗号電文を読んでいることがほぼ確実に見えるそうだ。上記の件について、何らかの疑念があるかどうか知らせてほしい[15]」と。そもそも海軍が本籍地の野村大使は、かつて軍令部第三部長（情報担当）をつとめた経験もあり、国家機密をいかに守るべきかについては、数多の外交官よりも通暁していた。うちでは「その他の公文書同様、暗号および暗号書」を守るため、「最も厳格な予防措置」を講じていると返信し、「それが露見したかもしれない具体的事例、もしくは詳細情報」があれば知らせてほしいと要請した。五月二十日、野村は東京に対し、疑念は確認されたと言ってきた。「それがどれと特定はできないが、合衆国がわれわれの暗号の一部を読んでいることは明らかだ。この情報をいかに獲得したかについては、外交伝書使もしくはその他安全な方法を用いて、伝達するつもりである」と。

野村がどのような経緯からアメリカ側の暗号解読に気づいたのか、その詳細は明らかでないが、情報漏れが判明したあとも、日本の外務省は暗号システムの修正をおこなわなかったので、アメリカ側はこれ以降も、日本の暗号を読みつづけることができた。ただ残念なことに、「ＰＵＲＰＬＥ」暗号

＊とはいえ、一九四一年十二月第一週に関しては、日本からの脅威の高まりもあって、ＲＣＡのトップ、デイヴィッド・サーノフも、さすがに協力に同意するのだが。

は絶対に破れないと日本側が全幅の信頼を寄せていたように、アメリカ軍上層部も、「MAGIC」情報によって日本にかんする必要な情報はすべて分かると思い込んでいたが、いくら霊力《マジック》を使おうと、「MAGIC」情報によってハワイ攻撃にかんする詳細情報を手に入れることは、金輪際不可能だったのである。日本の軍部は最大の秘密を、自国の外務省なんぞに伝達したりはしなかったから。結果、日本が太平洋の軍事目標を攻撃する可能性が出てきたとき、アメリカの「戦争計画部」は三〇〇〇マイルにわたる広大な地域、シベリアの国境地帯からタイの海岸まで、あらゆる可能性を吟味しなければならなかった。後述するごく限られた数の電文を除くと、真珠湾攻撃にかんする情報が「PURPLE」経由でやりとりされた例は皆無なのである。

「MAGIC」情報はまた、評判ほど霊験あらたかだったわけではない。情報伝達の遅れが、その原因のひとつである。最高機密の文書は無線ではなく、空路、海路、トラックおよび鉄道で運ぶべしという軍の保安規定がネックとなったのだ。なかでも「MAGIC」情報は秘密厳守の要求レベルが圧倒的に高かったため、そうした遅延は、本来得られたはずのプラス効果を大きく削ぐ結果となった。秘密保持の影響は多方面に及んだ。例えば、ワシントンのハロルド・スターク海軍作戦部長は、真珠湾のハズバンド・キンメル「太平洋艦隊」司令長官のもとには、当然ながら、「PURPLE」マシーンがあるものと思い込んでいた。だが、キンメル当人は「MAGIC」情報も「PURPLE」マシーンも、聞いたことすらなかった。「MAGIC」情報にふれる許可権限が与えられていなかったため、キンメル提督に限らず、同じくハワイの陸軍部隊を率いるショート将軍も、東京のグルー大使も、日本の脅威が徐々に高まりつつある現状を直接的に裏付ける確たる証拠を得ていなかったのである。ただ、彼らがたとえ解読結果を閲覧できる限られたメンバーの一員だったとしても、率直にいって、「MAGIC」情報の結果、東アジア全域に対する日本の大規模攻勢に、アメリカ軍の各守備隊が防備を固めたかとなると、はなはだ疑問である。フィリピンのダグラス・マッカーサー元帥のもとには、現に「PURPLE」マシーンがあったけれど、フィリピン防衛を成功させる助けにはならなかったし、「MAGIC」情報のおかげで新情報に日々接していたワシントンの要路の人々も、十二月七日（日本時間では八日）の第一報には、現地のキンメル提督、ショート将軍と同様、腰を抜かしたのだから。

しかも、アメリカ側はまったく気づいていなかったが、帝國陸軍の情報部門は一九三六年以降、アメリカ自身の外交電報の多くを解読していたのである。帝國陸軍はアメリカ国務省が使用していた三種類の暗号、すなわち「グレー」、「ブラウン」、そして「ストリップ・サイファー」のすべてを解読していた（「ストリップ・サイファー」については、英独両国でさえ解読できなかったのだから、これは驚くべきことである）。ただ、ワシントンも東京も、互いの軍事暗号だけは解けずにいた。両大戦間の無風状態の時代に、米陸軍信号情報庁は、日本側の暗号電報と接する機会がそもそもあまりなかったし、米海軍のほうも、ミス・アギーとプレスコット・カリアー大尉が中心となって努力は続けたものの、一九三九年に運用が始まった日本海軍の汎用暗号システム――アメリカ側がいうところの「JN-23」と「JN-25b」――のうち、一九四一年までに解読できたのは、全体のおよそ一〇パーセントにすぎなかった。*

「第二次世界大戦」におけるアメリカ側の秘密兵器がレーダーと暗号解読ならば、日本のそれはスパイであった。一九四一年三月二十七日、ホノルルの日本語新聞「日布時事」は、日本総領事館の新書記官、森村正が今朝がた「新田丸」にて日本から到着したと報じている。かれの当地への来訪は「国外移住申請その他の活動を促進するためである」と。だが実際には、そんな名前の男は日本の外交官名簿に載っていない。なぜなら森村正は総領事館の書記官などではなく、病気のため道半ばで退役し、いまや民間人として海軍の情報部門で働く元士官、吉川猛夫の偽名だったから。「わたしは長年英語を学んできたので、英米海軍を対象とする部門に配属された。わたしは日本海軍における米海軍の専門家になった。わたしは歴史についても研究した。例えば、アメリカの高名な提督、マハンの著作のような」[16]と吉川は語っている。「ジェーンズ・ファイティング・シップス」を元に、アメリカの海軍艦艇のシルエットを頭に叩き込んだあと、森村こと吉川は一九四一年春、六〇〇ドルの現金とともに、ホノルルに下り立った。総領事館におけるかれの勤務時間はなんとも不規則だったため、アルコール依存とか怠け者といった評判が立った。実はそうした悪評は、どうやら帝國海軍の士官らしいという噂を仲間の館員から一掃するため、吉川がとった欺瞞戦術の結果だった。なにしろ、かれが知っている海軍関係者で、アルコール依存や怠け者であることを自らさらす人間は皆無だったから。

公衆の面前にでるときは、観光客のユニフォームといってもよい、キャラコのズボンにアロハ・シャツという服装であれこれ動きまわった。定期的に遊覧飛行を楽しみ、マウイ島へひとっ飛びし、ラハイナから海軍艦艇の動きをチェックしたり。真珠湾が外海とつながる辺りで水泳を楽しみ、潜水艦や魚雷用の防御網の現状を観察したり。総領事館の女性軍を引き連れて、底がガラス張りの船でカネオヘ湾ツアーに参加し、どこがどれほどの水深か記憶にとどめたり。アメリカ軍の将校に人気のあるとある剣道場では「よき聞き手」として知られていたが、「アレワ高地」の料亭「春潮楼」では芸者をはべらせ、心ゆくまで呑み、かつ喰らい、楼の主人が観光客のため二階に設えた望遠鏡を覗いたりした。吉川は言う。「わたしはそこから真珠湾の艦隊を見ていた。時おり、湾の周辺をタクシーやバスで回った。また、情報を得ようと、ビールを飲みながら、道なりに歩いたこともあった。そうそう、水深をはかるため〝釣り〟をしたこともあったな。だが、それは非常に危険な行為だった」[17]と。

フィリピン人に変装して、真珠湾の士官クラブで皿洗いをやったこともあった。アイエア高地のサトウキビ畑を抜けて、ハイキングをすると、まるで絵葉書みたいなアメリカ艦隊を一望できた。007式の大胆不敵な諜報活動ではなかったけれど、吉川の淡々とした調査活動は詳細な報告書に結実し、日本の戦闘機、爆撃機、雷撃機のパイロットに対し、オアフ島を叩くさいに死活的に重要な情報を提供したのである。

吉川のスパイ活動は、喜多長雄総領事が総覧していた。一方、米陸軍のチャールズ・ヘロン将軍によると、「日本のホノルル総領事館がオアフ島におけるスパイ活動の拠点であることは公然の秘密だった[18]」という。現にアメリカはこの時期、すでにドイツ領事館とイタリア領事館の閉鎖措置を取っていた。だが、日本総領事館の扱いは従来どおりだった。それは日本の外交使節をうっかり放逐したら、現在進行中の条約交渉に混乱をもたらすおそれがあることと、日本の対外諜報員など精神面でも

＊　ミス・アギーやその同僚たちはその後、「珊瑚海海戦」や「ミッドウェー海戦」の圧倒的勝利を招来するほどの暗号解読の実績をあげ、さらに山本五十六海軍大将の暗殺にも成功するのだが、それは十二月七日の真珠湾攻撃を受けて、アメリカの暗号解読部門への劇的な人員増強がはかられた結果であった。戦争の全期間を通じて、軍の暗号解読チームは成長をつづけ、ワシントンだけでも一万六〇〇〇人に拡充され、一九五二年、そのまま「NSA（国家安全保障局）」になった。ただ、「MAGIC」情報をめぐる一側面は、いまだ今日性を備えており、折々、論争の的になっている。東京政府が米国在住者を徴用してスパイに仕立てあげていることが判明し、さらにフランス、ベルギー、オランダ、バルカン半島出身者がナチの第五列として活動していた事実が明らかになるのだが、果たして一九四二年二月十九日の「行政命令九〇六六号」、すなわち、日系アメリカ市民の強制収容措置はその直接的結果なのだろうか。

肉体面でも程度が低く、脅威になどなりようがないと信じられていたからである。

一九四一年時点におけるハワイ在住民間人のうち、日本人を祖先にもつ住民は一五万八〇〇〇人を数え、じつに全人口の四〇パーセントを占めていた。これほどの大集団になったのは、安価な肉体労働者を求めてサトウキビ農園が日系移民を導入したことに起因しており、結果、ホノルルは当時（現在でも依然そうだが）、日本本土以外で〝日系〟人口が最大を占める都市となった。一九四一年におけるハワイのレストラン、食料雑貨店の半分、建設労働者の大半、自動車工の大半、商店の売り子のほぼ全員、漁民の一〇〇パーセントは日本人および日系人だった。「日支事変」では多くのものが日本兵を愛国的に支援し、日本の戦時国債を買い、外地にいる兵隊さんに慰問袋を送り、また病院船の装備を調えるという「日本赤十字」の呼びかけに応じて、募金活動をおこなったりもした（もっとも、日系住民は知らなかったが、これらの浄財は造船所には行かず、爆撃機の製造費用に流用されてしまったのだが）。

この人口構成はたしかに問題で、アメリカ軍の指揮官たち、特に「ハワイ軍管区」で一九三五年から三七年まで情報部門のトップをつとめたジョージ・パットン中佐などはこの状況に憂慮を表明し、「オレンジ国籍の初期占領」と題するメモ（日付なし）を用意したほどである。同メモは、地元の著名日系人一二〇人の名前をリストアップしている。かれらは医師、宗教関係者、政治家、法律家、出版人、実業家、総領事館スタッフで、もし宣戦布告がなされた場合、身柄を拘束すべき対象であるという。同メモはまた、破壊分子に対して大きな焦点を当てているが、真珠湾後におこなわれた九件の調査においても、吉川のスパイ活動は一度も暴かれていない。その後、一九八〇年代に、私は真珠湾のスパイだった——と吉川本人が名乗りをあげると、FBIの捜査官、J・ハロルド・ヒューズはやれやれといった感じでこうコメントしている。「彼がスパイだったことはみんな知っている。……

〝スパイの頭目〟ヨシカワにかんする記事はもう読み飽きた。だが実態は違うがね[19]」と。とはいうものの、FBIと陸軍情報部はホノルルの地元民のなかに、日本の第五列がいることをしめす証拠（とうとう発見できなかった）を必死に求めていたことは事実であり、その間も吉川本人はオアフ島において地味な偵察行を続けていたのである。

ハワイ担当のFBI捜査官、ロバート・シヴァーズはこういう証言を残している。白人たちから地元の日系社会にかんする有用な情報はいっさい得られなかった。FBIが雇用する日本人の血をひく人間はたった一名で、かれは通訳だったと。喜多総領事と会ったとき、シヴァーズはちょっとふざけてこう言った。「そのままそのまま、ミスター・キタ。島の周囲をぐるりとクルーズして、目につくものを見てきてください[20]」と。「おいおい」と喜多は笑いながら言った。「そのあとを尾行して、ぼくを追いつめようって魂胆なんだろう」と。

この時期、ワシントンはオアフ島に対し、警告につぐ警告を発していた。一九四一年四月一日、スターク海軍作戦部長は、海軍の現地指揮官たち（キンメル司令長官をふくむ）に宛てて、次のようなメッセージを送っている。「海軍情報部の要員に以下の助言をおこなわれたし。過去の経験が示すように、枢軸諸国は土曜と日曜、あるいは当該国の国民的休日に特定戦域で行動を開始する例がしばしば見受けられ、よってそうした日にはしかるべき措置をとり、適切な監視と予防措置を講じるべきである[21]」と。

その後の展開を知っているため、後世の人間はこういう話を聞くと、どうしてハワイの軍幹部は十二月七日以前、いかなる脅威も感じなかったのかと不思議な気分になるが、まさにそれこそが、真珠湾以前におけるアメリカの一般的空気だったのである。例えば、ミネソタ州の州議会議員で、予備役の海兵隊員でもあったメルヴィン・マースは、ハワイでの現役生活を終えて帰郷したさい、こう報告している。「日本はアメリカ艦隊を死ぬほど恐れて[22]」おり、またあの地域に展開する米陸海軍部隊は「わが国の国益に挑戦してくる、いかなる形態の軍事力」に対しても、しかるべき防衛が可能であると。ニューヨーク・タイムズ紙はハワイ諸島のことを「太平洋におけるわがジブラルタル」と呼び、コリアーズ誌は、真珠湾は「難攻不落」と言っていた。ホノルル・スター＝ブレティン紙などはその社説においてクラーク・ビーチについて触れ、「日本によるハワイ攻撃は、世界でも最もありえない事態と考えられており、それが成功する確率は百万分の一もない。……アメリカの海軍軍人からすれば、真珠湾の沖合まで日本艦隊がやって来てくれるぐらい、ありがたいことはあるまい。余計な手間をかけずに、連中を殲滅できるのだから」と。

一九四一年春、ジョージ・マーシャル陸軍参謀総長はハワイの軍事施設の視察を終えたあと、スティムソン陸軍長官にこう語った。「重爆撃機と素晴らしいわが新型追撃機〔戦闘機〕があれば、地上兵力だけで島の防衛は可能である。ジャップが敢えてハワイを攻撃することはないだろう[23]」と。スティムソンがこの意見を大統領にあげると、ローズヴェルトは翌日正午、ホワイトハウスで会いたいと言ってきた。四月二十四日、スティムソンは大統領にこう告げた。実際に現地を視察してみて、マーシャル将軍はこのような感触を得たそうです。「ハワイ諸島は、港内に残存する艦船の多寡にかかわらず、難攻不落であり、陸軍の防空部隊だけで備えは万全。日本を寄せ付けることは断じてなく、しかも防空部隊なら、アメリカ本土からいつでも増強が可能である[23]」と。

そのうえでスティムソンは、マーシャルのメモを大統領に手渡した。そこにはこうあった。「オアフ島はその要塞化、その守備隊、その物理的特性からいって、世界でも最も強力な要害だと信じられている。［そこを侵略せんとする］敵は、およそ三万五〇〇〇人が詰め、固定式海岸砲一二七門、対空火器二一一門、三〇〇〇を超える各種の火砲や自動火器が沿岸防衛にあたる守備隊を相手に強襲上陸をおこなうため、相応の遠征軍を海上輸送しなければならない。航空優勢〔制空権〕がなければ、これは不可能な任務である。……それなりの防空部隊とともに、敵空母群は、それを護衛する海軍艦艇、輸送船を随伴しつつ、およそ七五〇カイリもの距離から、しかも航空攻撃を受けつつ、接近を開始することになる。目標から二〇〇カイリ圏内に到達するまでに、そうした攻撃は激化の一途をたどるだろう。敵軍はその過程で、わが軍の最も近代的な追撃機が脇をかためる、あらゆる種類の爆撃機部隊の攻撃にさらされるからだ。……現在進行中の航空機移送をふくめると、ハワイは今後、最も近代的な〈フライング・フォートレス〉爆撃機三五機、中距離爆撃機三五機に加え、軽爆撃機一三機、追撃機一五〇機（うち一〇五機は最新鋭のもの）に守られることになる。かてて加えて、ハワイ諸島の場合、米本土から飛来する重爆撃機による増強がいつでも可能である。利用可能な兵力がこれほどあると、オアフ島に対する大規模攻撃は実現不可能と言わざるを得ない[24]」と。

だが、現実のオアフ島には、距離七五〇カイリのかなたまで偵察をおこなえるような哨戒機は一機もなかったし、それほど遠距離にいる敵を攻撃できる爆撃機の数も十分ではなかった。真珠湾の当日、一九四一年十二月七日に、ショート陸軍司令官の手元にあった〈B－17〉爆撃機は三五機ではなく一二機に留まり、しかも実際に運用可能な機体はそのうち六機にすぎなかった。ハワイ駐留の陸軍部隊にとって喫緊の課題は、周囲三六〇度を徹底捜索するだけの十分な数の偵察機がないことであり、しかもそれは当時、アメリカの全部隊にいえる問題で、それに絡んで、陸軍航空隊を率いるヘンリー・〈ハップ〉・アーノルド将軍があわや馘首《くび》になりかけたほどである。一九三九年から四〇年にかけて、アーノルド将軍は陸軍航空隊を増強する必要性を一貫して主張したけれど、大統領がイギリスへの航空機提供を優先させたため、アメリカ本体の防衛力は弱体化の一途をたどった。アーノルドがあまりにしつこく言い張るので、大統領はルイス・ジョンソン陸軍次官に対し「アーノルドを辞任させるか、あいつの首を切るか、どっちかにしろ」と申し渡したほどである。

その一方で、ジョージ・マーシャル参謀総長の楽観的見方は、陸軍省内部で広く共有されていた。ちょうど日本がアメリカを侮るように、アメリカ側も日本の戦闘力に対する無知から、根拠のない安心感をいだいていた。米陸軍の情報将校だった、ジョージ・ビックネル将軍〔当時は大佐〕は戦後、こうふり返っている。「実質的にオアフ島の全員が、偽りの安心感にひたっていた。そうした気分は、島の防衛体制はほぼ難攻不落だとくり返し聞かされることで常に強化された。しかも日本の陸海軍は、装備、兵員、戦術の面で優位にあるわが陸海軍と戦えば、鎧袖一触、その無能をさらすだろうと常に聞かされていたのである。……日本の空軍力については、ほとんど知られていなかったが、飛行機の分野でも、日本製は質が悪いという話が出回っており、またやつらには満足な装備がないとか、そもそも日本人はパイロットに向いていないとか、この方面において、どだい西洋人の敵ではないのだとか言われていた(25)」

ただ、米軍がかかえる〝劣化〟問題に気づいていた者も若干ながらいた。一九四一年七月、一時ヒッカム飛行場の基地司令をしていたハーヴェイ・バーウェル大佐がおこなったハワイ駐留部隊の特別調査はこう結論づけている。熱帯の島の生活を長年続けると、陸軍の兵士はその「積極性」を失い、また彼らの指揮官はこれほどの数の兵士により支えられているため、「将来に対する深刻な懸念をいっさい」いだかず、敵からの攻撃、特にそれが「日本といきなり衝突」するような事態について、詳細な対応策をきちんと考えるものがほとんどいなくなっていたと(26)。

海軍作戦部で極東課長をつとめるアーサー・マッコラム少将も認めている。ワシントンは日本情報について悲惨なほど通じていないと。マッコラムは一九四一年、部内の面々に対し、日本海軍の航空兵と航空技術にかんする研究成果を発表し、アジアから重大な脅威が迫りつつあることを明確に示し、「日本の航空兵は恐ろしいほど優秀だ」と教えたのだが、この警告は完全に無視されてしまったという。なぜなら仲間の海軍士官にとって、日本人というのは「ちょっとおかしなチビども」にすぎなかったからである。

東京では大本営政府連絡懇談会が五月の三日と八日に開かれ、首相、外相、陸相、海相、および陸軍参謀次長、海軍軍令部次長が出席した。席上、松岡外相は当面の戦術的優位を活かすため、可能なかぎり早い時期に、シンガポールを攻めるべきだとくり返し要求した。さすればイギリスは二つの大洋で戦争を同時進行せざるを得なくなり、それは同盟国ドイツに有利に働くだけでなく、イギリスに対して大勝利をおさめれば、アメリカ大統領に脅威を与えることもできるからだと。「[ローズヴェルトは]戦争を熱望している。何しろ彼は大バクチ打ちだから」[27]として、松岡はこう述べた。仮に「米が[対欧州戦]参戦の一時間前に、英が[シンガポールで日本に]降伏したならば、[米は]参戦を手控えると思う。ただ、参戦後一時間経ったところで、英が降伏した場合は、米は戦争を継続すると思う」と。このタイミングを間違い、日英戦にアメリカが介入するような事態になれば、戦争の長期化は免れなくなり、「世界文明は破壊」されるだろうと、松岡は不穏な警告を発した。同外相がまるでのめり込むような口調で語ったため、昭和天皇は暗い表情で木戸内大臣に言った。「松岡はヒトラーから賄賂でももらっているのではあるまいな」と。そのうえで昭和天皇は近衛首相とすぐに面談し、自分は外務大臣の極端な意見には同意しないとしかるべく伝えた。

五月十二日、野村大使はハル国務長官に日本側の対案を手交した。それは「日本との平和条約交渉をおこなうよう」、ワシントンが「蔣介石政権に要請すべきであるとする」内容で、しかももし、蔣介石がそれを拒んだら、「蒋政権への支援を打ち切る」ようアメリカ側に求めるものだった。同案は「日本と中国の間である種の合意が結ばれた場合、日本軍部隊は中国領土から撤退」すると述べていたが、それとともに、反共共同防衛の一環として、日本軍部隊を中国国内に駐留させる権利は依然留保するとも述べていた。同案はさらに、日米両国は通商分野における最恵国待遇を復活させるべきであると述べ、「南西太平洋方面への日本の拡大は、平和的性質のものであると宣言し、日本が必要とする［石油、ゴム、錫、ニッケルなどの］天然資源の生産・調達に、アメリカ側が協力をおこなう」よう求めていた。これら法外な文言の調子を多少なりと相殺する目的で、東京側は、ハル長官がおこなった日本植民地主義への痛烈な非難をそっくりそのままお返しした。ではどうでしょう、「フィリピン諸島が恒久的中立の立場を将来的に維持するという条件」のもとで、合衆国と日本が今後、「フィリピン諸島の独立を共に保証するというのは」と。

一カ月後ようやく、ハル国務長官は野村に返答した。合衆国としては、蒋介石が何らかの具体的行動を促される前に、日本が中国側に提示した条約上の条件についてまずは知る必要があったからだ。ハルは開口一番、日米両国は「その各々が必要とする天然資源の供給への平和的手段による参入」と、「太平洋地域全体における和平、および領土的野心の相互否認が、各々の国の基本政策であることを相互確認」することから始めようと提案した。そして最後に、日本は通商を通じた平和の諸原則を支持することで世界の残りの部分と合流することが可能であり、さもなくば孤立し、包囲されるだろうと野村に告げて、提案を締めくくった。

東京の指導者たちは、四月の「諒解案」——叩き台として提示された「メリノール〔マリアの丘〕宣教会」案——の諸条件に、小さな変更点が若干加わる程度だろうと安易に考えていたため、ハルのこの提案にはみなギョッとした。たとえ東アジア全域ではないにしろ、日本は中国に対し支配的立場を占めているのに、ワシントンはそのことを一顧だにしないつもりなのだろうか？　アメリカが世界の警察官の役割を果たし、他国の「生存圏」に干渉するのを止める時期はもうとっくに来ているというのに――と松岡は野村に言った。

太平洋戦域では、いつ何時、予想外の事態が出来するか分からないという感触を、アメリカ政府関係者も持っていた。例えば、スティムソン陸軍長官は五月二十三日、「大統領は、日米どちらかの無責任な現場指揮官が戦争の引き金を偶然ひくのを待っているような気配をただよわせている」(28)と書いている。そうした中、ハワイのキンメル司令長官は今年になって、手持ちの艦船の一部を太平洋から大西洋に持っていかれ、いまや保有兵力の四分の一近くを失っていた。空母「ヨークタウン」がそうだし、「ミシシッピー」、「アイダホ」、「ニューメキシコ」の三戦艦ももはやなく、さらに軽巡洋艦四隻、駆逐艦一七隻、油槽船三隻、輸送船三隻、補助艦艇一〇隻も奪われた。それは真珠湾攻撃の当日にキンメルが失うことになる艦船をも上回る規模だった。この移動命令のあと、キンメルは五月二十六日、スターク海軍作戦部長に対し一一ページにのぼる電文を送っている。「最も近代的かつ有力な部隊の多くが最近離脱したことにより、残された兵力の妥当性および適正さは、割り当てられた任務に比して、きわめて怪しくなっている。……真珠湾の艦隊基地は相当懸念される状況にある。……現在利用可能な海軍力はもはや司令長官の存在を必要としないレベルにまで低下している」(29)と。

真珠湾における前任者、ジェイムズ・リチャードソン初代「太平洋艦隊」司令長官と同じように、ハズバンド・キンメル海軍大将もワシントン詣でに赴き、スターク、ノックス、キングを相手に昼食を取りつつ、真珠湾の数多くの弱点について指摘し、艦船や燃料油の保管施設、修理施設の過剰な密集について警鐘をならし、これでは「敵の攻撃、特に航空機による攻撃」を招いてしまうと訴えた。真珠湾は「湾の出入り口が一カ所しかないため……潜水艦攻撃の格好の標的となりやすく……艦隊が入港中に航空攻撃その他を受けた場合、全艦出撃を実現するまでに少なくとも三時間はかかってしまう。……これに対する唯一現実的な解決策は、攻撃部隊がやってくる前に、艦隊を真珠湾の外へ押し出しておくことだけである」と。

六月九日、キンメル提督はホワイトハウスで大統領と九十分間対面した。二人はこの数十年、気の置けない付き合い方をしてきた。キンメルは一九一五年、フランクリン・ローズヴェルト海軍次官の補佐役を十日間仰せつかったことさえあった。国務省の人間は「この百年、平和な太平洋を目指し、一部の日本人たちとも非公式の話し合いをおこなってきた(30)」と合衆国大統領は、「太平洋艦隊」司令長官に告げた。その話を聞いて、キンメルは「ずいぶんと期待に満ちた考え方ですな」と応じた。ローズヴェルトはまた、「太平洋艦隊からさらに戦艦三隻を減らす」件について、提督の意見を求めた。「戦艦が六隻あれば、日本の通商路を攻撃し、ハワイ防衛は可能である」とノックス海軍長官は言うし、「戦艦が三隻あれば、ハワイは守れる」とスターク海軍作戦部長は考えているのだがと。キンメルは「狂気の沙汰ですな」と言った。これに対し、ローズヴェルトはいつものように、その時その場にいる人間の意見に、まずは賛意を示した。「わたしもバカげた話だとは思う。ノックスにもそう言ってやったんだ」と。「そんな更なる削減をやれば、日本を戦争に招き寄せてしまいますぞ」とキンメルが言うと。「そうだ、そのとおりだ」とローズヴェルトは頷いてみせた。

六月十三日、スタークの副官、ロイヤル・インガソル少将は海軍の地域司令官全員に対しメモを送り、空中投下式の魚雷は高度七五フィート（約二三メートル）で発射するものと一般に考えられてきたが、「最近の進歩により、米英両国の魚雷は、高度三〇〇フィート（約九一メートル）でも、また場合によっては、急降下ののち、七五フィート未満で投下しても、難なく航走することが明らかとなった。［よって］周囲を海に囲まれ、魚雷の着火に十分な距離がある場合は、投錨中のいかなる主力艦もしくはその他貴重な艦船が、このタイプの攻撃に安全とは、決して想定してはならない[31]」と。キンメル提督もそのメモは読んだが、「空中投下された魚雷が真珠湾内に入ってくる[32]」なんて事態は依然、起こりえないと判断した。

七月五日、スティムソン陸軍長官は、マーシャル参謀総長から「非常に興味深い話[33]」を伝達されたという。「確かな筋からの情報によると、東京の松岡がリッベントロップ独外相に対し、日本がアメリカを巧みに欺いた結果、アメリカは太平洋に艦隊をいまだ張りつけていると告げたそうだ。私にとってその情報は、昨今の国務省の努力がまったくの無駄だったと思い切る、最後の一押しになった」と。その日の午前十一時、スティムソンがこの話を大統領に伝えると、「わが国の太平洋における有和努力は、もはや終わらせたほうが良さそうだな」とローズヴェルトは言った。

六月十二日、英「ブレッチリー・パーク」の暗号専門家たちは、アドルフ・ヒトラーと日本の駐独大使のやりとりを解読した。それによると、ナチの次なる標的はソ連とのこと。五日後、別の暗号解読により、東京がベルリンに対し、ヴィシー政権に圧力をかけてくれるよう要請している事実が判明した。要するに、いまだ同政権の管理下にある仏領インドシナのうち、サイゴン、シエム・レアプ、プノンペンに空軍基地、海軍基地を確保させせろというわけだ。

六月二十二日の夜明け直前、ナチ・ドイツは二七〇〇輛の戦車を巨大な楔のように打ち込んで、ロシアの防衛線を粉砕し、ソ連侵攻を開始した。わずか二日間で、ソ連は航空機二〇〇〇機余りを失い、一カ月以内にナチは凱歌をあげ、ドイツ国防軍はソ連の政治的中心、赤の広場のクレムリンまで、あと一三〇マイル（約二一〇キロメートル）の地点まで迫ってみせた。アドルフ・ヒトラーはまたしても電撃戦の威力をまざまざと見せつけたのである。

いまや西はフランスの海岸から、東はモスクワのタマネギ型ドームを遠望するところまで、北はバレンツ海の白夜から、南はアラブ人が暮らすサハラ砂漠まで、この三年間に「第三帝国」がなし遂げた戦果は、広大無辺、まさに戦慄を覚えるほどだった。

ヒトラーのソ連侵攻は東京に対し非常な驚きと不安感をもたらした。松岡外相はすぐさま皇居に参内し、日本もドイツに呼応して、北のソヴィエト、南のアングロ＝サクソンと同時に戦うべきですと力説した。この主張に強い懸念をいだいた昭和天皇は、外務大臣はひどく混乱しているようだと判断し、近衛首相にすぐさま、松岡を内閣から外すよう示唆した。近衛公はこれを大いに歓迎した。近衛は当初、日独伊三国同盟の熱烈な支持者だったが、一九四一年夏までに、枢軸側を完全に見限り、アメリカとの劇的な関係改善を望むようになっていたからだ。松岡が抜けることは、その良いきっかけになると思われたが、大日本帝國憲法によると、総理には閣僚の解任権限はなく、そして松岡は辞任を拒否した。

近衛首相は鈴木貞一企画院総裁に依頼した。東條英機陸相と会って、こう尋ねてほしい。もしドイツがソ連との条約をかくも悪質なやり方で廃棄するのだとしたら、日本も三国同盟を無視して、英米両国と不可侵条約の交渉を進めることは可能ではないかと。この問いかけに、東條陸相は悲憤慷慨、「そんな仁義に反することが、できると思うのかッ」[34]と鈴木を怒鳴りつけたという。*その数日後、永野修身海軍軍令部総長はとある海軍関係者から要請を受けた。陸軍に引きずられて、ヒトラーの対ソ戦に加担しないようにしてほしいと。だが、陸軍があんな激烈な反応を示したのは、そもそもハル国務長官が提示した四原則があまりに法外だったからだと考える永野は「何を言うか。われわれはいま、アメリカと開戦直前にいるのだぞ！」[34]とどやしつけたという。

軍のなかには今や「青柿」戦略を採るべきだという声があがっていた。熟した柿が落ちるのをじっと待つより、木そのものを揺さぶってやれば、実は青くとも、数多くの柿を獲得できるという戦略で、要はヒトラーに呼応して、ロシアを攻撃せよという意味だった。もちろん「熟柿」派はこれに反対で、もし一九四一年六月に攻撃を開始した場合、日本は一二個師団、八〇〇機の航空機で、ソ連の三〇個師団、二八〇〇機と対峙しなければならなくなると主張した。永野軍令部総長は対ソ攻撃は間違いなく英米との戦争につながると指摘した。もし陸軍の南進がこのまま続けば、アメリカは結果的に新たな禁輸措置に打って出るだろうし、そこでむりやり蘭領東インドの油田を獲りに行けば、それはそのまま米英蘭との戦争に直結するだろうと。

柿がどうしたこうしたという議論は、ずいぶんと抽象的に思われるが、そうした発想の枠組みのなかで、日本の指導層は総体として、運命論的確信へと進んでいくのである。もはや戦争は回避できないと。ただ、そこには唯一、答えなければならない問題があった。それで結局、日本はどの国を主敵と位置づけるのか——。

穏健派を勇気づけるような状況もあった。征服のかわりに外交手段を用いることで、日本はすでに北部仏印をものにしており、タイとの領土紛争も多少有利に傾いていた。その六月、陸軍は海軍とと

＊　東條英機はやたら規則にうるさく、下位のものに対して厳しいため、「カミソリ東條」というあだ名で呼ばれていた。首相就任後、最初におこなった仕事のひとつは、朝の散歩のさい、民草のゴミ箱をチェックすることだった。戦時の食料配給がうまく行っているかどうか確認するためであると、総理閣下は報道陣に語ったが、それが宣伝目的なら、あまり成功とはいえない。たちまち東條総理の「ゴミ箱あさり」と揶揄されたからだ。東條のもったいぶった演説は「しこうして」や「ゆえに」が目立ち、かなり特徴的だったため、小学生が早速ものまねするようになった。

もに、仏領インドシナの残り部分への勢力拡張に動いており、外交手段を用いて、さらなるコメ、錫、ゴムを確保するとともに、より多くの石油を求めて、蘭領東インドをうかがう勢いにあった。そうした状況を受けて、陸軍側も中国大陸で中ソ双方と事を構えるという主張をいちおう手控えていたが、状況が変わり、例えば、ソ連が西部戦線でドイツと戦うため太平洋戦域から大規模撤兵をおこなうような事態になれば、一気に攻勢をかける選択肢はいまだ消えていなかった。

この月の終わりにかけて、戦争指導を担当するとある陸軍将校はその「機密戦争日誌」にこう記している。

新たな展開がなく
苦悩と瞑想の日々がつづく
一日の遅れは大量の石油の浪費を意味し
一日の遅れはさらに多くの血の犠牲を意味する
ただ彼らは言う。アメリカとの百年戦争は回避せねばならないと[35]

一九四一年をつうじて、大日本帝國陸軍は定期的に対米戦争に打って出るべしと訴え、文民政府はあいまいな言葉に終始し、そして海軍は異を唱え続けた。だがしかし、それほど大きなことをやる準備は陸軍側とてできてはおらず、陸軍の戦争計画には威勢のいい文言こそ並ぶものの、「対米戦争は基本的に海軍の責任であり、勝敗は両国間の海軍力の全面衝突によって決するもので、ゆえに作戦に対する陸軍の関与は限定的である[36]」としていた。日本の将軍たちは、東南アジアの豊かな天然資源を獲得できれば、陸軍の中国大陸における惨状は帳消しとなり、いずれ忘れ去られるはずと期待していたし、対する海軍側の計画は、もしイギリスがナチ・ドイツに屈伏し、アメリカがこれ以上の戦いを諦めれば、アメリカのアジアにおける植民地はその結果として日本側に転がり込むはず——という期待の上になりたっていた。日本のファシストがいかに常軌を逸していたかは、この一点を見るだけでも明らかである。なにしろ陸軍も海軍も、アメリカ相手の大規模戦争をしきりと唱えながら、それに勝利するための戦略、作戦、技術、経済力について、その詳細をいっさい詰めようとしないのだから。

七月二日、明治宮殿内の「東一の間」。ヨーロッパ製のシャンデリアや紫に染めたアジアン・シルクを設えたその部屋で、枢密院議長が国家指導者たちと会議をもった。それは真珠湾にいたる都合四度の「御前会議」の第一回目にあたるものだった。同議長から意見を求められた将軍や提督、大臣たちがそれぞれの計画や予想の細部について述べるあいだ、臨席する昭和天皇はただじっと耳を傾けるのみだった。

「所謂《いわゆる》御前会議といふものは、おかしなものである[37]」と昭和天皇は戦後、そう語っている。「天皇には会議の空気を支配する決定権は、ない」と。そもそもこのシステムは政治的決定を非政治的なものにし、政策の形成を集団的コンセンサスに変え、参加者個々人をその決定の責任から解放するためのものなのである。この日の議論は、事の正否を求める問いかけをめぐって延々と続いた。例えば、もし仮に、日本がロシアを攻撃するか、あるいは南部仏印を占領したらどうなるのかといった問いかけが発せられる。それに対する答えは、打算と日和見主義の折衷案にいたる。南進し、「世界情勢の変化にかかわらず、大東亜共栄圏をつくりだすため」の準備をしつつ、もしロシアがドイツに明らかに負けそうに見えたら、わが帝國も東方において戦端を開くべし——といった具合に。

この日の御前会議のやりとりを経た政策文書「帝國國策要項」には「帝國は本号目的達成のため対英米戦を辞せず[38]」という一節がある。永野修身海軍軍令部総長が会議から戻り、部下の士官たちに対面すると、かれらは永野がこの文言に同意したことに衝撃を受けた。「第二艦隊」司令長官の古賀峯一中将は今にもキレそうな口調でこう言った。「かような重大事を艦隊長官の考えも聞かず、簡単に決め、万一いくさになって、さあやれといわれても、勝てぬ。いったい、こんどの事に対する軍令部の考えはどうなのか[38]」と。一方、「聯合艦隊」の山本五十六司令長官は「では本気で航空戦の準備を始めるのですね」と、含みのある質問をした。答えは無論「ノー」だと分かっているのに。通常なら陸軍の諸計画に積極的に反対する永野だったが、かれはいま御前会議を口実に、部下たちを宥めにかかった。「政府がそう決めたのだから、仕方ないだろう」と。

七月四日、米国務省は近衛首相に対し、日本がロシア攻撃をおこなうという噂が「さまざまな方面」から聞こえてくるが、これは事実か否か——と直接照会してきた。七月八日、日本側はこれに返答し、わが国はそうした可能性をこれまで検討したことはなく、太平洋における平和を常に求めていると言明した。

七月十四日、ハワイの陸軍側トップ、ウォルター・ショート将軍は、「ハワイ空軍」の下士官兵を対象に、六ないし八週間の歩兵訓練をおこなわせた。その理由について、ショートはマーシャル参謀総長にこう報告している。陸軍航空隊所属の七二二九名中、全面的な戦闘訓練が必要なものは三八八五名に留まり、それゆえ残り三三四四名には演習中やらせることがなく、かつまたもし仮に、ハワイ諸島が侵攻を受け、すべての航空機が破壊された場合、彼らも歩兵任務に通じておく必要があるからだと。だが実際のところ、かれら航空兵に必要だったのは、しかるべき飛行時間（各員の平均値はほんの二〇〇ないし三〇〇時間）、そして実機による実弾射撃訓練（こちらはなんとゼロ時間）だったのだが。

この時期、ハロルド・イッキーズ内務長官は国防がらみの石油生産の監督にも当たっており、ニュー・イングランド地方の冬場の暖房油供給は今後、配給制にしなければなるまいと考えていた。そんな彼から、六月二十三日、ローズヴェルト大統領にこんな手紙が届いた。「大統領が実施した対日石油禁輸措置は、全米のあらゆる地域から歓迎されています。対日禁輸が契機となって生じたこうした状況はあるいは、この戦争を、効果的なやり方でおこなうことを可能にするだけでなく、容易にもするでしょう。そして、こうした間接的手法を講じるならば、共産ロシアをたとえ同盟国扱いしても、批判を回避できるはずです[39]」と。

すると、ローズヴェルトはイッキーズ宛ての七月一日付けの返書のなかで、自分は「裏口参戦」の陰謀に加わる気はないと明確に否定した。日本の指導者のあいだでは現在、大激論が起きている。ソ連と戦うべきか、東南アジアを攻撃すべきか、それとも「状況を見て、アメリカにもっと友好的に接するべきかという。……この絶妙な現状を揺るがし、日本をロシア攻撃か蘭領東インド攻撃かの二者択一に追い込もうという判断を、もし貴君がしているのならば、どうか知らせてほしい。……わが国にとって太平洋の平和を維持することは、大西洋をしかるべく押さえるうえで途方もなく重要なのだ。わが国は現在、十分な海軍力を備えておらず、よって太平洋で何か小さなことが起きれば、大西洋に回せる艦船がそれだけ少なくなってしまうのだ[39]」

わが国が目指すのは一貫して平和であるとワシントンに言い続けておきながら、日本軍は七月二十二日、一二万五〇〇〇の兵をもって、南部仏印への侵攻を開始し、航空基地と海軍基地の設営に着手した。ローズヴェルトはこの動きに激怒し、サムナー・ウェルズ国務次官に言って、翌日、野村大使に米日交渉の終了を通告させた。帝國陸軍による今回の〝進駐〟は、コメおよび原材料の着実な流通を確保するためのものであると野村大使が弁明すると、ウェルズはこう答えた。今回の〝侵略〟に至った唯一の理由は、武力による脅しにほかならず、その真の目的は「世界の支配と征服をめざすドイツへの支援[40]」であると当方は考えていると。

危機的状況が深まるなか、野村は七月二十四日午後五時、ホワイトハウスでローズヴェルト大統領、およびウェルズ次官と会見した。東京は現在、いわゆる「ABCD」四カ国に包囲されていると感じているのだと野村提督が説明すると、ローズヴェルトは言った。中国、英国、オランダ、米国が相語らって、日本に脅威を及ぼしているなんて根も葉もない話であり、むしろアメリカの指導者はほぼ全員、日本の南進の背後にはヒトラーがいると信じているのだと。そんな事実はないと野村は力説した。すると、大統領はこう付け加えた。もし仮に、日本がオランダの油田を力ずくで奪おうとしたら、さらなる経済制裁や、あるいは戦争までをも招来するだろうと。

野村は、個人的には自分は、今回のインドシアにおけるわが国の動きには反対していると述べた。ウェルズ次官のメモによると、それを受けて、大統領はこう返事をしたという。「そこが日本政府が明確に理解していないところなのだ。ヒトラーは世界支配にのめり込み、もしドイツがロシアを打ち破り、ヨーロッパとアフリカで支配的地位を固めることに成功したら、ドイツはその後、その関心を極東に、そして西半球に向けるはずだ。それゆえ数年後、日米両海軍がヒトラーを共通の敵とし、ともに協力しあうことは、完全にありうる事態なのだ……[41]」と。

ウェルズ・メモによると、大統領はそのあと、こう説明した。「もし仮に、日本が平和的手段でインドシナからそれら供給物資を入手していたならば、それらの物資をより大量に確保できるだけでなく、完全かつ安全に、しかも軍事占領に伴う出費もないまま、それが叶っていただろう……［今後］

もし仮に、日本政府がインドシナ占領から手を引くのなら……「ローズヴェルト大統領としては」自分の権限のおよぶ範囲であらゆる事をおこない……ちょうど現在のスイスが列強から中立国と見なされているように、インドシナも中立国と見なされるようになるだろう……日本はまさにその望みどおり、インドシナの食料資源やその他原材料資源の供給を確かなものにする、最も完全にして最も自由な機会に浴せるはずである」と。これに対し、野村大使はこう答えた。「そうした方策は、現時点では非常に難しい。日本の一部ではすでに面子にからむ問題になっているし、現時点では、よほどの政治指導者しか政策の変更は叶うまい」と。

会見のすぐあと、ローズヴェルトは当時、外交特使としてロンドンに行っていたハリー・ホプキンズに手紙を書いた。「自信満々な調子で「チャーチルにも」言ってやってくれ。インドシナの中立化について野村に示唆を与えたと……［そして］まだ返事はもらっていないと。仮に返って来ても、おそらく否定的なものだろうが、少なくともわれわれは、日本の南太平洋進出を防ぐため、さらに一段の努力は果たしたと」[42]。チャーチルのローズヴェルトに対する返事はこうだった。米英を同時に攻撃するだけの資金が日本にないことは絶対確実なので、東京はまずロンドンがベルリンに屈するのを待って、そのうえで合衆国を攻めるだろうと。

ローズヴェルト大統領がインドシナのスイス化を提案してきたという報告書を東京宛てに作成しながら、野村はこう書いている。「なんらかの形の経済的圧力が近々加えられることになるとの印象を受けた」[43]と。七月二十五日、同大統領は日本の在米資産を凍結し、さらにイギリス、カナダ、ニュージーランド、蘭領東インド、米領フィリピンもこの動きに追随した。

日本の指導者はそのころ、自分たちの帝国主義的な夢にかまけていた。次は世界のどこを征服してやろう、アジアから〝アカ〟のロシアを追い出してやろうか、それとも東南アジア全域を支配してやろうかと。地球規模のしっぺ返しを受けるなんて事態は完全に想定外であり、ゆえに彼らは資産凍結と聞いて、集団的なショックに見舞われた。当時、東京の「都新聞」は、これは「経済的宣戦布告」だと書いているほどである。また、海軍軍務局の高田利種《としたね》第一課長は「われわれが南部仏印に進駐したことに、アメリカがあれほど激昂するとは思いも寄らなかった」と述べている。「われわれは、私をふくめ、南部仏印までなら、なんら問題はあるまいと考えていた。それは根拠のない確信だった」(44)と。

七月二十六日、ローズヴェルトはこれまでの方針を一変させた。日本が今後アメリカから石油もしくは天然ガスを購入するさいは、その都度、輸出許可が必要になったのだ。つまりアメリカ政府は今後、許可証の発行を拒むことで、それらの供給をいつでも止められるという意味である。これを片付けると、ローズヴェルトはチャーチルと会うため海路出発し、ニューファンドランド島沖合で、連合軍の防衛態勢にかんする調整をおこなった。いわゆる「大西洋会談」である。ところが、この新たな輸出許可制度が発効すると、事態はたんなる脅しでは済まなくなった。ディーン・アチソン国務次官補(経済担当)とヘンリー・モーゲンソー・ジュニア財務長官がタッグを組んだ結果、資産凍結を受けた日本は、以後、アメリカ産石油を買うことができなくなり、実質的な全面禁輸状態が成立してしまったのである。九月初めまで、ハル国務長官も、そしてローズヴェルト大統領自身も、現場で何が起きているのか理解していなかった。閣内の強硬派がすすめたこの政策を撤回させるべく、大統領は明確な指示を出したけれど、彼らはそんなことをすれば、日本はそれをアメリカ側が弱腰になった証拠と判断するでしょうと主張した。

ジョゼフ・グルー駐日大使の一九四一年七月の日記要録にはこうある。「報復と再報復の悪意に満ちたやりとりが続いている。……世界になにか急激な変化でも起こらないかぎり、われわれの関係における劣化の勢いが止まるのか、この劣化がどこまで進むのか、予想するだに難しい。この先に待ち構えているのは明らかに戦争である[45]」

七月三十日、日本海軍の飛行隊が重慶上空を飛行しているとき、一人のパイロットが編隊を離れ、米砲艦「トゥトゥイラ」に爆弾を投下するという事件が起きた。同砲艦はアメリカ大使館のすぐ脇、大河・長江に投錨していた。グルー大使は報告している。「天の助けか、爆弾はトゥトゥイラからおよそ八ヤード（約七・三メートル）逸れたものの、同艦は損傷を受けたし、さらにもう一発の爆弾がわが国大使館の間近、危険なほどの至近距離に落下した。死者が出なかったのは、奇蹟としかいいようがない[46]」と。日本側はすぐさま陳謝し、合衆国側はこれを受け入れた。

翌日、東京の外務省はおもねるような調子のメッセージを、同盟国ナチ・ドイツの首都、ベルリンに送っている。「わが帝國は、寝たふりをきめる狡猾な龍のごとき英米の支持と参加のもと、日々張りめぐらされ、強化されるこの包囲網を分断すべく、しかるべき手段を講じなければならない。われわれが仏領インドシナに軍事基地を獲得し、わが部隊にその地域を占領させる決意をしたのは、そのためである。……われわれと合衆国の交渉にドイツ側がいささか不満を持っていることは承知しているが、われわれはいかなる犠牲を払おうとも、合衆国の参戦は回避したいと願っている[47]」。スティムソン陸軍長官がこのメモを解読した「ＭＡＧＩＣ」情報をハル国務長官に見せると、ハルは「すべての可能な対日宥和政策はすでにその終焉をむかえており、こんな国にしてやれるのは、強硬な政策を提示し、それを強制する以外にないとの判断を示した[48]」という。

近衛総理は海相および陸相にこう告げた。もはやアングロ＝サクソンとの「大がかりな戦争に踏み切る以外、日本としてやれることはない[49]」と。両相はこう主張した。資産凍結は戦争行為であり、ゆえに戦争行為で応じるべきであり、開戦のタイミングは、日本の保有する石油がいつ尽きるかで決まると。それはつまり、帝國陸海軍は向こう四カ月間で、攻撃のための戦略を練らなければならないという意味だった。

　実はこの時期、ローズヴェルトは中国を諦めることでこの危機を終息させる提案をおこなっていた。だが、チャーチル、蒋介石、モーゲンソー、イッキーズ、スティムソンから強い非難を受けた。やがて「第二次世界大戦」における太平洋戦域の戦いへとつながる日米間の紛争において、〝中国問題〟の扱いはちょうど「第一次世界大戦」におけるフェルディナント大公暗殺と似たような位置を占めることになる。現在でははなはだ不可解だが、当時それは非常に重大で、非常に重要で、非常に決定的なことのように思われたのだ。ただ、極めて小さなものではあるけれど、このタイミングでの開戦には、メリットもまたあったのである。まるでロシアの大地がかのナチ・ドイツを呑み込んだように、中国が日本を泥沼に嵌めたことである。そしてそれはアングロ＝サクソンにとって、いま最も必要なものを与えてくれた。すなわち、時間的余裕である。

章末注

（1）「米英との戦いは避けがたい」：Gordon W. Prange Papers, Hornbake Library, University of Maryland.／以下「Prange papers.」

（2）「日米が敵対関係に至ったら」：Ibid.

（3）「雷撃の技術分野で奇蹟でも起きないかぎり」：Ibid.

（4）「山本長官の大胆な計画」「新たなアイデアが突如」：Stillwell, Paul, ed. *Air Raid: Pearl Harbor!* Annapolis: Naval Institute Press, 1981.

（5）「水深が浅いせいで魚雷が使えないとなると」：Prange papers.

（6）「現下の情勢に鑑みるに」：Ibid.

（7）「志願者なんて一人もいなかった」：Kazuo Sakamaki, *I Attacked Pearl Harbor* (New York: Association Press, 1949)／[参考]『捕虜第一号』酒巻和男（新

潮社）

（8）「わがペルーの同僚が」：Congress of the United States, "Hearings before the Joint Committee on the Investigation of the Pearl Harbor Attack," Seventy-Ninth Congress, 1946, Center for Legislative Archives.／以下「PHA.」

（9）「海軍情報部はこの噂について」：Ibid.

（10）「アメリカとの紛争に発展するものと見るべきである」：この部分のやりとりは以下に依る。Heinrichs, Waldo. *Threshold of War*. New York: Oxford University Press, 1988.

（11）「空襲については安心していました」「海軍側がどうやって確保しているのか」：PHA.

（12）「まさに目の前で二つないし三つの国が」：Library of Congress. "Pearl Harbor 70th Anniversary." Experiencing War: Stories from the Veterans History Project, 23 July 2013–6 June 2014. http://www.loc.gov/vets/stories/ex-war-pearlharbor.html.

（13）「私が〝じっと見〟と呼んでいる作業」：この解読手法の詳細については以下を参照。Kahn, David. "The Intelligence Failure of Pearl Harbor." *Foreign Affairs* 70, no.5（Winter 1991-92）.

（14）「グロットジャンが部屋に入ってきた」：詳細は機密解除された以下の情報資産ファイルを参照。Recounted in Theodore Hannah, "Frank B. Rowlett -- a Personal Profile," Declassified Asset Files, NSA.gov.

（15）「きわめて信頼できる情報筋によると」：Prange papers.

（16）「わたしは長年英語を学んできたので」：吉川にかんする詳細は以下を参照。Savela, Edward. "The Spy Who Doomed Pearl Harbor." *Military History Quarterly*, November 2011.

（17）「わたしはそこから真珠湾の艦隊を見ていた」：Batty, Peter, writer and director. "Episode 6: Banzai! Japan, 1931-1942." *The World at War*. Thames Television, 1973.

（18）「日本のホノルル総領事館がオアフ島におけるスパイ活動の拠点」：Prange papers.

（19）「彼がスパイだったことはみんな知っている」：PHA.

（20）「そのままそのまま〝ミスター・キタ〟」：Stillwell.

（21）「海軍情報部の要員に」：PHA.

（22）「日本はアメリカ艦隊を死ぬほど恐れて」：Clarke, Thurston. *Pearl Harbor Ghosts*. New York: William Morrow, 1991.

（23）「重爆撃機と素晴らしいわが新型追撃機」「ハワイ

諸島は……難攻不落であり」：Stimson, Henry. *Diaries of Henry Lewis Stimson.* Yale University Library, New Haven, Connecticut.／以下「Stimson diary.」

(24)「オアフ島はその要塞化、その守備隊、その物理的特性から」：PHA.

(25)「実質的にオアフ島の全員が」：Ibid.

(26)「詳細な対応策をきちんと考えるものが」：Ibid.

(27)「[ローズヴェルトは]戦争を熱望している」：Terasaki, Gwen. *Bridge to the Sun.* Chapel Hill: University of North Carolina Press,1957.［『太陽にかける橋』グエン・テラサキ／新田満里子訳（小山書店新社）／『太陽にかける橋――戦時下日本に生きたアメリカ人妻の愛の記録』（中央公論社／中公文庫）］

(28)「大統領は、日米どちらかの無責任な現場指揮官が」：Stimson diary.

(29)「最も近代的かつ有力な部隊の多くが最近離脱したことにより」：PHA.

(30)「この百年、平和な太平洋を目指し」：キンメル提督と大統領のやりとりは、キンメル自身のメモ、"Interview with the President, 1425-1550, Monday, June 9, 1941"に依っている／National Archives, College Park, Maryland.

(31)「最近の進歩により、米英両国の魚雷は」：PHA.

(32)「空中投下された魚雷が」：Ibid.

(33)「非常に興味深い話」：Stimson diary.

(34)「そんな仁義に反することが」「何を言うか。われわれはいま、アメリカと開戦直前にいるのだぞ！」：Hotta, *Japan 1941*, citing Inose Naoki, *Showa Jurokunen Natsu no Haisen* (Bunshun Bunko, 1986).［堀田『1941』による猪瀬直樹『昭和16年夏の敗戦』（文春文庫／一九八六年）からの引用］。

(35)「新たな展開がなく」：原四郎『機密戦争日誌』

(36)「対米戦争は基本的に海軍の責任」：Stillwell中のAkira Fujiwara, "The Role of the Japanese Army."［参考／藤原彰『昭和天皇の十五年戦争』（青木書房／一九九一年）］

(37)「所謂御前会議といふものは、おかしなものである」：『昭和天皇独白録』、および*Senshi sōsho*, the World War II History Collection of the National Institute for Defense Studies' Military Archives in Tokyo, also available as Shiro Hara, *Senshi sōsho* [The history of war], 102 vols. (Tokyo: Asagumo Shinbunsha, 1966-80.［原四郎：大東亜戦争開戦経緯（1）～（5）『戦史叢書』第65、68、69、70、76巻／防衛庁防衛研修所戦史室（朝雲新聞社）］／以下「Hara.」

(38)「本号目的達成のため対英米戦を辞せず」「かよう

な重大事を艦隊長官の考えも聞かず」：Asada, Sadao. *From Mahan to Pearl Harbor: The Imperial Japanese Navy and the United States*. Annapolis: Naval Institute Press, 2006.［参考：麻田貞雄『両大戦間の日米関係——海軍の政策決定過程』（東京大学出版会）］

（39）「対日石油禁輸措置は」「状況を見て」：Franklin Delano Roosevelt Library, Hyde Park, New York.／以後「FDR papers」

（40）「ドイツへの支援」：US Department of State, Peace and War: United States Foreign Policy, 1931-1941, National Archives, Maryland.／以後「State.」

（41）「そこが日本政府が明確に理解していないところなのだ」：Ibid.

（42）「［チャーチルにも］言ってやってくれ」：FDR papers.

（43）「なんらかの形の経済的圧力が」：Prange papers.

（44）「われわれは、私をふくめ、南部仏印までなら」：高田利種に対するテレビ・インタビュー：NHKスペシャル「御前会議」一九九一年八月十五日／Hara.

（45）「報復と再報復の悪意に満ちたやりとりが続いている」：Joseph Grew Papers, Harvard University, Cambridge, Massachusetts.／以下「Grew papers.」

（46）「天の助けか」：Grew papers.

（47）「わが帝國は……しかるべき手段を講じなければならない」：PHA.

（48）「すべての可能な対日宥和政策は」：Stimson diary.

（49）「大がかりな戦争に踏み切る以外」：Feis, Herbert. *The Road to Pearl Harbor*: Princeton, NJ: Princeton University Press, 1950.［『眞珠湾への道』ハーバート・ファイス／大窪愿志訳（みすず書房）］

第3章 一九四一年秋

一九四一年八月七日、〝ガンジー〟こと、「聯合艦隊」首席（先任）参謀、黒島亀人大佐は東京で、作戦全般を統括する海軍軍令部の富岡定俊一部一課長と面会し、山本長官の「Z作戦」の細部について、再度協議をおこなった。軍令部はいまだ確信を持てずにいた。これほど大規模な部隊である。果たして途中「敵の艦船や航空機、あるいは中立国の艦船と遭遇［もしくは］航空偵察[1]」に遭うことなく、無事に太平洋横断を実現できるものだろうか――。富岡の悩みは尽きない。例えば、米太平洋艦隊がわが機動部隊を発見し、陸地に基地をおく航空機と協同しつつ、攻撃を仕掛けてきたら、どう対処すればいいのか。なんとかハワイ近海までたどり着けても、わが「第一航空艦隊」には十分な数の偵察機がない。いざ行ってみたら、キンメル麾下の艦船が港を出払っていたら、どうすればいいのか。真珠湾は水深が浅いことで知られている。それは魚雷がうまく航走せず、力不足が否めないわが水平爆撃機の攻撃に頼らざるを得ないことを意味していた。しかも機動部隊は計画では、実地試験をやったことのない洋上給油作業をぶっつけ本番でこなさなければならず、また途中、どんな悪天候に見舞われるか分かったものではない。そして最後の懸念材料だ。ハワイ作戦の結果、日本は当然ながら、その保有する空母の数を減らすことになるだろう。その場合、これから日本がやる乾坤一擲の

「あ号作戦（南方作戦）」はどうなるのか。富岡はこう結論づけた。「このハワイ作戦はいわば博打の一種であり、成功の見込みはほとんどなく、最悪の場合、われわれは虎の子の部隊を失ってしまう恐れすらあるのである」と。

だが、そうした批判的意見に対して、山本・黒島コンビは少しも怯まず、むしろ強気で押してきた。軍令部に無理やりうんと言わせるため、黒島は海軍が毎年九月から十一月にかけてやる図上演習の規模を拡大し、そこに「Z作戦」関連の私案をあわせ盛り込ませた。

総理大臣・近衛文麿は当時、アメリカとの戦争を回避する唯一の手立ては、この私がローズヴェルト大統領と一対一の会談をおこない、その人間関係を梃子に鋭意努力するしかないと考えていた。トップ会談という構想に、東條英機陸相が反対していることは分かっていたので、近衛は天皇のおじで少年時代をフランスで過ごした東久邇宮稔彦将軍を送り、陸相に理を説いてもらった。ところが会ってみれば、東久邇宮と東條陸相の情勢判断には大きな違いはなかった。すでにフランスのペタン元帥とジョルジュ・クレマンソー首相がこの事態のあるを予見していたように、米日両国はいずれ太平洋をめぐる確執から戦争にいたる運命にあったのであり、そしてアメリカの巨大な工業力ゆえに、その戦いは最終的に日本の敗北で終わるだろうというわけだ。東條は言った。もし仮に、歴史のコースをこのまま辿るなら、日本国はすがたを消すでしょう。ただ、あえて戦争に訴えるなら、勝つ見込みは五分五分で、ならば手をこまねいてこのまま一国を失うより、むしろいま戦うほうが上策ではありませんかと。すると東久邇宮は言った。陛下も近衛総理もローズヴェルト大統領との会談を望んでおられるし、東條陸相もその意を汲むべきであろうと。東條もこれには不承不承同意したが、近衛総理をめぐってはこうも言った。もし仮に、情勢が総理のご希望どおりにならなくても、「会談結果が失敗だったことを理由に辞任してはなりません。むしろ総理は、アメリカ相手の戦争に向けて指導者たる責任を引き受けるため、心の準備をなされますように[2]」と。

近衛公は八月七日、野村駐米大使に大統領との会談をセットするよう命じたが、大使はたちまち障害にぶつかった。アメリカ側はこの貴族政治家に対する評価がきわめて低かったのだ。近衛公が前回、内閣を率いたとき、帝国陸軍は野蛮な戦争犯罪をおかしたし、かれは元々、ナチ・ドイツとの同盟を声高に主張した人物でもあったから。日本に理解をしめすグルー駐日大使でさえ、近衛は「世界史の一部に日本の最悪の蛮行として記録されているいくつかに責任のある人物[3]」と評しているほどである。この手の評価報告に加えて、日本人を二枚舌人種とみる元からある発想――「MAGIC」情報の内容や、インドシナ進攻をめぐる外交交渉でみせた野村の背信行為もその例証として受け止められていた――が組み合わさった結果、ハル国務長官もスティムソン陸軍長官も、近衛との首脳会談が誠心誠意のものであるはずがないと決めつけており、「今回の首脳会談への招待は、われわれに決然たる行動を取らせまいとする単なる目くらましにすぎない[4]」と見ていた。しかも両長官は、日本政府が近衛首相のもとで一枚岩になっているわけではないと承知しており、ゆえに大統領との会談結果がどうなろうと、日本の将軍たちは従来の戦争計画をそう大きくは変更しないだろうと判断していた。

ローズヴェルトは八月十七日、野村大使にこう言った。もしそれで太平洋に平和をもたらすことができるのなら、総理との会談に応じることに吝《やぶさ》かでないが、もし日本が合衆国と不可侵条約の交渉をつづける傍らで、アジアへの侵略を依然止めないならば、「わが方が対話の再開を考えることは不可能になる[5]」と。

これに対し野村は、近衛総理は衷心から対話を求めていますと力説し、さらに野村は二十八日、首脳会談の調整のためハル国務長官とも会っている。日本側は両国の中間地点であるハワイでの会談を提案したが、アメリカ側は、ハワイは遠すぎるとして、アラスカ州ジュノーに投錨した戦艦を会談場所にするのはどうかと逆提案してきた。近衛はこれを了承し、船を一隻ひそかに用意させると、横浜港に待機させておいた。こうしておけば、遅滞なくローズヴェルトとの会談に赴けるから。

やがて帝國陸軍「南方軍」の参謀になる石井秋穂は、このアラスカ行きに同行することになっていたが、会談の行方について石井はひとつの確信を持っていた。日本の軍指導者が事前承認した条件からして、大統領と総理は対立必至だろうと。そして最後に、戦争の瀬戸際まで行ったところで、天皇陛下がおそらくはこれを引き取り、将軍たちの不手際を批判し、たとえインドシナと中国からの撤兵がどれほど困惑を覚える事態であろうと、アメリカとの和平を主張するだろうと。

真珠湾をめぐってアメリカ側に直接的警告が発せられたケースはそう多くはない。そのうちの一つは八月十二日、三重スパイのドゥシャン・ポポヴによってもたらされた。ちなみに彼は（「ドゥスコ」というコード・ネームでユーゴスラヴィア情報部のために働き、「トライシクル（三輪車）」として英MI6のために働き、「イヴァン」として独アプヴェーア（外国課報局）のために働いていた。そのポポヴがある日、米FBIの支局に顔を出したのだ。そして、自分がナチ・ドイツのため米国内に張り巡らせたスパイ網について、その詳細をFBIに提供したいのだがと申し出た。ポポヴは世界を股に掛けて活動する腕利きで、そのプレイボーイぶりがかのイアン・フレミングに霊感を与え、ジェームズ・ボンドを生みださせたモデルとも言われている。その彼に、ナチ・ドイツは多額の活動資金だけでなく、三ページにおよぶ要調査リストを託していた。そのリストのうち、丸々一ページを費やして書かれていたのが、真珠湾におけるアメリカ防衛態勢の詳細にかんする調査要請だった。MI6はポポヴに対し最高ランクの信任を与えていたが、FBIのJ・エドガー・フーヴァー長官は、二股三股をかけるスパイども、あるいは女好きの人間は、はなから信用しなかった。それは正にポポヴそのものであった。現にこの時期も、ポポヴはフランスの映画スター、シモーヌ・シモンとそういう関係にあった。というわけで、FBIはポポヴが明らかにした情報をそう真剣には受け止めなかったのである。セルビア生まれのこの工作員はさらにその後、オアフ島攻撃にかんする情報を摑んできたが、けんもほろろの扱いを受けた。「あの攻撃の機先を制せる、しかるべき情報をわたしは持っていた。数千マイルも旅をし、わたしはその情報を届けた。それは間違いなく一年、あるいはそれ以上の年月、戦争を短縮させるような重要情報だったのだが、アメリカの官僚機構がそれを阻んだのだ(6)」とかれは述懐している。

真珠湾基地が枢軸側の脅威にさらされていると、ポポヴがFBIの説得を必死に試みた一週間後の八月二十日、ハワイ駐留の陸軍部隊からワシントンに対し「オアフ島防衛のための爆撃機投入計画案」なるものが送られてきた。この計画を起案したウィリアム・ファージング大佐は「わが国にとって最も蓋然性の高い敵、すなわちオレンジ［日本］はおそらく、オアフ島に対して最大六隻の航空母艦を振り向けることが可能である(7)」として、こう述べている。「敵は空母で接近するさい、暗闇による最大限の隠蔽効果をはかることに専念し……それゆえ早朝の攻撃が、敵にとって最も有効な計画である」と。このため、「本防衛計画においてカギとなるのは、真昼の光のもと、まずはハワイ空域を毎日、完全かつ徹底的に捜索する」ことであり、それには「B‐17Dもしくはそれと同等以上の性能および航続距離をもつその他四発の爆撃機を一八〇機と、魚雷を装備した航続距離の長い中型爆撃機三六機」が必要である――と同大佐は要請した。「陸軍真珠湾委員会」はのちにこのメモを評価し、「正確さにかんしては予言的、敵の意図にかんしては気味が悪いほど」正鵠を射ているとした。だがしかし、このメモが書かれた一九四一年八月時点では、〈B‐17〉爆撃機は米陸軍全体でも一〇九機しかなく、しかもファージングにとって計算違いだったのは、宣戦布告がなされ、攻撃が実際におこなわれるまで、在ハワイの多くのものは、かれの見方に同調しなかったのである。さらに別の要因も影響したと、ファージングはのちに語っている。すなわち、あまりに多くのアメリカ人将校がこう信じ込んでいたのだと。「［ニッポンに］そんなことができるとは思わんし、実際、あの連中にそんな能力があるわけがない[8]」と。

八月二十七日、東京の首相官邸大広間で「総力戦研究所」の研究生たちが九時間をかけて本物の大臣たちに、レクチャーをおこなった。わが国政府が保有する軍事、経済、外交史にかんするデータを六週間かけて精査したところ、もし日本がアングロ＝サクソンを攻撃した場合、緒戦の一斉攻撃には勝つかもしれないが、戦争が少しでも長引くと、日本は現在保有する資源を使い果たし、最終的に敗北するというのが彼らの結論だった。研究生たちは与えられた条件のもと、図上演習をおこなった。日本が経済的に孤立し、東南アジアの油田を力尽くで奪取せざるを得なくなったとの大前提が与えられていた。その場合は不可避的に、勝つことのできない戦争を戦うことになるだろうと研究生たちは強調した。敵の艦隊は石油タンカーをいとも簡単に襲えますからと彼らは指摘した。結果、あらゆる努力は水泡に帰すことになると。そして研究生たちは最後にこう示唆した。このような大失態は、外交交渉を通じて回避できますし、回避すべきですと。

ところが、彼らの上司にあたる堀場一雄大佐は、どうも諸君は重要な要素を見落としているようだと言った。「大和魂だ。合衆国にはない大和魂こそが、わが国の最も偉大な資源である[9]」と。そう言って、大佐は一席ぶった。日本に固有のこの精神、この国の国民が等しく持っているこの特質には規律、刻苦奮闘、耐久力がふくまれているのである。データがどうあれ、結論がどうあれ、大和魂があるかぎり、日本の勝利は間違いないのだと。

永野修身軍令部総長は八月三十一日、皇居において昭和天皇に謁見し、日本の最新の戦争計画について話し合った。その際、陛下を前に、永野は三国同盟について自分は完全に反対であり、この協約があるがため、日米間の外交的距離は広がる一方だが、アメリカとの戦争は何としても避けねばなりませんと言った。だが、そんな永野でさえもはやこう言わざるをえなかった。「もし石油の供給が途絶したら、わが国の備蓄分は二年でなくなります。戦争が勃発したら、一年半で使い尽くすでしょう」。事ここに至っては「戦う以外に選択肢はありません」と。

かつての「日本海大海戦における［ロシアへの］勝利のような決定的勝利は期待できないのか[10]」と陛下が問いかけた。

「いかなる勝利も確信が持てません」と永野は答えた。「まして日本海大海戦のような大勝利は」

「なんと無謀な戦争であろうか！」天皇は声をあげた。

この時期、高まる絶望の兆候がすでに顕れていた。例えば、帝國陸軍は東京の建物から鋳鉄製の飾りやフェンスを剝ぎ取っていった。そんなもので造れる武器は、たかだか一九〇〇ポンド（約八六〇キログラム）に過ぎないというのに。

日本の指導者たちが戦争と平和のあいだで右往左往している間も、「第一航空艦隊」航空参謀の源田実中佐は「Z作戦」の肉付けに余念がなかった。麾下のパイロットたちに最高の技量を発揮させるため、かれは海軍兵学校時代の同期（五二期）である淵田美津雄中佐を引っ張り込んだ。なにしろ淵田は、日支事変（日中戦争）における魚雷攻撃の戦績でも、今後は空母主体の航空作戦が海軍の中心になるという主張においても、群を抜いていたからだ。淵田は「たこ」というあだ名で呼ばれていた。熱血漢で、すぐに頭に血がのぼるさまが茹で蛸を連想させるからだ。じつに気持ちのいい男なので、江田島――日本のアナポリス――時代には、源田はもとより、昭和天皇の弟君である高松宮ともたちまち友情を結ぶようになった。腕利きのパイロットにして、かつまた名うての酒飲みでもある淵田は、一九〇二年の寅年に、京都郊外の農村地帯に生まれた。かれはヒトラーをひどく尊敬しており、総統閣下そっくりの口ヒゲを立てていた。一九四〇年、空母「龍驤《りゆうじよう》」、同「祥凰《しようほう》」のパイロットを束ねる「第三航空戦隊」の参謀だったとき、若い少尉にこう訊かれた。とある海軍士官から質問されたのですが、「戦艦を守るため、空母艦載機はいったい何機あれば十分(11)」でしょうかと。すると、その話を聞いた瞬間、淵田――彼自身、熱烈な航空主戦論者《ゲンダイスト》だった――は思わずカッとなった。「空母に戦艦を守らせるなよ。空母にはもっとほかにやるべき仕事があるのだ！」と淵田は声を張り上げた。「日本はすべての空母をひとまとめにし、大規模航空攻撃をおこなえる一個の巨大飛行隊を形成すべきなのだ。むしろ戦艦、巡洋艦、その他艦船にそうした空母を守らせるべきなのだ！」と。

この時代の日本人の多くがそうだったように、淵田はキリスト教徒を罰当たりの不敬な輩と見なしていた。なぜなら、天皇陛下を〝おかみ（偉大な主人）〟と呼ばず、キリスト教徒はその尊称をイエスのために取っておいているからだ。淵田はまた、日本の中国征服は正しいことだと信じていた。なぜなら、日本人は明らかに優等人種で、いずれアジア全体を統治するはずだからだ。さらに淵田は、山本長官や天皇陛下と違って、事前に宣戦布告をおこなわない奇襲攻撃にかんし、倫理面の呵責をいっさい感じなかった。兵士たるもの、常在戦場の心構えを持つべきであり、それを怠るは、万死に値すると考えていたからだ。

源田はその淵田美津雄を、「真珠湾攻撃部隊」の総指揮官に任命した。「Z作戦」には三一隻の艦船が参加し、二二〇カイリ先のオアフ島まで四〇〇機近くを送り込むことになっていた。淵田は与えられた航空機をいくつかの中隊に分け、それぞれに矢印型の編隊を組ませることにした。うちわけは高高度をいく水平爆撃機隊が五個中隊、急降下爆撃機隊が九個中隊といった具合に。部隊編制が終わると、かれは一九四一年の秋の間、九州島の南端、鹿児島県のとある町の沖合——地形がたまたま真珠湾にひどく似ていた——で、搭乗員たちに何度もくりかえし、攻撃のための機動をやらせた。訓練にはげむパイロットたちは魚雷投下後に愛機がえがく飛行コースにかなりショックを受けた。なにしろ高度一〇〇フィート（約三〇メートル）の超低空で、町の上空をかすめ飛ぶのだから。

日本の真珠湾攻撃によって、海軍史における二つの偉大な革命がやがてなし遂げられることになる。一つは主力艦としての戦艦の凋落と軌を一にする、航空母艦の躍進である。もう一つは、あまり議論の対象にならないが、魚雷自体の位置づけである。そもそも浮遊機雷というご先祖から派生した新兵器に「魚雷《トーピード》」——シビレエイ——という名前を付けたのは、アメリカの技術者、ロバート・フルトンだった。それは当初、フランスの潜水艦「ノーチラス号」の兵装のひとつとして考案された。次いで圧縮空気を用いることで、その自力航走を可能にしたのが、イギリス人技術者、ロバート・ホワイトヘッドである。いざ実戦で使ってみると、この新兵器は旧約聖書で若きダヴィデ王が巨人兵士ゴリアテを倒した投石器なみの威力を発揮した。英艦「ドレッドノート」を嚆矢とする巨大戦艦は、その重装甲化、重装備化がすすむに連れて、しだいに速力を落とし、かつ建造費も嵩むようになっていた。そこに登場した魚雷はやたら安上がりで、しかも小型ボートや航空機、あるいはたった一人の潜水夫でも運用が可能だった。装甲がどれほど分厚かろうと、船体下部、特に船底付近の竜骨や船体構造をささえる骨組みに命中すれば、魚雷はたとえ巨大戦艦でも、一発で息の根を止めることができるのだ。

魚雷を航空機から投下する場合、物質世界のあらゆる可変要素が、その出来不出来に影響するように思われる。飛行や大気の状態、水や推進剤、着火や爆発のタイミングなどなど。それゆえ効果的な投下には、恐ろしく複雑な数学的処理が必要となる。日本の標準的テクニックによると、魚雷はまず高度三〇〇フィート（約九〇メートル）からかなりの高速で投下される。すると魚雷はいったん水深一〇〇ないし三〇〇フィートまで潜ったあと、一部は急上昇して水面をイルカのように航走し、それ以外の魚雷は深いところをそのまま進んで、標的の竜骨の真下まで行く。一方、アメリカの海軍士官、ブラッドリー・フィスクが考案したのは、これとは別の手法だった。敵の砲火を回避するため、雷撃機は楕円軌道を描きながら高度を下げ、海面上三ないし六メートルのところで水平飛行に移行し、機体の姿勢を調整しつつ、標的から一五〇〇ないし二〇〇〇ヤード（約一四〇〇ないし一八〇〇メートル）のところで魚雷を投下するというもので、彼はこの投下方式で特許を取得している。フィスク方式は、相手の軍艦の上部構造に激突しないよう、最後は急上昇で終わる。十分な水深と距離があれば、このやり方で敵艦をその母港に沈めることも可能であるとフィスクは報告している。

源田・淵田コンビは、艦隊でも最も優秀な雷撃パイロットのいる「横須賀海軍航空隊」に命じて、航空機搭載の「九一式魚雷改2」が水深一〇メートル以下に沈下しないようにする新投下テクニックの習得に当たらせた。同時に、技術面の刷新もはかられた。数カ月におよぶ実験と訓練の結果、魚雷の末尾に木製の脱落式尾翼を取り付けるという改良が加えられた。これがあると、海面に落ちたとき行き足が殺され、沈降速度が軽減されるのだ。この尾翼にはまた、落下する魚雷の空中姿勢を安定させるというもう一つのメリットもあって、狭い海域（例えば、港内）でも針路があらぬ方角にブレることを防いでくれた。ただ、時間的制約から、十分な数を揃えるまでには苦労が要った。淵田が受領できたのは、十月十五日時点でたった三〇基、十月三十一日時点でさらに五〇基、最後の一〇〇基は十一月三十日まで受領できなかった。それでも、十月三十日から十一月四日にかけて、現地鹿児島のテストに用いる尾翼付き魚雷だけは、なんとか五基ないし一〇基確保できた。それで、テスト結果はどうだったかといえば、バラ付きがあって、効果は「まちまち」とのことだった。

ただ、パイロットたちは最終的に、それまで見落としていたある要素に気づき、それ以降は完璧な結果が得られるようになった。それはフィスクが考えたのと同じやり方、つまり雷撃機が水面に今にも触れそうな超低空を水平飛行すれば良かったのである。素晴らしい秋の一日、三発の魚雷が真珠湾と同じくらい水深の浅い海に投下された。一発は沈み、海底に突き刺さってしまったが、残り二発は狙いどおりに航走し、それぞれの標的に見事命中した。もし航空兵たちがこれと同じ比率、すなわち三発中二発必中をハワイでも実現できたら、大勝利間違いなしだと淵田は思った。ただ、総指揮官たる淵田としては、「魚雷にすべてを託すわけにはいかなかった。同様に急降下爆撃機にも過度の期待は禁物だった。なぜなら、投下される爆弾が軽すぎるため、アメリカ製戦艦の分厚い装甲を貫徹することは不可能だからだ。それゆえ、高高度爆撃機の奮闘も必要で、爆撃手が十分な技量を身に付けるまで、徹底的な訓練を施すことが必須であろう[12]」というのが彼の結論だった。さらに淵田は、真珠湾ではスペースの関係で、ひとつの泊地に二隻の戦艦が横並びに係留されている点にも留意した。だとすると、魚雷で叩けるのは外側の艦だけということになる。彼がそうした魚雷攻撃をめぐる数々の技術的懸念をぶつけると、「ともかく何とかするしかあるまい」と源田は答えた。

真珠湾とその最大級の艦船の周囲には、当然ながら魚雷防御網が張られているはずだと思っていたので、「横須賀海軍航空隊」の面々はそれを絶ち切るための様々な手法についても実験した。だが、どれもうまく行かなかった。淵田はのちにこうふり返っている。防御網について検討した結果、その場合は「雷撃は諦め、爆撃だけで行くことが決定された[12]」と。だがそれは一面の真実でしかなかった。じつは淵田は密かに源田の承認を取り付け、もし魚雷防御網があった場合、パイロットが自爆攻撃でそれらを除去する案も練っていたのである。

高高度を飛行する水平爆撃機は、雷撃機以上に大きな問題をかかえていた。日本にはそれまで水平爆撃で戦艦の装甲甲板を貫通できる爆弾がなく、また既存の徹甲弾を落とそうにもそのままではまっすぐに落下してくれないのだ。日本の爆撃照準器の技術はいまだ発展途上で、標的に命中する確率が笑ってしまうほど低かった。実験と失敗の数日間をへたあと、淵田のチームはついに解決策を思いついた。直径一六インチ（約四〇センチ）、重量一七〇〇（約七七〇キロ）ポンドの戦艦用砲弾に金属製の羽根を取り付けてやれば、あとは頭から落ちていくはずだと。こいつを高度三四〇〇メートルから落としてやれば、その重量に重力加速度までが加わり、敵戦艦の甲板を見事貫徹できる新兵器の誕生というわけだ。淵田はまた、全九機からなる伝統的な高高度編隊を、五機からなる矢印型編隊に転換させた。このおかげで、例えば、淵田が直率する第一次攻撃隊の場合、一〇個爆撃機中隊が手に入り、それぞれが与えられた目標に集中できるようになった。数カ月におよぶ訓練のあと、最も成績の優秀だった高高度パイロットと爆撃手のコンビが、それぞれの中隊を率い、各中隊の残り四機は、隊長機の動きに追随するようにした。結果、命中精度は七〇パーセントも向上した。

日本の急降下爆撃機パイロットは、高度四〇〇〇メートルを巡航し、そこから急降下に入り、高度六〇〇メートル前後で投弾するのが常だった。だが、第二次攻撃で急降下爆撃隊を指揮する江草隆繁少佐はさらに低く、高度四五〇メートルで爆弾を投下することを提案した。確かにそうすれば、目標に命中する確率はそれだけ高くなるけれど、パイロットが機体の引き起こしに失敗する可能性も同じように高まった。この変更の直後、急降下爆撃機が地面に激突し、訓練中のパイロット一名が死亡するという事件が起きた。結果、淵田の上官たちの間で、激しい議論となった。ただ、投弾高度の引き下げは顕著な破壊効果を生むことも実証されていた。たしかに危険性はあったが、「第一航空艦隊」司令長官、南雲忠一中将は最終的にこの変更に同意し、男たちは敵艦を沈めるため、わが身を犠牲にする覚悟を固めた。

真珠湾をめぐる歴史のなかで、その掉尾を飾る急降下爆撃機パイロット、阿部善次大尉は、こう語っている。「わたしは当時、空母赤城の爆撃機小隊を率いていた。十月のある日、機動部隊の小隊長以上の士官全員が集合させられた。……源田実航空参謀が会議室に入ってきて、あいさつもないまま、いきなりカーテンを開けると、真珠湾とオアフ島の模型が目に入った。壁際いっぱいに広がる巨大なものだった[13]」と。

阿部は言う。「[訓練地の]九州を離れる前日、鹿児島のレストランでパーティーが開かれた。南雲忠一長官が士官の一人ひとりとグラスを合わせ、握手を交わした。長官の目には涙が光っていたように、私には思えた」と。その涙は、託された任務の先行きに対する南雲自身の深く、いまだ拭いきれない悲観的気分と、これら若者の顔を二度と見ることはないだろうという予感からくるものだった。

九月五日東京にもどった近衛首相は、翌日の「御前会議」に提出される議案『帝國國策遂行要領』を内奏するため、昭和天皇に拝謁した。日本の伝統に従って、天皇はその会議の場で、二日前に政府と統帥部が一致して決定した同『要領』を認めることになっていた。だがこの日近衛から、もし十月第一週までに外交交渉が成功しなかった場合、日本は戦争の準備に入り、十月末には英国、オランダ、米国を攻撃することになると聞かされて、天皇は愕然とした。近衛はそのあと、この戦争にいかにして勝利すべきか、その軍事計画の説明を試みた。「南方の必要な地域を占領することで……われわれは無敵の立場を固めることになるはずです。この当面の有利な状況を活用することで、われわれはこの戦争に決着をつける希望を抱けるはずです[14]」と。

そう聞かされた天皇が、わたしは政策の優先順位を、一に外交交渉、二に戦争準備に戻したいのだがとおっしゃられると、近衛は難色を示した。天皇は重ねて尋ねた。戦争がそれほど切迫しているのに、どうしてそれについてわたしは未だ何も知らないのだと。それは陸海軍統帥部のせいですと総理が言ったので、天皇は、ならば直ちに、永野修身海軍軍令部総長と杉山元陸軍参謀総長を皇居に呼び出すようにと命じた。

「日米間でもし何かが起きた場合」と、天皇は参内した永野、杉山両名にご下問した。「陸軍は本当のところ、状況の改善にどれぐらい時間がかかると考えているのか」と。

「南洋（南太平洋）方面に限定するなら、三カ月もあれば片付くと思います」と杉山は答えた。

「支那事変（日中戦争）の折り、貴官は陸相だった」と天皇は指摘した。「わたしは貴官が『この事変は一カ月もあれば片付きます』と言ったことを憶えている。だが、あれから四年経つが、事変はいまだ片付いていない」

「支那は奥地が開けており、軍事作戦というものは計画どおりには行かぬものです」と杉山が応じた。

「支那の奥地が広いというなら、太平洋はなお広いではないか。いかなる確信があって、三カ月というか」

杉山はただただ頭を下げ、何も答えなかった。

天皇は言った。「統帥部は今日のところ、外交に重点をおく主旨と解するが、その通りか」

杉山と永野は「その通り」[14]なる旨、奉答した。

翌日の「御前会議」において、昭和天皇はいつもどおり、重臣たちが会議を開くテーブルから少し離れた壇上にあって、玉座にその身を預けていた。かれの聖なる無言の存在が、この場で展開されることに祝福を与えることになっていた。近衛総理と陸海軍の幹部四名がそれぞれの考えを披瀝したあと、枢密院議長が天皇の懸念についてそれぞれに質した。「当面、すべては外交的手段によっておこなわれ、戦争に訴えるのは外交的手段が尽きたあとであると考えてよいのだな?」と。この問いかけに対し、及川海相は「はい」と答えたものの、永野、杉山両名は無言のままだった。するとその態度に触発されたのか、史上初めて、「御前会議」の慣例を破って、天皇ご自身が直接、声をあげたのだ。居並ぶ高官たちは衝撃を受けた。「いまの原枢密院議長の問いかけは、きわめて相応しいものだった。両総長がその問いに答えぬことは、はなはだ遺憾である」

永野はようやく認めた。日本は最初のいくつかの戦闘に勝利する可能性が七〇ないし八〇パーセントあり、それは長期にわたる平和をもたらすかもしれません。だがしかし、「戦争がなければ、国家の命運はそれにて休すると政府はすでに決定しています。たとえ戦争に訴えた場合でも、国は廃墟と化すかもしれません。ですが、苦境にあって、あえて戦わなかった国家はその精神を失い、それはすでにして、滅亡を運命付けられた国家です」と、永野はまるで東條のようなことを言った。永野はのちに、その軍国主義的な考えをこう説明している。「日本は重病にかかった患者のようだった。……手術をせずに放置すれば、徐々に衰弱していく恐れがあった。手術を受けることはきわめて危険かもしれないが、それは命を救う、ある種の希望を依然として提供していた⑮」と。

議論の行方がますます宣戦布告に傾きだしたとき、会議は驚愕のあまりしばし停止した。史上かつて無かったことだが、天皇陛下が軍服の胸ポケットから一枚の紙を取り出し、それを開いたのだ。その甲高い、震えるような声で、陛下は自らの祖父、明治帝の御歌を読み上げた。

四方の海
みな同胞と思ふ世に
などあだ波の立ちさわぐらむ

裕仁天皇は、伝説の大帝のことばを改めて示すことで、この国が御心に背く方向に行きすぎてしまわんとするなか、言の葉の力により、政府が戦争回避に向かってくれるよう祈念したのである。天皇はのちに、自分はこの和歌を「何度もくりかえし読み上げた……明治天皇の国際平和に向けた理想をいまの世に吹きこむことを祈りながら[15]」と語っている。数時間にも思えた沈黙のあと、永野軍令部総長が謝罪のことばを述べた。わたしは「大本営に対する陛下のご不興にただただ恐懼するばかりです。［大本営は］外交の重要性をかく自覚し、それ以外の手段がないと思える場合にのみ、武力に訴えるつもりです[15]」と。

明治天皇は近代国家の創設をねがう国民の革命的気運に乗って大事をなし遂げたが、その孫には才能が、あるいは強制力が、あるいは運が足りなかったのであろう。なにしろ目に涙をうかべてこの朗唱を聞いていた東條英機陸相などは、のちに幕僚たちにその時のようすを詳しく語り、これはつまり、陸海軍将兵に対し、たとえ結果が不確かな場合でも、勇気をもって事に当たれと励ましておられるのだと説明しているくらいである。

近衛首相はまるで何かに追い立てられているようだったと、ジョゼフ・グルー米駐日大使は当時をふり返っている。かれは「ローズヴェルト大統領との首脳会談をめぐって九月六日、わたしと会うことになっていた……かれは迫りくる凶兆を目の当たりにし、日本が奈落の淵にいることにようやく気づき、もし可能なら、エンジンを逆回転させたいと願っているように、わたしには見えた。まあ、ひとつの意見にすぎないが。ともあれ九月六日、かれは夕食を共にしたいと言ってきたのだが、そのことを軍の急進派に知られはしないかと、ひどく恐れていた[16]」と。

グルーはさらに書いている。「通常、日本の総理大臣が各国の外交官と直接接することはない。接触役はつねに外務大臣がつとめた。大半の首相は完全に距離を置いていた。ところが今回、近衛総理は当面の懸案について直接話しあうことを求めてきた。そこでわれわれは、共通の友人宅を会談場所にした。外交官ナンバーの車や公用車ではなく、だれが見てもわれわれだと気づかない車で赴き、ディナーを伴にした。使用人たちは外出させられ、その屋敷の娘が料理の手配をした。われわれは三時間にわたって話し合った」。これまで近衛がグルーと密かに面会したのは、英米との戦争に公然と異を唱えていた平沼騏一郎内相が八月十五日、超国家主義者にあわや暗殺されかけた時の一回きりだった。内相は銃弾六発を受けながらも、なんとか命を拾った。

国務省に提出した同会談にかんするメモのなかで、グルーはこう結論付けている。もし仮に近衛・ローズヴェルト首脳会談によっても両国関係に変化が見えなかった場合、「その論理的帰結は、近衛内閣の総辞職、軍事独裁政権の誕生であり、その内閣はアメリカとの正面衝突を回避するという意向も動機付けも、いっさい持たないものになるだろう」と。

翌週、昭和天皇は九月十日付けのとある新聞の見出しに目をとめ、そしてひどく動揺した。「ドイツの爆撃で大英博物館出火」とあったからだ。陛下はすぐさま木戸幸一内大臣を呼び、「イギリスの文化遺産をこれ以上破壊しないため、日本が仲介役となってこの問題に介入する余地はあるだろうか」と問うた。[17] そうしたことはこの局面で、いささか難しいのではないかと納得してもらうため、木戸内大臣はしんぼう強く説得に当たらなければならなかった。

九月十二日から十六日にかけて、艦隊の各級指揮官が江田島の海軍兵学校に集まり、「大東亜戦争（太平洋戦争）」の初期段階にかんする図上演習をおこなった。それは驚くべき内容のリハーサルだった。「第三艦隊」がボルネオ島とセレベス島への攻撃を開始する間、台湾に基地をおく「第十一航空艦隊」がフィリピンにあるマッカーサー将軍麾下の米陸軍航空隊を攻撃。さらに「第二艦隊」が澎湖《ボンフー》群島の馬公《マーコン》を、「南遣艦隊」が中国沖の海南島をそれぞれ出航し、シンガポールと英領マラヤの諸都市を攻撃し、かつまた香港に上陸する。仏領インドシナに基地をおく「第二二航空艦隊」が索敵と上空援護をおこなうなか、進攻部隊がインドシナ半島を出撃し、英領ボルネオを攻略する。ギルバート諸島、グアム島、およびウェーク島は「第四艦隊」が抑え、米軍が日本領海に入れぬよう目を光らせる――というものだった。

九月十六日は終日、真珠湾攻撃の図上演習に当てられたが、いずれも散々な結果に終わった。第一回戦は、日本側空母の半数と航空機の半数が失われた。第二回戦で、アメリカ側は戦艦四隻と空母二隻を失ったものの、日本側は一二七機もの航空機を失った。これらの結果はすべて順調にいった場合の数字だった。日本艦隊は敵に見咎められることなくハワイ諸島まで接近でき、天候は日本側の航空機、艦船に有利なもので、しかもアメリカ艦隊は全艦ハワイに在泊・投錨していたという想定だった。

この演習で守るアメリカ側を演じた参加者の一人は、かつて一九三〇年代に真珠湾攻撃をシミュレートしたウォー・ゲームに参加した経験を持っていた。この参加者は当然ながら索敵機を繰りだし、いわば空に探知網を張り、その偵察機が攻撃部隊を発見。結果、日本の航空兵はアメリカ側の対空砲と戦闘機によりなぶり殺しに遭い、日本海軍はもてる艦船の三分の一を失ったのである。

この演習を受けて、幹部連は結論を下した。まずは完璧なタイミングで布陣すること。すなわち日没近くにオアフ島の北方四五〇カイリ地点にまでたどり着き、全速力で発艦地点まで南下し、攻撃が終われば同じようにさっさと引き揚げる――それしかないと。ただ、それが成功に終わるには、アメリカ側が航空偵察を満足におこなわず、日本側が完璧な奇襲を実現することが必須条件だった。源田実航空参謀は言っている。「一九四一年の図上演習は画期となった。これにより問題が明確化され、方向性と目的にかんする新たな知見が得られたからだ。演習終了後、日本海軍のあらゆる部門にこれまでにない勢いが見えた。なぜなら時がすでに切迫していたから[18]」

九月二十四日、東京はハワイのスパイ、吉川猛夫に連絡し、真珠湾を五分割し、どの軍艦がどの区画に投錨しているか報告せよと命じてきた。

よって以下にしめす当該艦船の状況を今後可能なかぎり報告せよ。

（1）（真珠湾の）水域をおよそ五分割（区割りについてはそちらの判断に任せる）……

（2）主力艦および航空母艦に関しては、どの錨地（これはあまり重要でない）、埠頭、ブイに係留されているか、それともドック入りしているかを報告してほしい（艦種とクラスも簡潔に。もし可能ならばだが、二隻もしくはそれ以上の艦船が同じ埠頭に横並びになっている場合は、それについても知りたい）。

各艦の配置にどうしてそれほどの関心を示すのか[19]？　それは魚雷攻撃では、いちばん外側の艦しか叩けないからだ。内側の目標に対しては、雷撃機以外に、水平爆撃機もしくは急降下爆撃機による攻撃が別途必要なのだ。吉川が提供した詳細情報は航空攻撃のさい大いに役立ったため、この報告はのちにワシントンで開かれた様々な真珠湾関連調査において「爆撃配置《ボム・プロット》」と呼ばれるようになる。「MAGIC」によって解読され、英語に翻訳された「爆撃配置」にかんする十月九日付けメッセージに、米陸軍の情報将校、ルーファス・ブラトンは注目した。このメッセージは「日本側がホノルルの港に並外れた関心をいだいている証拠[20]」であると思ったからだ。ところが、シャーマン・マイルズ将軍は、普段の彼らと何ら変わった点はないと判断した。アメリカが日本の軍艦にやっているように、日本側もアメリカの主力艦の動向をつねに監視している――ただそれだけのことだと。しかもマイルズ将軍は、「そうした主力艦を潜水艦に襲わせる[20]」展開がたぶん最も可能性が高いと見ていた。一方、海軍情報部長のセオドア・ウィルキンソン大佐たちは、そうした碇泊位置への関心は、合衆国艦隊がどれだけ迅速に出撃できるかどうか、その点にもっぱら注目しているせいだと見ていた。ブラトンはそれにもめげず、スティムソン陸軍長官、マーシャル陸軍参謀総長、および陸軍戦争計画部のジェロウ准将にメモを上げたけれど、これに対して強い警戒心を示した者は皆無だった。対する海軍はどうかといえば、有事対応プランでは、いざ開戦となれば、艦隊は錨を揚げて、外洋に勇躍飛び出していくので、本来、「そんなところでグズグズしているわけがない[20]」のであった。

寒く、湿った、憂鬱な九月二十五日、東京の連絡会議で、杉山参謀総長、永野軍令部総長が、外交努力をいつまで続け、いつ開戦に踏み切るのか、その期限を明示してほしいと近衛首相に迫っていた。近衛が「十月十五日というのは、非常に厳しい要求だろうか[21]」と尋ねると、東條陸相が言った。すでに「御前会議」において十月初旬をもって期限とすると定めてありますので、十五日というのはかなり無理のある案ですと。会議後、近衛首相は子供時代からの知り合いである木戸幸一内大臣と会談した。「もし軍が十月十五日の期限をもって戦争を始めるというのなら、私はまったく自信が持てない」と近衛は言った。「辞任を考える以外、他に選択肢はない」と。

竹馬の友の思わぬ発言に、木戸は衝撃を受けた。「九月六日の御前会議をやったのは君ではないか。あれをそのままにして辞めるのは無責任だ。あの決定をやり直すことを提議し、それで軍部と不一致というなら兎も角、このままでは無責任だ[21]」と。

これを受けて、近衛首相は即時辞任はやめ、東京から五〇キロ離れた海辺のリゾート地、鎌倉の別邸へと遁走するのである。大変な国難のさなかに、日本國内閣総理大臣は言わば、職場放棄をはかったのである。

九月二十七日、松岡外相はグルー大使を執務室に呼びつけ、近衛＝ローズヴェルト会談の実現と、ワシントンがやっている対日禁輸措置について圧力をかけた。「和戦のカギは、日米両国の手にある[22]」と外相はまず口火を切った。「もし仮に両国が戦争に突入したら、それは世界文明の破壊、人類に対する恐るべき災難となろう。そもそもわが政府の首班が合衆国大統領と会うこと自体が、日本との提携にかんする［ナチ党、ファシスト党の］誤解を招きかねないのだ。そうした措置は日本政府の一部に実際、多大の犠牲を強いるものである。……日本の国内的見地からみれば、総理大臣が外交任務のために国を離れるということは、史上前例のない出来事である。……われわれは平和を切に希望するものではあるが、他国の圧力に屈することも、あらゆる代償を払って平和を求めることもしない。外圧に従うくらいなら、むしろ拒否を選ぶのが、わが國民性である」

山本五十六「聯合艦隊」司令長官はこの十カ月間、対米奇襲攻撃の計画立案に励んできたが、九月二十九日、永野軍令部総長に宛てて次のような警告を発している。「日米間の戦争が長引くことは明らかである。戦争が日本側有利にすすんでいる限り、米国は戦いを諦めないだろう。結果、わが国の資源は数年の交戦をへて枯渇し、失われた艦隊や武器弾薬を補充するうえで、多大の困難に直面する。最終的に、われわれは敵によく抗しえない立場に追い込まれるだろう。これに関しては、第一、第二、第三、第四艦隊の司令官がほぼ一致して認めている。……成功の可能性がこれほど低い戦争はそもそもやるべきではないのである[23]」

同じ九月二十九日、野村駐米大使はハル国務長官に対し、東京からの覚書を手交した。そこには大統領と総理の会見は「日米関係好転の画期的な機会」となるが、会見拒絶の場合は「最も不幸な」影響をもたらすだろうと書かれていた。野村はハルに告げた。近衛＝ローズヴェルト首脳会談は、日本国民に多大の影響をもたらし、親枢軸派は後退し、親米派を勇気づけることになろうと。野村はさらにこう付け加えた。「もし両国トップの会談提案が叶わぬ場合は、近衛総理はその地位を維持することが困難になるおそれがあり、その場合、後任総理には、より穏健でない指導者が就任する可能性が高い」と。

ほんの数カ月前まで、松岡洋右外相はこう夢想していた。自分が展開した独ソ両政権との地球外交により、日本はその帝国主義的な夢を阻むような、いかなる実質的脅威もなくなり、世界の列強に伍する立場へと上りつめたと。だが、松岡の二大〝同盟国〟は現在、互いに戦いをくり広げており、むしろモスクワがロンドン、ワシントンと提携する可能性が強まっていた。しかも、アメリカ、イギリス、中国、オランダの政府関係者はつねに連絡を取りあい、日本がアジアで帝国主義的動きに出ることに、挙《こぞ》って対抗していた。日独伊三国同盟とスターリンとの条約に勢いがあった頃、近衛首相は陸軍のやたら熱い将軍たちへの対抗手段として、松岡を便利に使っていた。だがしかし、その近衛はいまや、軍を使って松岡を抑えにかかった。かくて「第二次近衛内閣」は総辞職し、外相のみを入れ替えたのち、「第三次近衛内閣」として再出発することになった。だが、近衛自身は依然権力の座にあるため、陸軍のトップたちは従来方針を維持し、今後も三国同盟を堅持するよう近衛に迫ってきた。そして近衛文麿には、それに同意する以外、選択肢はなかったのである。

松岡の後任外相には、豊田貞次郎海軍大将が就任した。さらに十月二日、永野修身海軍軍令部総長と同外相の会談において、対米戦争は回避されるべきであることが確認された。海軍が穏健的立場への支持を表明したことから、近衛首相はようやく隠遁先から東京に戻る気になった。だが、そのころワシントンでは、ハル国務長官が野村大使にこう告げていた。ローズヴェルト＝近衛会談を実現したいのならば、その前に日本は「ハル四原則」だけでなく、以下の点についても同意する必要があると。そして、中国および仏領インドシナからの全面撤兵や三国同盟の実質的廃棄といった具体策を例示した。

野村大使はこう応じた。長官は過大な要求を、ごく短期間のうちに叶えるよう求められており、しかもそこで示された高い道徳的基準は、それが帝国主義列強と同盟を結び、かつまた自国の有色人種を冷遇してきた歴史をもつ国から発せられますと、日本人の耳には、一種の偽善にしか聞こえません。他方、中国からの撤兵問題は、ソ連による侵攻の脅威が差し迫っている現状により、いっそう複雑化しています。かくも困難かつ重要な問題なのですから、近衛＝ローズヴェルト会談で話し合ってみてはいかがでしょうか——と。野村はさらに、三国同盟について、ハルにこう語った。「私をふくめ、多くの日本人はこの同盟をあまり好んでいませんが、日本政府はこんにち、自分たちが直面している状況に鑑み、友好国を募る必要があると感じているのです[24]」と。

東京では軍の指導者が〝戦争熱〟にうかされていたが、その一方で、果たしてアングロ＝サクソン相手の戦争に勝てるのかという疑問の声も一部にはあった。山本司令長官の参謀長、福留繁中将〔この時点では海軍軍令部第一部長〕は十月五日付けの評価報告のなかで、これらの作戦について、ともかく「自信がない。艦船の損失については、開戦当初の一年間に一四〇万トンが沈められるだろう。聯合艦隊が実施した新たな図上演習によると、開戦三年目、民需に回せる船舶は皆無になる。確信など持ちようがないではないか[25]」と言っていたし、大西瀧治郎少将は、山本長官の「Z作戦」に自分は反対だと明言していた。どのような戦略を講じようと、日本は太平洋における戦いでアメリカに負けるからだとして、大西はさらにこう主張した。フィリピン攻撃をふくむ「あ号作戦（南方作戦）」はアメリカを怒らせ、おそらく日米両国は交戦状態に入るだろうが、それでも依然、対米交渉の余地はゼロではない。だがしかし、もし真珠湾を攻撃したら、アメリカは「怒り狂い」、大方のものが結果的に得られると主張する、妥協的平和への期待など、雲散霧消してしまうだろうと。ハワイに向かう「第一航空艦隊」を率いるはずの南雲忠一中将などは、山本案に対し途方もなく否定的な見解を持っており、なんとか元気づけようと、福留があえてこう言ったくらいである。「この作戦で戦死すれば、閣下の名を冠した神社ができますぞ(26)」と。

　当の山本自身、一九四一年を通じて、強気と弱気のあいだを行ったり来たりした。攻撃するならハワイだと一貫して主張しつつも、その一方で、アメリカとの戦争に勝ち目はないとも言っていた。それゆえ、アメリカの歴史家はかれのことを「乗り気でない提督《リラクタント・アドミラル》」と呼んでいる。だが実のところ、山本が当時みせた好戦的な開戦論と熱心な平和論とのあいだの逡巡は、この時期のほとんどすべての日本人指導者に見られる傾向である。例えば、アングロ＝サクソンとの戦いは回避したいと主張した二日後に、永野軍令部総長は一八〇度方針を転換し、十月四日の連絡会議においてこう発言している。「もはや〝ヂスカッション〟をなすべき時にあらず。早くやってもらいたいものだ！(27)」と。あるいはこの種の内面《うちづら》と外面《そとづら》の乖離は、日本文化の別の伝統——本来は異なる見解を、私的と公的で使い分けるスタイル——の反映なのかもしれない。それは「ホンネ・ト・タテマエ」と呼ばれていた。この伝統は結果的に、個々人の不同意が、公的なコンセンサスに圧倒される事態へとつながり、誰もが望まぬ事態がなぜか独り歩きをする状況をまま生んでしまうのである。「ＭＡＧＩＣ」情報に接する権限のある米上層部の人間は、その後に野村大使からしごくまっとうな発言を聞かされると、当然ながらこう考えた。日本人の誠実さは、まるでナチ並みだなと。

十月五日の夜、東條陸相は東京郊外にある近衛公の私邸「荻外荘」を訪れ、まるで絵はがきみたいな富士山の絶景を眺めつつ、食事をともにした。「合衆国はわれわれに三国同盟から離脱し、［ハル米国務長官が提示した］四原則を無条件で受け入れ、軍事占領をやめるよう要求しています。いずれもまったく呑めないものばかりです」と東條が口火をきった。

「いちばんの問題は［中国からの］撤兵だな。撤兵に原則的に応じたうえで、資源確保を名目に一部の部隊を残すというのではダメなのかね」と近衛総理が尋ねた。

すると東條は突如、不機嫌になった。「それは謀略です」と。[27]

二日後、陸海軍の中堅レベルの幹部たちが合同会議を開いたが、彼らの結論は概ね以下のようなものだった。「陸軍は［外交には］いかなる希望も抱けないと言っていた。海軍は依然として、まだ希望はあり、［陸軍が］軍事占領問題を再考しさえすれば、なんとかなるはずと考えていた」[27]。海軍士官たちはまた、おおむね次のような共通認識を持った。要するに、陸軍は、中国でいまだつづく自らの失敗をなんとか糊塗しようとして、われわれをワシントンとの無益な戦争に追い込もうとしているのだと。

十月七日の閣議でも、これとまったく同じ議論が東條陸相と及川海相とのあいだで展開された。東條が及川に言った。「耳に痛いと思うが、言わねばなるまい。こんにちの経済は、通常の経済ではない。現在の外交状況も同様である。……当面の最優先課題はこれをいかに突破すべきかに置くべきであろう」と。及川はこれを受けて、どうやら陸軍は現在のやり方を変えるつもりがないようだと言うと、東條は反問した。海軍はその指導者たちが九月六日の御前会議においてなした誓約を撤回するつもりなのかと。「いやいや、われわれの考えは変わっていない」と及川は力説した。「われわれの開戦決意にかんしては、未だそのままである」と。すると東條は、海軍としては勝つ自信があるのかと迫った。「その件については、私は……私にはない」と言って、及川は一瞬だが本音をもらした。「もし戦争が数年続いたら、果たしてどうなるかは、今研究中である」と。驚いたことに、いつもは好戦的な東條陸相がなだめるような口調になった。「仮に海軍に自信がないというならば、考え直さねばなるまい。もちろん重大な責任〔辞職の意〕において変更すべきものは変更しなければならないが」と。

その同じ日、統帥部の両トップも会談したが、永野海軍軍令部総長の態度は、四日の連絡会議と同じくケンカ腰だった。「私は問題を外交的に解決できるとは思わない。ただ、もし仮に、外務省がまだ希望があるというのなら、交渉の継続にやぶさかではない」と。

すると杉山陸軍参謀総長がこの数週間流れている噂について提起した。「おや、海軍は開戦に自信がないという話だが」と。

「なんだと！」と永野が声を荒らげた。「開戦に自信がないだって、そんなことはない。戦争に必ず勝てるとは今までも言っていない。これは陛下にも申し上げてあるのだが、今なら算がある。先のことは勝敗は物心の総力で決せられると。……開戦の是非を決する期限については、海軍としては、多少延びても構わない。しかし、陸軍には陸軍の立場もあろう。陸軍はもっと前のめりに見えるが」

「それは事実とは違う」と杉山は主張した。「われわれはその件について、細心の注意を払っている」と。

すると永野は再び、一切合切を帝國システムに丸投げし、こう論じてみせた。「陛下が九月六日のご決定で『戦さを辞せざる決意の下に、十月下旬を目途とし、戦争準備をする』ようお決めになったのは、語弊や美文ではないぞ。南部仏印に兵力を入れるのも、もう遠慮はできないぞ」

「全然同感である」と杉山は応じた。

東條はその夜、ふたたび「荻外荘」で近衛首相と会った。近衛はその場でもう一度、東條に打診した。細部の決定は司令官に任せるということで、陸軍が中国からの撤兵を原則的に認めることはあり得るかどうか――と。東條の返事はニベもなかった。そこで近衛は、和平の目をなんとか見出そうと、陸相の頑な心を解きほぐすべく試みた。「四原則とのからみで、われわれは機会均等の原則を受け入れなければならないだろう」と近衛は言った。「もちろん地理的な近さもあって、われわれは中国に特別な利害関係を持っているが、その点は合衆国からも認められるものと私は信じている。三国同盟だが、［そこから離脱する件について］書面で約束することは難しいものの、大統領との直接的やりとりにより、なんらかの成果が得られることに、私は楽観している。残る唯一の問題が［中国に対する］軍事占領だ。それを何と呼ぼうと、軍事占領の問題は簡単には解決しない。もし仮にこの問題だけが、日米交渉の阻害要因となった場合、貴官ならどうする。軍事占領の実質にはなんら影響を与えぬ形で、それでも部隊の撤収に同意するような方策が見出せるものだろうか」と。

アメリカは中国における日本の特殊権益など断じて認めまいと東條は考えていた。しかも、ローズヴェルトとの首脳会談をふくめ、それ以外のすべての外交案件が未決状態にある現在、どうしてわが陸軍だけが、そんな大幅譲歩を強いられなければならないのだと思っていた。近衛はさらに、およそ法外なことまで言ってのけた。「軍人はとかく戦争をたやすく考えるようだが」と。

これに対して東條は、そう思われるのは総理のご勝手だが、国家存亡の折りには、目をつぶって飛びおりるぐらいのことはやらねばならぬのですとして、「清水の舞台から飛び降りる」覚悟を説いた。

この発言に、自分はこう言って切り返してやったと近衛はのちに述懐している。「個人としてはそういう場合も一生に一度や二度、あるかもしれないが、二六〇〇年の国体と一億国民のことを考えるならば、責任ある地位にある者として、出来ることとではない」と。

ところが翌日、及川海相と会ったさい、東條陸相はこう認めていた。「日支事変ではすでに二〇万の御霊を失い、それらすべてを放棄することなど、私には耐えられない。だがしかし、日米戦ともなれば、更に幾百万もの兵たちを失うことになろう。撤兵も考えざるべからざるも、決しかねるところなり[28]」と。


一九四一年の秋、源田実は思案していた。あの巨大な「第一航空艦隊」に、人知れず太平洋横断をやらせるにはどうすればいいだろうと。各個に南下し、マーシャル諸島で邂逅すれば、かなり穏やかな海、それほど厳しくない気象条件に浴せるし、さらに日本軍の基地も近いことから、何かトラブルが発生しても、安全な避難場所を確保できる強みがあった。だが、キンメル麾下の任務部隊は正にその南方で訓練をおこなっており、燦々と日のそそぐ空は、アメリカの偵察機から巨大艦隊を隠してはくれまい。一方、日本から東にまっすぐすすむ航路は、ミッドウェー諸島の周辺海域を通ることを意味し、アメリカ側の軍艦と遭遇する確率が非常に高かった。

源田は最終的に、オアフ島の北方一〇〇〇カイリ、北緯四二度線を越えていく航路を選択した。中国、ロシア、アラスカ、カナダの沖合をアーチ状にすすむこの航路なら、各国商船の通常ルートからも相当離れていた。しかも現地スパイの吉川情報によると、北方は偵察が手薄だという（キンメル提督のもとには、敵が真珠湾攻撃をおこなう場合、北方ルートをたどる確率が高いというメモが数多く寄せられていたが、一顧だにされなかった）。そのうえ晩夏から初冬にかけて、北太平洋の天候は荒れ気味で、結果、偵察任務がよりいっそう困難になることもプラスに働くと思われた。

とはいえ、このルートには大きな欠点もあった。アメリカ海軍は現在、艦隊への補給や修理をまかなうため、ジョンストン島、ミッドウェー諸島、パルミラ島、米領サモア、ウェーク島、グアム島と、太平洋全域に基地を設けていたが、北緯四二度をこえるルートをたどるといっても、日本にはその間に給油をおこなえる施設がいっさいないのである。一九四一年でも、洋上給油は技術的に可能ではあったが、およそ一般的な艦隊行動とはいえず、しかも日本は高緯度地域の強風と荒波のなかで、そうした給油をおこなうテクニックをこれから習得しなければならないのだ。

源田はこの問題に対し、「Z作戦」に伴うその他諸問題と同様の管理手法を用い、その解決をはかった。まずは海軍内の精鋭――この場合はベテラン油槽船長たち――をかき集め、問題の概要を説明したあと、さあ解決せよと発破をかけたのだ。精鋭船長たちはたちまち気がついた。標準的な給油法、すなわち当該艦船の前方を油槽船がすすみつつ、浮揚式給油管を流していく方法は、駆逐艦や巡洋艦のような運動性のたかい艦船にはベストだが、機敏さに欠ける戦艦や航空母艦には向いていないと。結局、より大型の艦船に対しては、油槽船が後方から接近し、空母や戦艦に乗っている給油要員と呼吸を合わせるしかなく、その際、いかに給油管をさばくかは、実地に学ぶしかなかった。

「第一航空艦隊」参謀長、草鹿龍之介少将は、これとは別方面の課題を解決すべく尽力した。南雲機動部隊のうち、比較的小ぶりの空母、戦艦、および九隻の駆逐艦は、日本の最北端からオアフ島まで無給油でたどり着けないことは端から分かっていた。しかも空母は艦載機が発艦するさいの揚力を生みだすため、いざとなったら、風上に向け突進し、三〇ノットの向かい風をつくりださなければならず、それには常時満タンである必要があった。そこで草鹿は、大型艦船のすべての余剰スペースにドラム缶とバラストタンクを追加し、さらに駆逐艦に対しては、一度に三隻、同時給油がおこなえるよう訓練を施した。

「第一航空艦隊」主計長、清水新一主計大佐は、北方ルートが選択されたことで、頭痛の種がまたひとつ増えた。一九四一年の秋は、日本の陸海軍の全部隊が「あ号作戦（南方作戦）」のため、南に向かう侵攻準備を進めていた。南雲〝機動部隊〟でも当然ながら、熱帯仕様の装備を発注していたのだが、いざその時がきて、清水に要求されたのは、北をめざす寒冷地仕様の装備ばかりだった。しかもその行き先は極秘だというのだ。この状況に、清水が考えた解決策は、すべての季節用の装備を揃えることだった。いざ戦争となったら、どこへ遣られるか分からんだろうと、清水は周囲の者にそう説明していた。

帝國陸軍は十月一日から五日にかけて陸軍大学校において「南方作戦」にかんする図上演習を実施し、攻守さまざまな部隊運用を分析した。また十月九日から十一日にかけて、山本の旗艦である戦艦「長門」においても、帝國海軍の全体計画「聯合艦隊作戦命令第一号」をめぐって、公式発令前の最終調整がおこなわれた。十月十三日にはハワイ作戦にかんする会議が終日もたれた。その結果、「Z作戦」は、東南アジア全域の侵攻を目指す日本軍部隊が敵方に探知される前に、すべてを終了させる必要があるとの結論に達した。

この会合では、あらゆる意見、提案を歓迎するとされ、甲論乙駁、ついには山本長官がこう述べたほどである。「一部のものが私の計画を快く思わないのは分かったが、このハワイ作戦は日本全体の計画において死活的に重要な部分なのだ。よって、私が聯合艦隊司令長官であるかぎり、真珠湾は攻撃されるのだ。諸君には私への最大限の支持を望む。各員それぞれの持ち場に戻り、日本の戦争計画の成功のため奮励努力せよ。幸運を祈る！」[29]

近衛文麿首相はその五〇歳の誕生日にあたる十月十二日の午後二時、私邸「荻外荘」の折衷スタイルの応接間に外相、陸相、海相らを集めた。総理はいまや東條陸相の譲歩を必要としており、辞任を仄めかすことで、戦争へと逸るこの軍国主義的ムードをなんとか押しとどめたいと考えていた。「今、どちらかでやれと言われれば、外交でやると言わざるを得ない。戦争に私は自信がない。自信ある人にやって貰わねばなるまい(30)」と近衛は言った。

じつは及川海相は、近衛側に事前にこう伝えてあった。もし本当に平和を求めるならば、アメリカからの要求を「鵜呑みにする丈の覚悟」でいなければならず、そして海軍は総理を支持するでしょうと。さらに会議の席上、及川はこう言った。今や「外交で進むか、戦争の手段によるかの岐路に立っている。期日は切迫している。その決断は総理が判断しなすべきものであり、もし外交でやり、戦争をやめるならば、それでもよろしい(31)」と。だが、議論は白熱し、ついに及川は主張を変え、もし総理が世界大戦に向け日本を導く心の準備がないのならば、総理の職を辞して、だれか別人にやらせるべきだと言い切ることになる。

近衛はまた、外交期限の前日、十月十四日の閣議の直前にも、東條と密かに面会している。近衛はあらゆる手立てを使って、中国から撤兵するよう陸相に働きかけなければならなかった。近衛は以下のような認識を示した。「日支事変には私も大きな責任を感じている。四年経っても、いまだ事変は終わっていない。ただ、いまここで更に行方がきわめて不確かな別の大規模戦争を始めることには同意できない。……さらなる飛躍を目指し、時には［より大きな力に］譲歩し、国力の温存、涵養をはかるべきではないだろうか(32)」と。

だが、東條は強い口調で譲歩を拒んだ。「総理のお考えはあまりに悲観的だと思う。それはわれわれが自国の弱点をあまりに良く知っているからだ。だが、アメリカにも独自の弱点があることをご存じないでしょう?」

「知ったからといって、私の意見が変わるわけではない」と近衛は言った。「わたしは貴官に再考を促しているのだ」

東條はこう応じた。「それは性格の差かもしれませんな」と。

閣議の場において、東條は強い口調で訴えた。いまここでアメリカの要求に応じることは、時計を二〇年逆回転させ、ふたたび「小日本」に戻ることを意味するのだと。「四月以来の六カ月間、外務大臣は関係修復のため懸命に努力した[33]」とかれは断じた。「その努力は多とするものの、われわれはいま暗礁に乗り上げている。……問題の核心は、インドシナと中国から撤兵せよとわれわれに迫る不当な要求にある。……もしここでアメリカの要求に屈すれば、日支事変の果実は損なわれるだろう。満洲国は危険にさらされ、朝鮮への支配は揺らぐだろう[34]」

海軍もいまや譲歩案に公式に異を唱え、そうした判断は九月六日の御前会議に背くものであるとした。東條は言った。責任内閣は総辞職すべきであり、この国を開戦、避戦のいずれかに導く用意があるならば、近衛総理がきっぱりと決断を下すべきであると主張した。

翌日、近衛総理は側近たちとウナギの昼食を楽しみつつ歓談した。時間になってもまだ来ない中国通のジャーナリスト、尾崎秀実のことが話題にのぼった。とりあえず尾崎抜きで食事が始まったとき、近衛の秘書が慌てて部屋に入ってきた。「大変です。尾崎さんが逮捕されました。スパイ容疑だそうです[35]」

ソ連のスパイ集団に対する発覚・摘発は五日前、宮城與徳の逮捕に始まった。かれはカリフォルニアで十代を過ごした画家で、そこで「アメリカ共産党」に加入した。特別高等警察に逮捕されたとき、宮城は自殺を試み、取調室の窓から外に飛び出したが、そこは二階だったため、自殺には失敗し、全面自供へと追い込まれた。かれが明らかにした情報のなかには、自分は現在、ソ連のスパイ組織に加わっていること、そこには少なくとも一三人の男と三人の女がいて、その主要メンバーはプロイセン人の無線技師、沖縄生まれの画家の自分、そして東京生まれの知識人尾崎とのことだった。組織のリーダーはリヒャルト・ゾルゲという男で、ドイツ人の父親、ロシア人の母親から生まれ、ナチ党に所属し、第一次世界大戦では「祖国《ファーターラント》」のために戦った経験を持っており、この点が要路に通じたソ連側スパイにとって、格好の隠れ蓑になっていた。かれはドイツの新聞の東京特派員という肩書きで活動し、ナチ党の対外部門とも近衛周辺とも親しくつきあっていた。

一九四一年五月、リヒャルト・ゾルゲは、ナチ・ドイツの一七〇個ないし一九〇個師団が六月二十日以降、ソ連に向け侵攻を開始するという情報をスターリンに送っている（実際には二日遅れとなったが、侵攻情報自体は正確だった）。駐日ドイツ大使館がロシアを叩かせようと、日本側をしきりとけしかけ、またゾルゲ自身のスパイ組織が解体のさなかにあった十月十五日にも、かれはクレムリンに重要情報をあげ続けていた。日本は赤軍に対してではなく、東南アジアに向け侵攻することになった――と。もはや日本の脅威に備える必要はなくなったと分かり、おかげでソ連側は四〇個師団を満洲との国境地帯から引きはがし、シベリア鉄道で西へと送り、モスクワへの援軍とすることができたのである。

十月十六日午後四時、木戸幸一内大臣は、近衛首相から電話をもらった。内閣総辞職に必要な書類手続きはすべて終わったと。「非常に驚いた」と木戸は当時をふり返っている。一時間後、近衛は参内し、昭和天皇は辞任を受け入れた。

ジョゼフ・グルー駐日大使はずっと信じていた。アラスカの近衛＝ローズヴェルト会談が実現すれば、太平洋における戦争は完全に回避できる可能性があると。首相とアメリカとの交渉が、天皇の支持を得ていると分かれば、日本の強硬派たちも条約にもられた各種条件を受け入れるようになるはずだと。だが、ローズヴェルト政権の主要閣僚の大半は、日本の軍国主義者が自国の穏健派の思惑を無視して、これまで何をやってきたか、その歴史をはっきり自覚していたため、今回の総辞職にかんしも、グルーほど残念とは感じなかった。

　今回の一件は東條英機がきっかけを作ったものだが、総辞職となれば当然、東條自身ももはや陸軍大臣ではいられなくなる。だが十月十七日、陸相官邸を去るため荷造りをしていた東條のもとに一本の電話がかかってきた。天皇陛下が急ぎ参内するよう命じたというのだ。東條の腹心、佐藤賢了陸軍省軍務課長は警告を発した。「大臣、あなたが……近衛さんを追いつめたので、お上からお叱りをこうむるのですよ[36]」と。

　これに対して東條は「陛下がこうだとおっしゃれば、自分はそれに従うまでです」と答えた。

　午後五時に参内した東條は、天皇から次期首相に指名すると言われ、言葉を失った。慣例ではこういうとき、「暫時ご猶予をいただきます」と言うことになっていたが、その一言さえ出なかった。気まずい沈黙を察した昭和天皇は「暫時猶予を与える」と述べて、その場をおさめた。

　この人事はふり返ってみると、昭和の御代における最悪の決定に思える出来事だったが、当時の状況を勘案すると、それはそれなりに大きな意味があったのだ。次期首相の候補としては、及川海相と東條陸相の二人の名前が挙がっていた。今回の危機は陸軍が招いたものなので、木戸内大臣は陸軍がこれを収めるべきだと考えた。そして任命の直後、木戸は東條に対してこう言い含めている。「国策を練るさいは、九月六日の御前会議に拘泥することなく、内外情勢のいずれも、深く広く検討しなければならないというのが、陛下のご意志です。あなたが内外の問題に細心の注意をもって対処することを陛下は願っています」「国策の大本を決定せられますに就いては、九月六日の御前会議の決定にとらはるゝ所なく、内外の情勢を更に広く深く検討し、慎重なる考究を加ふることを要すとの思召であります」」と。

東條の天皇に対する忠誠心はつとに知られたことであり、この任命にはそれなりの意味があると近衛前首相も考えていた。もし陛下が平和を望まれるなら、東條はあるいは御心に従うかもしれず……実際、清水の舞台から飛び降りる覚悟で、和平を選択するかもしれないと。それにいざ開戦となった場合、近衛だろうと東久邇稔彦だろうと、天皇家の縁者が首相に就いていることを天皇は望まなかった。最終的に天皇は状況全般を総合判断し、「虎穴に入らずんば虎児を得ず」と後漢書の一節を引くと、木戸内大臣の判断を諒とした。すなわち、陸軍でも最も力があり、最も忠良なるリーダーたる東條英機を〝教化する〟ことで、陸軍内で主戦論をとなえる国粋主義者たちを管理下におけるのではないかと、天皇と木戸は希望したのである。これまでいつも皇室の背後で権力をふるい、最終的責任を回避してきた帝國陸軍は以後、その好戦的な非妥協的態度がもたらした諸結果に、みずから直面せざるを得なくなるのである。

翌朝、東條は珍客の来訪を受けた。前年に死去した「最後の元老」、西園寺公望の孫、公一だった。西園寺公一は「三点だけ言わせてもらう」と厳しい口調で言うと、「国内で満洲式の憲兵政治をやらないこと」「中国との戦争の解決を急ぐこと」「日米交渉を成立させること」を要望した。自分は多言を弄せず、行動を重んじる人間であり、それが故にいまこうして位人臣を極めたのであり、もはや他人の助言は不要と信じていた東條英機は、これらの助言に対してこう応じた。「ご忠告を感謝します。以後、秘書の赤松から連絡させます」と。[37]

一九四一年当時、アメリカ人が「チビのおかしな」日本人としてイメージするのは、まさに東條英機のような人物だった。身長五フィート二インチ（約一五七センチ）、体重およそ一一〇ポンド（五〇キログラム）。大ぶりのベッコウ製の眼鏡をかけている。市ヶ谷の帝國陸軍士官学校を一〇位の成績で卒業し、かの〝独断専行〟関東軍の憲兵隊司令官、さらに一九三七年からは同軍参謀長をつとめた。陸軍大臣に就任するや、全将兵に戦場における道義的高揚をうながす指達書「戦陣訓」を作成し、すべての徴集兵に配布した。特に「生きて虜囚の辱めを受けず」の一節は悪名高い。冷徹でくそまじめ、規則にうるさく狭量、すぐに腹を立て、自信過剰かつ専横的で、復讐大好き人間の東條は、みずからの国家主義的信念をまじめに考えており、「兵士は一日二十四時間、天皇陛下に仕えよ。食事をするのも任務の一部であり、かくあってこそ、よりよくお仕えできるのだ[38]」と口にしていた。

十月十六日、南雲「第一航空艦隊」の草鹿龍之介参謀長は、すでに引退した女中頭から一通の手紙を受け取った。昨夜すばらしい夢を見たと彼女は書いていた。日本の潜水艦が真珠湾を攻撃し、大戦果をあげたというのだ。これは吉兆だなと草鹿は思った。同じ十六日の午後二時、ローズヴェルト大統領は予定されていた閣議を中止し、近衛内閣総辞職がもたらす影響について、スティムソン、マーシャル、ノックス、スターク、ハル、ホプキンズら陸海軍と国務省の幹部連と二時間にわたって協議した。スティムソンによると、かれらは東條新首相が近衛に比べてはるかに反米的である点に期待を寄せたという。「日本海軍もほとんど陸軍同様の過激な文言を使いはじめている。われわれは、しかるべき外交的フェンシングを仕掛け、日本側が確実に最初の悪手、明々白々な一手を打つよう誘導すべきか否かという、微妙な問題に直面していた。……ここで重要なのは、いざ開戦となった場合、わが方の安全は犠牲にせず、しかも最初の一発を撃たない立場にわが国を置けるかどうかであり……それが可能なら、真の侵略者というしかるべき役どころに日本国を嵌めることができよう[39]」

ハロルド・スターク海軍作戦部長はこの日、ハズバンド・キンメル「太平洋艦隊」司令長官をふくむすべての司令官宛てにメモを送った。「日本の内閣総辞職は重大な局面をつくりだした。新内閣が発足したら、それはおそらくより国家主義的で、反米的だろう。たとえ近衛内閣の影響が残ろうと、それは新たな方針のもとで運営され、そこには合衆国との和解はふくまれるまい。いずれにせよ、日露間の敵意は高まるだろう。また現在の一か八かの状況におかれた日本に対し、米英両国がしかるべき対応を取っているため、日本がこの両列強に攻撃を加える場合もあり得よう。こうした可能性を視野に入れつつ、適切な予防措置を講じることが肝要であり、同時に、そうした戦略的意図を明らかにしたり、日本に対し挑発的行動をとることは、厳に戒めなければならない(40)」と。

翌日、スタークはキンメルに追加のメッセージを送ってきた。「私見だが、私もジャップがわれわれに仕掛けてくるとは考えていない。貴官に送った電文は〝可能性〟を述べたものにすぎない。実際あれでも、当初メッセージを、かなり和らげたのだ。あるいは私は間違えたのかもしれないが、そうでないことを希望する。いずれにしろ、ホワイトハウスでの長談義のあと、少なくともはっきりした流れが見えてくるまで、防備を固めておくに如くはないと感じている(40)」と。この「こうかもしれないし、そうかもしれない」という海軍作戦部長からの電文は、「太平洋艦隊」司令長官を事実上、どっちつかずの立場に追いやる結果となった。ただ、なるほどスタークは曖昧なメッセージによってキンメルの任務意識を混乱させはしたものの、キンメル側も別段、メッセージの〝真意〟を確認するようなことはとうとうやらなかったのだが。

東條内閣が成立すると、野村駐米大使は新外相の東郷茂徳に公電を送った。「前内閣の総辞職に伴い、わたしも辞任すべきだと強く確信します。国務長官は当初より、わたしの誠意は認めたものの、わたしには東京に対する影響力がないというのが彼の判断ですから。それはまた、大統領の見解でもあると、わたしは聞き……わたしはいまや、言ってみれば、過去の遺物というわけです。偽りの存在を演じ、自分も他人も騙すような生き方はもう沢山です。戦場から逃亡したいというつもりはありませんが、これこそが公人として、わたしが取るべき態度だと信じております(40)」と。これに対して東郷外相は「貴官はまさに適任であり、あらゆる個人的願望を犠牲にしてでも、現職に留まってもらいたい」という返事を送ってきた。多くの日本人が祖国のためにみずから死のうとしているいま、ワシントン駐在大使においては、おそらく死よりもさらに困難な任務、すなわち軽侮の対象となることをみずから引き受けてほしいというわけである。

十月半ば、日本海軍の計画立案者たちは、太平洋において現在、わが兵力は敵を凌駕しているが、二年も経てば、アメリカの工業力によりこうした関係は変化を遂げると推計し、もし日本が攻撃を望むなら、今やるしかないと結論づけた。海軍軍令部の幕僚たちは「南方作戦」には空母による支援が必要なのに、真珠湾攻撃に空母六隻を投入するとなると、「第二航空戦隊」の空母もそちらに回さざるを得なくなると難色を示した。同戦隊を率いる山口多聞少将は、真珠湾攻撃から外されたことで一時激昂し、南雲「第一航空艦隊」司令長官に「あんたがヘマをやったら殺してやるからな[41]」と不穏当な言葉を浴びせたほどである。十月十八日、「聯合艦隊」の黒島参謀は再度東京に飛び、軍令部の富岡作戦参謀と面会し、こう述べた。「聯合艦隊」としては真珠湾攻撃に対する軍令部の〝最終的承認〟を欲しているが、そのためには空母六隻が是非とも必要で、しかも山本長官はその判断を直ちに下してほしいと言われていると。だが、富岡参謀も、その尻を持ってこられた作戦部長の福留繁少将も、従来の考えを変えるつもりはないと返答した。すると黒島は、アメリカ「太平洋艦隊」は言わば「日本の心臓に突きつけられた匕首《あいくち》」であり、海軍がこれを殲滅しないかぎり、「南方作戦」全体が失敗すると山本長官は確信しておりますと応じた。

だが、富岡と福留がそれでもゆずる気配を見せなかったので、黒島は言った。「山本長官はこの計画を採用するよう主張しておられます。もし仮に、この案が採用されない場合は、皇国の防衛に対し、もはや責任が持てないと伝えよと言われました。長官はその職を辞するほかなく、われわれ全幕僚もそうです」と。結果、この件はさらに永野修身軍令部総長まで持ち込まれた。永野自身、「Z作戦」の成否に一抹の不安をいだきつつも、山本を失うと言われてしまうと、方針転換を決断せざるを得なかった。「かれがそこまで決心し、しかも聯合艦隊の攻撃実施能力にそれほどの確信があるならば、山本に作戦を任すのがおそらく最善であろう」と永野は言った。ただ、付帯条件をつけた。もし日本が宣戦を布告する事態となり、そしてもし任務遂行後、その空母を可及的速やかに南方作戦に差し向けるのならば、山本がその構想どおり真珠湾攻撃をおこなうことを認めると。この判断について、福留作戦部長は言っている。「奇妙に聞こえるかもしれないが、山本長官の日本海軍における地位や影響力は無類のものだった。山本長官は実際、海軍部内の巨人だったのだ」[41]と。この時点では、東京の多くの士官たちはいまだある種の希望を抱いていた。東郷新外相が外交問題を決着させ、あるいは陛下がなんらかの形で介入されることで、戦争が回避できたら、海軍はその艦船を、その航空機を、そして山本大将を失わずに済むかもしれないと。

真珠湾に碇泊中の旗艦、戦艦「ペンシルヴェニア」艦上で、「太平洋艦隊」司令長官、ハズバンド・キンメル大将は十月十四日、太平洋戦域のすべての指揮官に対して次のようなメモを送った。

ハワイ海域で活動中もしくは碇泊中の艦隊の保安態勢については当面、以下の二つの想定のもと、行動されたし――

(a) 当面する現下の情勢のもと、わが艦隊もしくは基地を攻撃することにより、戦争を生起するような責任ある諸列強は存在しないが、そうした列強の無責任な国民が、誤解にもとづいて以下のようなことを試みるかもしれない。

（1）真珠湾に碇泊する艦船への小型船による破壊活動。
（2）海峡部になんらかの障害物を沈めることによる真珠湾口の封鎖
（3）真珠湾への進入経路上への磁気感応式もしくはその他方式の機雷の敷設
（b）宣戦布告に先んじて、以下の諸活動がおこなわれる可能性も存在する。
（1）真珠湾の艦船への奇襲攻撃
（2）作戦海域にいる艦船への潜水艦による奇襲攻撃
（3）前二項の組み合わせによる奇襲攻撃［以下略］[42]

翌十五日、ローズヴェルト大統領はチャーチル首相に対し、公電を送った。そこにはハル国務長官が展開した外交交渉によって、連合軍は「極東における二カ月の時間的猶予」を獲得した経緯が詳細に述べられていた。

十月十七日、ハワイの「第一四海軍管区」司令官、クロード・ブロック少将は年代物の砲艦「サクラメント」を受領したが、その〝砲〟艦なるものは「語るにたる艦砲をもたず、戦闘に耐えず、航走と呼ぶにふさわしい速力さえ出ない」代物だったため、少将はワシントンに対して、真珠湾の現状がいかにお寒いものであるかを縷々訴えた。いま欲しいのは「ソナーと爆雷［付きの］小型快速艇数隻」と偵察機二個飛行隊であると。この要望書の末尾に、ブロック少将は書いている。「イギリスがほとんどすべてにおいて失敗した原因は、まさに人口に膾炙された以下の言い回しのとおりである。すなわち『少なすぎ、遅すぎる《トゥ・リトル・アンド・トゥ・レイト》』。願わくば、かれらの失敗にわが国が学ばれんことを」[42]

まさにこの時期、ワシントン・ポスト紙は、不用意な質問を浴びせて、ノックス海軍長官を怒らせていた。もし仮に、フィリピン防衛が可能だとして……と同紙記者が言いかけたとたん、ノックス長

官がいきなり爆発したのだ。「われわれは何だって防衛可能だ！」(43)

辞任を梃子に、ハワイ攻撃を呑ませた一週間後の十月二十四日、山本五十六大将は嶋田海相宛てに手紙を書いた。その中には以下のような一節がある。「開戦の劈頭、五分五分の可能性しかない二次的航空作戦に持てる航空兵力をすべて投じることは、得られる成果を考慮してもあまりに危険が多いとの議論が最近、統帥部の一部にあるやに聞いた。だが、私からすると、中国での四年におよぶ消耗戦のあと、ロシアと戦う可能性を視野に入れつつ、アメリカ、イギリス、中国と戦争をおこない、どこからの支援もないまま、欧州戦域より数倍も広大な戦域をめぐって十年もしくはそれ以上つづく長期戦を戦おうとすることのほうが、はるかに危険で理屈に合わないように思われる。そうした勝率をまえに、もし戦争を決断する――というより、一連の流れのなかでそうせざるを得なくなった――というのならば、艦隊に全責任をもつ私にとって、通常の戦略によって成功する希望は、ほとんど見出すことがすでにしてできないのである。……残されたるは……聖断の一途のみ」(44)と。山本長官は、天皇陛下が東條首相に和平を命じることに一縷の希望をいだきつつも、辞任を示唆した手前もあって、陛下の承認が得られるような戦争計画を策定することを余儀なくされた。そしてその計画は、永野軍令部総長を通じて、十月の第三週に宮城の陛下の許に届けられる手筈になっていた。

十月最終週のホノルル。日本の喜多総領事は一種の割符と、現金一万四〇〇〇ドルをスパイの吉川猛夫に托し、十月二十五日、ラニカイ海岸の家でとある男と連絡を取るよう命じた。会見場所にはひとりのドイツ人が現れ、自分の割符を示すと、吉川のものとピタリと一致した。

男はベルナルト・ユーリウス・オットー・キューンというナチの隠れスパイで、一九三五年、ヨーゼフ・ゲッベルスの命を受けて以来、ずっとハワイに潜伏していた人物である。日本はこのキューンを補助工作員として雇い入れ、いずれは吉川のかわりを勤めさせようと考えていた。キューンはアメリカの軍事作戦にかんする詳細な情報を持っていた。かれはそうした情報を、地元にいる将校たちと親しくなることや、あるいは真珠湾に勤務する軍関係者の妻や娘が利用する美容院を経営するまま娘、スージー・ルースを通じて入手していた。十二月二日、キューンは日本総領事館に、ある種の暗号・信号表を持ってやってきた。沖合の枢軸側潜水艦に、これを使って、連絡が取れるのだという(次ページ参照)。

一九四一年も秋になると、日本軍が攻撃してくるのではないかという噂が、太平洋一帯でぽつりぽつりと話題になるようになった。なにしろ世界の反対側では、ドイツ軍がくり返しアメリカ船を攻撃していたから。例えば、アメリカ船籍の商船二隻、「セッサ号」と「モンタナ号」はアイスランド向けの貨物を輸送中、ナチの潜水艦に沈められたし、アメリカ籍の旅客船「スティール・シーフェアラー号」はスエズ運河に向かう途中、紅海でドイツ機から爆撃を受けたし、米海軍の駆逐艦「グリーア」は郵便物を積んで大西洋を横断中、ナチの潜水艦に攻撃を受けたし、米駆逐艦「キアーニー」も十月十七日金曜日、別のナチ潜水艦から魚雷攻撃を受け、じつに乗員一一名が死亡していた。ローズヴェルト大統領は十日後、ラジオでこの問題を取りあげ、合衆国は対外戦争を回避しようとあらゆる努力を続けてきたが、ヒトラーはわれわれを怯えさせて、海から待避させようとしている。これは「バカげた話だし、随分となめられたものだ」と大統領は語った。そして彼はこう宣言した。「だれが最初の一発を撃ったか、歴史はすでに記録済みである」と。

船がメキシコ湾から出ていくとき、どんな気分がするものか、ある商船員がふり返っている。「三日間にわたり、おれらを追ってきたナチの潜水艦がいた。その間ずっと、哨戒艇も偵察機も一度も見かけなかった。ある午後、夕暮れどき、一隻の駆逐艦が選挙に間に合わせるためと称して、全速力で

ナチ・ドイツの秘密信号表

各信号の意味	該当信号
戦艦戦隊が、部隊の索敵・牽制をふくむ出撃準備中	1
空母数隻が出撃準備中	2
戦艦戦隊が（1日ないし3日）全艦出撃	3
空母が（1日ないし3日）数隻出撃	4
空母が（1日ないし3日）全艦出撃	5
戦艦戦隊が（4日ないし6日）全艦出撃	6
空母が（4日ないし6日）数隻出撃	7
空母が（4日ないし6日）全艦出撃	8
オアフ島のラニカイ海岸にある住宅の夜間照明の点灯により、真珠湾内の主力艦（戦艦・空母）の在泊状況を伝達するのが基本	
	該当番号
午後8時から9時までの間に1回点灯	1
午後9時から10時までの間に1回点灯	2
午後10時から11時までの間に1回点灯	3
午後11時から12時までの間に1回点灯	4
午前0時から1時までの間に2回点灯	5
午前1時から2時までの間に2回点灯	6
午前2時から3時までの間に2回点灯	7
午前3時から4時までの間に2回点灯	8
バックアップとしての新聞広告	
A. 売りたし（中国製敷物など）／私書箱1476：3もしくは6	
B. 求む（養鶏場一式など）／私書箱1476：　4もしくは7	
C. 求む（美容師など）／私書箱1476：　5もしくは8	

チャールストンに向かっていくのを見かけたが、おれらは全員、ああ、日没後は敵さんが出没するので、その前に安全な母港に帰りつきたいのだなと思ったものさ。おれらの積み荷は、オクラホマ産原油が五万バレル、揮発性の高いガソリンが五万バレルだ。おれらは敵さんに、いつ何時やられてもおかしくなかった。実際、夜になると、生きた心地がしなかった！……船はジグザグ航行をし、潜水艦の警戒警報が鳴りっぱなしで、自分の寝台に横になっても、身体をかたくして、じっと待つしかないのだ……寝るときも、服はいつものままさ。実際問題、ほとんど寝られやしない。服を着て、ただ横たわり、でもって、煙草に火を着けようとするんだが、その手が震えてね。もちろん、あんなに怖かった経験は、一度もしたことがない。ただの一度もね(45)」

ジョン・ウォルシュは、乗っていたタンカー「エンパイア号」がフロリダ沖で撃沈されたとき、清掃員をしていた。「魚雷が、全部で三発命中したとき、おれは寝ていた。タンカー船団の一隻に魚雷が命中すると、まるでマッチでセロファンに火を着けたみたいになるんだ。おれは駆け足で甲板にあがり、救命艇の一隻を海に下ろす手伝いをした。救命いかだに乗った船長を見かけた。船長はほか数名といかだにいた。タンカーの周囲は燃える油でいっぱいで、うねる海面がかれらを丸ごと呑みこんだ。一面のオレンジ色の炎のなかに消えるのが、最後に見た船長のすがただった。船長はなにか叫んでいたなという仲間も何人かいた。……モンロー・レイノルズはしばらくは、おれと一緒にいた。やつの目は両方とも焼けていた。見えない、見えないと叫んでいた。最後に見た彼は、燃え上がる海面に飛びこむところだった。あれでおしまいだと、おれは思うね(45)」

十月三十一日、米駆逐艦「ルーベン・ジェイムズ」がアイスランド沖でナチのUボートに沈められた。乗員一六〇名中、救助された者はわずか四四名だった。ローズヴェルト大統領はアメリカ市民に告げた。「アメリカは大西洋のガラガラヘビに「よって」攻撃された」と。ナチはいま「世界の支配者」たらんと、「海をその勢力下」に置こうとしていると。ほとんどまったく準備のできていないわがアメリカ合衆国が、いまや二つの大洋、三つの大陸で展開される戦いに巻き込まれようとしていると述べたうえで、大統領は国民各位に向けてこう言った。それに対する唯一の答えは、「見敵必中《シュート・オン・サイト》」政策であると。

章末注

（1）「敵の艦船や航空機、あるいは中立国の艦船」：Kenshujo, Boeicho Boei. *Senshi sosho Hawai Sakusen.* Tokyo: Asagumo Shinbunsha, 1967.／防衛庁防衛研修所『戦史叢書：第10巻ハワイ作戦』角田求士（朝雲新聞社）

（2）「辞任してはなりません」：Congress of the United States, "Hearings before the Joint Committee on the Investigation of the Pearl Harbor Attack," Seventy-Ninth Congress, 1946, Center for Legislative Archives.／以下「PHA.」

（3）「いくつかに責任のある人物」：Joseph Grew Papers, Harvard University, Cambridge, Massachusetts.／以下「Grew papers」

（4）「今回の首脳会談への招待は……単なる目くらましにすぎない」：Morley, James William, ed., *The Final Confrontation: Japan's Negotiations with the United States, 1941 / Selected Translations from "Taiheiyo senso e no michi: Kaisen gaiko shi."* New York: Columbia University Press, 1994.／日本国際政治学会太平洋戦争原因研究部編著『太平洋戦争への道：開戦外交史』（朝日新聞社）全7巻＋別巻1からの抜粋

（5）「わが方が対話の再開を考えることは不可能になる」：US Department of State, *Peace and War: United States Foreign Policy, 1931-1941*, National Archives, Maryland.／以下「State.」

（6）「あの攻撃の機先を制せる、しかるべき情報」：Popov, Dusko, *Spy/Counterspy: The Autobiography of Dusko Popov.* New York: Crosset & Dunlap, 1974.／ドゥシュコ・ポポフ（ドゥシャン・〈ドゥシュコ〉・ポポヴ）『スパイ／カウンタースパイ』関口英夫訳（早川書房）。のち『ナチスの懐深く――二重スパイの

回想』と改題してハヤカワ文庫に。

(7)「最も蓋然性の高い敵」: PHA.

(8)「[ニッポンに]そんなことができるとは思わん」: Ibid.

(9)「大和魂だ」: 猪瀬直樹『昭和16年夏の敗戦』(文藝春秋)(文春文庫)(中公文庫)/『猪瀬直樹著作集8』(小学館)からの孫引き。『大戦略なき開戦』原四郎(原書房)/以下「Hara.」

(10)「決定的勝利は期待できないのか」: Saionji, Kinkazu. /『過ぎ去りし、昭和――西園寺公一回顧録』(アイペックプレス)『西園寺公一――回顧録「過ぎ去りし、昭和」』(日本図書センター)

(11)「空母艦載機はいったい何機あれば十分」: Prange, Gordon W., with Donald M. Goldstein and Katherine V. Dillon. *God's Samurai*. McLean, VA: Brassey's, 1990.

(12)「魚雷にすべてを托すわけにはいかなかった」「雷撃は諦め、爆撃だけで行くことが決定された」: Gordon W. Prange Papers. Hornbake Library, University of Maryland. 以下「Prange papers.」

(13)「わたしは当時、空母赤城の爆撃機小隊を率いていた」: Warren R. Schmidt, "Lieutenant Zenji Abe: A Japanese Pilot Remembers." May 2001. http://www.historynet.com/lieutenant-zenji-abe-a-japanese-pilot-remembers.htm.

(14)「南方の必要な地域を占領することで」「その通り」: 杉山メモ/Hara.

(15)「日本は重病にかかった患者」「何度もくりかえし読み上げた」「ただ恐懼するばかりです」: PHA.

(16)「九月六日、わたしと会うことになっていた」: State.

(17)「日本が仲介者となって……介入する余地」: Kido: Kido, Koichi. *The Diary of Marquis Kido, 1931-45*. Washington DC: University Publications of America, 1984. [『木戸幸一日記』木戸幸一/木戸日記研究会(東京大学出版会)]

(18)「一九四一年の図上演習は画期となった」: Prange papers.

(19)「各艦の配置にどうしてそれほどの関心を示すのか?」: PHA.

(20)「並外れた関心」「そうした主力艦を潜水艦に襲わせる」「そんなところでグズグズしているわけがない」: Ibid.

(21)「十月十五日というのは」「御前会議をやったのは」: Hotta, Eri. *Japan 1941: Countdown to Infamy*. New York: Alfred A. Knopf, 2013. /著者自身による日本語版は『1941――決意なき開戦/現代日本の起

源』堀田江理（人文書院）。／以下「Hotta.」

（22）「和戦のカギは」：Cordell Hull Papers, 1908-56, and Memoranda of Conversations, 1933-44, Library of Congress Manuscript Division, Washington, DC.／以下「Hull papers.」

（23）「日米間の戦争が長引くことは明らかである」：Hara.

（24）「私をふくめ、多くの日本人は」：Hull papers.

（25）「自信がない」：Morley, James William, ed. *The Fateful Choice: Japan's Road to the Pacific War / Selected translation from "Taiheiyo senso e no michi: Kaisen gaiko shi."* New York: Columbia University Press, 1980.

（26）「この作戦で戦死すれば、閣下の名を冠した神社ができますぞ」：Ibid.

（27）「もはや〝ヂスカッション〟をなすべき時にあらず」「それは謀略です」「陸軍は［外交には］いかなる希望も抱けないと言っていた」：Hara.

（28）「すでに二〇万の御霊を失い」：Ibid.

（29）「一部のものが私の計画を快く思わないのは分かった」：Prange papers.

（30）「今、どちらかでやれと言われれば」：『御前会議』五味川純平（文春文庫）からの孫引き／Hara.

この一連のやりとりは、堀田『１９４１』でも言及されている。

（31）「外交で進むか、戦争の手段によるかの岐路に立っている」：Ibid.

（32）「日支事変には私も大きな責任を感じている」：Ibid.

（33）「六カ月間、外務大臣は関係修復のため懸命に努力した」：Ibid.

（34）「その努力は多とするものの」：Ibid.

（35）「大変です。尾崎さんが逮捕されました」：Saionji.

（36）「大臣、あなたが……近衛さんを追いつめたので」：Hotta.

（37）「三点だけ言わせてもらぅ」：Saionji.

（38）「兵士は一日二十四時間、天皇陛下に仕えよ」：Tsunoda, Jun, and Shigeo Fukuda. *Nichibei kaisen.*／日本国際政治学会太平洋戦争原因研究部編著『太平洋戦争への道：開戦外交史』（朝日新聞社）の第七巻「日米開戦」所収の論文、角田順「日本の対米開戦」と福田茂夫「アメリカの対日参戦」。

（39）「近衛に比べてはるかに反米的」：Hull papers.

（40）「日本の内閣総辞職は」「私見だが、私もジャップがわれわれに仕掛けてくるとは」「わたしも辞任すべきだと強く確信します」：PHA.

(41)「あんたがヘマをやったら殺してやる」「奇妙に聞こえるかもしれないが」：Prange papers.

(42)「艦隊の保安態勢について」「ほとんどすべてにおいて失敗した原因」：PHA.

(43)「われわれは何だって防衛可能だ！」：Bartsch, William H. *December 8, 1941: MacArthur's Pearl Harbor*. College Station: Texas A&M University Press, 2003.

(44)「統帥部の一部にあるやに聞いた」：Prange papers.

(45)「三日間にわたり」「魚雷が、全部で三発命中したとき」：Hynes, Samuel, et al., Advisory Board. *Reporting World War II*. New York: Library of America, 1995.

新首相に就任した東條英機は、多方面にわたる大規模侵攻計画で構成された「南方作戦」の発動により、日本は全東亜の支配者になれると信じていたが、賀屋興宣蔵相という壁に、たちまち阻まれてしまった。なにしろ賀屋蔵相は、まず自分たちがしかるべき予算を仕上げるまで、誰かが誰かとつるんで、勝手に戦争を始めることなど、一切認める気がなかったから。一九四一年十一月に開かれた閣議やさまざまな会議の場で、賀屋は何度もくり返しこう問いかけた。「どうか私が理解できる言葉でご説明願えませんか。私がお訊きしたいのは『いざ戦争となった場合、各種物資の状況がどうなるのか。もし新たな戦争に着手せず、現状維持となった場合、どうなるのか。アメリカとの外交交渉が結局失敗に終わった場合、わが国はどうするのか』といったことです[1]」

賀屋の一連の問いかけは、日本の最終的没落にとってカギとなる部分をじつによく捉えていた。帝國陸軍自体も以前はそういう取り組みをしていたのである。例えば、「三井物産」の米国駐在員を装って情報活動を続けてきた新庄健吉主計大佐がそうだった。同大佐は一九四〇年三月以降、獲得したデータをもとに、そうした懸念をなんとか伝えようと試みてきた。三井のほか、アメリカに拠点をもつその他五〇社の日本企業の支援を受けて、新庄大佐は陸軍省「戦争経済研究班」のための報告を作成した。その結論は、アメリカの工業力は日本の一〇ないし二〇倍はあり、ゆえにいったん緩急のおりは、一〇ないし二〇倍の力を発揮できるというものだった。だが、長期的視野に立った新庄大佐の詳細な研究は、日本の軍国主義者やかれらの世界征服の夢に、なんらの影響も及ぼさなかった。帝國陸軍の幹部連は全員、この報告のブリーフィングを受けていた。だが、それによって意見を変えたものは唯の一人もいなかったのである。

ただ、戦時経済統制の強化を目的に設立された企画院の鈴木貞一総裁は、それらが確かな数字であることを認めていた。というか、陸軍の推計では、アメリカの産業力は日本の二〇倍とされていたが、鈴木が把握していた、より詳細な数字によると、七四倍のほうが実態に近かった。アルミニウムは七倍、銅は九倍、鉄は一二倍だったが、戦争継続に不可欠の石油はじつに五〇〇倍だったから。鈴木はのちに、これほどの事実をもってしても開戦を阻止できなかった理由について「彼らはすでに開戦を決意していたから。私の仕事は基本的に、下された決定に資する数字を提供することだった(2)」と言っている。

東條内閣で新外相となった東郷茂徳はいまや賀屋蔵相の側につき、中国、インドシナから撤兵することは、あるいは屈辱的かもしれないが、アメリカとの戦争を回避することのほうが、より優先順位が高いのだと主張した。その結果、東郷外相は政府のほぼ全員、特に西洋の資本主義者に屈すれば、日本はいずれ三等国になりさがると予言する東條首相と、対決するようになっていく。「かりに撤兵しても、わが国の経済は生き延びますよ」と東郷外相は主張した。だから、「早ければ早いほどいいのです」と。

賀屋、東郷という財政と外交をあずかる主要大臣が一歩も退かぬ構えを見せたため、東條新首相は、妥協案の受け入れを余儀なくされた。前任の近衛首相に対し常に妥協を拒んできたのが、東條陸相だったのに。ハル米国務長官にたいする新提案のなかで、日本側は海南島、北支、内蒙古から二五年以内に撤退し、また中国の残りの部分とインドシナからも二年以内に撤退する条約を、蔣介石率いる国民党政権と締結する用意があるとした。それほどの時間的余裕を、果たしてローズヴェルトとハルがくれるものかいささか疑問だったが、少なくとも強硬一辺倒の東條首相から譲歩を引き出せたことは東郷外相にとって収穫だった。

あえて東條を総理に据える――。昭和天皇と木戸内大臣が期待した「虎穴に入らずんば虎児を得ず」戦略は、それなりに機能したかに思われた。なにしろ前内閣でうるさ型の最右翼だった東條英機が、十月一日の連絡会議開催の数時間前、杉山元・参謀総長と面会し、引きつづき外交努力に努め、当面いかなる戦争もおこなわないという自分の新たな立場を支持してくれるよう要請したほどなのである。この案には「海相、蔵相、企画院総裁がすでに支持を表明している。陛下は正々堂々がお好みであるから、嘘騙外交をやることはお許しにならないだろう」と東條は言った。

東條が〝嘘騙（ウソ偽り）〟という言葉で言わんとしたのは、当時、すべての日本人指導者にみられた行動様式のことである。例えば、外務省がワシントンと和平条約について交渉しているかたわらで、海軍が真珠湾攻撃を計画するといったような。国家指導者のなかには、軍民を問わず、こうした二枚舌的やり方や、あるいはオアフ島への攻撃開始三十分前に、野村大使がワシントンで交渉打ち切りを通告すれば、それをもって信義則違反は最終的に免れるなどといった論法が横行していたが、いまやそうした行動様式に疑問を呈するものが出るようになった。

このときの連絡会議は、当面する難題をいかに解決すべきかをめぐって延々一七時間続き、日本政治史上、最も議論の的となる会議のひとつとなる。東條首相はまず、避戦、早期開戦、戦争準備をしつつの外交交渉継続という三つの選択肢があると指摘するところから始めた。すると、賀屋蔵相が海軍関係者にこう問いかけた。「たった今、開戦した場合、日本は数年後、いまだ戦闘を継続していることは可能ですか。もし日本が戦争を起こさなかった場合、アメリカは数年後に必ず日本を襲ってくるのですか」と。これに対し、永野修身軍令部総長は言った。米艦隊がそれでも襲ってくる可能性は「不明だ、五分五分」と思ってほしいと。これを受けて、賀屋が「もしやって来た場合、海のうえの戦争に勝つ可能性はどれほどあるのですか」と強い調子で迫ると、永野は「いま戦争をやらずに三年後にやるよりも、今やるほうが戦争はやりやすいと言える。それは必要な地盤［蘭領東インドの石油］が獲ってあるからだ」と答えた。すると東郷外相が「わたしも米艦隊があえて仕掛けてくるとは思わない。いま戦争をする必要はないと思う」とすかさず賀屋への援護射撃をおこなった。「外交とはその性質上、目標の実現までに長い年月を要します。外務大臣として、わたしは成功の見込みがまったくない外交はおこなえない。交渉の成功に必要な時間と条件を与えるとの保証が必要です。戦争は言うまでもなく、回避しなければなりません」と。

これに対し、塚田攻・陸軍参謀次長が反駁した。「外交術のよってきたる気まぐれな条件によって、わが国の戦略方針を決めたり、それに影響を及ぼさせるつもりはなく、従って、十一月十三日は外交をおこなう最終期限である」と。

すると東郷外相が大声をあげた。「十一月十三日ですって？　とんでもない。海軍は十一月二十日と言っていたじゃないですか」と。

結局、数時間におよぶ議論のすえ、東郷、野村両名がワシントンと条約を結び、戦争への流れを阻止する絶対期限は十一月三十日とされた。東郷外相が、さらに一日延長して十二月一日にしてくれるよう懇請すると、塚田参謀次長が声を荒らげた。「絶対むりだ。十一月三十日以上は絶対いかん。いかん」とそこで嶋田繁太郎海相が妥協案を提示した。「塚田君、十一月三十日は何時までだ。夜十二時まではよいだろう」と。

塚田次長もさすがに認めた。「夜十二時まではよろしい(3)」と。

ここでいったん小休止となった。陸軍の相方の前ではタカ派を演じていた永野軍令部総長だったが、外務省の山本熊一アメリカ局長との私的会話の中では完全にハト派に転じ、「外交交渉で解決することを外務省側で引き受けてもらえないものか、海軍側は外務に信頼して、万事お任せしてもよいがの」と言ってきた。日本海軍は国民から侮りを受けないよう、時に問題を近衛首相に押しつけようとしてきたが、永野はいまや外務省相手にそれと同じことを試みているわけである。驚いた山本局長は、外務省の公式見解を再度強調した。中国からの撤兵を陸軍が拒否している現状に鑑みるなら、外交交渉で何かが解決する可能性は薄いように思われますと。

日付が変わった十一月二日午前一時三十分に、連絡会議はようやくお開きとなり、東郷外相と野村大使が十一月いっぱい、平和と戦争阻止を目指して交渉を続けることが決まった。東條首相は同外相に約束した。アメリカが日本の二つの提案——「甲案」と「乙案」——に前向きな反応を示した場合は、交渉に入るため、可能なかぎりの妥協をおこなうと。やたら協調的になった新総理は、みずからの幕僚にこうまで言っている。「乙案は開戦のための口実ではない。神明に誓って言うが、乙案があれば、どういう形であれ、合衆国と和解に到達することも不可能ではないと期待している」と。

だがしかし、戦争に向けた手続きは相変わらず粛々と進められていた。二日午後五時、統帥部の両トップ、永野軍令部総長と杉山参謀総長は、皇居に参内した。三日後の十一月五日に開かれる「御前会議」で陛下の裁可をあおぐことになる戦争計画を携えて。その計画は詳細をきわめ、十二月八日のハワイ払暁《ふつぎょう》における天候や月齢までが記されていた。対面のあいだ、昭和天皇は、外交的解決策は必ずや見つかるはずだと言い、軍事計画にかんする鋭い質問を発しつづけた。例えば、「かつて季節風の時期は、部隊の上陸の妨げになると言っていたが……上陸は可能なのか？」とか。とは言いつつ、計画の細部が心に徐々に沁みてくると、かの国家指導者も、歴史の圧倒的な力の前に、なすすべもなかった。天皇陛下はついに認めた。「軍事作戦の準備を続けることはおそらく避けようがないのだろう[4]」と。

当時の日本指導者の多くはのちに、戦争への流れにおいて陛下にはなんら非難すべき点はなかったと主張しているが、近衛文麿はかれの秘書官にこう語っている。「もちろん、陛下は平和主義者で、陛下が戦争回避を願ったことは疑いようもない。開戦は間違いですと私が言ったとき、陛下は同意された。ところが翌日、私はこう言われた。『貴官は昨日、心配していたが、それほど心配することはあるまい』と。こうして徐々に、陛下は戦争に向かって動きはじめた。次にお会いすると、陛下はいっそう戦争に向かわれていた。私には陛下がこう言っているように感じられた。『わが総理は軍事問題について理解していない。私のほうがもっと多くのことを知っている』と。要するに、陛下は［陸海軍］統帥部の見方を受け入れたのだ[5]」

海軍軍令部はこの時点ですでに〝Xデイ〟を十二月八日と設定していた（東京の標準時は、ワシントンがある米東部標準時より一四時間、また当時のハワイ駐留部隊の採用時間に比べると、一九時間三〇分進んでいたので、アメリカ側からすれば〝Xデイ〟は十二月七日ということになる）。攻撃日をこの日に設定したのには、様々な理由があった。日本の石油備蓄量は減少の一途をたどっていた。アメリカが太平洋戦域に展開する部隊、特にフィリピン駐留部隊は、兵力の増強をすすめていた。真冬の一月もしくは二月に延期すると、ハワイを狙う機動部隊の北航ルートは使用不能になるし、さらに春まで待つと、季節風の関係で「南方作戦」で東南アジアに侵攻する陸軍部隊の動きに支障をきたす恐れがあった。気象の専門家は、計画どおりその週に攻撃を実施するならば、月齢は夜間作業に問題なしとしており、またオアフ島のスパイ、吉川猛夫によると、キンメル艦隊の大半は通常、日曜日には母港にもどり、港内に碇泊しているとのことだった。ついに十一月二日、「聯合艦隊」参謀長、宇垣纏少将のもとに連絡会議で承認された実施日にゴーサインが出たとの知らせが届いた。宇垣は翌日の日記にこう書いている。「この電報により、彼らがついに決断したことが分かった「陸軍との協定日取も八乃至十日と決定の通知に接す。万事オーケー、皆死ね、みな死ね、国の為俺も死ぬ」」と。

十一月二日、ハワイ作戦に参加する空母六隻を主体とする「第一航空艦隊」は、錦江湾での訓練を終えて、志布志湾に集結していた。翌三日、午後一時三十分、同艦隊の長官、南雲忠一中将は各指揮官の前で発表した。「外交的状況に鑑みるに、アメリカとの戦争は避けがたいように思われる。そのとき、われわれはハワイのアメリカ艦隊を攻撃する計画である。その細部については、最後の詰めがなされていないが、源田、淵田両中佐がすでに全体計画の詳細をまとめている。両名からこれから説明がある。説明を聞いたあと、疑問点があれば、自由に質問してよい」

航空兵たちは興奮し、歓声をあげた。「よくぞ男に生まれつる」[6]と。

東京政府の管理下にあった新聞各紙はこの時期、アメリカに批判的な記事を定期的に掲載していた。例えば、「東京日日新聞」は、アメリカ人の真心はいわば、娼婦の真心なのだと読者に説明している。

十一月三日、東郷外相はワシントンの野村大使に「甲案」を送った。その表紙には次のような説明書きが記されていた。「今回われわれは友情の限界を示し、今回われわれはぎりぎりの交渉をおこない、そして合衆国とのあらゆる問題を平和裏に決着させることを私は期待している。……貴官には私の指示に文字どおり従うことを望む。……私的解釈の余地はまったくない。……貴官に望むのは、可能なかぎり曖昧な、しかし前向きな言葉によって、［中国における］無制限の占領は永続的占領を意味するものではないことをアメリカ側に強調し、かれらに告げることである[7]」と。アメリカ政府の関係者は「ＭＡＧＩＣ」情報により、この東郷外相の指示を読んでおり、日本人は表と裏のある偽善者だという説がこれによって確認されたと受け止めた。

これと同じ日、永野軍令部総長が皇居に参内し、オアフ島のアメリカ軍部隊にそのとき何が起きるかを天皇陛下に説明した。「開戦の劈頭、フィリピン、マラヤに対する攻撃とほぼ同時に、第一航空艦隊長官に率いられた、空母六隻を中核とする遠征軍が、ハワイに駐屯する敵主力に対して航空攻撃を加えます。この遠征部隊は、攻撃の数日前に千島列島において補給を済ませたあとに出撃し、ハワイへは北側から接近します。日の出時刻の一、二時間前、オアフ島の北方およそ二〇〇カイリから、フル装備の航空機、その数およそ四〇〇機が発艦します。計画ではまず、そこに碇泊している空母、戦艦とともに、航空機に奇襲攻撃を加えます。……極めて大胆な作戦です。開戦直後の勝利は、戦争全体の帰趨を制します。奇襲攻撃当日の敵艦船の碇泊状況にも依りますが、戦艦および空母を各二隻ないし三隻沈めることが可能です[8]」と。

その同じ十一月三日、グルー駐日大使はハル国務長官に宛てて、長文の公電を送った。ユージーン・ドゥーマン参事官――日本の民間分野の指導者多数と同じ学校にかよった経歴を持っていた――の手になる、調査報告・翻訳をふくむ、最新の情勢分析だった。前回同様、これら複数の消息筋は現在の日本において、最も先が見えている人々だった。「［アメリカ側の］政策と、日本をめぐる国際政治情勢の影響により、日本政府は合衆国との和解を求めるところまで来ている。だがもし、そうした努力が失敗に終わった場合、おそらく日本における振り子は従来の日本に、あるいはそれ以上の状況にまで、逆方向に振れると私は見ている。結果、外圧に屈するよりはむしろ、海外からの経済制裁の影響が及ばぬうちに、全力をあげた一か八かの試み、私のいう国家的ハラキリのリスクを冒すような行動へといたる可能性がある。……私の目的はただひとつ。わがアメリカが、日本のこうした自暴自棄的闘争にのめりこむ可能性を見誤り、日本との戦争に巻き込まないようにすることである。日本国民のもつ健全性は、そうした行動を抑える働きがあるが、日本的健全性は、アメリカ式の論理基準で推し測ることはできない。……日本は突如として危険かつ劇的な手段に訴え、それはアメリカとの戦争を避け得ないものにするかもしれない(9)」

十一月四日、ハズバンド・キンメル「太平洋艦隊」司令長官をふくむ米艦隊の主だった指揮官は、日本の商船が西半球から撤収しつつあるように思われる――とのメッセージを受け取った。さらに三日後、スターク海軍作戦部長がキンメル宛てに電報を送ってきた。そこにはこう書かれていた。「太平洋の状況は、着実に危機の方向に動いているように思われる。危機がいつ現実のものになるか、だれも正確には分からない。取るべき主たる対応は、すでに貴官に書き送っているが、状況は依然〝悪化の一途〟をたどっている。一カ月もすれば、大半の状況はより一層はっきりするかもしれない。互いに相容れない二つの政策がいつまでも並立することはありえない。特に一方の側が、現状維持の意志がない場合はそうである。状況は思わしくない(10)」と。さらに一週間後の十一月十四日、スタークはキンメルにこんなメッセージを送ってきた。「明らかな事実は、日本政治が長年にわたり軍によって壟断されてきたということである。平和の政策、もしくは更なる軍事的冒険の政策を追究すべきかどうかは、現状を好機と見るか否か、自国にそれが可能か否かという見通しのもと、軍が決定しているのであり、内閣がその持てる権限を用いて、あるいは外交的活動、外交的文書、外交的取り決めなどによって、決しているのではないのである(10)」

ワシントンでは十一月四日、傍受施設の暗号解読者によって、日本に「第一航空艦隊」という新たな部隊が編制されたことが確認された。じつはその「第一航空艦隊」なるものは当時、真珠湾攻撃を模した実戦さながらの訓練に励んでいる最中だった。航空部隊の第一波が〇七〇〇時に発艦し、第二波が〇八三〇時にそのあとに続く。淵田の指示に従って、水平爆撃隊と急降下爆撃隊はしかるべき高高度に向けて上昇し、一方、魚雷をだいた雷撃隊のほうは海面すれすれを低空飛行ですすむ。攻撃部隊のその先には日本の戦艦群が偉容を誇って、控えていた。計画立案者たちは、アメリカ側の主力艦がかくのごとく真珠湾内に全力で在泊していることを願っていた。まずは雷撃隊が敵方に魚雷を放つと、水平爆撃隊と急降下爆撃隊がすかさず追加攻撃をおこなう（なお、雷撃機は第二波攻撃には参加しない。なぜならその頃になると、奇襲の効果が失われてしまうからだ）。高高度をいく水平爆撃機隊は飛行場を狙い、急降下爆撃機隊のほうはもっぱら主力艦を叩くことになっていた。

〇九三〇時までに演習は終わり、翌朝、淵田と源田は得られたデータを検討し、意見交換をおこなった。第一波の空中集合に時間がかかりすぎたこと、標的への接近、各機の配置はいずれも徹底性を欠き、改良型の魚雷のうち正確な深度を水平航走できたものは四〇パーセントにすぎなかった。ただ全体を見れば、じつに見事な成果といえた。

そのころ、東京の閉じられた扉の奥では、戦争に向けた流れが一気に強まっていた。平和を目指す交渉が現にいまも続けられているのに、それと並行して戦争準備をすすめることを問題視する声はいっさい聞かれなかった。もはや東條首相は、代替案にも配慮をしめす政治家ではなく、一意専心の兵士と化しており、こう主張した。「いまここで徒に腕組みをし状況を座視し、この国を昔日の小日本に逆戻りさせたら、栄えある二六〇〇年の歴史を汚すことになる」[11]と。野村大使による対米交渉の進捗状況に議題が移ると、東郷外相は現状は思わしくないと認めた。ワシントンはいまも野蛮な経済政策によって日本を締めあげており、大使たちはなんらかの一致を得ようと忍耐強く事に当たっているものの、依然拒否に遭っていると。「もし状況が今のままなら、一連の交渉が早急な解決策につながる見通しは一切ない[12]」と東郷外相は結論づけた。しかも東郷は席上、日本がアジアの盟主として壮大な使命をいかに託されているかを力説した。日本による征服行為は、略奪を目的とする西洋列強からこの大陸を守り、白人が支配する植民地を、台頭する日本の強力な仲間へと変えつつあるのだと。そう語ることで、東郷茂徳はみずから長年反対してきたこの戦争に、道徳的な権威を与えるとともに、歴史の流れの前に無力感に囚われた、いま一人の日本指導者になりさがったのである。

同じ日、永野軍令部総長は、いまから三十日後に英米との戦争を開始できるよう準備せよと、山本五十六「聯合艦隊」司令長官に指示を与えた。すると、山本は準備はするが、「成功の可能性がかくも低い戦争はそもそも始めるべきではない」として、日独伊三国同盟を廃棄し、日本軍を中国から撤退させ、アメリカとの抗争を回避できないものかと返答してきた。おそらく陛下の「ご聖断」があれば、それは可能なのではないかと。山本は日米戦争を「世界の大惨禍[13]」と呼び、さらに友人への手紙のなかで「個人としての意見と正確に正反対の決意を固め其の方向に一途邁進の外なき現在の立場は誠に変なもの也[13]」とも書いている。

十一月二日、四日、五日、六日、十一日、十三日、十五日、十九日、二十四日、二十五日そして二十六日に、東郷外相は四面楚歌の野村大使に立て続けに公電を送り、アメリカとの最終決着に向けた交渉をおこない、かつまた新たな絶対最終期限を十一月二十九日と定めるよう要求した。貴官がもし失敗したら、アジア情勢は「大波瀾の瀬戸際[14]」に追い詰められるだろうと東郷は警告した。

東郷が指定した提出スケジュールに従って、野村大使は十一月七日、ハル国務長官に「甲案」を手交した。そこには今回の交渉がいかに重要かを強調する東郷流の禍々しい文言がおどっていた。これは両国の友好関係にとって「限界に達し」うるような「きわめて重大な」状況への「最後の努力」であり、日本国はこれに対してすべての「賽を投げ……友情の限界を示し……最後の可能な交渉」をおこなっていると。だがしかし、アメリカ側は「MAGIC」情報のおかげで「甲案」全文をすでに読んでおり、いかなる緊急性も感じなかった。いまや両国の視点は完全にズレていた。ただ、アメリカ側幹部のなかで唯ひとり、スターク提督のナンバー2、ロイヤル・イーソン・インガソル海軍作戦部次長だけはある種の直観から、別の展開を懸念していた。日本がいまこの時期に「甲案」みたいなものを出してくる唯一考えうる理由は、その陰で、ABCD諸国のアジアにおける植民地に総攻撃をかけようと計画しているからではないか。すなわち、米領フィリピン、英領マラヤ、蘭領東インド、英領香港、そして英領シンガポールを襲ってくるかもしれないというわけだ。だが、そんな大規模な戦争行為は「小日本」の能力を超えていると、国務省、陸海軍、大統領官邸のほぼ全員が考えており、インガソルの恐ろしく正確な〝予言〟は話半分で受け止められた。十一月三日に開かれたある合同会議の席上、インガソルはこう主張した。「いまこの瞬間は、居丈高にふるまう好機ではない」し、「日本の軍事行動など数週間もあれば片が付く」という国務省の「見方」は間違っていると。

　実はその日、ホワイトハウスの閣議において、ハル国務長官は現在暗礁に乗り上げている直近の対日交渉について触れ、「両国関係は極めて不安定になっており、日本側からいつ攻撃が加えられるか分からないという見通しを持っておくべきだろう」[15]と指摘していた。だが、それを聞いたローズヴェルト大統領は「おいおい、余計な混ぜ返しはしないように」[16]とまさに懇願口調で国務長官に返答したのである。「悪意はもう十分足りているから。むやみに危機を煽るのは、もうやめようじゃないか」と。じつは二日前、ローズヴェルトは気がかりな情報を得たばかりだった。陸海軍の軍令トップ、マーシャル陸軍参謀総長とスターク海軍作戦部長が大統領宛てにメモを送ってきて、ハワイの状況はそうバラ色ではないとついに認めたのである。「現時点において、太平洋の合衆国艦隊は日本艦隊に比べて力不足で、西太平洋において無制限の戦略的攻勢をおこなえる状況にはない。……よって米日間の戦争は、極東における防衛力の増強をはかるあいだ、回避すべきである[17]」と。ただ、ハル国務長官も、アチソン国務次官補も、ワシントン側が強く出れば、東京は結局引き下がるだろうと確信していた。だからこそ、アチソンはかれの対日石油禁輸措置を依然続けていたし、ハル長官は大統領の心配をよそに、もし日本が禁輸措置の解除を本気で望むなら、中国大陸とインドシナ半島から全面撤兵せよと告げていたのである。

その夜、永野は海軍軍令部の最高幹部を集め、会議を開き、以下のように警告した。「将来の世代から責めを受けるような行動はいっさい慎むように[18]」と。

十一月十日、野村とハルがローズヴェルト立ち会いのもとホワイトハウスで会談したとき、大統領は新たなアプローチを試みた。米日両国は互いに競いつつ平和共存をはかるような〝生存のための折り合い《モーダス・ヴィヴェンディ》〟をつけるべきだと大統領は言った。「単なる便宜上の一時的取り決めに留まらない、人間性のありようを真に考慮したような[19]」ものをと。野村はこの言葉に勇気づけられ、アメリカ側のこうした軟化は、妥協への道を開くものだと判断した。

「第三潜水隊」司令の佐々木半九大佐は、広島に近い呉軍港へ赴き、麾下の艦船を受領するようにと命じられた。それらの艦は現在、空気浄化装置の据え付けや潜水艦防御網対策、電話システム等々の改造を急ぎすすめている最中だという。新型なのに、改良後の試験航走も満足におこなわれないと聞かされて、佐々木は困惑を覚えた。上官に尋ねると、今回は本格的改造ではなく、親潜水艦（潜航艇母艦）にするための一時的改造なのだと言われた。すなわち「湾内のアメリカ太平洋艦隊に攻撃を加える特殊潜航艇を、真珠湾のすぐ近くまで運ぶ[20]」ことができさえすれば、とりあえず十分なのだと。

十一月十日、「特別攻撃隊」に参加する特殊潜航艇（甲標的）の搭乗員たちが選抜された。親潜水艦の一隻「伊十六」の整備担当下士官、出羽吉次は、その潜航艇を初めて見たときの印象を「小さくて、豆粒のようだった」[21]と語っている。「一九四一年十月三十一日、私は真珠湾の地図を見て、その地形を頭にいれた。その後、自分たちは真珠湾攻撃のために訓練を受けているのだと分かった。その港は対潜用の防御網で守られていることを知った。だから潜航艇は、水中に潜み、米艦を尾行して、そっと湾内に入るのだと。各潜航艇はまた、先端部にネット・カッターを装備していた」と。その後、山本司令長官が旗艦「長門」において、訓練中の潜航艇搭乗員たちと面会した。この危険な任務は、必ずや諸君に栄光をもたらすだろうと長官は言った。諸君が粉骨砕身、勇気をもって、職務に邁進すれば、年配の士官たちより輝ける存在となるだろうと。

だが、五隻の特殊潜航艇は要するに人間魚雷だった。航続距離が短く、いったん湾内に入ったら、乗員たちが生還できる可能性はほぼゼロだった。「特別攻撃隊」を率いる岩佐直治は、暗くなるまで待つよりも、空襲の直後に攻撃させてほしいと要望した。それほど長時間の潜航はそもそも危険だし、昼間の光のなかで混乱状態にある敵を叩くほうがよりいっそうの被害を与えられるからと。それに、大切なのは自分たちのささやかな命ではなく、敵に最大限の打撃を加えることだと。帝國海軍の士官のなかで、山本五十六は戦術的自殺に反対を続けた数少ない人間の一人である。この数カ月間、その手の自殺攻撃の案が出るたびに、山本はくり返し却下してきたが、今回の作戦をまとめた若い士官たちは、この案をすすめるよう強く主張した。これがため、山本提督も最終的に是認するしかなかったのである。

そのころ、三輪茂義少将率いる「第三潜水戦隊」所属の九隻が、大分県の佐伯湾からひっそりと出航していった。奇しくも「十一」の四並び、すなわち十一月十一日の一一一一時（午前十一時十一分）だった。同戦隊は十二月五日、マウイ島とラナイ島のあいだにある「ラハイナ泊地」をひそかに偵察し、十二月六日、アメリカ艦隊の動静について、〝最新〟報告をおこなうことになっていた。「太平洋艦隊」のうち、相当数のアメリカ艦船が同泊地に投錨していたら、源田中佐が土壇場で、攻撃の矛先をそちらにも向けられるよう、時間的余裕を稼ぐための措置だった。一方、佐々木大佐率いる「第三潜水隊」のほうは、Xデイの前夜、真珠湾口の外側の可能なかぎり近いところで、特殊潜航艇を発進させる手はずになっていた。五隻の小型潜水艇は夜陰にまぎれて水路を抜け、しかるべき場所を確保し、そこで沈底して攻撃の機会を待つのである。

十一月十一日から十三日にかけて、村田重治少佐が率いる雷撃隊は、二種類のテクニックを用いることで、命中率を六六パーセントに引き上げることに成功した。パイロットの一人、吉野治男は言う。「高度は、一〇メートルもしくはそれ以下でなければならないと言われた。しかも高度計なんて使わなかった。完全に勘で飛んでいた。低すぎたときは、投下した魚雷からあがる水しぶきが主翼にかかるので、区別がついた。実際、あまり恐いとは感じなかった[22]」と。低高度を、高度計を使わずに飛ぶ――という二の〝テクニック〟の威力は絶大で、やがて南雲「第一航空艦隊」長官に「八二パーセント達成」という電報を打てるまでになる。

十一月半ば、米海軍作戦部はカーティス・マンソンをワシントンからハワイに派遣して、太平洋戦域に展開するアメリカ軍の状況について情報収集をおこなわせた。その際、マンソンの事情聴取に応じた一人が、一時期情報士官をつとめていたエリス・ザカライアス大佐で、現職は巡洋艦「ソルト・レイク・シティ」の艦長だった。陸軍情報部や地元のFBI関係者が何と言おうと、現地のハワイ人は破壊活動をまったく心配していないと、ザカライアスはマンソンに告げた。むしろ日本との戦争は「わが艦隊に対する航空攻撃で始まり、それゆえ最大級の情報秘匿のもとに実施され、ゆえに日系人は……

米本土においてもハワイにおいても、そうした攻撃がやってくるという事実にさえ気づかないだろう。……攻撃は［日本の］伝統的手法に則って、宣戦布告の直前に実施されるはずだ」[23]と大佐は言った。

十一月十五日一三〇〇時（午後一時）、宮中東溜りで、陸海軍両統帥部長以下の作戦関係者によって「御前兵棋」がおこなわれた。これは天皇陛下に作戦計画を具体的に説明するためのもので、米英蘭および蒋介石政権との戦争終結を速めることが目的とされた。その主要目標は〝艦隊決戦〟、すなわち海軍の全力を傾けた戦いで米海軍に勝利をおさめ、かつまたイギリスと中国を打ち破ることで、ソ連を枢軸陣営に引き込み、アメリカ国民の戦意を打ち砕くことに置かれていた。

決行日が近づいてくると、ハワイのスパイ、吉川猛夫と東京との連絡はいっそう密になった。すでに十一月十五日、東京は吉川にこう命じていた。「日米関係が険悪の度を増しつつある状況に鑑み、貴官の〝港内艦船報告〟はより不定期なものに改めよ。ただ、週二回のペースは守ること。すでに励行されていると思うが、秘密厳守にはより一層、配慮されたし」[24]と。二十九日にはこうあった。「これまでは艦船動向にかんする報告を受けてきたが、今後は動きがない場合もまた、報告をおこなうべし」と。さらに十二月二日、吉川はこう命じられた。「各艦船の動静に加え、真珠湾上空に観測気球があるかないか、また何らかの変化があれば、それもまた報告せよ。そのほか……各艦船に潜水艦防御網が支給されたかどうかも助言《ママ》せよ」と。

吉川と東京のやりとりはすべて、解読・翻訳のために「ＭＡＧＩＣ」へと送られていた。ただ、「ＭＡＧＩＣ」所属の解読専門家や翻訳担当者はすでに超過勤務の状態だったため、ホノルル宛てのものは、ワシントンの日本大使館宛てのものに比べると、低い優先順位しか与えられていなかった。

十一月十五日、ジョージ・マーシャル米陸軍参謀総長はワシントンで、通信社三社、ニューヨーク・タイムズ紙、ニューヨーク・ヘラルド・トリビューン紙、およびタイム誌とニューズウィーク誌の記者向けに、オフレコ会見をおこない、「戦争の衝撃に備える」[25]ようにと告げた。マーシャル将軍は言った。陸軍航空隊は春までに多数の爆撃機をフィリピンに進駐させる予定であり、そうなれば、日本本土の空襲も可能になろうと。「われわれの目的は空軍力でこの地域全体を覆うことにある。一方、わが艦隊は日本の空軍力の圏外、すなわちハワイに留まることになろう。……対日戦は、われわれの最も望まぬものである。なぜなら、わが兵力を分散させる結果を招くからだ。……危険な時期は、十二月の最初の十日間であろう」と。

記者の質問に答えるかたちで、マーシャルはこう主張した。「われわれは容赦なく戦うだろう。〈フライング・フォートレス（B―17爆撃機）〉が直ちに派遣され、民間人への爆撃をなんら躊躇うことなく実施し、紙でできた日本の町を火の海に変えるだろう」と。マーシャル将軍は当時、こうした攻撃的スタンスがリークされれば、「日本政府関係者にもそれが直接届き」、彼ら自身、現在の好戦的スタンスを改めるかもしれないと期待していた。ただフィリピンは、日本からの攻撃に対する準備がいまだ不十分だったため、マーシャルはこうも警告しておいた。「本日、諸君に伝えたことは、たとえ臭わす程度でも、公表してはならない」[25]と。するとある記者がふとつぶやいた。だが、いまある〈B―24〉の航続距離では、フィリピンから日本への往復爆撃は無理なのでは――。それを小耳に挟んだニューヨーク・タイムズ紙のハンソン・ボールドウィン記者がさっそくこのアイデアを〝拝借〟し、「これでは戦争に勝てない」という主旨の記事を一本仕上げた。

マーシャルは翌日、幕僚たちにこう告げた。大統領とハル国務長官は、日本が「フィリピンを攻撃する可能性を予想」しているが、私はそうは思わないと。「なぜなら、それは運任せの危険な作戦だからだ」[26]と。一方、戦争計画部のレナード・ジェロウ将軍は、東京は対米戦を生起しかねないところは敢えて攻撃しないだろうと考えており、たぶん標的はタイだろうと予想していた。それ以外の米軍上級幹部も、状況を過度に論理的に考えていた。だがしかし、彼らの敵はすでに、論理をはるかに超えた領域にいたのである。

十一月十七日、日本では山本五十六海軍大将が空母「赤城」の飛行甲板において「第一航空艦隊」の面々に訓示をおこなっていた。おそらく彼らと直接、顔を合わせるのは、これが最後の機会となるだろう。山本はその訓示のなかで歴史をふり返り、こう語った。「キンメル提督はごく並みの、平均的な人物ではない。有能、大胆、堂々たる指揮官でなければ、比較的先任順位の低い提督が、太平洋艦隊の司令長官に列せられるはずがない。諸君はかれが、敢然たる戦いぶりを演じることを覚悟すべきである。しかも彼は、卓見かつ細心と言われており、いかなる緊急事態にも極めて周到な対抗手段を講じてくるだろう。それゆえ諸君は、この攻撃が奇襲にならなかった場合をも入念に考慮すべきである。目標に向け血路を開く場合もあるかもしれない。……むしろ同等の力量をもち、あるいはより強い敵を選んでこれに立ち向かうのが、武士《もののふ》の習いである。この敵は相手にとって不足はない。アメリカ海軍は帝國海軍に優るとも劣らない。……日本はその栄えある歴史のなかで、相手にとって不足のない敵と数多くめぐりあってきた。蒙古、中国、ロシア。だが、今度の敵は、そのなかでも最強である。この作戦が成功裡に終わることを、私は期待している(27)」

「第一航空艦隊」を率いる南雲忠一中将がさらなる励ましの言葉を述べた。「帝國はいま、傲慢なる宿敵との戦いに向かい、［そしてわれわれは］合衆国艦隊を完膚無きまでに叩くつもりである。諸君が直面する状況がいかに困難であろうと、勝利への確信を失ってはならない。沈着冷静に対処せよ。……たとえ何があろうと、どれほどの苦難が待っていようと、大胆不敵な心構え、燃えるような忠誠心さえあれば、為せぬことなど何ひとつない(27)」

源田、淵田の両中佐をふくむ主要幹部はこのあと、士官室で開かれた壮行会に参加した。幸福と勝利の象徴であるスルメと勝ち栗で戦勝を祈念し、さらに艦内に設えられたポータブル神社（神棚）に向かい、「聖寿の万歳」を祝して乾杯した。彼らが目論んだのは、一か八かの戦いだった。ハワイ作戦に参加したすべてのパイロットが二度と祖国を見ることはないと覚悟し、ただ勝利だけを願った。「赤城」艦上爆撃隊の阿部善次隊長が当時いだいていたのは、日本人のごく一般的なアメリカ観だった。「アメリカ人はさまざまな人種から構成されているので、自国への忠誠心でまとまっておらず、国のために戦う意欲も乏しい」とかれは信じていた。

夕食のあと、山本長官は「聯合艦隊」の旗艦である戦艦「長門」へ戻っていった。かれはその甲板から、麾下の大艦隊が〝軍の庭〟に向け出撃するのを見守った。それは歴史に山本五十六の名を刻むことになる戦いであり、そして彼が断じて戦いたくないと願った、世界大戦を惹起させる戦いでもあった。同じ日、ジョゼフ・グルー駐日大使はコーデル・ハル国務長官に対し、次のような警告を発していた。「対中紛争と現在かかわりあいのない地域に対し、日本の陸軍もしくは海軍が突如軍事行動を起こすことに備える必要性を強調すべく私は敢えてここに日本が先制的かつ奇襲的なものをふくむ、あらゆる利用可能な戦術的優位を行使する可能性について、改めて考慮するよう求めます。ただそのさい、わが国政府が、しかるべき事前警告を怠った主たる責めを、陸海軍の在外武官をふくむわれわれに対し負わさない、くり返す〝負わさない〟ことが重要です。……帝國陸海軍の状況に対するわれわれの知見は、ほぼ文字どおり、肉眼による極々わずかな観察に限られているのですから[28]」

その同じ日、ハル、ローズヴェルト、野村、そして新たな日本の特使――近代都市生活の洗練をまさに絵に描いたような人物だった――が、ホワイトハウスで初顔合わせをおこなっていた。「十一月末日に設定された新期限がもはや動かしがたいものとなった今、野村大使の後任をワシントンに派遣している余裕などなかった」[29]と東郷外相は当時をふり返っている。そこで、手一杯の野村大使をアシストするため、助っ人を送ることにしたのだと。その助っ人、ベテラン外交官の来栖三郎がワシントンに到着したのは、この日米会談のわずか二日前のことである。グルー駐日大使はこう述べている。「［東郷は］野村提督をサポートするため、ミスター来栖をワシントンに派遣したいと言ってきた。日本の外交官のなかでは一番の英語使いだからと。……来栖が可及的速やかにアメリカへ行けるよう、パンナムのクリッパー機の手配を支援してくれないかと、東郷がわたしに頼んだ。しかるべき対話を、一日も早く始めることが重要だからと。分かりましたとわたしは言った」[30]

グルー大使はさらにこう述べている。「わたしは［来栖と］およそ十年来の顔見知りだった。かれはほぼ完璧な英語を話し、アメリカ人の妻を持ち、かれと実際、交渉事もやったし、私的にもさまざまな点で尊敬していた。その外見や感情表現から、かれは確信犯的な親米派だといつも思っていた。日独伊三国同盟の調印のさい、かれはたまたまベルリン駐在の日本大使だったけれど、その事実をもってしても、かれに対するわたしの見方はあまり変わらなかった。なぜなら、畢竟、すべての外交官はどんなポストにあろうと、本国政府の指示に従い、特定の外交文書に対する承認の有無も、そうした指示どおりにするものだから」と。

東京とワシントンの間で日々やりとりされる関連文書に目を通し、事情に精通している外務省職員からまずはレクチャーを受けたあと、来栖特使はこう判断した。日米関係は七月まで、徐々にだが改善の兆しが見えていたが、そこで日本が南部仏印への進駐を強行したのだなと。出国の直前、来栖は東條首相と面会した。来栖が「交渉成立の見込みは三割」[31]と言うと、東條首相は「くれぐれも妥結に努力してくれ」るよう述べた。それを聞いた来栖は、勇気づけられる思いがしたが、首相はさらに続けてこう言ったのである。なお、「撤兵の問題だけは断じて譲歩することは出来ない」、そのような譲歩は、「靖国神社に足を向けて寝る」ことになるからだと。またしても、二律背反的な申しようだった。しかも今回のそれは、野村にとっても来栖にとっても、とりわけ頭痛の種となろう。なにしろ、日本がアメリカ側に提示する「甲案」には中国からの段階的撤兵が記されていたし、二の矢にあたる「乙案」には仏印と中国からの全面撤退の予備段階として、南部仏印からの迅速な兵力引き上げが盛り込まれているのだから。

ところが、いざワシントンに着いてみると、来栖は愕然とした。〝来栖三郎〟という人物には、近衛前総理と同じくらい、イメージ戦略上の問題があることが分かったからだ。アメリカ人にとって、来栖三郎とは、あの松岡洋右外相の時代にベルリンで大使をつとめ、あのヒトラーと一緒の写真に平然と収まり、しかもあの三国同盟の文書にサインした張本人なのだから。実際の来栖三郎は、独伊両国との同盟に異を唱えていたし、在ワシントンの勤務中も、両国間の和平交渉に懸命に取り組んだのだが、一度貼られたレッテルは、いかんともし難かった。一方、本国日本においては、来栖三郎は親米派としてつとに知られていた。陸軍将校のなかには、ワシントン到着前に、あいつの乗った飛行機が墜落し、そのまま死亡すれば、そのほうがはるかに増しだと公然とうそぶく者さえいた。

野村、来栖両大使は、東郷外相が作成した、詳細かつ複雑な戦略に厳密に従うよう指示されていた。まずは「甲案」のさまざまな側面をめぐる四つの異なる段階を順次提示したあと、最後の最後といったふうに「乙案」を示すことになっていた。だが、来栖三郎は、ローズヴェルト相手にもっと平易なアプローチを取れる人物だった。初対面のおり、来栖はこう言った。自分が派遣されたのは、ワシントンの人々に圧力を加えるためではなく、なにか平和的な解決策を見出すべく、共に努力するためですと。大統領は日本人がどんな発想をするか、お分かりですかと来栖が尋ねると、ローズヴェルトは目を輝かせ、得たりと応じた。「友人のあいだに「もはやこれまでといった」最後の言葉はない」(32)

と。それはまさに三十年前、両国関係が現在のように刺々しかった時代に、ウィリアム・ジェニングズ・ブライアン国務長官が日本大使に向けて口にした言葉だった。当時、カリフォルニア州では黄禍法案がすでに採択されていたけれど、それでも日本は、首都ワシントンのポトマック河畔に桜の木を植えたのである。西洋と自国の関係史について些かでも知識のある日本人なら、「友人のあいだに最後の言葉はない」というフレーズには、心の奥底を揺さぶられるものがあり、ゆえに日本の二人の外交官は、そのさりげない大統領の〝引用〟に深い感動を覚えたである。

ワシントンの公的建物の例にもれず、国務省にあるハルの執務室の壁もほぼ象牙色と灰色でまとめられていた。各種の家具は、カシかクルミでできたがっしりした造りで、ダマスク織りか革の表装がなされ、絨毯もカーテンも分厚く、時計たちが十五分ごとに、ややズレたチャイムを鳴らすようなところだった。ハル長官は日本の両大使との初顔合わせのさい、ドイツの外交史について改めて注意喚起をおこなった。ナチは貴国と防共協定を結びながら掌を返したように、ソヴィエト連邦と不可侵条約を結んだ。そして再度、掌を返したように、ロシアを攻撃した。ヒトラーがアジアに姿を見せ、貴国を裏切るのはもはや時間の問題だと、日本人には思えないのかねと。

来栖特使はそれを聞いて、ああ、ローズヴェルト大統領の頭のなかで、日本との関係正常化を妨げている最重要の懸案は、中国問題ではなく、三国同盟なのだなと悟った。そこで来栖は言った。日本政府にとってそうした同盟条約を公式に破棄することは困難だが、アメリカとの「共通理解」が得られれば、ナチ・ドイツとの条約よりも、そちらのほうが「優先される《アウトシャイン》」だろうと。来栖としては一歩踏み込んだ発言であったが、東京政府の現状における曖昧な発想をそのまま映した内容だったため、アメリカ側には通じなかった。なにしろ来栖三郎はその三国同盟の文書に調印した当人であり、しかも日本人は二枚舌人種だと考えるアメリカ人指導者が相当数にのぼるため、この発言はやはりそうかと、そうした文脈で受け止められた。会見はかくして終了したが、ハル国務長官はさらなる対話へと両大使を誘った。だが、来栖はおそらく疲れていたため、あるいはさらなる下調べが必要だったため、もしくは東郷外相からの追加の指示を待っていたためか、この誘いを断ってしまった。なんともまずい一手だった。ハル長官はそれで気分を害してしまったのだから。

翌十八日、ハルがあらためて来栖、野村両大使と会ったさい、来栖は昨日の発言を再度くり返した。ワシントンとの条約はベルリンのそれに間違いなく「優先される」と。だが、ハルの側は「大きな船はそう簡単には舵を切れず、ゆっくりと徐々に方向転換をはかるしかない」と承知していた。双方の主張がますます開いていくのを感じた野村大使は、最後の一手を打った。もし仮に、日本が南部仏印から撤退し、日米両国が「［アメリカによる］禁輸措置発動以前」の状態に戻った場合は、どうなりますかと。だが、ハル長官の返答は期待したものとは違っていた。日本はその兵力を「それ以外の、同じく好ましからざる」目標に差し向けるかもしれないと指摘したうえで、禁輸措置が撤回されるのは、「日本が平和の道を間違いなく歩みだし、征服という目的をなるほど放棄した」とアメリカ側が信じた場合においてのみであると通告した。これに対し、野村はひるまず主張した。日本は中国との無意味な戦争に飽いており、植民地の拡大から手を退く用意がありますと。ハル長官、大統領がおっしゃられた「折り合い」をつけるような、関係改善のための緊張緩和措置を講じるお考えが、長官にはおありですか――と。

この問いかけは効果があった。ハル長官は会談の最後に、日本側の提案を英蘭両国と話し合ってみると言った。これ以降、「公式の交渉」に入るという意味だった。大きな外交的成果に向けて前進したと両大使は確信した。来栖はすぐさま東郷外相に電報を打ち、この朗報を伝えた。

「翌日の夜、野村、来栖両大使がハルのアパートメントに赴くと、国務長官は驚くほど愛想がよかった。両大使は言った。もし合意に至ることができたら、「日本の指導者たちは足場を築き、それをもって平和を望む方向へと国民世論を誘導できるかもしれない」と。ハル長官は、そうした世論の転換には「それなりの時間がかかる」ことにも理解を示した。その夜のやりとりは、十年前の一九三一年、「満洲事変」の勃発以来初めて、日米間において期待がもてる会見となった。

「第一航空艦隊」に所属するとある水兵は、倉持壱岐という筆名でこう書いている。「一年のいま頃の時期は、近づく秋の寒風のなか、緑の葉が突如として赤く変わり、人は北風の刺すよう冷たさを感じ始める。そんな一九四一年十一月十八日、われわれは呉軍港を出航し、遠い北の海へと向かった。この作戦の目的について、われわれは知らされていなかった。われわれは防寒着や、大砲を寒気から保護する資材や、大量のネットとともに乗艦したけれど、その理由についてはさっぱりだった。毎日毎晩、艦隊は射撃訓練をおこなった[33]」

倉持はまた、こうも書いている。「艦内新聞には、ダッチ・ハーバー［アラスカ州のアリューシャン列島の中にある］を攻撃すると書かれていたが、信じられなかった。どうして信じられなかったかって？　その時期まで、日本の外交は穏当なものだと考えていたからだ。日本がこの時期に英米相手に手をあげるなんて、想像もつかなかった。実際、その瞬間もワシントンでは日米会談が続いていたのだから」

真珠湾攻撃の総指揮官、淵田美津雄中佐は書いている。「かくて十一月二十六日午前六時、夜明け前の薄暗いころ、［二八隻からなる］機動部隊は、密雲低く垂れこめる北太平洋の荒海へとひそやかに出撃したのであった[34]」と。乗員たちはこれが見納めになるかもしれないと、日本の最後のすがたを目に刻みつつ、「バンザイ！」と叫んでいた。「計画は開戦の劈頭、米太平洋艦隊を完膚無きまでに叩

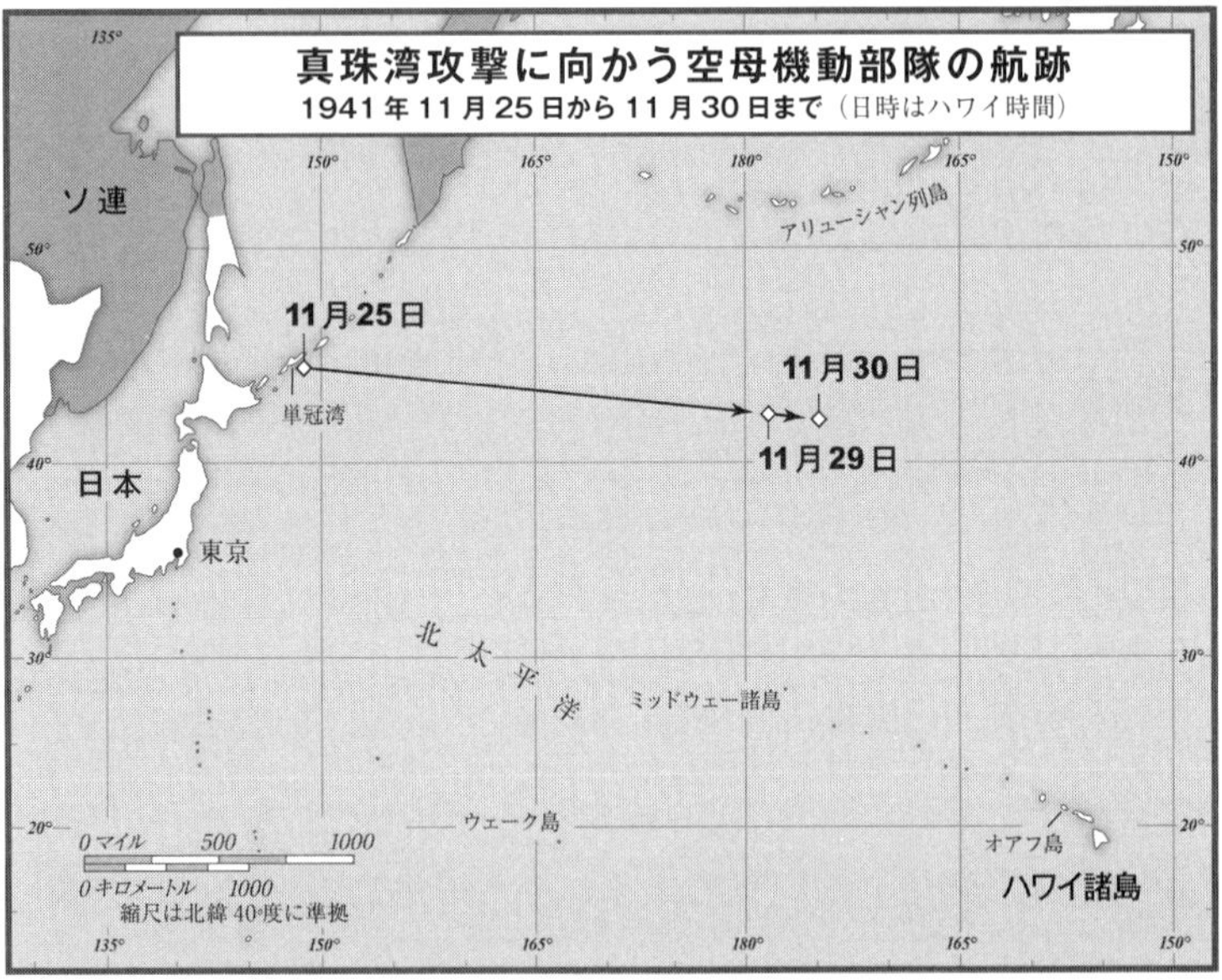

くというものだった。私自身は、さらにハワイ諸島へと進攻し、アメリカ軍を中部太平洋から完全に駆逐すべきだと考えていた。……この間、艦隊はしかるべき陣形を敷いていた。空母が三列縦隊ですすみ、油槽船が随伴する。その外側には二隻の戦艦と二隻の重巡洋艦が鎮座し、さらにその全体を軽巡洋艦と駆逐艦が取り巻いて、防御陣を形成する。潜水艦は機動部隊の約二〇〇カイリ前方で、露払い役を演じていた」

各艦は太平洋の荒波を縫うように進み、艦長たちは厳格な無線封止を守った。凍えるような旅ではあったが、燃料節約のため、暖房と温水が利用できたのは最新鋭の二隻の空母、「翔鶴」と「瑞鶴」のみであった。油槽船の船長たちは、これまで艦隊に遅れることなく、夜間航行をした経験がなかったため、夜明けがくると、駆逐艦がそのたびに、彼女たちをかき集める必要があった。

荒れる北太平洋では、給油活動は骨のおれ

る危険な作業に変わった。雨風に打たれて、各艦は上下左右に煽られ、油槽船につながる太い給油管は時に外れ、ムチ打つように動き、燃料漏れにいたることもあった。甲板の徹底的な清掃をしたあとでさえ、乗員たちは転倒を防ぐため、靴に荒縄を巻かなければならなかった。波に持っていかれ、そのままになる水兵もいたけれど、何もしてやれなかった。

「第一航空艦隊」を率いる南雲中将は依然として、敵国および中立国の船を回避せんと心を砕いていた。十二月六日以前に艦隊が見咎められた場合、彼らは帰国しなければならなかった。だが六日以降は、たとえ見られても、そのまま攻撃を継続することになっており、そしてついに六日が訪れた。運はかれに味方したわけである。南雲長官は東京経由でとどく吉川とキューンの情報により、米艦隊の日々の配置を把握していた。特に懸念したのは気象条件だった。天候が悪化し、海が荒れると、給油が不可能になるからだ。かといって快晴だと、今度は何もない大海原を、数百カイリも航海する「大規模艦隊」は、嫌でも目立ってしまうのだが。

空母「赤城」のエンジンは、機関長の反保慶文中佐と三五〇人の男たちよって動かされていた。それらは軍艦の奥深くに鎮座し、男たちはほとんど現場を離れなかった。食事もそこまで届けられた。にぎりめしがメインで、梅干しや沢庵とともに、竹の皮で包まれていた。交渉が続けられているあいだ、乗員のほとんど誰も、自分たちが何をしに行くのか知らなかったし、もし仮に合意が成立すれば、艦隊は日本へ戻り、その任務は秘中の秘とされ、だれにも知られずに終わることになっていた。ただ、機関員たちはどれだけの燃料が必要か知っており、それをもとに距離が割り出せるため、こいつはフィリピン攻略だなと確信していた。

十一月十九日、東京の外務省は全世界の大使館に向けて二本のメッセージを送り、状況が世界戦争にいたる場合に備えよと注意喚起をおこなった。

緊急時における特別メッセージの送付に関し

緊急時（外交関係断絶の危険がある場合）、および国際通信が途絶した場合は、以下の警告文を正午の短波放送の末尾に加えるものとする。

（1）日米関係が危険な場合は「東の風、雨」

（2）日ソ関係「北の風、曇り」

（3）日英関係「西の風、晴れ」

この合図は天気概況の途中と末尾に発せられ、各文は二度くり返す。これが聞こえたら、すべての暗号文書その他を廃棄せよ。秘密措置はこれに留まらず。

わが国の外交関係が危機に瀕しつつある場合は、ニュースの冒頭および末尾に以下の文言を加える。

（1）日米関係の場合は「東」

（2）日ソ関係の場合は「北」

（3）日英関係（タイ、英領マラヤ、蘭領東インドを含む）の場合は「西」と。

上記の場合は冒頭、末尾ともに五回くり返すものとす。[35]

同じく十一月、横浜を出航した客船「大洋丸」に乗って、医師一名とアシスタント・パーサー一名がホノルルに到着した。二人は実際には、海軍軍令部が派遣した情報員で、アメリカ軍にかんする詳細かつ最新の情報を入手するためのハワイ入りだった。チームを率いていたのは鈴木英少佐で、彼のほうが年齢は若かった。二人がこのとき乗った「大洋丸」はやがて、日米間を往来する最後の船のひとつとなる。同船は「第一航空艦隊」が北太平洋を横断するさいのルートをなぞるように航行した。途中、鈴木は眺望や風向、風速、船の前後左右の傾き、海の状態、外国船もしくは哨戒機との遭遇の有無などを日々記録した。やがて彼は東京へ帰還し、驚くような朗報をもたらした。ごく短時間の嵐を除くと、天候は上々で、オアフ島の北方二〇〇カイリまで、アメリカの偵察機を見かけることは一度もなく、またミッドウェー島の周辺海域でも、目撃例はゼロだったと。

喜多総領事をふくめ、館員たちは、邦字紙を携えて「大洋丸」を何度も訪れた。新聞の束には軍事情報にかんする若干のメモが折り込まれていた。港にはすでに保安態勢が敷かれており、ページを次々めくってみせるよう命じられたが、彼らは挟んだ報告をアメリカ人の目から隠すテクニックを身に付けていた。

一方、ホノルルのスパイ、吉川猛夫は万一の場合に備えて、船に接近することさえ許されなかった。かといって暇ではなく、吉川は鈴木少佐からもたらされた質問状に、しかるべく答えなければならなかった。質問は「コヨリ状に巻かれた和紙の上にびっしりと書かれており、その数は一〇〇件前後もあった」。総領事館のとある館員はそれを見て、こう考えたことを憶えている。「日本軍がここまで延々やってきて、攻撃を成功させるなんて、果たして可能なのだろうか。真珠湾攻撃の話を、館員の誰かが口にした記憶はないし。ただ、こんな船が入港し、重要情報をめぐる質問状が届いてみると、そう考えるしかなかった」[36]と。

質問への答えをまとめるため、吉川に与えられたのは二十四時間だった。回答は、喜多総領事が手ずから「大洋丸」まで持っていった。そこには以下のようなやりとりが並んでいた。

問い：これは最も重要な質問である。通常、一週間のうち、真珠湾に大半の船が在泊しているのは何曜日か。
答え：日曜日。
問い：夜明けおよび日没時に、真珠湾から何機の大型飛行艇が偵察に出ているか。
答え：夜明けおよび日没時、いずれもおよそ十機。
問い：飛行場はどこにあるか。
答え：この質問に対し、私はあらゆる細部について記した地図を提供できたし、さらに自分が撮った航空写真も添えた……最も最近のものは十月二十一日に撮影したもので、ヒッカム、ウィーラー両飛行場の格納庫の構造については、相当詳細に説明した。
問い：各艦の補給は十分か、いつでも出航できる状態にあるか。
答え：各艦は戦闘準備を整えておらず、物資も糧食も通常の、当座のものだけである。

吉川はまた、オアフ島北方の米側航空偵察にかんして「最低限……組織だっておらず……ひどく劣悪」なものだけと報告している。まさにその通りだったが、吉川がどうやってそれを突き止めたかは謎である。「大洋丸」でやってきた別の諜報員は、緊急の場合、航空機搭乗員や、特殊潜航艇の艇長、艇付をハワイ諸島のどこで回収すべきか調査をおこなった。民間人の所有で、居住人口の少ないニーハウという島が最適だというのが、彼らの下した結論だった（日本でこの問題について検討した淵田中佐も同じ結論に達していた）。

吉川はさらに鈴木少佐に対し、絵画や写真、地図などを提供した。「ホノルル土産」として普通に売られている真珠湾の航空写真には、吉川が目印として、四角付きの数字を書き込んでおり、その数字はやがて「爆撃指示書」のなかで言及されるようになる。また、かれが港湾地区の上空から遊覧飛行機に乗って撮影した写真は、やがて十二月七日、撃墜された日本爆撃機のコクピットから見つかることになる。吉川はのちに語っている。「状況はクライマックスへと向かい、私の仕事はほぼ終わりかけていることをみなが知っていた」と。[37]

交渉にのぞむハル国務長官、来栖、野村両大使のあいだで高まりかけた友好と希望は十一月二十日、東郷外相から届いた怒りの電報とともに、立ち消えとなった。ハル長官はいまだ「甲案」への返答をおこなってもいないのに、来栖と野村が本省の許可なく「乙案」にある撤兵をアメリカ側に提示したため、東郷がその越権行為を非難したのである。東郷は次いで、両大使に対し、日本側の最終案を提示するよう命じた。それはインドシナにおいてこれ以上の軍事的進出はおこなわず、南部仏印から撤兵するものの、その見返りとして、アメリカ側は日本が蘭領東インドから石油を確保できるよう協力し、かつまたアメリカはその対日スタンスを七月時点のものに戻し、さらに日本政府と蔣介石の国民党政府がおこなう交渉に、アメリカ側はいっさい介入しないことを求める内容だった。

その日の会談で、日本側から「乙案」を提示されたハルは、それに付属する諸条件に異議を唱えた。だがその後、ハルはインフルエンザに罹り、動けなくなった。ようやく二十三日、ハルは全快したけれど、「乙案」に対するアメリカ側の公式見解を示すことを拒んだ。そのかわりに、ハルはこう言った。日本は本年の春、この石油購入は「通常の民間使用に供するものだ」とわが国務省に言っていたのに、南部仏印の侵攻に流用した。そんな国の外交官が、わが国は平和を求めているといったからといって、どうして信じられよう。しかも日本の新聞はどうしてまた、ああも反米的な社説に満ち満ちているのかと。アメリカ側は、要するに「乙案」とはこのようなものであると見ていたと、ハルはのちに説明している。それは「合衆国が日本の過去の侵略行為を容認し、日本の将来にわたる限りなき征服行に同意を与え、外交政策全般における最も根本的な原則にかんする過去の立場を放棄し、中国を裏切り、西太平洋と東アジア、およびその先へと勢力圏を広げようとする日本を助成し幇助する無言のパートナー役を引き受けることだと。……まっとうなアメリカ政府関係者が、そんな立場を受諾するなんて、夢でもありえんことだ(38)」

スターク海軍作戦部長は二十四日、ハズバンド・キンメル提督をふくむ各艦隊司令官に対しメッセージを送った。「日本との交渉から望ましい成果が得られる可能性はきわめて疑わしい。こうした状況のもと、日本政府の声明と、その陸海軍の動向を考えあわせると、フィリピンもしくはグアムへの攻撃をふくむ、あらゆる方面への侵略的策動が突如現実化する恐れがあるというのが、われわれの見方である(39)」

翌日、キンメル宛ての私信のなかで、スタークはこう書いている。「私はつねにハル国務長官と連絡を取りあっており、私がきみに一日か二日前、状況の深刻さをしめすメッセージを送ったのは、そうしたハルとの長い話し合いのすえである。彼はきょうの会議で次のような確認をおこない、大統領も同じ認識であった。たとえ日本が奇襲攻撃に打って出ても、だれも驚かないだろう。さまざまな角度から判断して、フィリピンに対する攻撃がわれわれに起こりうる中で、最も厄介だが、それが起きるかもしれないと考える者もワシントンにはいる。そういう者がいるからといって、別段重視するつもりはないけれど、それもまた想定内のことと私は考えている。強い予感を覚えているものが何人かいるからだ。きみも知ってのとおり、日本にとってロシアに敵対する時期はまだ来ていないというのが私の全般的認識だったし、今もまだそう考えている。私はまた、いま現在も、タイ、インドシナ、ビルマ・ロード周辺地域への進出のほうが、まだありうることだと思っている。だからといって、合衆国がそれにいかに対処すべきか、あれこれ思案するつもりはないけれど。分かればそれに越したことはないがね。今やれる唯一のことは、各人がやれることを検討し、それに備えることだけだ。あるいは何もしないか。そうなる可能性がいちばん高いかもしれない」[39]

「大洋丸」が諜報任務から帰投すると、鈴木少佐は空母「赤城」艦上の南雲、源田、淵田ら主要幹部に対し状況報告をおこなった。今回の偵察行はおおむね良いニュースばかりだった。北航ルートでは行きも帰りも外国船に一度も遭遇しなかった。ただ一点、問題がある。われわれは空母艦載機こそ何機か見かけたものの、空母自体は真珠湾に一隻も入港していなかったのであると。彼はまた、幹部連にこう警告した。もし今回の任務が奇襲にならなかった場合、アメリカ側の備えは堅く、かなり強烈な反撃を受けるだろうと。

鈴木の報告を受けて、源田と淵田は奇襲が叶った場合と、事前に察知され、敵が十分な備えをしている場合の両ケースを考え、奇襲・強襲二本立ての方針を立てた。奇襲に成功したときは、攻撃編隊を率いる淵田が空中に一発、信号弾を発射する。すると、村田少佐率いる雷撃隊がまっさきに攻撃を仕かけ、魚雷によって可能なかぎりのダメージを与えたあと、急降下爆撃隊と高高度をいく水平爆撃隊がそれに続くものとする。だが、もしアメリカ側が十分な反撃の準備を整えていたら、その場合、淵田は信号弾を二発発射し、爆撃機による攻撃を先行させる――というのが基本的段取りだった。

源田は真珠湾の水深があまりに浅いため、魚雷攻撃がうまく行かないのではと案じており、そこで二の矢を思いついた。そして空母「赤城」艦上攻撃隊の分隊長で、水平爆撃隊を率いる布留川泉大尉にこう持ちかけた。「編隊の先頭をいく貴様が砲塔のすぐ脇に直撃弾を落とし、もし弾薬庫が爆発すれば、敵艦は木っ端微塵になるんじゃないかな」[40]と。すると布留川は、そんな精密爆撃は無理です、水平爆撃機は、船体に命中させるだけでも大変な苦労が要るのですからと答えた。「そこは精神力でなんとかするんだよ」と源田が言った。それを聞いた布留川は懇請した。「源田中佐、そんな無茶、おっしゃらないでくださいよ」と。で、結果はどうなったかと言うと、真珠湾の高高度爆撃において、最も有名かつ最も圧倒的なものは、まさに砲塔脇を直撃した一発で、そして源田中佐が期待したとおり、弾薬庫が誘爆を起こし、そのアメリカ艦はそれ自体が爆弾と化したのである。

そのころ東京の海軍軍令部では、富岡定俊作戦課長がこの奇襲作戦全体における自分の役割について、気に病んでいた。山本長官の計画に、辞職まで臭わせて、あれほど声高に異を唱えたにもかかわらず、論争に負け、こんなバカげた計画に同意する羽目になってしまったからだ。「第一航空艦隊」に万が一、何かが起きて、ハワイ作戦全体が完全に立ちゆかなくなったら、わたしは自分を赦せないだろうと富岡は思った。それに備えて、かれはデスクの抽出に三八口径の回転拳銃を忍ばせていた。南雲、源田、淵田がこの任務に失敗したら、富岡はそいつで自分の頭を撃つつもりだった。

十一月二十二日、ニューヨーカー誌に奇妙な広告が掲載された。一団の人々が空襲を逃れて防空壕に隠れ、サイコロを振っているイラストが掲げられており、タイトルは「アハトゥング、ウォーニング、アレルト！」[41]と独英仏語による「警戒せよ」の三連発だった。さらにこんな文章が添えられていた。「長い冬の夜を防空壕ですごすなんてまっぴらだが、いまはちょっと考えている……何事も備えあれば憂いなし。これからクリスマスまでの間、時間の余裕があるならば、プレゼントに欲しいもののリストを作ってみないか。……そんな時間はない？　なら、こんなおシャレなやつはどうかな。きみの友だちの大半は、シカゴで人気のゲーム『デッドリー・ダブル』をやれるよう、こんな素敵なサイコロとチップを頭の隅に入れていると思うよ」と。雑誌の六カ所に、ここへ誘導する一行広告が散りばめてあり、しかもサイコロの目は「12」と「7」だった。そんなサイコロは現実には存在しないけれど。その後、戦争中、海軍の輸送機パイロット、ジョゼフ・ベルが南太平洋の航路を飛んでいるとき、乗客の一人、とある情報関係者がかれにこう言った。情報部の多くのものが、こいつはなにか秘密の符帳だと考えていた。自分はこの件の調査を命じられたが、あらゆる手がかりは途中で切れてしまった。広告のコピーは、依頼主が雑誌の編集部に直接持ってきて、掲載料はそのさい現金で支払われていた。そして、広告で紹介されていたゲームも、そのメーカーも、実際には存在しなかったのである。

危機的状況がつづくなか、国務省のコーデル・ハル、海軍省のフランク・ノックス、陸軍省のヘンリー・スティムソンの三長官は毎週火曜日の午前九時三十分に会合をもっていた。十一月二十五日火曜日の朝、ハルは相方の二人に、アメリカが東郷の「乙案」にしめす妥協案を見せた。もし日本が北部仏印に駐留する兵力を二万五〇〇〇まで削減するなら、若干の制限付きだが、アメリカは日本との通商を再開し、在米日本資産の凍結を解除するという内容だった。この〝休戦〟条約は期限三カ月で、満期がきたら、延長も可能という形になっていた。

同じ日の朝、ハワイ駐留の海軍と陸軍のトップ、キンメル提督とショート将軍が両軍幹部と顔を合わせ、ウェーク島とミッドウェー諸島の防衛を支援するため、ハワイから航空機と人員を派遣すべきか、それともオアフ島防衛のため、それらは手元に残しておくべきかを話しあった。ショート将軍は主張した。「それらの島々に兵員を配置するなら、この私が直接指揮する形にすべきである」[42]と。

「おれの屍を越えていけですかな」とキンメル提督は言った。「でも、それらは海軍基地ですから、陸軍は指揮権を行使すべきではありませんな」と。

ハワイ駐留の陸軍航空隊を率いる「ハワイ空軍」参謀長、ジェイムズ・モリソンが、ショート司令官の言わんとするところを説明した。将軍がおっしゃったのは「われわれの任務はオアフ島防衛であって、陸軍の航空機を余所に回すと、本来任務の達成能力が低下するという意味です」と。するとキンメル提督は、そうした発想自体のよってきたった理由をもうすこし詳しく知りたくなった。「この件について、どうしてそれほど心配するのかね。きみはわれわれが攻撃される危険性があると思っているのかな」。「日本はそうした能力を持っています」とモリソンが答えると、キンメルは反論した。「能力についてはそうだろうが、可能性はどうかね」

キンメルは次に、海軍側の計画担当士官、チャールズ・マクモリス少将に尋ねた。「日本による航空攻撃だが、貴官はどう思う」。マクモリスは言った。「可能性はありません、まったくのゼロです」と。それでもモリソンの指摘には、なにか引っかかるものがあったため、キンメルはより性能の高い〈P－40〉戦闘機はハワイに残しておき、ウェーク島とミッドウェー諸島には、やや時代遅れになりつつある海兵隊所属の〈F４F〉を回すことにした。

その日の正午、ワシントンではハル、ノックス、スティムソンの三長官がホワイトハウスで、マーシャル陸軍参謀総長、スターク海軍作戦部長を交えて、ローズヴェルト大統領との会議に臨んでいた。かれらは東郷外相から来栖、野村両大使に宛てた十一月二十二日付の電文を読み、ショックを受けていた。「われわれの望む解決策」を得るための外交努力は、十一月二十九日までに決着させなければならないという下りがあったからだ。両大使は「この期限は絶対、かつ変更不能である」と通告されており、「以後、状況は自動的に推移する」という不吉な文言まで添えられていた。

スティムソン陸軍長官は、大統領に注意喚起をおこなった。「あるいはわれわれは、早ければ来週の月曜日にも攻撃される恐れがあります。日本軍は事前通告なしに攻撃することでは札付きですから。問題は、われわれがあまり大きな危険を蒙ることなく、向こう側に第一撃をうたせるべく、如何に誘導できるかです。これはそう簡単な作業ではありません」[43]

ワシントンにおけるこの時期の漠たる停滞感について、軍事情報史の泰斗、ロバータ・ウォールステッター女史は次のように説明している。「こうした待機状態の最終局面を特徴づけるのは、どこか麻痺したような奇妙な感覚、それは高まる危機のシグナルに、長期にわたってさらされたことからくる、当然といえば当然すぎるほどの結果だった。様々な兆候は、時とともに不吉さを増していき、いまや明らかに深刻な何かになりつつあったけれど、ついにそれがやってきたとはっきり認識できるほどのものではなかったから。しかもアメリカ側から第一撃をうてないという総方針と明らかに関連した、基本的な待ちの姿勢までがそこに加わるのである」

その日の午後、キンメル「太平洋艦隊」司令長官は「アナポリス海軍兵学校」以来の知己である、ウィリアム・F・ハルゼー・ジュニア中将と会っていた。ハルゼーは十一月二十八日、「第八任務部隊」――空母「エンタープライズ」と三隻の重巡洋艦「ノーサンプトン」、「チェスター」「ソルト・レイク・シティ」、九隻の駆逐艦で構成――とともに真珠湾を発って、ウェーク島に向かい、そこに駐留する海兵隊にグラマンF4F－3〈ワイルドキャット〉を届けることになっていた。スターク作戦部長のメモを読み上げたあと、キンメルはハルゼーに尋ねた。きみが望むなら、どの戦艦を同行させても構わんぞ。そうすれば、よりまっとうな任務部隊になるしと。「要らんよ、そんなもの！」とハルゼーは言い返した。「必死に走らねばならんとき、足手まといになるような艦なんて、端から願い下げだね！」[44]と。

これから訪れる惨事のなかで、キンメルに唯一運があったのは、十二月七日の朝、麾下のすべての航空母艦がハワイを出払っていたことであろう。ハルゼーが〈ワイルドキャット〉をウェーク島に届けているとき、ジョン・H・ニュートン少将と「第一二任務部隊」――空母「レキシントン」と三隻の重巡洋艦「シカゴ」、「ポートランド」、「アストリア」、五隻の駆逐艦で構成――は、ヴォートSB2U－3〈ヴィンディケイター〉八機をミッドウェー島に届ける途中だったし、「太平洋艦隊」の三番目の空母「サラトガ」は、ワシントン州はブレマートンでオーバーホールを終え、サンディエゴの

「ノースアイランド海軍航空基地」に正に入港するところだった。

　同じ十一月二十五日の午後、首都ワシントンのヘンリー・スティムソン陸軍長官のもとに、「陸軍情報部から気になる知らせが届いた。それによると、日本は上海から三〇、四〇、あるいは五〇隻の艦船からなる大規模遠征部隊を出撃させ、同部隊は台湾南方の大陸沿岸を、南下しつつあるとのことだった。この部隊はそのままフィリピンに向かうのか、もしくはビルマ方面に転進し、ビルマ・ロードの遮断に当たるのか、あるいは蘭領東インドへ向かう可能性すらある(45)」とのことだった。スティムソンはハル国務長官に電話をかけ、いま聞いた話を詳細に伝え、また大統領にはメモを直接手渡すかたちで、情報伝達に努めた。

　翌二十六日の朝、なんの反応もないので、スティムソンがローズヴェルトに電話をかけると、大統領は「ああ、びっくりした。まだ読んでいないのだと言った」と、スティムソンは当時をふり返っている。改めてメモを読んだ大統領は「ひどくおかんむり」で、「彼らはこの私との交渉のさなか、中国から侵攻部隊を撤収させる交渉をおこなっている正にその最中に、さらなる遠征部隊をインドシナに向け南下させたというのか！」と。

　日本は戦争と外交交渉という本来、二律背反のことを同時並行的にやっているのではないか――。アメリカ側はかねがねそういう懸念をいだき、日本の二枚舌を疑っていたけれど、正にそれが現実となったわけである。突如、ホワイトハウスの緊急会議に呼びつけられたハル長官は、すっかり消耗して国務省に戻ってきた。「ジャップがわれわれを攻撃しにくると私が告げたとき、誰ひとり、私を信じようとしなかったではないか！」と、ハル長官は国務省職員のハリソンにその癇癪玉をぶつけた。「プライドが高く、力もある民族に、最後通牒を突きつけてはいけないのだ。猛反発を喰うのは当り前じゃないか！(46)」

というわけで、ハル長官の努力は画餅に帰したわけだが、彼はこの時、あと一歩で偉大な外交的勝利をかちとるところまで行っていたのである。事と次第によっては、アメリカ人の生命を救いつつ、同時に日本を枢軸陣営から引きはがす可能性もなくはなかった。だが、日本のあえて二兎を追うやり方は、米日間でなんとか折り合いをつけようとするローズヴェルトの妥協案を結果的に葬り去ってしまったのである。ハルはのちに語っている。「この妥協案に日本が同意するという見通しが幾ばくかあるということは、その追求を続けるリスクを正当化するものではなかった。特に中国人の士気と抵抗意欲が崩壊し、中国そのものが分裂するリスクを考えた場合はなおさらである」(47)と。ただ、もしリスクを取った場合、その結果が実際どうなったかは、歴史上の最大の「ＩＦ」のひとつだろう。もし、ローズヴェルトが近衛との首脳会談に応じていたら、もし、ローズヴェルトの妥協案が現実のものとなっていたら、果たして真珠湾攻撃は回避されたのだろうか。そしてもし、アメリカが「第二次世界大戦」をヨーロッパと北アフリカでのみ戦っていたら、今日のアメリカはどんな姿になっていたのだろうか。

同じ日の朝、来栖特使は野村大使の熱烈な賛意のもと、東郷外相に公電を送り、ひとつのアイデアを提起していた。ローズヴェルト大統領に要請して、東アジアの平和と米日友好にかんするメッセージを天皇陛下宛てに送ってもらうというのはどうでしょうかと。現人神というお立場上、陛下にはトップ同士の対話は不可能ではあるものの、受け取ったメッセージへの返信は可能であり、さすれば日米間の対話再開の機運になるかもしれません。もし仮に、大統領がかつてインドシナにかんして提案した中立地帯の範囲を、タイや蘭領東インドをふくむ領域まで拡大した場合、日本は石油を手に入れることが可能になり、しかも両国の軍隊はその一帯に関与せずに済むようになります――というのが大凡の内容だった。東郷外相が言われるとおり、事態は切迫していますとしたうえで、来栖は最後にこう言葉を添えている。「どうかこの考えを木戸内大臣にお伝えして、早急なお返事をいただくよう心より願っております[47]」と。東郷外相は拒否の電報で応じたものの、それでもこの件について木戸内大臣にいちおう打診してみた。陛下が大統領と交渉するには「適切な時期とはいえない」というのが木戸侯爵の返事だった。

そして、その日（十一月二十六日）の午後、国務省に到着した野村、来栖両大使に手渡されたのが「合衆国及日本国間協定の基礎概略（日米協定基礎概要案）」、いわゆる「ハル・ノート」だった。米日間のシンプルな条約と思いきや、この「ノート」なるものが目指すのは米国、日本、英国、中国、オランダ、ソ連、タイの七カ国の多辺的不可侵条約の締結であり、しかもそこには「日本国政府は陸海空の戦力と警察力を中国、インドシナから撤収する」とか「合衆国政府と日本国政府は、現在重慶を一時的首都としている中華民国政府以外の政府・政権を支持しない[48]」などといった文言がずらりと並んでいた。文書を読み終えたあと、来栖は言った。日本政府がこれを見たら、「交渉終了も同然の提案」として「匙を投げるでしょう」と。たしかに極めて攻撃的な文書で、「われわれは日本がわれわれの提案を受け入れるか否か、あまり真剣に考えなかった」と、ハル自身ものちに認めているくらいである。その日、ハルが電話をかけてきて、外交交渉の終了を告げられたとスティムソンは記している。「私は手を引くから、あとは、きみとノックス、陸海軍でやってくれ[49]」とハルは言ったという。

野村と来栖は、ハル長官に働きかけて、東郷外相に送るまえに文書を修正してもらおうと試みた。だが、ハルはこれを拒否した。ここは直してもらえないかと両大使が求めたのは、中国からの撤兵には段階的な経過期間を認めること、まずは日米二国間で条約を結び、しかるのちに他の関係国が参加する形にすること――といった点だったが、ハルは拒否の一手だった。これまで話し合ってきたように、双方折り合って、一時的妥協案をまとめられないものだろうか。それは不可能だとハルは言った。「友人のあいだに最後の言葉はない」のなら、ローズヴェルト大統領と直接お会いできませんかと野村が言った。この件については、ハルはイエスと答えた。

同じく十一月二十六日、東京のアメリカ大使館は、日本に在留する米国市民に対し、可及的速やかにこの国を離れるよう警告を発していた。

翌二十七日、ローズヴェルト大統領はマーシャル陸軍参謀総長、スターク海軍作戦部長から、最新の軍事情勢にかんするメモを受け取った。そこにはこう書かれていた。「日本はタイ領内のビルマ・ロード、英領マラヤ、蘭領東インド、米領フィリピン、ロシア沿海州を攻撃する可能性があり……アメリカの観点から見て、当面最も重要なことは時間稼ぎである(50)」と。

同日午後、ローズヴェルトは大統領執務室でハル、野村、来栖と会見した。大統領はそのさい、東京の二枚舌にたいする怒りの感情や、どうやら日本はアメリカ領土を攻撃しそうだという確信をたくみに隠しきっていた。それどころか、大統領は非常に愛想がよく、たばこでもどうかねと儀礼的に勧めることまでした。アメリカ国民は太平洋のごたごたの平和的解決を望んでおり、私はまだ諦めてはいないと、ローズヴェルトは野村、来栖両大使に告げた。だが、兵員輸送船五〇隻が南部仏印に進駐したことは、かれの希望に「冷水を浴びせる」ものであったし、また「武力による征服に向けて全面的に傾斜しつつある日本の動きや発言、および平和的決着やその基礎となる諸原則をめぐる問題を完全に無視する日本の態度(51)」には、内心穏やかでなかった。

「ハル・ノート」の手交とそれに続くワシントン側の非妥協的態度は、一種の「最後通牒」、日本が決して呑めないものを敢えて突きつける「侮辱的提案」として受け止められ、そうしたイジメと脅しについに堪忍袋の緒が切れた日本の指導者たちは、結果、共通の敵との戦いに向け一致団結してしまうのである。「公文に接した際の失望した気持ちは今に忘れない(52)」と東郷外相は戦後、そう述べている。「戦争を避ける為めに「ハル・ノートにある諸条件を」眼をつむって鵜呑みにしようとしてみたが、喉につかえてとても通らなかった」と。東條首相は閣議において「一縷の希望も」見えないともらし、さらに十一月三十日に開かれた「日華基本条約締結一周年」の祝賀行事で読み上げられた〝東條の祝辞〟なるものが、内外に流布される事態まで出来した。それにはこうあった。「英米は東アジアの民族をかみ合わせて漁夫の利をしめ、東亜の支配権をにぎろうとの野望を持っている。これこそ英米の常套手段である。人類の名誉と誇りのために、われわれは断固としてかかる行為を東亜から一掃せねばならない」と。ただ、軍国主義者の目から見ると、「ハル・ノート」は天の賜物、「まるで奇蹟だった」と参謀本部のとある幕僚はふり返っている。「まさに天佑神助。これで陛下も容易にルビコン川を渡り、開戦を決意されるだろう。すばらしい、正にすばらしいとしか言い様がない」[52]

だが実際のところ、「ハル・ノート」は最後通牒ではなく、かれは野村と来栖にそのむね直接伝えることで、ローズヴェルト政権の立場を明確にしていた。中国駐留部隊をめぐる帝國陸軍の非妥協的態度に触れたさいも、「[中国とインドシナにいる日本軍の]撤兵は交渉によって実施されることになろう。われわれは必ずしも即時実施を求めるものではない」と述べている。現在、多くの歴史家はこう考えている。日本の指導者が「ハル・ノート」の細目について公にしなかったのは、中国戦線の泥沼化を国民が憂い、逆にこれらの条件を簡単に受け入れる素地があったためではないかと。

戦後、米国議会において、どうしてあなたは日本との和平交渉をもっと熱心に進めようとしなかったのですかと質問され、カッとなったコーデル・ハルはこう答えている。「それは私が最悪のゴロツキどもの発想法を熟知していたからだ。やつら、すなわち日本とドイツの指導者は、最も野蛮なタイプのゴロツキだった。悪党のなかの悪党。獲物を探しまわりながら、つねに周囲を観察し、どこぞに拳銃はないか、銃器はないか、武器はないかと目を見開いている。このゴロツキどもは、たとえ相手が最も無垢な市民でも、弾をこめていない拳銃や銃器で対抗するつもりのない輩である。敢えて係わろうと、誰ひとり思わぬような連中なのだよ、実際のところ。そしてこの地球にうじゃうじゃ蔓延《はびこ》っているこの手の軍閥どもの発想法はみんな同じだ。……それが今になって、碌《ろく》にものを知らず、大して気にもかけていなかった人間がこぞってこう宣うのだ。『どうして合衆国は何らかの譲歩によって、戦争を回避しなかったのですか』と。最後の十日、十二日、十四日に存在した状況をもしふり返ったならば、誰だって分かる。ジャップが何をしていたか、合理的判断のできる人間ならみな知っている。連中は最終攻撃をすでにスタートさせており、もしわれわれが臆病者のように譲歩し、屈伏していたら、そして実際、われわれが膝を屈するような臆病者だったら、誰もやつらを阻止できなかっただろう(53)」

ローズヴェルトが野村、来栖両大使と会見した十一月二十七日、ハロルド・スターク海軍作戦部長は麾下の各司令官にメッセージを送っている。しかもハズバンド・キンメル提督に対しては、同電文を在ハワイの陸軍側司令官、ウォルター・ショート将軍にも転送するよう要請している。内容は以下のようなものだった。「戦争への警戒を企図してこの電報を送る。太平洋における諸条件の安定をめざした日本との交渉は終わり、日本の侵略的動きが今後数日中に予想される。帝國陸軍の兵員数と装備、海軍の機動部隊の構成からして、フィリピン、タイ、クラ地峡、もしくはボルネオに向けた水陸両用（上陸）遠征が予想されうる(54)」と。

マーシャル参謀総長も同日、同趣旨の電報を、ショート将軍をふくむ、米陸軍「西部防衛軍」管内の各司令官に送り、これを受ける形で、その翌日、今度はスターク提督が、陸軍側の要警戒電文を、海軍の各司令官に向けて転送している。こちらは以下のような内容だった。「日本との交渉はすべての実際的目的にかんし途絶にいたったように思われ、日本政府が交渉に復帰し、なんらかの提案を引き続きおこなう可能性は極めて低いように思われる。日本の今後の行動は予見不能であるものの、敵対行動はいついかなる場合でもあり得る。そうした敵対行動が、回避し得ない、くりかえす、回避し得ないとしても、日本側に行動の第一手を打たせることを合衆国側は望んでいる。ただこの方針は、当該部隊に制限を課し、自らの防衛を危険にさらすような行動をとるよう指示するものでは無い、くりかえす、ものでは無い。日本の敵対行動に先立ち、当該部隊は必要と思われる偵察その他の行動をとるべきであるが、民間人に警戒心を抱かせたり、その意図を明かすような形でおこなってはならない、くりかえす、おこなってはならない。いかなる措置を講じるか報告せよ。なお、合衆国内の破壊分子の活動にかんしては、G2第九軍管区に別途送付した。もし仮に敵対行動が出来した場合は、日本がらみの場合については、レインボー・ファイヴにおける個別任務の項目を実施せよ。なお、この高度秘密情報の配布先は、最少人数の幹部将校にのみ限定せよ」

三〇分以内に、在ハワイのショート司令官から陸軍省に対し、すでに「第一種警戒態勢」を敷いているとの返答がかえってきた。だがしかし、マーシャル参謀総長をはじめ、ワシントンの軍指導者はおそらく、ハワイで実際に何が起きているか、よく理解していなかったと思われる。ワシントンの標準作戦規定（SOP）における警戒態勢では、第一種が「最高」、第三種が「最低」を意味していたからだ。ところが十一月五日、ショート将軍とその幕僚たちは、なぜかこの順序を逆転させ、しかも彼らはその変更を、とうとうワシントンに報告しなかったのである。

ショートが設定した新たな警報システムは以下のようなものだった。

第一種警戒態勢——この警戒は、島内の破壊活動および民衆蜂起にたいする防衛任務を指し、それ以外のいかなる脅威もない場合をいう。
第二種警戒態勢――この警戒は、第一種よりは深刻な状況に備える場合をいう。破壊活動および民衆蜂起に加えて、水中、水上、および航空機からの敵対攻撃にたいする防衛任務が実施される。
第三種警戒態勢――この警戒は、全部隊の総動員を必要とする場合を指し、オアフ島およびその周辺島嶼における陸軍施設は、最大限の防衛態勢を整えるものとする。

ワシントン側がこの改訂版「SOP」を受領したのは、じつに翌一九四二年の三月だった。この事実が明らかになると、米陸軍法務総監は「真珠湾委員会」に対し、ジョージ・マーシャル将軍を譴責処分にするよう裁定した。

スターク海軍作戦部長はのちにこう証言している。「われわれは［十一月二十七日付けの電報を］明確な開戦……戦争が差し迫っている(55)」という意味で送ったのだが、現地陸軍部隊を率いるショート将軍の受け止め方は、残念ながら「明確」ではなかった。かれは「開戦」というのは「日本がどこか他の場所を攻撃するという意味だ」と受け止めたのだ。さらに在ハワイの司令官たちは、陸軍の情報リポートのほうを信じた。日本艦隊は本国周辺海域にいるか、あるいは東南アジア侵攻のため出撃したかのいずれかであり、また日本の航空部隊が持っている爆撃機は、最寄りの基地から、二一〇〇カイリ離れたオアフ島に到達できるような航続距離を持っていない――と陸軍側は当時言っていた。航空機主体の「タラントの海戦」における戦訓や、アメリカ軍による独自の分析などは一顧だにされず、空母艦載機によって北方から攻撃される危険性について考えたものは、在ハワイの軍関係者においては、ほぼ皆無だった。

ショート将軍はのちに、この開戦警告に接したさいの自己の判断について、五点にわたって弁明している。「(一) 十一月二十七日付けメッセージには、ハワイに対するなんらかの航空攻撃、もしくは全面攻撃に備えよと、陸軍司令官に指示する文言はいっさい入っていなかった (二) 十一月二十七日以降も自分はその他のメッセージを受け取っており、それらは各種破壊・騒乱活動への対処を強調する内容だった (三) 当該メッセージは〝あれをせよ、これはするな〟という内容の、もっぱら戦争回避を主目的にしたものばかりであり、陸軍省の最大の恐怖は、ハワイで何らかの国際的事件が出来し、日本がこれを明白な敵対行動と受け止めるような事態を危惧しているとの印象を受けた (四) 長距離偵察は海軍の所管だったため敵対勢力の接近が判明した場合は、自分にも当然、海軍から適切な警告がなされるものと思っていた (五) 第二種、もしくは第三種の警戒態勢を取らせることは、在ハワイの陸海軍部にとって訓練任務への深刻な妨げとなったはずである」

ショート将軍の弁明はなんとも法外だった。なにしろ将軍は、一九四一年一月二十四日以降、日本が太平洋で攻勢に打って出るというワシントンからの、計五六ページにものぼる警告文を受け取っており、しかもそのうちの二五パーセントは同年十二月一日から五日にかけて届いたものだった。それらの電文は合衆国陸軍のトップから、今後何が起こりうるか、それに対して何をやらねばならないかを正確かつ明示的に指示したものばかりである。一九四一年二月七日、マーシャル参謀総長はショート将軍宛てにこう書いている。「ハワイ島内の問題にかんする私の印象は、既知の敵による攻撃を最初の六時間防ぎきれれば、以後は既存の防衛態勢で敵の気をくじき、捨て身の攻撃を控えさせられるというものである。ゆえに破壊活動のリスク、航空機と潜水艦による奇襲攻撃にからむリスクこそが、この状況下における実際上の脅威である。あらゆる議論において、つねに明確に念頭においてもらいたいのは、われわれの任務は、ハワイの基地とそこに集積する海軍艦船をまもること、それに尽きるのである」[56]。さらに三月五日付けの追加メッセージの中で、マーシャル将軍は、ショート司令官にこう書きおくっている。「対空防御にかんするハワイ管区の状況をめぐる貴官の先の評価報告はよくできていた。この目的のために、利用可能なすべてを調整しうるような、しかるべきシステムの構築が、喫緊の課題であろう[57]」と。

十一月二十九日のワシントン。フランク・ノックス海軍長官は休暇中の大統領に一報を入れた。「今朝のニュースが示しているように、ジャップはここ二、三日、意図的な遅延策を講じているように思われるので、もし状況に変化が見られない場合は、そちら［ジョージア州ウォーム・スプリングズ］での滞在をのばし、英気を十分養ったうえでお戻りください[58]」と。同じ日、ハル国務長官はイギリスの駐米大使、ハリファックス子爵にこう告げていた。「わが国にとっても、太平洋の状況に関心をよせるそれ以外の国にとっても、日本が突如として、あらゆる奇襲の要素を加味した攻撃に打ってでる可能性を考慮せずに、対日計画を立案することは深刻な間違い」と言わざるを得ませんと。「かれらの際限なき征服の行方はいまや新段階に入り、命がけのギャンブル、最大限の胆力とリスクを要するそれになっていることは、もはや通説ですから」

同じく十一月二十九日、皇居において政府と重臣の懇談会が開かれ、「ハル・ノート」の取り扱いが話し合われた。午後一時、会議は休憩となって、天皇の陪食に列席した重臣たちは、一時間にわたり、陛下との懇談の機会を得た。前年総理をつとめた米内光政海軍大将が席上、こう言った。「俗語を使いまして恐れ入りますが、ジリ貧を避けんとして、ドカ貧にならないように充分な御注意を願いたいと思います[59]」と。この言葉に対し、近衛前総理が賛意を示した。「現状にこだわることは無理なのだろうか。言い換えれば、困難な時局をじっと見守り、行き詰まりが解消されるまで待つべきではないだろうか」と。だがしかし、一時は国家指導者をつとめた面々は、この国が戦争へとのめり込むのをなんとか避けたいと願う裕仁天皇――まさにそれこそがこの会議全体の眼目だったのだが――の助けになるような決断力も政治力も持ちあわせていなかったのである。

天皇陛下は翌日、今度は弟君の高松宮宣仁海軍少将にお会いになった。日本の皇族の伝統に従って、別々に育ったご兄弟だったが、二人は親しい間柄だった。いまや三六歳の宣仁親王は、開戦賛成派だという世評を否定して、兄である裕仁天皇にこう言った。「海軍には戦争をおこなう余裕がありません。もし可能なら、日米戦争は回避したいという気分が海軍にはあります。いまのこの機会を逃したら、戦争はもはや避けられません。海軍は十二月一日、戦闘に向けて動き始めるからです。そうなってしまえば、抑えることはもはや不可能です」

日本が敗北する可能性について、陛下が懸念を表明すると、弟君はそれこそがまさに、陛下がいますぐ行動しなければならないもうひとつの理由ですと主張した。だが、裕仁天皇は説明した。決定はすでに陸海軍と政府によってなされており、それに天皇が拒否権を行使するような法的仕組みはないのだと。「わたしが開戦を承認しなければ、東條は辞任し、その後は大がかりなクーデターが出来。結果、戦争に向けた荒唐無稽な議論が持ち上がるだろう」と。

きわめて残念なことではあるけれど、昭和天皇は明治大帝ではないのだった。

十一月三十日以降、日本はマニラ、ロンドン、ハバナ、ワシントン、香港、そしてシンガポールの在外公館に対し、「緊急事態に備えて(60)」すべての暗号書と暗号解読機を破壊せよと指令した。これと対をなすように、合衆国側もアメリカ市民に帰国を促し、またアジアにある米国の在外公館でも、暗号関連のコードブックとマシーンの破壊が始まり、さらに帝國陸軍のこれ以上の侵略を許すな、日本の外交使節とこれ以上交渉してもなんら得るところはないぞ――といった声が公然と聞かれるようになった。同日遅く、東京はベルリン駐在大使にたいし、以下のような公電を送った。「東京とワシントンの間で本年四月、前政権の時代に始まった対話は……いまや決裂した。……この事態に、わが帝國は容易ならざる状況に直面し、決然たる行動が必須となった。よって大使はヒトラー首相、リッベントロップ外相と直ちに接触し、状況の進展具合についてしかるべく伝えよ。昨今、英米いずれもが、揃って挑発的態度を取っていること。英米は東アジアの様々な場所に部隊を移動させる計画で、わが方もやむを得ず同じく部隊移動によってこれに対抗せざるをえないこと。さらにアングロ＝サクソン諸国と日本との間でなんらかの軍事衝突が突如発生し、開戦にいたる時期は、想像以上に早まる恐れがあることを内々に伝えよ」

「MAGIC」がこの電文を処理したあと、アメリカの軍情報部は、日本はあるいはシベリア、中国雲南省、タイ、英領ビルマ、英領マラヤ、米領フィリピン、英領香港、英領シンガポール、蘭領東インドのいずれか、あるいは複数箇所を同時攻撃するかもしれないとして、以下のような予想をおこなった。「可能性が最も高いのはタイの占領である。……極東戦域におけるわが方の影響は、わが海軍力による威嚇とわが経済封鎖による努力に依っている。このふたつが、日本が枢軸側に立って全面戦争に突入することをふせぐ主たる抑止力となろう」(61)

一九四一年十二月の第一週、アメリカ全土の、途方もない数の新聞が、わが西海岸の防備は盤石という主旨の見出しを掲げた。一日付けロサンゼルス・タイムズ紙は「守備隊が港湾防衛を点検／敵侵攻に備える演習に八〇人の男たちが参加」と伝え、また翌二日には「空襲に備えて砲兵部隊が本日移動／州全域にわたる演習で、砲兵たちが敵機の〝攻撃〟からLAを〝防護〟」と報じている。また三日と四日には、オレンジ・カウンティ・レジスター紙がこう書いている。「ラガーディア〔ニューヨーク市長。当時、ワシントンでOCD（市民防衛局）局長を兼務〕、空襲の危険について警告」、「防空演習部隊、本日到着」と。

ハル国務長官は十二月一日、野村、来栖両大使にこう告げた。仏領インドシナの日本軍部隊はフィリピン、蘭領東インド、ビルマ、マラヤ、タイへの脅しの役割を果たしており、それと対峙する必要から、アメリカとその同盟国は、アジアに追加部隊を張りつけておかなければならず、結果的にそれはヒトラーを助けている。アメリカは武力でアジアから追い出されるつもりはないが、日本にはアメリカと事を構える理由はなく、「テーブルの上座に着く」[62]のに、わざわざ刃物をちらつかせる必要もあるまいと思うがいかにと。野村は答えた。日本国民はアメリカが自分たちのことを見下していると感じており、そしてわが国政府は「ハル・ノート」を念頭に、アメリカの対日関係における究極の目的はいったい奈辺にあるのか――その問題を「熟考」するため、ワシントンにその旨尋ねてみよと、私に言ってきていますと。

その日の午後、すっかり消耗したハル国務長官は、何の展望も見出せないこの交渉がいかに不快なものか、補佐官に言ってきかせた。「連中はみな、ナイフやナタをちらつかせて、私のところへやってくる。ところが大統領は、自分は日本が単なる外交ゲームをやっているだけなのか知りたいとおっしゃるのだ。日本が拳銃を隠し持っているかどうか、大統領はいまだ確信が持てないのだ。遅かれ早かれ、ドイツ軍の進捗状況しだいで、日本がわれわれに攻撃を仕掛けてくることは、私にとって何の疑問もないのに。だから、大統領にこう言ったのだ。私だったら、誰かに攻撃されると分かっているなら、その時間と場所をこちら側で設定するほうが好きですがねと。ドイツがロシアを席巻した場合、日本がシベリアを攻撃することについて、何か疑問でもおありなのですかと大統領に訊いてみた。いや別にというのがその答えだった。私はこう感じている。日本相手の戦争を今やっておけば、ほどなくわが海軍力のかなりの部分を、英領植民地や蘭領東インドにある海軍ともども、大西洋の戦争に回せるはずだと。だが大統領はこう感じている。日本はいずれ、もっと近くに寄ってくるだろうが、いまはまだ攻撃するには遠すぎると。大統領は現時点では、日本に対して、攻撃的に対処する心構えができていないのだ(63)」

同じく十二月一日、東京ではこの年四回目の御前会議が開かれ、イギリス、オランダ、アメリカとの戦争が承認された。自分の執務室に戻った東條首相は秘書官にこう言った。「陛下が平和に高い価値をおかれていることは、見ていて私にも分かった。申し訳ないことだが、御聖断を仰がざるをえなかった。きわめて遺憾である。静かな声で、陛下は［一九〇二年の］日英同盟について触れられ、［一九二一年に］英国を訪問された折りに受けられた暖かいもてなしについても語られ……じつは宣戦の詔勅の原案には『これわが意志にはあらず［豈《あに》、朕が志《こころざし》ならんや］』という文言は入っていなかったのだ。陛下の求めに応じて、加えられたのは明らかである(64)」と。かくして日本国は、行方の定まらぬ内外情勢のもと、坂道を転げ落ちるように戦争への道を踏みだしたのである。だが、先行き不透明なこの時期に、東條首相は次のように述べている。「戦さは最後までやってみなければわからぬ(65)」と。

同じく十二月一日、ハズバンド・キンメル「太平洋艦隊」司令長官は、彼の情報担当士官、エドウィン・レイトンから、日本が突如、軍用通信の暗号変更をおこなったとの報告を受けた。「わずか一カ月の運用期間でこれを変更したという事実は、より大規模な作戦にむけて、更なる段階に至ったことを示唆している(66)」という報告の当該部分にアンダーラインを引いたあと、キンメルはレイトンに、日本の海軍部隊の最新の位置情報を報告せよと指示した。報告は翌日届いた。それを読んだあと、キンメルはこう尋ねた。どうして帝國海軍の第一、第二空母部隊の位置情報がこの報告には入っていないのかと。するとレイトンが言った。その四隻の空母の、信頼できる現在位置を報告できるような情報が、いま不足しているからですと。

キンメルは突然、警戒心をいだき、こう訊いた。「何だって。つまり第一航空艦隊、第二航空艦隊の居場所が現在、分からぬというのか」

「いえ、分からなくはありません」とレイトンは言った。「領海内のどこかにいるとは思いますが、そのどこかが分からないという意味です。同艦隊の残りの部分については、その位置はしっかり把握できていると思います」

キンメルは重ねて尋ねた。「それはたとえ空母群がいま、ダイヤモンド・ヘッドをぐるりと回っていても、分からないという意味かね？」

レイトンは言った。「その場合は、もうすでに目撃情報が入っていると思いますが」[67]

レイトンはのちにこう説明している。「空母などの主力艦が本土水域や母港、領海内の自国水域に入ると、各艦は陸地にある通信局に向けて低出力の電波で交信するようになり、さらにその後、情報のやりとりは無線交信の捕捉を専らとするわが方の方位測定局や傍受施設に引っかからぬよう、陸上の有線経由でおこなわれるのが通例なのだ」と。

この時期、ハワイの「太平洋艦隊」でそうした戦術情報を追っていたジョゼフ・ロシュノォート中佐は、敵方の巧みな欺瞞戦術に引っかかり、日本の空母機動部隊は依然として、訓練のため九州に留まっていると判断していた。じつは「第一航空艦隊」のベテラン無線士たちは、アメリカの無線傍受担当者にその作業上の癖をあえて認知させるため、本国残留を指示されていたのである。結果、米海軍情報部は、日本の空母群は、いまだ本国水域に投錨していると判断した。まさか全速力でハワイに向かっているなんて、アメリカ側は夢想だにしなかったのである。

十二月一日、最後の御前会議で「X日（開戦予定日）」が了承された。翌二日午後五時、「聯合艦隊」参謀長、宇垣纏中将の許に大本営から「大海令第九号」の開封を許可するとの電報が届いた。それは「第一航空艦隊」――当時、経度一八〇度の日付変更線を越えて、西経側に入ったところだった――に対し、十二月六日の真夜中以降、いつでもオアフ島攻撃に取りかかってよしと命じるものだった。宇垣はこの命令を「第一航空艦隊」長官、南雲忠一中将に暗号電文で送った。「ニイタカヤマノボレ　一二〇八」[68]。ニイタカヤマ（新高山）とは台湾にある山の名前で、当時、大日本帝國の最高峰だった

いまや南雲機動部隊のすべての将兵に対し、目指す標的が告げられた。水兵の倉持壱岐はこう叫んだが、大半のものが同じ想いだったろう。「ついにニッポンは米英と戦争をおこなえるのだ。ハワイ空襲。夢が叶った。この知らせを聞いて、本土の人々は何を思うか。興奮せずにはおられまい。みなが拍手喝采しているさまが目に浮かぶようだった。われわれも同じ気持ちだ。傲慢な鬼畜米英に思い知らせてやる！」

空母「蒼龍」の艦上攻撃機パイロット、大多和達也は、こう考えたことを憶えている。「もし許されるなら、飛び上がって『万歳！』と叫びたかった。そして自分はなんて果報者なのだろう、こんな歴史的瞬間に立ち会えるなんてと思った」[69]。だが、すべての者が高揚していたわけではない。千種定男少佐はこう考えたことを憶えている。「ハワイ攻撃に参加しなければならないことを、ひどく残念に思った。兄弟が一人、ハワイに住んでいたから」[70]と。少佐はすでに両親と妻に別れの手紙を書いていた。長年連れ添ってくれてありがとうと、妻には伝えていた。

空母「赤城」の参謀長室にはふたつの台が設えてあり、そこにはオアフ島と真珠湾の巨大な模型が鎮座していた。パイロットの一人、中島米吉飛曹長は言う。「飛行訓練を終えると、われわれは米艦の模型のまわりに集まる。すると、パイロットがどの模型がどの艦なのかと尋ねた。『こいつは？そいつは？』と。自分はいまや七三歳だが、まるで詩の一節のように、今でもそれらの艦名を憶えて

いる」[71]と。

十二月二日、暗号書をすべて焼却せよという命令が「北米（マニラを含む）、カナダ、パナマ、キューバ、南洋諸島（ティモール島を含む）、シンゴラ（タイ南部の都市、現ソンクラー）、チェンマイ」[72]駐在の日本外交官や、イギリス、オランダの植民地にいる日本政府関係者へと送られた。特にワシントンの野村大使宛てメッセージは、「暗号解読機の使用を直ちに中止し、完全に破壊［し、かつ］日本とやりとりしたすべての電文およびその他の秘密文書を、貴官が最も適当と思われる時期、方法によって廃棄せよ」と命じていた。取るべき手順については、海軍武官と接触するようにとのことだった。武官が「そのための」化学物質を持っているからと。

同じく十二月二日、野村はローズヴェルト大統領からのメッセージを受けとった。日本軍はインドシナで兵力増強に動いているが、さらなる征服行をおこなうつもりなのかという照会だった。野村は返答した。中国軍の活動が高まっているため、日本としても兵力を増強せざるを得ないのであり、また大統領がおっしゃる数字はいささか大げさに過ぎますと。

翌十二月三日、山本提督は東京へ赴き、「奉勅命令」を受け取った。彼があれほど気が進まなかった戦争に向け、「聯合艦隊」を指揮せよという命令書で、皇居で天皇陛下から直接手渡された[73]。山本はのちにこう述べている。陛下におかれては「開戦のやむを得ざるを完全に理解され、晴朗」であられたと。

一九四一年を通じて、日本は開闢以来、最も大規模な軍事作戦のひとつを構築していった。太平洋全域に放ったスパイからの情報をもとに、六カ月にわたる不眠不休の立案作業の結果、辻政信陸軍大佐は東南アジア侵攻作戦──「あ号作戦（南方作戦）」──の青写真をその夏、東京の大本営に提出していた。杉山元・陸軍参謀総長は、この帝國陸軍によるマラヤ、シンガポール、ビルマ（現ミャンマー）、フィリピン、ウェーク島、グアム島、ボルネオ島、ジャワ島侵攻計画について、根掘り葉掘り質問を浴びせた。なにしろ陸軍は、中国大陸の征服すら未だ果たせずにいるのだから。すると、辻参謀は大胆にもこう主張した。「仮に十一月三日に戦端を開いた場合、われわれは元旦にはマニラを、［一九四二年の］二月十一日までにはシンガポールを、三月十日にはジャワを、四月十九日にはラングーン（ヤンゴン）を占領できるでしょう[74]」と。辻参謀に言わせれば、わが予言は壮大な地球規模の闘争のすえにすべて実現され、わが日本は文字どおり「大日本帝國」になるのだというわけだ。

「南方作戦」にもとづいて、帝國海軍もそれぞれの目標に向かいつつあった。ハワイへ急行する南雲忠一中将の「第一航空艦隊」はアメリカ軍の参戦に睨みをきかせ、帝國海軍の他の部隊の側面を守る役割も担っていた。この間、小沢治三郎中将は十一月二十日、英領マラヤ侵攻のため、小規模部隊「南遣艦隊」を率いて日本を出発していたし、百隻近い軍艦からなる高橋伊望中将の「第三艦隊」はフィリピン攻略を目指してルソン島に向かい、また井上成美中将率いる「第四艦隊」がグアム島に、近藤信竹中将の「第二艦隊」が蘭領東インド、ティモール、ビルマを目指すといった具合だった。太平洋全域を征服すべく輸送船にすし詰めにされた帝國陸軍の徴集兵たちは、この時のために用意された手引きを熟読していた。今後数日間の諸君の奮闘努力が「三〇万白人の圧政から一億アジア人を解放するのだ[75]」とそこには書かれていた。

　かくも大規模な艦隊が形成されていくというのに、ワシントンのアメリカ人はまるで自己暗示にでもかかったように、ただただそれを見つめるだけだった。しかも全体の規模があまりに大きかったため、オアフ島をめざす比較的小ぶりの南雲「機動部隊」には目が行かなかった。真珠湾攻撃は、アメリカ史における一大事件ではあるけれど、当時の日本にとっては、「南方作戦」に伴う開戦劈頭の付随的作戦にすぎなかった。山本五十六「聯合艦隊」司令長官は、大規模な南進こそが「帝國の命運を決する戦争へとつながる」[76]と予想し、本土防衛のための「聯合艦隊」本隊――戦艦六隻、軽空母二隻、軽巡洋艦二隻、駆逐艦一三隻――とともに、後詰め役に回っていた。

北太平洋を横断する南雲艦隊は、気象の変化に合わせ、折々陣形を調整したが、やがて艦隊は航行序列を整えた。六隻の空母群が三隻ずつ二列縦隊――右に「赤城」、「加賀」、「瑞鶴」、左に「蒼龍」、「飛龍」、「翔鶴」――で航行し、その外側で「比叡」、「霧島」の両戦艦、「利根」、「筑摩」の重巡洋艦が脇をかため、さらに周囲をぐるりと駆逐艦が囲んでいた。警戒隊の旗艦、軽巡「阿武隈」が輪型陣の先端を航行し、この輪型陣のおよそ二〇〇カイリ前方には、三隻の潜水艦が、航路哨戒の任にあたっていた。空母群の後方には八隻の油槽船が随伴し、一六ノットという最も低速な「東栄丸」に合わせて、艦隊全体の基本速力が設定された。

南雲艦隊がついに日付変更線を越えた。この日、かれらは十二月三日を二度経験することになった。これと同じ時刻に、第一、第二、第三の潜水隊が、特殊潜航艇からなる「特別攻撃隊」とともに、半径三〇〇カイリの圏内に入り、ハワイ諸島を完全に包囲した。これとは別に、九隻の潜水艦がアメリカ西海岸の沖合で遊弋を開始し、淵田中佐の航空部隊がハワイ攻撃を開始したとの信号を受け取るや否や、米本土に手当たり次第の攻撃を加える手はずになっていた。

十二月四日、ホワイトハウスでローズヴェルト大統領はこう言っていた。「どうしてインドシナに軍隊を大量投入しているのだと訊いてやったら、日本人は濡れた雌鳥の集団みたいに慌てふためいていたぞ[77]……連中は準備が整うまであらゆるやり方で時間稼ぎをするつもりのようだ」と。その翌日、ローズヴェルトの海軍副官が「MAGIC」情報を持ってきた。ほとんどすべての「暗号電文」を焼却し、暗号解読機をひとつを残して破壊し、すべての秘密文書を断裁せよ――と日本の在外公館に指示する内容だった。で、日本はいつ攻撃してくるのだと大統領が尋ねると、その副官は「いつ来てもおかしくありません」と答えた。ハロルド・スターク海軍作戦部長はのちに、その日のことをこうふり返っている。「われわれは戦争がもはや時間の問題だと感じていた」と。

開戦の危険性はいちおう警告したものの、米「太平洋艦隊」司令部が日本の脅威を十分理解していないのではと懸念して、海軍情報部のローレンス・サフォード大佐は十二月三日、キンメル司令長官と第一四、第一六海軍管区に対しメッセージを送っている。それは情報士官の役割を逸脱する行為で、しかも大佐は「ＭＡＧＩＣ」情報の内容に触れ、また日本の外交暗号「パープル（紫）」を名指しするなど、国家安全保障上のルール違反までやっていた。「東京発十二月一日付け二四四四電はロンドン、香港、シンガポール、マニラに対し、パープル暗号機の破壊を命じている。バタヴィア〔現ジャカルタ〕の暗号機はすでに東京に返送済みである。十二月二日付けワシントン宛て電文もまた、パープル暗号機、ならびにその他暗号関連システムを、一基を残しすべて破壊し、さらに秘密文書の全量廃棄を指示している。英海軍本部は本日、在ロンドン日本大使館がすでにこの指示に従ったと報告している[78]」と。

サフォード大佐の至急電について、海軍法務総監部のヘンリー・クラウゼン捜査官はこう認定している。「東京が暗号関連のあれこれを、解読機をふくめ、破壊しろとその在外公館に対し命じたことは、以後、起きうべき日本軍の攻撃がもはや後戻りがきかず、あとは戦争しかないことを誤解の余地のない形で伝えていた。いったん暗号機が破壊されれば、東京との効果的な意思疎通は不可能になるからだ[79]」と。

同じく十二月三日、日本領事館の電話を盗聴していたＦＢＩは、そこの料理長がハワイ在住の誰かに、総領事はいま書類を焼却中だと話しているのを耳にした。ＦＢＩのロバート・シヴァーズ捜査官はこの情報を海軍のメイフィールドと陸軍のビックネルにそれぞれ伝えた。ビックネルは言う。自分はこの話を十二月六日のスタッフ会議で披露したと。

その同じ日、スターク率いる海軍作戦部は、麾下の全指揮官に対して「極めて信頼できる情報によると、在香港、シンガポール、バタヴィア、マニラ、ワシントン、ロンドンの日本在外公館に向け、昨日、暗号書と解読機の大半を処分し、その他重要な機密文書をすべて焼却せよという絶対的かつ緊急の指示が送られた[80]」という情報を伝達、各員に注意喚起を促した。

その夜、フィリピン駐在のイギリス情報員――おそらくはジェラルド・ウィルキンソン大佐――から、在ホノルルの情報機関に、以下のような至急電が送られた。「考慮すべき重要情報を入手した。インドシナ情勢の今後の展開を裏付ける内容だった。（Ａ）１、空港および鉄道関連で日本側の準備活動が活発化している。２、十一月十日以来、一〇万人、くりかえす、一〇万人の追加部隊と相当数の戦闘機、中型爆撃機、戦車、火砲（七五ミリ）が到着している。（Ｂ）具体的数量の推計値は、すでに当地の米軍事情報筋から十一月二十一日、ワシントンに通報済みである。（Ｃ）日本が近々、英米への敵対行動を検討しているというのが、われわれの熟慮の結論である。日本は当面、ロシアを攻撃する意図はない、くりかえす、意図はないものの、南方での行動はあり得よう。在ホノルルの米陸海軍情報部の各責任者にも一報を乞う[81]*」。この情報は在ハワイの情報部門担当者――陸軍のビックネル、海軍のメイフィールド、ＦＢＩのシヴァーズ――には滞りなく伝えられたが、この電文もＦＢＩの報告も、アメリカ本国の海軍省にはとうとう送られなかった。キンメル長官のたび重なる要請にもかかわらず、かれの上官たちは「ＭＡＧＩＣ」情報をキンメルのもとに随時送ることはしなかったし、キンメル提督もみずからが独自に入手した情報をワシントンに上げることはなかった。

サフォードやスタークから送られてきたメモを読んだあと、キンメル提督は部下の情報担当士官、エドウィン・レイトンにこの「パープル（紫）」マシーンというのは、いったい何だと訊いている。分かりませんが、調べてご報告しますとレイトンは言った。レイトンが「太平洋艦隊」の保安担当士官であるコールマン大尉に早速尋ねると、大尉はこう説明してくれた。「それは電気式暗号機で……日本の外務省と在外公館のあいだの連絡に用いられています。〝パープル〟というのは暗号機の型を指しており、従来の〝レッド（赤）〟の改良版です」と。

海軍情報部のリッチモンド・ケリー・ターナー少将は、ハワイにいる提督たちは当然、この知らせの重大性を十分認識しているものと思い込んでいた。「われわれは全員、この情報がとてつもなく重要だと考え、だからこそキンメル、ハート両提督にわざわざ送ったのだから。なにしろ、そんな場所に配備された暗号機が、そんな形で破壊されるということは、私の知識と経験からして、それらが破壊された国の首都やその他の場所で、戦争が勃発することを間違いなく、かつ確実にしめすものだったから。……二日ないし三日後の開戦をしめす兆候である。……ワシントンとマニラで敵の暗号機が破壊されたということは、交戦相手にアメリカもふくまれることを疑いようもなくしめしていた」と。だが、ハワイでは、レイトンがキンメル提督に「パープル」がどういうものか説明したあとも、敵性国家が暗号機を破壊するという行為のもつ重大性を、提督は理解しなかった。「第一四海軍管区」司令官のブロック少将も、またこのメッセージを在ハワイの陸軍側トップ、ショート将軍に転送する

＊　米海軍省が「ＭＡＧＩＣ」によって得た情報を、秘密保持をはかりつつ、現場の各指揮官にいかにして伝達したか、その手順の詳細は、『真珠湾最後の真実』ヘンリー・Ｃ・クラウゼン、ブルース・リー／鈴木主税訳（飛鳥新社）を参照。

よう指示された海軍中佐も状況は似たようなもので、なんだこいつはマーシャル将軍から送られてきたメッセージと大同小異の内容じゃないかと考えたという。

米陸軍情報部極東課長のルーファス・ブラトン大佐は、海軍側のサフォード大佐と同様の懸念から、部下のスタッフにこう言っていた。「極東で近く重大事が発生しそう」なので、わが課は「今後二十四時間態勢に移行する」と。そのうえでブラトンは海軍作戦部のマッコラム極東課長に「太平洋艦隊」の現状について質問した。「そっちの連中はしかるべき警戒態勢を取っているか。油断なく待機しているか。警告は十分か」と。

マッコラムは自信に満ちた声で答えた。「ああ、もちろんだとも。艦隊はいまごろ……外洋に出ているはずだ」

警戒を促すメッセージは翌日も続いた。モーゲンソー財務長官がローズヴェルト大統領にこう報告したのである。「今夕五時四十五分に受けた報告によると、日本銀行ニューヨーク支店の代表が、本国の指示で明日、支店を閉鎖するそうです。同代表は十二月十日にニューヨークを離れ、日本へ向かうとのことです(82)」と。

大統領の友人の一人で、メソジスト派聖職者のイーライ・スタンリー・ジョーンズ師が十二月四日、ホワイトハウスを訪れて、日本の寺崎英成書記官の秘書から託された秘密メッセージを手渡した。三日前、来栖特使は東郷外相に対して、ローズヴェルト大統領と天皇陛下の直接対話をおこなう案について打診してみたが、この案は木戸内大臣によって即座に却下されたという。時間がみるみる失われていくのが分かっていたため、必死の来栖特使は寺崎書記官にこう訴えた。「仲介者をとおして大統領に接触し……平和を求めるメッセージを……東條総理を通さず……天皇陛下宛てに直接送ってもらえるかどうか打診してみて欲しい(83)」と。ジョーンズ師との面会の場で、ローズヴェルト大統領は言った。天皇に直接働きかける案はこれまでも検討したことがあったが、ここワシントンに駐在する人間の頭越しに天皇に接触することは、かえって彼らの感情を害するのではないか」と心配していると。じつは大使館側もそれを求めているのですよと、ジョーンズ師は言い、そのうえで、この動きは日本の外相、首相の知らないところで進められているため、彼らがそれに関与していることは秘密にすべきと考えます。ゆえに大統領、「メッセージにおいてミスター・テラサキの名前には決して触れないでください」と。ローズヴェルトは言った。「きみは勇敢な男だと、その若い日本人に伝えてやってくれ。この件について、彼が関与したことは誰にも話さない、秘密保持は万全だとね」

　その同じ日、野村大使は、寺崎をふくむ大使館員の大半をただちに移動させるよう本省から指示された。これに対して、野村大使は寺崎は現在、「情報活動」に従事しており、それを完遂するまで離任の時期を遅らせてもらえないかと要請したが、外務省側の返事はノーだった。来栖特使がすぐさま必死の嘆願をおこなった。「日米交渉における現在の状況に鑑みるに、今回の情報活動の重要性は、本省側も十分にご承知のことと感じております。当面の状況下ゆえに、寺崎の仕事は余人をもって代えがたく、交渉の妥結に向けて確かな展望が開けるまで当地に留めおきたいと考えております。どうかこの方針に沿った努力がおこなえるよう、ご配慮を賜りたく。かれの現行任務に片がつきしだい、本来の職務に復帰させますから」と。

　この公電にかんする「MAGIC」情報のなかで、米海軍情報部の翻訳課長、アルヴィン・クレイマー大佐は「テラサキ」という名前にこんな注釈を付けている。「二等書記官〔三人いる一等書記官の一人〕。西半球を担当する日本のスパイ活動の責任者。彼とその助手たちはこのあと南米に派遣される予定」と。これは極めて重要な情報であると、クレイマーは判断していた。なにしろ米海軍情報部は〝テラサキ〟なる人物に、以下のような特記事項を付していたから。「特別訓練を受けた諜報員で、しかも同様に特別訓練を受けた部下数名をかかえている。夏季における彼の主要関心事はラテン・アメリカにスパイ組織を立ち上げることではなかった。彼が合衆国を離れるよう指示された事実は、変化をしめす更なる兆候であろう(84)」と。今回の辞令にかんしては、陸軍情報部極東課長のブラトン大佐もほとんど同じことを言っている。「つまりこれは、いよいよ時間ぎれが迫っており、危機が到来しつつあることの表れである」と。

南雲忠一中将率いる「機動部隊」の規模と技術水準は驚くべきものだったが、彼らがになう任務の驚異度は、それに優るとも劣らぬものだった。ともかく秘密厳守が不可欠なため、航空無線は使用禁止にされ、各艦の通信設備の一部は、発信不能にされていた。艦船どうしの意思疎通は探照灯の点滅か、手旗信号をつうじて行われた。十二月五日、真珠湾をめぐる最大のミステリーのひとつが発生した。南雲艦隊が外国船(ただ一例のみだ)と遭遇したのだ。それはソ連のトロール漁船「ウリツキー号」で、同船は米オレゴン州ポートランドとウラジオストクの間を行き来していた。「第一航空艦隊」とこのトロール船が互いを目視したことは分かっているが、そのさい南雲はなぜ、この漁船を撃沈しなかったのか、その理由は定かでない。またもし仮に、同船が南雲艦隊を見たとどこかに報告していたのなら、どうしてモスクワはそのことをワシントンに告げなかったのか。じつはスターリンは、リヒャルト・ゾルゲが率いるスパイ集団から日本政府の動きにかんし、数多くの有力情報を得ていたという説がある。スターリンは当時、ドイツとは干戈を交えていたけれど、日本とはいまだ交戦状態に入っておらず、故にそうすることで「ソ連の」東部戦線の平和維持に役立つなら、ローズヴェルトに知らせない方が得策と考えたのかもしれない。

米駆逐艦「セルフリッジ」が、ハワイ付近の海中にいる国籍不明の艦船を水中聴音機によって捕捉した。十二月五日金曜日の午前二時三〇分から三時三〇分にかけてのことだったが、その後失探《しったん》した。これとは別に、米駆逐艦「ラルフ・タルボット」も、真珠湾からおよそ五カイリの地点で正体不明の艦船を捕捉、これを潜水艦と確認し、爆雷投下の許可を求めたけれど、両艦を束ねる、「セルフリッジ」側の戦隊長が、そいつはシャチだと決めつけ、要請を却下した。「こいつがクジラなら、きっとそいつは尾っぽにモーターボートでも取り付けてるんでしょうね[85]」というのが、「ラルフ・タルボット」側の反応だった。

同じく五日、在ハワイ日本総領事館は東京からの至急電を受け取った。「艦隊の四日以降の動向を知らせよ[86]」という、諜報員宛ての要請だった。これを受けて、吉川猛夫は件の日本料亭「春潮楼」の望遠鏡で、キンメル艦隊の在泊状況を確認し、つぶさにメモ書きした。戦艦八隻、重巡洋艦二隻、軽巡洋艦六隻、駆逐艦四三隻、潜水艦四隻と。当時、アメリカ艦船のうち、一〇六隻はアラスカからソロモン諸島にいたる太平洋各地に散らばっていた。しかもこれまでと同様、空母「サラトガ」はカリフォルニア州に留まり、空母「レキシントン」は海兵隊用の航空機を積んでミッドウェー島へ向かい、空母「エンタープライズ」は積み荷の航空機をウェーク島に届けおえて、ハワイに戻る途中だった。そうか、空母は一隻もなしかと、吉川は確認した。

料亭を出た吉川は、タクシーで真珠湾の周辺部まで行き、観光客を装いながらその辺を散策しつつ、メモを取った。一三〇〇時（午後一時）までに、東京宛てに以下の報告を送った。「現時点では阻塞気球［低空飛行するパイロットを妨害するため、気球に金属製ケーブルを付けて揚げたもの］の気配はなし。また、その手のものを米軍が保有しているとは考えづらい。たとえ備えがあろうと、真珠湾、ヒッカム、フォード、エワ周辺の飛行甲板や滑走路上空の制空権を確保しなければならないため、阻塞気球によって真珠湾を守ることには限界があろう。そうした可能性を勘案した場合、これら

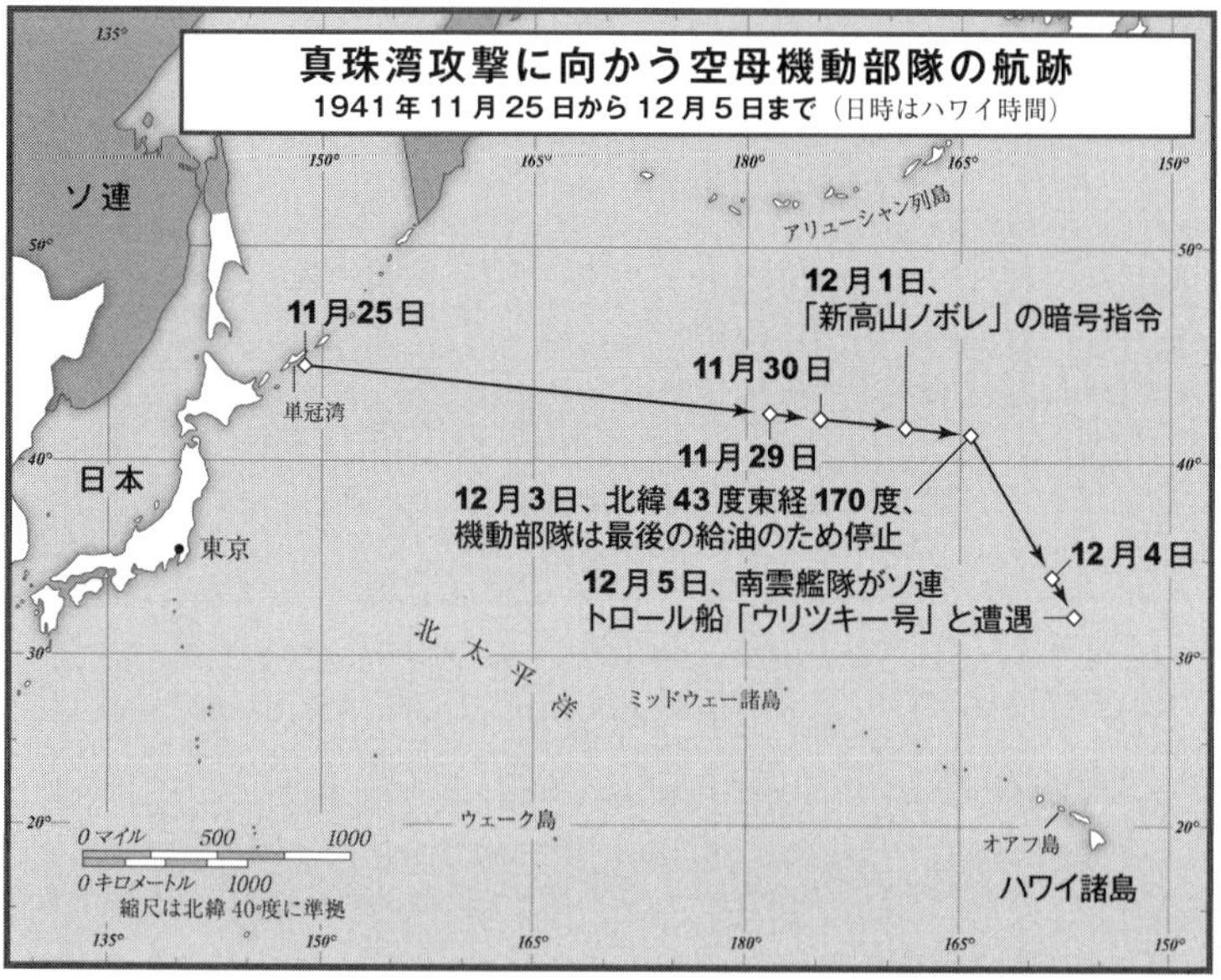

の場所への奇襲攻撃において優位にたてる可能性は相当程度あるものと思われる。私見だが、戦艦に対しては魚雷防御網はない模様。詳細は不明だが」

「これらの場所への奇襲攻撃」との文言は、吉川たち日本総領事館の関係者が、なにが起きるか事前に知っていた表れなのだろうか。吉川はその夜、アイエア高地とパール・シティにも足を運び、最後の報告を作成した。その電文には「艦隊航空部門によって航空偵察がおこなわれている兆候はいっさいない」とあった。もっとも、吉川はのちに「奇襲攻撃」云々は単なる偶然の一致だと主張している。

例によって、これらの電文は「パープル」により暗号化されたあと、東京へは民間業者――「マッケイ・ラジオ・アンド・テレグラフ社」か「ラジオ・コーポレーション・オブ・アメリカ（RCA）社」――の回線経由で送られた。「MAGIC」側はこれら十二月六日付けメッセージ三本をすべて傍受し、それらは解読・翻訳作業に回された。ただ、東京からのメッセージが処理されたのは十二月十二日だったし、吉川の返事が処理されたのは十二月八日だった。「MAGIC」の処理能力がらみの作業遅延に加え、誤訳の問題もあった。例えば「これらの場所への奇襲攻撃において優位にたてる可能性は相当程度あると思われる」という部分は、「すべてはすでに引き下ろされたように思われる」と訳されている。

その金曜日（十二月五日）に、ホワイトハウスでおこなわれた閣議の席上、ハル国務長官は野村、来栖両大使との会見についてこう語っている。「刻一刻と、時間ばかりが過ぎるなか、彼らには腹をわって話をする気など毛頭なく、彼らの言うことは曖昧で二重の意味を持っているのだと、私はますます確信するようになった。……彼らにはわれわれと名誉ある合意をまとめる気など、さらさらないのだと私は確信した(87)」と。労働長官のフランシス・パーキンズ女史はその閣議の模様をこう記憶している。「日本がアメリカを攻撃することへの懸念は、いっさい見られなかった。日本がイギリスを攻撃し、シンガポールまでいたるかもしれないという懸念のほうが大きかった。スティムソン陸軍長官によると、『フィリピン防衛は不可能だ。われわれはいつだってそう思っていた』そうだ。一方、アメリカ海軍は完璧な自信に満ちていた。［兵力の配置は］どこに、どんな形で分散するのかという質問を、誰も尋ねなかったくらいである。そんな質問は、途方もなく失礼だとでも言うかのように(88)」

【章末注】

（1）「どうか私が理解できる言葉で」：*Gozen Kaigi.*／『御前会議』五味川純平（文春文庫）ほか。／『大戦略なき開戦』原四郎（原書房）による孫引き。／以下「Hara」

（2）「彼らはすでに開戦を決意していたから」：Ibid.

（3）「夜十二時まではよろしい」：Ibid.

（4）：「おそらく避けようがないのだろう」：Hotta, Eri. *Japan 1941: Countdown to Infamy*. New York: Alfred A. Knopf, 2013.／著者自身による邦訳：堀田江理『1941――決意なき開戦／現代日本の起源』（人文書院／二〇一六年）の当該箇所は以下のとおり：天皇は目に見えて悲しげだった。そして自らは外交解決を望んでいると、改めて言明した。しかし総長たちに向けられた具体的な質問は、技術的な性質のものに終始した。天皇も、東郷や賀屋と同じく、戸惑いながらも差し迫る戦争を受け入れる方向に、自らの思考を調整しているように見えた（同書三一〇ページ）。

（5）「もちろん、陛下は平和主義者で」：Hattori, Takushiro. *Dai toa senso zenshi*［The complete history of the Great East Asia War］. Tokyo: Headquarters, US Army Forces Far East, 1953-54.／『大東亜戦争全史』服部卓四郎（原書房）。Fujiwara, Akira. *Showa tenno no ju-go nen senso*.／『昭和天皇の十五年戦争』藤原彰（青木書店）で言及。

（6）：「よくぞ男に生まれつる」：Gordon W. Prange Papers, Hornbake Library, University of Maryland.／以下「Prange papers」

（7）「合衆国とのあらゆる問題を平和裏に決着させる」：Congress of the United States, "Hearings before the Joint Committee on the Investigation of the Pearl Harbor Attack," Seventy-Ninth Congress, 1946, Center for Legislative Archives.／以下「PHA.」

（8）「開戦の劈頭、フィリピン、マラヤに対する攻撃とほぼ同時」：*Gozen Kaigi*, Hara.

（9）「［アメリカ側の］政策と、日本をめぐる国際政治情勢」：US Department of State, *Peace and War: United States Foreign Policy, 1931-1941*, National Archives, Maryland.／以下「State.」

（10）「太平洋の状況は、着実に危機の方向に」「明らかな事実は」：PHA.

（11）「いまここで徒に腕組みをし状況を座視し」：Hara.

（12）「もし状況が今のままなら、一連の交渉が早急な解決策につながる見通しは一切ない」：Hotta, *Japan 1941*.／「此ノ儘デハ急速ニ妥結ノ見込ハ先ヅナキモノト断セザルヲ得ナイ」

（13）「世界の大惨禍」「個人としての意見と正確に正反対の決意」：Larrabee, Eric. *Commander in Chief: Franklin Delano Roosevelt, His Lieutenants, and Their War*. New York: A Cornelia and Michael Bessie Book,

Harper and Row, 1987.
(14)「大波瀾の瀬戸際」：PHA.
(15)「両国関係は極めて不安定になって」：Ibid.
(16)「おいおい、余計な混ぜ返しはしないように」：Cordell Hull Papers, 1908-56, and Memoranda of Conversations, 1933-44, Library of Congress Manuscript Division, Washington, DC.／以下「Hull papers」
(17)「現時点において」：PHA.
(18)「将来の世代から責めを受けるような行動」：State.
(19)「単なる便宜上の一時的取り決め」：Ibid.
(20)「湾内のアメリカ太平洋艦隊に」：Prange papers.
(21)「小さくて、豆粒のようだった」：Allen, Thomas B. *Remember Pearl Harbor: American and Japanese Survivors Tell Their Stories*. Washington, DC: National Geogrphic Society, 2001.
(22)「高度は、一〇メートル」：Editors, "Remembering Pearl Harbor," *National Geographic*, June 28, 2014.
(23)「わが艦隊に対する航空攻撃」：Pfeiffer, David A. "Sage Prophet or Loose Cannon? Skilled Intelligence Office in World War II Foresaw Japan's Plans, but Annoyed Navy Brass." *Prologue* 40, no.2 (Summer 2008).
(24)「日米関係が険悪の度を」：PHA.
(25)「戦争の衝撃に備える」「たとえ臭わす程度でも」：Baldwin, Hanson W. "160 Ships Berthed at Pearl Habor." *New York Times*, May 27, 1935.
(26)「なぜなら、それは運任せの危険な作戦だからだ」：Bartsch, William H. *December 8, 1941: MacArthur's Pearl Harbor*. College Station: Texas A&M University Press, 2003.
(27)「キンメル提督はごく並みの、平均的な人物ではない」「帝國はいま、傲慢なる宿敵」：Prange papers.
(28)「対中紛争と現在かかわりあいのない地域」：State.
(29)「十一月末日に設定された新期限がもはや動かしがたい」：Hotta, *Japan 1941*.
(30)「野村提督をサポートするため、ミスター来栖をワシントンに派遣したい」：PHA.
(31)「交渉成立の見込みは三割」：In Saburo Kurusu, *Homatsu no Sanjugonen*（Tokyo: Chuko Bunko, 2007）［『泡沫の三十五年——日米交渉秘史』来栖三郎（中公文庫）］
(32)「友人のあいだに［もはやこれまでといった］最後の言葉はない」：Hull papers.
(33)「一年のいま頃の時期は」：From "The Southern

Cross" by Iki Kuramoti in PHA.
（34）「十一月二十六日午前六時、夜明け前の薄暗いころ」: Mitsuo Fuchida, "I Led the Attack on Pearl Harbor," in Stillwell. / Stillwell, Paul, ed. *Air Raid: Pearl Harbor!* Annapolis: Naval Institute Press, 1981.［参考］『真珠湾攻撃』淵田美津雄（ＰＨＰ文庫）
（35）「緊急時における特別メッセージ」: PHA.
（36）「コヨリ状に巻かれた和紙の上に」: Savela, Edward. "The Spy Who Doomed Pearl Harbor." *Military History Quarterly*, November 2011.
（37）「状況はクライマックスへと向かい」: Ibid.
（38）「合衆国が日本の過去の侵略を容認し」: Hulltestimony, PHA.
（39）「日本との交渉から望ましい成果」「私はつねにハル国務長官と」: PHA.
（40）「編隊の先頭をいく貴様が」: Genda, Minoru. *Shinjuwan sakusen kaikoroku*. Tokyo: Yomiuri Shinbunsha, 1973.［源田実『真珠湾作戦回顧録』（読売新聞社）］
（41）「アハトゥング、ウォーニング、アレルト！」: Bell, Joseph N. "Mystery of Magazine Ads Hinting of Pearl Harbor Attack Lingers 48 Years Later." *Los Angeles Times*, December 7, 1989.
（42）「それらの島々に兵員を配置するなら」: このやりとりの詳細は以下を参照。Gillon, Steven M. *Pearl Harbor: FDR Leads the Nation into War*. New York: Basic Books, 2011 とPHA.
（43）「早ければ来週の月曜日にも」: *Diaries of Henry Lewis Stimson*, Yale University Library, New Haven, Connecticut.／以下「Stimson diary」
（44）「要らんよ、そんなもの《ヘル・ノー》！」: 詳細は、Gillon とPHAを参照。
（45）「陸軍情報部から気になる知らせ」: Ibid.
（46）「プライドが高く、力もある民族に」: Iguchi, Takeo, *Demystifying Pearl Harbor: A New Perspective from Japan*, translated by David Noble. Tokyo: I-House Press, 2010.／『開戦神話――対米通告はなぜ遅れたのか』井口武夫（中央公論新社／二〇〇八年）／『開戦神話――対米通告を遅らせたのは誰か』と改題（中公文庫／二〇一一年）
（47）「この妥協案に日本が同意するという見通し」「心より願っております」: PHA.
（48）「日本国政府は陸海空の戦力と警察力」: State.
（49）「私は手を引くから」: Stimson diary.
（50）「ビルマ・ロード、英領マラヤ」: PHA.
（51）「冷水を浴びせる」: State.

(52)「公文に接した際の失望した気持ち」「まさに天佑神助」：Hotta, *Japan 1941* 中の Togo, Jidai no Ichimen／東郷『時代の一面』からの引用。
(53)「私が最悪のゴロツキどもの発想法を」：PHA.
(54)「戦争への警戒を企図して」：Ibid.
(55)「われわれは［十一月二十七日付けの電報を］明確な開戦」：Ibid.
(56)「ハワイ島内の問題にかんする私の印象は」：PHA.
(57)「対空防御にかんする」：Ibid.
(58)「今朝のニュース」：Franklin Delano Roosevelt Library, Hyde Park, New York.／以下「FDR papers.」
(59)「ヂリ貧を避けんとして、ドカ貧にならないように」：Hara.
(60)「緊急事態に備えて」：PHA.
(61)「可能性が最も高いのはタイの占領」：Ibid.
(62)「テーブルの上座」：Hull papers.
(63)「連中はみな、ナイフやナタをちらつかせて」：Ibid.
(64)「陛下が平和に高い価値をおかれていることは」：Hara.
(65)「戦さは最後までやってみなければわからぬ」：Iguchi.
(66)「わずか一カ月の運用期間で」：PHA.
(67)「その場合は、もうすでに目撃情報が」：Ibid.
(68)「ニイタカヤマノボレ　一二〇八」：Prange papers.
(69)「飛び上がって『万歳！』と叫びたかった」：Brinkley, David, narrator. *Pearl Harbor: Two Hours That Changed the World*. NHK/ABC News Productions, May 26, 2001. NHKスペシャル「パールハーバー――日米の運命を決めた日」
(70)「ハワイ攻撃に参加しなければならない」：Ibid.
(71)「飛行訓練を終えると」：Editors, "Remembering Pearl Harbor," *National Geographic*.
(72)「北米（マニラを含む）」：PHA.
(73)「開戦のやむを得ざるを完全に理解され」：Prange papers.
(74)「仮に十一月三日に戦端を開いた場合」：Spector, Ronald H. *Eagle against the Sun*. New York: Free Press, 1984.／『鷲と太陽：太平洋戦争――勝利と敗北の全貌』ロナルド・H・スペクター／毎日新聞外信グループ訳（ティービーエスブリタニカ）
(75)「一億アジア人を解放」：Costello, John. *The Pacific War*. New York: Rawson, Wade, 1981.／『真珠湾、クラーク基地の悲劇：責任はだれにあるのか』ジョン・コステロ／左近允尚敏訳（啓正社）

(76) 「帝國の命運を決する戦争」：Prange papers.
(77) 「日本人は濡れた雌鳥の集団みたいに」：Hull Papers.
(78) 「東京発十二月一日付け二四四四電」：PHA.
(79) 「東京が暗号関連のあれこれを」：Clausen, Henry C., and Bruce Lee. *Pearl Harbor: Final Judgement*. New York: De Capo, 1992.／『真珠湾最後の真実』ヘンリー・C・クラウゼン、ブルース・リー／鈴木主税訳（飛鳥新社）。
(80) 「極めて信頼できる情報によると」：PHA.
(81) 「考慮すべき重要情報を入手した」：Ibid.
(82) 「今夕五時四十五分に受けた報告によると」：FDR papers.
(83) 「仲介者をとおして大統領に接触し」：Terasaki, Gwen. *Bridge to the Sun*. Chapel Hill: University of North Carolina Press, 1957.／『太陽にかける橋』寺崎グエン、新田満里子訳（小山書店新社）
(84) 「特別訓練を受けた諜報員で」：Ibid.
(85) 「こいつがクジラなら」：Prange papers.
(86) 「艦隊の四日以降の動向を知らせよ」：PHA.
(87) 「刻一刻と、時間ばかりが過ぎるなか」：Hull papers.
(88) 「日本がアメリカを攻撃することへの懸念」：Perkins, Frances. *The Roosevelt I Knew*. New York: Viking, 1946.

第5章

十二月六日

その前日、一九四一年十二月六日（日本時間七日）のこと。キンメル「太平洋艦隊」司令長官の情報担当士官、エドウィン・レイトンが〇八〇〇時（午前八時）ごろ、キンメル提督にこう告げた。日本軍部隊の動きにかんする警告がワシントンから届いており、これは深刻に受け止めるべきでありましょうと。するとキンメルは言った。だったら、ウィリアム・パイ中将に直接訊いてみろと。なにしろパイ提督は「戦争計画部」で日本を対象とした有事対応計画、いわゆる「オレンジ・プラン」の策定に当たった人物だからと。そこでレイトンは、さっそく当人に会いに行き、現在は戦艦「カリフォルニア」座乗のパイ提督と、その参謀長ハロルド・トレイン大佐に、問題のメモを読んでもらった。そのうえで、レイトンはかれが最も懸念する点について質問した。「問題は日本が今後もわき腹をさらし続けておくのか、それとも南下し、その途中で、フィリピン攻略も併せおこなうかどうかです[1]」と。

「日本が今後もわき腹をさらしておくと、貴官は考えるのか?」とパイ提督は尋ねた。

「そんなことは絶対にないでしょう」とレイトン。

「日本は合衆国と戦争をやる気はない」とパイは主張した。「われわれはあまりに大きく、あまりに国力があり、あまりに強いから」と。そこでパイ提督はトレイン参謀長のほうを向いて言った。「ハロルド、きみはこの考えに同意するかね」

「完全に同意します！」(1)

キンメル司令長官もパイ提督とまったく同意見だった。敵潜水艦が攻撃してくる懸念については「ありえない」と一蹴した。そもそも真珠湾は水深が浅く、魚雷攻撃に向いておらず、第一、敵潜水艦とて、水中に完全に没した状態では湾内に侵入できないと信じ込んでいたから。キンメルは湾口に対潜防御網を張ることさえせず、湾外から撃ち込まれた魚雷を阻止する魚雷防御網だけで済ませていた。なにしろ、ここの水路は、大型艦が錨地に向かうさい、操艦に支障をきたすほど狭いため、艦首をそのまま陸地に向けて碇泊させることさえあるのだ。あとは週明け月曜日の艦隊出動に向けた準備作業のため、タグボートが丸一日かけて、大型艦の舳先を海側に向け直すのだ。

〇八三〇時（午前八時三〇分）、南雲「機動部隊」は最後の燃料補給を終えると、速力のおそい油槽船を背後に残し、南方のオアフ島を目指して一路全速力ですすんだ。墓石のような灰色をした艨艟《もうどう》たちは、いずれも血のように赤い旗を翻していた。

その日の朝、野村大使がワシントンのマサチューセッツ通りを散歩していると、私服すがたのウィリアム・スメドバーグ中将の車が寄ってきて、かれの上司であるハロルド・スターク海軍作戦部長のところへ野村を連れていった。「二人が部屋を出てきたとき、野村は目に涙を浮かべていた。かれは日本の主戦派がなにか劇的な決断をするのではないかとひどく不安がっていたと、スタークはあとで私に語った」と同中将は言う。「もしアメリカが現在の対日制裁を緩和しないなら、わが国の軍人たちはなにか捨て鉢なことをやるだろうというのが私の考えです(2)」と、野村はスタークに言ったそうだ。

野村とスタークがひそかに意見交換をおこなっていた頃、東郷外相から先触れ的なメッセージが届いていた。十一月二十六日付け「ハル・ノート」に対する回答を、計一四部の電文によって送る——とのことだった。「明日には到着すると思うが、確実ではない。状況はきわめて微妙で、よって受け取ったあとも、しばらくは秘密にしておいてほしい」とそこにはあった。ハル国務長官にこの文書をいつ提出するかは追って指示するとのこと。「ただし、その間、しかるべき体裁を整え、指示後、可及的速やかにアメリカ側に手交できるようあらゆる準備を整えること。……あえて言うまでもないが、この覚書の準備作業には、タイピストその他部外者の関与を断固排除するよう。秘密保持には最大限の注意を払うべし」と。(3)

その全一四部にわたるメッセージ「暗号電信第九〇二号」——東郷外相から野村、来栖両大使に宛てた「ハル・ノート」に対する返答（英語で書かれていた）——を傍受していたのは、ピュージェット湾を挟んでシアトルの対岸にあるベインブリッジ島の海軍基地だった。入電は正午前後から始まり、第一三部まではすでに届いており、テレタイプによってワシントンに送付済みだった。

帝國陸軍の将校たちは当初から、イギリスに事前通告をおこなうことなくシンガポール攻略に着手するつもりだった。だが、帝國海軍のほうは、アメリカ相手の「Z作戦」にかんし、別の考えを持っていた。また十二月一日の「御前会議」のあと、昭和天皇も東條英機首相に対し、事前警告なしに合衆国に攻撃することのないようにと、くり返し強調していたほどである。これについて、海軍の駐米大使館附武官補佐官、実松穣は、それは日本の武士道に由来するある種名誉の感覚から来ているのだと説明する。「サムライは、寝ている人間を決して殺さないのだ。その前に、枕を蹴って、相手を起こし、しかるのちに殺すのだ。真珠湾攻撃にもそれと同じ原則が適用された。アメリカ側が目を覚ますのに必要な時間は、およそ三〇分と見込まれた」[4]と。

東郷外相の全一四部にわたるメッセージは結局、事前警告にはならず、十二月七日はアメリカでは「恥辱の日」とされ、全米で「雪辱」を誓う声が澎湃としてわき起こったほどである。なにしろいきなりだった。駆逐艦「モナハン」のとある水兵などはショックの余り、「何てこったい、俺らのことをそんなに嫌っていたなんて、知らなかったぜ！」[5]と口走ったほどである。一方、日本の歴史学者は、そうした結果にいたったのは、単なる電文の扱いの不手際にすぎず、すべては野村、来栖両大使のせいであると説明してきた。だが今日、われわれはそれが事実でないことを知っている。そもそも東京は、電文の発信からアメリカ側への手交にいたる時間割を極めてタイトに設定していた。人的ミスや機械装置の不具合などは端から想定していなかった。東郷の事前メッセージには、事の緊急性、時間的制限については、何ら触れられていないし、しかも東京は、メッセージの各部を順不同に送付した。まずは第四部、第一部、第二部、第三部、第九部がまとめて発信され、以後は「午後遅く、もしくは夕方早くに」送るという案内が続いたと、米陸軍の情報将校、ブラトン大佐はふり返っている。「すべてがごちゃ混ぜでやってきた」と。そして二時間の中断ののち、第六部、第七部、第八部、第一一部、第一二部、そして第一三部が一四五一時（午後二時五十一分）、まとめて到着したものの、最終第一四部にいたっては「その晩の九時と十時のあいだのどこか」[6]まで、なかなか届かなかったと。

ただ、ようやく解読された電文が関係各方面に配布されたとき、これは開戦への脅しだなと受け止めた政府高官はたった二名だった（もっともその一人は、ローズヴェルト大統領その人だったのだが）。ブラトン大佐は、こいつは「最後通牒ではないし、宣戦布告でも、外交関係の断絶でもない」と判断し、陸軍情報部のシャーマン・マイルズ将軍もこれに同意し、「この一三部にかんしては軍事的重要性はほとんどない。日本側はたんに、十一月二十六日のアメリカ側提案「ハル・ノート」は交渉の基礎として受け入れ難いと拒否しているだけで、そのような結果は前々から予想されていたことだと、しばらくの間、割り引いて受け止められた」と述べている。

その日の午後、米陸海軍の軍令トップ――マーシャル陸軍参謀総長とスターク海軍作戦部長――がスティムソン陸軍長官とローズヴェルト大統領にこう告げた。日本との戦争準備が整うまで、陸海軍はまだ数カ月を要するので、対日制裁を若干緩和する必要がありますなと。スメドバーグ中将が当時をふり返る。「オフィスを出るとき、一人がこう言った。『シンガポールのイギリス軍はきっと明日、お目玉をくうだろうな』と。よもや真珠湾に脅威が迫っているなんて、われわれは毛ほども感じていなかった」と。

十二月六日の定例ブリーフィングのさい、日本軍がすでに部隊移動を開始したとの報告があった。そこでフランク・ノックス海軍長官がこう質問した。「紳士諸君、彼らは攻撃してくるだろうか」と。これに対し、リッチモンド・ケリー・ターナー提督が返事をした、「いいえ、海軍長官、連中はイギリス軍を攻撃するはずです。まだアメリカ相手の準備はできていませんから(7)」

最後の給油を済ませると、南雲艦隊は速力を二四ノットにあげた。十分後、空母「赤城」に、あの日と同じ「Z旗」が翻った。大日本帝國海軍の最も輝ける日、「日本海海戦」のおり、東郷平八郎司令長官が掲げた旗である。次いで「聯合艦隊」旗艦から送られてきた、山本五十六司令長官の訓示が各艦に伝えられた。「皇国の興廃繋《かか》りて此《この》征戦に在り。粉骨砕身各員其《その》任を完《まっと》うすべし(8)」と。実際の戦いは、艦隊から二〇〇カイリも離れた場所で航空兵よって展開されるのだが、伝声管で状況を聞かされた「赤城」機関長の反保慶文中佐にとっては、この時が、全作戦をつうじて最も劇的な瞬間だったという。

一方、楽園の島では、状況は違った。「シアーズ・ローバック」社のホノルル支店では、駐車場の椰子の木のまわりにクリスマス・プレゼントをずらりと並べ、週末の準備に余念がなかった。また超満員のスタジアムでは「ウィラメット・ベアキャッツ」相手にたたから地元「ハワイ大学」のフットボール・チームに対し、観客たちが声援を送っていた。本当にいい天気だったと、多くの人がこの日のことを、のちにふり返ることになる。

FBIホノルル支部の日本語要員が午後二時ごろ、長時間におよぶ電話盗聴記録のチェックをようやく終えた。それは東京の新聞記者がホノルルの著名な歯科医で、日本側のスパイと目されるドクター・モトカズ・モリと十二月三日に交わしたやりとりだった。記者は言った。「先生の電報で、要点は分かりました。当面の観察から先生が受けた印象について、うかがいたいのですが。飛行機は毎日飛んでますか」。「ええ」とモリは答えた。「多くの飛行機が飛び回っている」けれど、ハワイ在住の日本人とアメリカ人は「うまく付き合っているよ」と。だが、その記者が米海軍はどうですかと直截な質問をすると、モリは一瞬、言葉をにごし、「われわれはそうした話題には触れないようにしている」と答えた。そこで話題が変わり、東京側はこう尋ねた。「ハワイではいま、どんな花が咲いていますか」と。するとモリは言った。「今かい、一年の今ごろは咲く花が最も少ない時期だけど、ハイビスカスとポインセチアはいまが盛りだな」と。(9)

在ハワイの陸軍側トップ、ショート将軍の対敵防諜官であるジョージ・ビックネル中佐は、この盗聴記録を読んで、「なんか臭いな」と考えていた。だが、「フィールダー大佐もショート将軍も、おまえさん、毎度の〝情報過敏症〟じゃないか」とでも言わんばかりだった。「われわれにはごく普通の会話に聞こえるし、おお、これはと色めき立つようなところはなかったよ」と。一方、FBIホノルル支部のロバート・シヴァーズ捜査官も同様に、何かが引っかかると思って、この線を追ってみたのだが、結局、なんの手がかりも得られなかった。だがしかし、富岡定俊大佐の率いる海軍軍令部作戦課が南雲「機動部隊」に送った電文を見ると、そこには「日系民間人との電話接触によると、オアフ島はきわめて平穏、灯火管制はなし」という一節が含まれているのである。

同じくその日の午後。ワシントンの「海軍暗号部」では、週末を楽しむため、スタッフの大半がすでに退庁したあとだった。ただ、最近ここで働くようになったドロシー・エドガーズ夫人は、「MAGIC」情報のうち、ずいぶんと溜まってしまったハワイ関連のものをこのさい片付けてしまおうと思った。かくて彼女は、東京とホノルル総領事館のあいだで交わされたメッセージを次々に処理していった。真珠湾における阻塞気球の有無、飛行場の位置、艦船の動き、魚雷防止用のネットがどうしたこうしたといった内容だった。ただ、たった一件だが、日本のために働いている地元在住のドイツ系スパイが、最後の最後にどんな情報を発信するのか、それを説明した電文があった。そこでH・L・ブライアント主計兵曹にその電文を見せると、正午の退庁時間までにこいつを訳すのは無理だなと言われ、さらに週明け月曜日まで待てない仕事なのかと訊かれてしまった。でもエドガーズ夫人は、この件は非常に重要であるとみずから判断し、ならばと、職場に居残って、自分で訳すことにした。その日の午後、翻訳課長のアルヴィン・クレーマー大佐がたまたま顔を見せたので、エドガーズ夫人は努力の成果を披露した。大佐は彼女の翻訳のできに文句を言い、推敲をいったん始めたものの、そうそう、私にはもっと大事な仕事があったんだと言った。そこで、私は彼女にこう告げたのだと、クレーマー大佐は当時をふり返る。「こいつはちょっと時間がかかりそうだ、エドガーズ夫人。

今じゃなくてもいいだろう？　どうだね、推敲は来週に回すということで」と。彼女は納得せず、これは今日中に片付けるべき価値のある仕事ですと言い返した。「もう帰りなさい、エドガーズ夫人」というのが大佐の答えだった。「こいつは月曜日に片付けようじゃないか」[10]と。

ヘンリー・スティムソン陸軍長官はその日の日記にこう書いている。「情勢は悪化の一途をたどり、何が起きてもおかしくない気配が漂っている」と。

その日の午後、ローズヴェルト大統領は「ハル・ノート」の強硬一方のスタンスを和らげるため、昭和天皇にもっと穏やかな内容の親書を送ろうと決意し、こう言った。「この一文をすぐさまグルーに伝達しろ。時間が惜しいから、簡単な暗号でもいい。読まれたら読まれたで構わん」[11]と。こうして送られた大統領親書は、米日両国間の「長きにわたり保たれてきた平和と友情」をこののちも続け、「悲劇的な可能性」を回避するよう昭和天皇に働きかける内容だった。これまでの歳月を、日本と合衆国は「その国民の福利とその統治者の叡智をつうじて」過ごし、ともに繁栄をかちとり、それは「実質的に人類全体の助け」にもなったと大統領は総括した。太平洋を共有するすべての国家が「いかなる形の軍事的脅威」も恐れることなく、通商の自由とともに共存する道はないものでしょうかとローズヴェルトは問いかけた。そしてこう結論づけている。「暗雲をうち払う手段がなにより望まれるこの緊急事態を、陛下もわたしと同様、深く思いいたされているものと強く希望しつつ、いまこの瞬間、わたしの想いを天皇陛下にみずからお伝えしたく存じます。偉大な国である米日両国の国民だけでなく、近隣地域に暮らす人々のためにも、われらが伝統的な親善関係を回復し、世界をさらなる死と破壊から守ることこそが、われわれ両国の神聖な責務であると確信するからであります」

ローズヴェルト大統領が陛下に親書を送ったという話を聞き、来栖特使は「『アメリカ』政府の施策としては非常に賢明な一手だ[12]」と忌憚なく語った。陛下におかれては現状では「イエスともノーともおっしゃることはできず、また東京においてはすこぶる頭痛の種ともなろうが、［そうした取り組みは］大きな考える糧を与えることになるからだ」と。だが、陸軍参謀本部の将校たちは、「南方作戦」への無用の干渉を恐れて、この緊張緩和の働きかけを潰す方向で動いた。参謀本部通信課長の戸村盛雄少佐は、この親書が「東京中央電信局」に到着したと知ると、軍刀を振り回して局員を脅し、至急電報の指定を格下げし、グルー大使への配達を遅らせるよう局長に命じたのである。

同じような事態は、東郷外相が野村駐米大使宛てに最終第一四部を送るさいにも起こった。陸軍はまず、第一四部の送信は大統領親書の翻訳が終わるまで遅らせるべきだと主張した。しかも陸軍は、送信のさい、電文の緊急指定に改竄を加えたことが、「MAGIC」情報によって明らかにされている。野村大使宛てのものは「大至急」と指定されていたのに、「至急」かつ「重要」に格下げされていたのである。これはたとえ十二月七日未明にワシントンの電信局にメッセージが届いても、そうした電文が到着した旨を日本大使館に電話で注意喚起することはなく、もっと遅い時間帯の配送に回されることを意味した。さらに当初の文面は、開戦を明示していたのに、陸軍側は単なる外交交渉の打ち切りを宣言するものに改めさせている。

その夜のディナーのさい、ローズヴェルトは三二人の来賓に対しこう告げた。「人民の子たる私は先ほど、神の子に最後のメッセージを送った[13]」と。そのあと、ローズヴェルトが側近のハリー・ホプキンズと会談していると、大統領海軍副官のL・R・シュルツ中佐が、全一四部からなる東郷外相の覚書を解読した「MAGIC」情報を手にやってきた。ただ、最終第一四部はいまだ届いていないとのことだった。大統領はすばやく目を通したあと、ホプキンズに手渡した。かれが読み終えると、ローズヴェルトは言った。日本政府は「交渉の基礎として［ハル国務長官の］提案は受け入れがたい」と言っているようだが、それは「戦争という意味」かと。ホプキンズは大統領の見解に同意し、さらにこう言った。「日本に都合のいいタイミングを見計らって、戦争が必ず起こるのならば、わが方としても、第一撃を見舞って、あらゆる奇襲攻撃を阻止するわけにも行きませんな」と。

ローズヴェルトは言った。「そんなことはできん。われわれは民主主義国であり、平和を愛する国民だぞ」と。そのあと、シュルツ中佐によると、大統領は「声の調子を一段上げて」こう言ったという。「だが、そのおかげで、当方が公正にふるまった記録《グッド・レコード》は手に入る」と。

大統領はハロルド・スターク海軍作戦部長に電話をかけたが、提督は現在、観劇中だと判明し、邪魔しないようにした。案内係が呼びにいって、スタークが「突如として席を離れたら……周囲に無用の警戒を与えてしまうおそれがあったから[14]」だ。

米陸軍の情報将校、ルーファス・ブラトンはその後、軍の委員会の前で、自分は十二月六日夜に傍受情報を配布したと証言することになる。だが、かれの副官であるカーライ・クライド・デューセンベリによると、ブラトンは実際には、電文が半分ほど到着しかけたところで、「午後九時ごろ、退庁・帰宅[15]」し、あとはお前が残って配布しておけと指示しただけだったという。そう言われたデューセンベリの方も、電文の解読・翻訳が終わった時点で、誰にも配布することなく、そのまま帰宅してしまったのだが。その理由について訊かれると、かれはこう答えている。「［そのメッセージには］敵がすぐ攻めてくるなんて思わせる部分はなかったので、おそらく自宅でもう寝ているであろう、毎度の受取人たちを、無理やり起こしたくはなかった」からですと。陸軍法務部のヘンリー・クラウゼン捜査官は「わが文民政府はわれわれ軍から最高度の秘密情報を提供されているが、軍は今回、その職務を適切に果たせなかった」と語っている。

陸軍航空隊を率いるヘンリー・〈ハップ〉・アーノルド将軍はその頃、「第三八偵察飛行隊」と「第八八偵察飛行隊」に対しこう命じていた。〈B－17〉爆撃機をカリフォルニアからフィリピンのクラーク飛行場まで送り届けてくれと。この長距離飛行の最初の中継地が、オアフ島のヒッカム飛行場だった。将軍は出発に先立ち、「戦争が迫りつつある」と部下たちに言った。「今回の飛行中に、諸君は戦争に突入するかもしれない」と。

「もし戦争に突入するなら、どうして機銃を積んでいないのですか」と、トルーマン・H・ランドン少佐が質問した。「それはな、軍が「ガソリンをタンクに目一杯、積みこんだからだ。交戦なんてそもそも想定していないのだ……カリフォルニアからハワイは遠いのだ[16]」と将軍閣下は応じた。

十二月六日の二〇〇〇時（午後八時）、ホノルル・アドヴァタイザー紙が翌日の日曜版を刷っていたとき、印刷機が突如、故障した。結局、配布されることなく終わったその日曜版には、軍艦の革命的変化を伝える記事が載っていた。「いまや海軍は海でも空でも戦う軍隊である。空母艦載機は戦術分野でも戦略方面でも広範な発展をなし遂げており、一朝事あれば、主役級の活躍をするだろう」と。また一面を丸々使った長文の解説記事は「太平洋戦争は起こりえずと政府」という見出しを掲げ、こう伝えていた。「ワシントンの関係者は、極東危機をめぐる緊張はやや緩んでおり、少なくとも向こう数週間に、太平洋で大がかりな衝突はないと期待する理由はいまや十分ある」と語ったそうである。

戦局の見通しを誤った新聞は別段、アドヴァタイザー紙だけに限らない。というかこの数週間、ハワイの新聞各紙は、和戦両方に目配りした、日替わりランチのような記事を書きまくっていたのである。「戦争がやってくるぞ」方面では「来栖、戦さの備えは十分と露骨な脅し」「太平洋の決断の時は近い」「米陸軍、マニラで警戒／戦争の高まる緊張にシンガポールで動員」「米、日本に説明を求める

／いかなる緊急時にも備えて米軍動く／準備万端と海軍」などというのがある。一方、「平和は近い」方面では「米との和平を依然希望と日本」「ヒロヒト、陸軍抑える権限揺るがず」「さらなる平和を訴え」などが並び、十二月六日には「東京で新たな和平努力／米提案で合同委員会、行き詰まりを打破」というのまである。そのアドヴァタイザー紙にしても、週明け十一月三十日はまず「日本、今週末に攻撃の可能性も」という記事で始めている。そのうえで同紙は、日本が侵略する可能性のあるアジアのさまざまな標的について列挙しているのである。

十二月六日、W・J・ウォーカー陸軍伍長は部下三名を引き連れて、パンチボウル――ホノルル市郊外にある死火山のクレーター――にいたる道路に検問所を設営すべく出発した。長い夜のあいだ、ウォーカー伍長は寝入ってしまったが、十二月七日午前二時ごろ、当直の一等兵に起こされた。車六台、オートバイおよそ一〇輌を引き連れた偉そうな提督閣下がさっさと中に入れろと要求していますとのことだった。自分が受けた命令について、ウォーカー伍長が説明すると、その将官どのは真珠湾の煌々たる灯りを指さして言った。「伍長、海軍があそこで何をやっているか、きさまら歩兵どもには分からんのか……われわれは、日本人《ニップス》どもが始めたがっているものに対処し、きさまら陸軍を守るためにここにいるのだぞ[17]」と。ともかく一人残らずその身分をチェックするのが私の仕事ですからと言って、ウォーカー伍長は折れなかった。すると、その提督閣下は、保安チェックなど問題外の偉いお方らしく、汚い言葉で毒づくと、大挙して引き揚げていった。

その夜、真珠湾にできたばかりの「ブロック・レクリエーション・センター」――ジム、ボクシング用リング、ジュークボックス、ボーリング場、ビリヤード場が入り、三・二パーセントビール〔禁酒法廃止後の経過期間、アルコール度数の上限がこの時期三・二パーセントだった〕が飲める複合娯楽施設――では、各艦対抗「バンド合戦」が開かれていた。その晩は戦艦「ペンシルヴェニア」、戦艦「テネシー」、特務艦「アルゴンヌ」の各チームが出場し、それぞれにスウィング、バラード、ジルバや、あるいは「A列車で行こう」や「アイ・ドント・ウォント・トゥ・セット・ザ・ワールド・オン・ファイヤー」といったヒット曲を競うように演奏した。太平洋艦隊の主要バンドはこれまで長い勝ち抜き戦を演じており、この日のイベントはその最終予選だった。もっとも聴衆にとっては、その晩は最新のステップを楽しむ実質的なダンス・パーティだったけれど。やがて「ペンシルヴェニア」チームが勝利をおさめると、あとは全員でケイト・スミスのヒット曲「ゴッド・ブレス・アメリカ」を歌って、お開きとなった。「ペンシルヴェニア」はかくて、すでに決勝進出を決めていたもう一つのチーム、戦艦「アリゾナ」と十二月二十日に雌雄を決することになった。

だがしかし、「アリゾナ」バンドの面々はこの翌日、一人残らず戦死してしまうのである。真珠湾の生き残りたちは以後何十年もの間、鮮明かつ細部にわたる記憶を保つことになるのだが、それは十二月七日の記憶ではなく、十二月六日のものだった。なにしろそれは彼らの手から奪い取られた、余りにも多くの友人たちと過ごした、最後の瞬間だったから。

同じく戦艦「アリゾナ」からやってきた別の一団はその晩、「ハレクラニ・ホテル」のコッテージで開かれたシャンパン・パーティに参加していた。そのうちの何人かは呑みすぎて、艦まで戻ることができず、おかげで命を拾った。

ワイキキ・ビーチのきらびやかホテルやダンスホールは、その夜どこもかしこも、人々で溢れかえっていた。砂浜でもダンスができるよう仮設舞台が設えられ、そこにいたる道は、松明で照らされ、ウクレレ・バンドが色を添え、人々はフォックストロットを軽快に踊った。そのオーナーが「世界で最も美しい中華料理店」と豪語する「ラウ・イー・チャイ（留餘斎）」では、中秋の名月を味わう催しが開かれ、優雅におよぐ鯉の姿のきらめく池や、人工の山の眺望やらが楽しめた。弁護士の夫と「パシフィック・クラブ」でディナーをとりに出かけたドロシー・アンソニーは、ハーヴァード大学法律大学院から最近やってきた二人の男性のことを憶えている。「私たちはみんな、アジアで戦争が起こるかもしれないと思っていた。すべての大手紙の記者たちが、ここハワイを経由して、行ったり来たりしていたから。でもその晩、ハワイに戦争がやってくるなんて予見できた者は、私たちのグループには一人もいなかった[18]」と。

ウィーラー飛行場のパイロット、ガス・アホーラと同室の友人、そしてそれぞれのガールフレンドはその夜、コーヒーを飲みながら、カードを一ラウンドやり、そのあとホーム・ムーヴィーを見た。「まったく、せっかくの夜をなんて過ごし方をしたんだろう[18]」と数十年後、ガスは笑いながら言った。デート相手を車で家まで送りとどけたガスが、真珠湾の巨大な戦艦群のわきを通り、道路を照らす橙黄色のナトリウム灯がまたたくなかを走っていると、一人のパイロットが車を寄せてきて、クラクションを鳴らした。ホノルルとウィーラー飛行場とをつなぐ道路は名前こそ「カメハメハ・ハイウェー」だが、ぎりぎり片側二車線という狭い〝高速自動車道《ハイウェー》〟だった。だが、たとえ世界のどこにいようと、アメリカン・パイロットはそこを勝負の場に変えてしまえるのだ。ガスは言う。「だれかが路上にいれば、軽く警笛を鳴らして、どきやがれと脅しつけるのさ」と。基地に到着したガスは、破壊活動防止用のサーチ・ライトに照らされた、ウィーラー基地の豪勢な飛行機群を思いきり堪能した。俺はあの「太平洋でいちばんを誇る飛行隊の一員なのだ。なにせ最高の訓練、最高のパイロット、そして最高の飛行機だからな」と思ったことをガスは憶えている。

一方、街では白や緑やカーキ色の軍服に身をつつんだ兵士たちが、列をなして通りを横切り、「ホテル・ストリート」のビリヤード場やバーや、あるいは売春宿に吸い込まれていった。男どもが恋人やセックス相手を探してうろつくことは、昔からホノルルの日常風景だった。メルヴィルが小説『白鯨』に描いた、米東部はコネティカット州出身のクジラ獲りの時代から、プランテーションの労働者として中国人、日本人、フィリピン人移民が怒濤のごとく押し寄せた時代、そして一九三〇年代のアメリカ軍関係者にいたるまで、それは連綿とつづく伝統だった。人波の圧倒的多数はアメリカ陸海軍の数万人にのぼる兵士たちで、彼らにとってハワイ勤務は単調で退屈だった。男どもは食事に、天気に、給料に、そして仕事内容に文句を言った。かれら兵士たちはまだ、「最も偉大な世代」になる前の段階で、たんに二四カ月間、家族と離れてくらす、若くて孤独な青年にすぎず、その自殺率は人目をひくほど高かった。日本人スパイ、吉川猛夫が喝破していたように、若い兵隊たちは、十年一日のごときほとんど変化のない日々を送っていた。水兵たちは月曜から金曜まで操艦訓練にはげみ、週末ようやく碇泊地に戻ってくる。陸軍の兵士たちも、訓練また訓練で、非番のときは、みな街にくりだし、「スキーボール〔堅いゴムボールを転がして競うゲーム〕」やカードに興じたり、ビールを飲んだり、アメリカネムで造られた骨董品を買ったり、身体にタトゥーを入れたりした。

　歴史家サーストン・クラークはこう述べている。「孤独な兵士たちはカネを払って、フィリピン人の職業ダンサーを抱きしめる。濃いアイシャドーが溶けて、彼女たちの頬には、涙のような跡がついていた。ホテル・ストリートの写真館を訪れ、腰ミノをつけた若い女性と記念写真をとるものもいたけれど、かなりのカネが必要だった。パチリという一瞬だけ、彼女たちは満面に笑みを浮かべるのだが、ささやく声で約束したデートの一件は、たちまち反故にされた。売春宿のならぶ一画を二列縦隊でぐるりと取り囲む男たちに、また新たな男たちが加わる。販促用のマッチに書かれた〝ベル・ルーム。呼び鈴を鳴らしてね〟といった売り文句が絶大な効果をあげたため、近所の酒場もこの手の販促グッズを配るほどだった。それでも、たとえ性が売り買いされる場所——当時は白人奴隷の行列呼ばわりされていた——であろうとも、〝ティン・パン・アレイ〟ならぬ〝ティン・キャン・アレイ〟やら〝ブラッド・タウン〟、〝モスキート・フラッツ〟、〝ヘルズ・ハーフ・エーカー〟など、いかにも禁漁区的な名前で呼ばれる一画であろうとも、たとえ油断のならない盗人やポン引きがたむろするような場所であろうとも、当時のホテル・ストリートにはある種の無垢な空気、秩序感、それなりのエチケットがあり、そしてそれらはやがてこの土地から姿を消していくのである。ダンスホールにはたっぷりニスが塗られ、だだっ広い空間にはどこか教会のような赴きがあり、アルコールは禁止、ダンサーも母親や亭主が迎えにくるまで、ホールを離れることができなかった時代もあったのだ」と。陸軍の新兵、ボブ・キンズラーは言う。「われわれは日本人の女性理容師を通さないと島内にすむアジア人とは接触することができなかった。民間人たちは米兵のことを、まっとうな仕事に就けないから、軍隊なんかで働いている輩、浮浪者の一団ぐらいに思っていた」と。

その一方、将校連が土曜の夜、街で楽しむことはめったになかった。その晩、パトリック・ベリンジャー海軍少将はひどいインフルエンザにかかり、自宅で療養していたし、クロード・ブロック海軍少将は午後はゴルフ、夜は読書を楽しみ、八時三十分までにはベッドに入った。ハズバンド・キンメル司令長官は、ハワイの名士たちの一人として、日本総領事館で開かれた女性抜きの、男だけの大宴会に招待されていたが、今回はパスすることにした。米陸軍の情報将校、ビックネル大佐も遠慮したが、それは喜多総領事のパーティは「アルコールが過多なこと。各人の席に一本ずつスコッチが置かれ、それが空になるまで、芸者ガールが注ぎまくる」ことを思い出したからである。キンメル長官はそのかわりに「ハレクラニ・ホテル」のディナー・パーティに出席した。一方、在ハワイ陸軍のトップ、ショート中将と令夫人は「ショフィールド兵舎」の将校クラブで開かれた慈善目的のディナー・ダンス「アン・エッツラーのキャバレー」に顔をだした。イベントが終了し、夫妻は帰宅した。その途中、ここ真珠湾に集結した途方もない規模の戦力に改めて目を見張り、ショート将軍は情報将校のケンドール・フィールダーにこう言った。「まったくすごい標的だな！」⑲

日本軍のハワイ侵攻はよくジョークの種になった。だれひとり、本気で脅威を感じてはいなかったけれど、おそらく脅威が実際には存在することを、みな分かっていたから。そして十二月七日にいたる数日間に交わされた数々のジョークは、その後数十年にわたって、改めて想起されることになる。その日の午後早く、「戦艦通り」を歩いたとき、ロスコー・グッド中佐に去来した思いは、ショート将軍が思わずもらした一言とひどく似ていた。「こいつらはなんて見事な標的なんだろう」。ガス・アホーラ同様、カメハメハ・ハイウェーからの眺望を目にしたとき、ジェイムズ・チャップマン夫人も思わずこう言っている。「もし日本軍がハワイを攻撃するなら、いまが理想的ね。だって、全太平洋艦隊が錨をおろしているんですもの」

二〇〇〇時（午後八時）、「ショート将軍の対敵防諜官である」ジョージ・ビックネル中佐は、陸軍航空隊「ハワイ空軍」の信号将校、クレイ・ホッパーから電話をもらった。米本土から飛来する〈B－17〉爆撃機への支援を要請する内容だった。「KGMB局の放送を夜通し流してくれませんかね。そうすればその信号を頼りに、編隊が飛んでこられますから」と。ビックネルは昼間の一件ですでにかなり苛立っており、ついきつい口調で反応してしまった。どうして航空機が飛来する夜だけでなく、毎晩、KGMBをオンエアーにせんのだ。きみんところには、十分なカネがあるだろうに」とビックネルは言った。「その件については後日、改めてご相談しましょう」とホッパーは言った。それでもビックネルは頼まれたことはきちんとやり、なんの説明もなく、ラジオ局にそのむね連絡した。その分の余計な経費は陸軍が払ってくれるので、局側は言われるとおりにした。ただ、ハワイの地元住民は経験上気づいていた。ハワイアンが夜通し流れていると、朝になって飛行機がやってくることを。

「親潜水艦（潜航艇母艦）の雰囲気はいつもと同様、おだやかだった」と母艦「伊一六」に整備担当下士官として搭乗していた海軍電信員、出羽吉次は当時をふり返っている。「私は士官食堂へ行った。私のような下士官はふだんは入れない場所だった。われわれは別れの宴をともにした」と。そのあと出羽は、特別攻撃をおこなう横山正治中尉、上田定・二等兵曹とともに、両親にあてて手紙を書き、記憶のよすがとして神社に奉納する髪の毛や爪の切れ端なども同封した。「長く手紙を差し上げず息子として申し訳なく思っております」と上田二曹は書いた。「実りの季節が到来し、やがて去り、皆様もこの時期はお忙しいことと存じます。われわれはもうじき、未知の場所へ派遣されます。たとえ私に何が起きようと、嘆き悲しまないでください。手紙が途切れても、案ずることはありません。私は元気に忠実に任務をまっとうしておりますから。さようなら[20]」と。

彼らは「フンドシ」をきりりと締め、毛皮のジャケットを羽織り、頭に戦士の徴たる「ハチマキ」を巻き、日本での最後の晩に購入した香を焚いて全身を浄めた。母艦「伊二四」から出撃する酒巻和男少尉は言う。こうすれば、「桜ばなが地面に降りそそぐように」死ねると。かくて各艇二名の搭乗員は暖かいセーター、日本酒のビン数本、弁当箱を携えて、浮上中の母艦の専用通路をたどって、自分たちの小さな潜航艇へと向かった。司令塔の脇をのぼり、内部へと身体をおろし、ハッチを閉める。「伊二〇」から出撃する広尾彰少尉は言った。「どうだい、まるでピクニックに出かける幸せな高校生みたいに見えるだろう」

そして母艦群は、男たちをその運命に委ねた。花房博志中佐は言う。「留め金を解き放ち、各艇を放った。電話で武運長久を祈り、彼らの無事帰投を願った。ただ、横山中尉は言っていたそうだ。『戻れば、送り狼を連れてくることになり、母艦を危険にさらします』と。かれは、アメリカ軍が自分たちを追尾し、『伊一六』を沈めると判断したのだろう。きっと彼らは戻るまい」

酒巻少尉は、真珠湾があるはずの方角でひかる照明を潜望鏡ごしに見つめながら、指揮官の花房中佐に語りかけた。中佐は作戦を決行するかどうかの判断を酒巻に委ねた。じつは酒巻ペアが搭乗する小型潜航艇はジャイロコンパスに不具合が生じており、修理の努力も虚しく、十分に機能しなかったからだ。満足な航法は望めないが、酒巻にとってこの歴史的好機を逸する選択はありえず、それは相方の稲垣清・二曹にとっても同様だった。「いくぞ」と酒巻が声をあげた。「目標、真珠湾！」[21]

母艦「伊二四」が潜航した。速力をアップして、甲板上の小型潜航艇に勢いをつけるためだった。酒巻／稲垣艇を固定する四つの留め金が外された。ほとんどその直後に、くだんのジャイロコンパスに問題が発生した。潜航艇は水平航走するのではなく、深度をあげていった。酒巻少尉は電池駆動のモーターのスイッチを切り、艇の姿勢を安定させるべく試みなければならなかった。

酒巻は潜望鏡をのぞき、自分たちが完全に想定コースを外れ、真珠湾に近づくどころか離れつつあることを知った。なんとか元のコースへ戻そうとしたが、船体はただ円を描くのみだった。

空中攻撃隊の総指揮官、淵田美津雄中佐は二一〇〇時（午後九時）ごろ、麾下の飛行隊長を集め、「別れの杯」を交わした。「翌日、全員が生きて再会できるか分からなかったからだ。そのあと寝ようとしたが、自分はあす命を落とすのだなという気がしきりとして、それで一晩中、眠れなかった」[22]と淵田は言う。だが別の回顧談もある。よく寝ておけと部下の飛行隊長たちに申しわたしたあと、寝台に横たわったら、一時間もしないうちに寝入ってしまったというのだ。「ぐっすり寝れた。攻撃の段取りをすべて整え、準備は万全だった。いまや案ずるものは何もない」[23]と。

〈ゼロ戦〉——零式艦上戦闘機——パイロットの藤田怡與蔵中尉は言う。「攻撃の前夜、わたしは眠れなかった。自分はあす死ぬのだと思った。そこでビールを瓶に六本も空けた。だがまったく酔えなかった。寝ようと思ったがそれもダメだった。生還できるとは思わなかったので、私物の整理を始めた。最後にマフラーにメッセージを書いた。『威厳と名誉をもって勝利をおさめん』と。自分は「畢竟」帝國海軍士官である。つまりはサムライだ。それは戦いにかんする限り、誠実に行動し、フェアに戦うという意味である。勝利のためにベストを尽くさん[24]」と。「彼らは死を恐れなかった」と淵田は自分の部下たちについて語っている。「唯一恐れたのは、攻撃が成功せず、任務未了のまま日本に戻ることだった」と。〈ゼロ戦〉パイロットの小町定は語っている。「われわれは明日死ぬかも知れないという、悲しみの入り交じった感情をいだいていた。だが同時に、誇りも覚えていた。なぜなら名誉の戦死が叶うのだから」

日本の瀬戸内海に投錨する「聯合艦隊」旗艦、戦艦「長門」では、山本五十六司令長官がいつものように就寝前の一時《いっとき》、渡辺戦務参謀と将棋をさしたが、その後、寝付かれなかった。山本はみずからの覚悟を和歌に托した。

大君の御楯とただに思ふ身は
名をも命も惜まざらなむ[25]

十二月七日〇二三八時、東京はようやく対米メッセージの最終第一四部を送りはじめたが、その最終部分は陸軍によって内容が薄められていた。「日本国政府は遺憾ながらここにアメリカ政府にたいし通告する。アメリカ政府の態度に鑑みるに、これ以上の交渉によって合意にいたることは不可能と考えざるをえない[26]」と。「MAGIC」情報にはまた、東郷外相の野村大使宛て訓電の傍受内容も含まれていた。「大使においては、合衆国政府（可能ならば国務長官）に対して、わが国の合衆国宛て返答を、米東部時間七日午後一時に手交することを求む」と。

そのころ、ワシントンではヘンリー・スティムソン陸軍長官とフランク・ノックス海軍長官が連れ立って「午前十時三十分にハル国務長官の執務室」に赴き、「全般状況について話し合った。われわれは本日が日本政府からの回答日であることを知っていた。ミスター・ハルは、日本は何か悪魔の所行を計画していると確信し、われわれはみんなで日本が攻撃するとしたらどこだろうと思案した」[27]とスティムソンは書いている。

在ワシントンの日本大使館ではすでに三台ある暗号解読機のうち二台を破壊し、しかも問題の英語文書をアメリカ人タイピストに清書させることを東郷外相が禁じたため、館員たちは午前三時三十分まで作業にあたった。いったん帰宅し、幾ばくかの仮眠をとったあと、日曜日の午前九時に再度出勤してくるよう館員たちは言われた。

日曜日だったため、東郷のメッセージを受けた米電信局の配送は遅れた。第一四部と訓電はすでに受信済みであったが、それらは午前十一時まで大使館に届けられなかったのだ。それらの文書が届いたころ、館員たちは第一部から第十三部までの処理はいちおう終えていたものの、その草稿は未整理な部分が多く、タイプの打ち直しも必要で、しかも東京は追加電文で当初の文面の訂正やら修正まで送ってきていた。

同じころ、太平洋の対岸ではジョゼフ・グルー駐日大使が「きわめて短い緊急メッセージを受け取っていた。そこにはこうあった。ハル長官から天皇宛ての重要メッセージが現在、暗号化の最中にあるので、受け取りに備えよと。このメッセージをふくむ長い電報は大使館に午後十時三十分に届いた。電報の表書きにある記録は、日本の郵便局がこれを正午に受け取っていたことを示していた。つまりこの電文はワシントン時間午後九時に送られたものだと私は判断した。一四時間の時差があり、それは東京時間の午前十一時にあたる。言い換えれば、この電報は受信の一時間後には、その配達を担当する日本の郵便局まですでに届いており、その後、終日、そこに留め置かれたということである。……(28)」

「私はおよそ十二時十五分すぎ、すなわち真夜中から十五分がすぎたころ、外務大臣と面会した。私はかれに通信文を見せ、陛下に接見し、みずから電報を手交したいと要請した。外相はこの件について私と協議を開始し、そして私は言った。『私は天皇陛下との接見を明確に要請します』と。それはすべての大使が持っている権利であった。そしてミスター東郷、首相の東條ではなく、東郷［茂徳外相］はようやくこう言った。『大使のご要望は陛下にお伝えします』と」

午前二時を少し回ったころ、東郷外相はローズヴェルト大統領のメッセージを東條首相のところへ持っていき、読み上げた。すると総理は言った。「電報が遅れて到着して良かった。一日か二日早かったら、処理すべきことがもっと多かっただろう」と。そのあと東郷外相は、午前三時をいくらか回ったころ、皇居に到着した。昭和天皇は起きておられ、短波ラジオに耳を傾けておられた。東郷はローズヴェルトの電報を読み上げ、次いで「裕仁」という署名をもらうため、政府がすでに起草済みの返信文を読み上げた。天皇にとって平和こそ「最も大切な願い」であるとそこにはあった。これら一連の読み上げのあと、陛下はサインに同意し、よしなにと告げた。

ジョゼフ・グルーは言っている。「翌朝午前七時にベッド脇の電話が鳴った。外相秘書官のミスター加瀬が、午前五時からずっと連絡を取ろうとしていましたと言ったので、私はこう応じた。『それは驚きですね。この電話はベッド脇にあり、一度も鳴らなかったのですから』と。すると彼は言った。『可及的速やかに外務省にお出でいただきたい』と」

「外務大臣公邸には午前七時三十分ごろに到着した。彼は礼服をきて部屋に入ってきた。明らかに宮中に参内したあとで、文書らしきものを手にしていた。かれはそれを勢いよくテーブルに置くと、『これが陛下から大統領への返書です』と言った。私は言った。『当該メモランダムを手交するため、接見を求めていたはずですが。あのメッセージは陛下宛ての親書でしたから』と。ミスター東郷は単にこう言っただけだった。彼の言葉を、私はこう記憶している。『私にはあなたとお上のあいだに立ちふさがる意志はありません』と。だが、それ以上の説明は一切なかった。そのうえで、東郷は返書を読み上げ、特に最終パラグラフに注目するよう注意喚起を促した。彼は言った。『ワシントンにおける対話にいかなる進展も見られないことに鑑み、その延期をすでに決断した』と。その言葉にはそれほどの衝撃は受けなかった。これまでも交渉の延期は何度かあったから。例えば、日本の最初のインドシナ侵攻時がそうだったが、後日、交渉は再開されている。なので私はこう言った。『そうですか、非常に残念です。交渉が再開されることを希望します』と」

五カ月後の一九四二年四月六日に開かれたとある昼食会の席上、東條英機首相はことの経緯をこう説明している。自分も日本国政府も、戦争になることを非常に危惧しており、もしローズヴェルトからの電報が三日早く到着していたら、すべてはまったく違う展開になっていただろうと。だが戦後の対日占領期に、マッカーサー将軍と初会見したとき、裕仁天皇はひどく異なる話を語ったとされている。もし仮に、日本の開戦を承諾しなければ、陸軍はクーデターを画策し、自分は身柄を拘束されるか、あるいは暗殺されていただろうと。

藤田怡與蔵海軍中尉は、空母「蒼龍」の戦闘機パイロットで、一九四一年十二月六日の晩は、この世ですごす最後の夜になると思っていた。日付が変わった七日の〇三三〇時（午前三時三十分／現地時間）ごろ、藤田は起床し、真新しい衣服を身につけ、上衣のポケットに亡くなった両親の写真をすべりこませた。死ぬための心の準備をする以外、何もできないような気分だった。わが一生はいまや、運命の手に委ねられたのだ――。

「Z作戦」に参加したパイロットたちは、二度と日本を目にすることはないだろうと一様に感じていた。愛機に向かう前に、だれもが別れの手紙、そして髪の毛や爪の切れ端をおさめた小さな封筒を用意した。こうしておけば、残された家族が火葬のさい、旅だつヒーローのよすがにできるからだ。多くのものが幸運のお守り、「千人針」を身体に巻いていた。かれらの妻や母や姉妹たちが、道ゆく見知らぬ女性にあたまを下げて……武運長久を祈りつつ、幸運のため一針一針、縫玉を作ってもらった布だった。

パイロットたちは〝神棚〟の前に集合した。それは陶器製の酒瓶とろうそくを配し、軒から標縄のさがる小型の木製神社で、日本の軍艦には必ず設置されていた。無言の一礼、柏手《かしわで》をふたつ、最後に短く一礼したのち、ごく少量の日本酒を一気にあおり、それで終りという、いたって簡素な儀式が執り行われた。

空母「赤城」艦上爆撃隊の分隊長で、自身、急降下爆撃機のパイロットをつとめる阿部善次大尉は、高高度飛行のさい寒さから身を守るため、革製のゴーグル、羽毛のつまった上衣、ウサギの毛皮で縁取りされたヘルメットを手に、神道の幸運の神に祈ったあと、「さあ、行くぞ」と自分に発破をかけたことを憶えている。「戦闘服の内ポケットには生後六カ月の息子を抱いた妻の写真を収めた。……その日、自分はこれから戦さに行くような気がしなかった。まったく恐怖を感じず、『これからアメリカ兵を倒すのだ！』と考えても、興奮すら覚えなかった。むしろ『なんか訓練のようだな』と思った。気分は穏やかで、きちんと命令に従うことだけを考えていた」[29]

その朝の食堂では、塩鯖に麦飯という普段の食事のかわりに、祝い事のあった時に出される赤飯――小豆の入った白米を炊いたもの――が並んだ。司厨兵たちは搭乗員が任務の途中、腹ごしらえができるよう、弁当箱も用意していた。そこには梅干し入りのにぎり飯、ビスケット、チョコレート、そしてアンフェタミンが入っていた。搭乗員はそのあと、それぞれのブリーフィング・ルームに集合した。皮肉なことに、日本海軍のパイロットたちは、クラーク・ゲーブル主演の映画「太平洋爆撃隊《ヘル・ダイヴァーズ》」が大好きだったため、みな自分たちを地獄の爆撃隊員になぞらえた。

　山本五十六「聯合艦隊」司令長官は、自殺覚悟の任務など有効ではないと考えていたが、第二波攻撃で空母「蒼龍」の九機の〈ゼロ戦〉を指揮する飯田房太大尉の考えは違った。かれは部下たちにこう言った。もし燃料切れを起こしたり、敵にやられそうになったら、自分なら「地上になんらかの目標を定めて、突っ込んでやると、やけにはっきり言ってのけた[30]」。すると、「それを聞いていた全員が、じゃあ、われわれもそうしましょうと応じた」と、藤田與与蔵中尉は言っている。

　空中攻撃隊の総指揮官をつとめる淵田美津雄中佐は、ほんの数時間、仮眠をとったあと、〇五〇〇時（午前五時）に目を覚まし、寝台から飛び起きると、赤く染めた下着とシャツを身につけ、するりと飛行服を着込んだ。淵田も、そして艦上攻撃隊を率いる村田重治少佐も、そのときは赤い服を着ようと決めていた。指揮官たる彼らがたとえ負傷しようと、血痕が見えなければ、部下たちを動揺させずに済むからだ。

　ある士官はやけに楽観的だった。ハワイのラジオ局「KGMB」を夜通し聴いていたが、これから何が起きるか、アメリカ側が察知している気配はまったく見られなかったから。朝食のとき、かれは言った。「ハワイは寝ているよ[31]」と。

「どうして分かる？」と淵田がきいた。

「ホノルルのラジオ局は軽音楽を流していました。すべては順調です」

夜明けの一時間前に、機動部隊が発艦地点に到着すると、「第一航空艦隊」司令長官、南雲忠一中将が源田実航空参謀に言った。「わたしは機動部隊を無事、攻撃開始地点まで連れてきた。あとの成否はきみら航空部隊の肩にかかっている」と。

源田が応じた。「長官、わたしは航空兵たちの成功を確信しております」(31)

〇五三〇時、巡洋艦「筑摩」と同「利根」から、真珠湾とラハイナ泊地にむけて水上機が発進していった。やがてアメリカ側艦船の現在地と、天候および風向、風速にかんする詳細な報告が入ってきた。偵察機がアメリカ側の哨戒に引っかかる恐れがあったし、そんな報告をすれば、無線封止の効果が失われてしまうが、南雲も源田も、この偵察飛行だけはやる価値があると判断していた。

空母「赤城」は戦闘旗を掲げ、さまざまな信号を各員に伝達する任務を負っていた。現在、旗は半旗の状態で、これは「準備せよ」を意味した。旗がてっぺんまで揚がり、すばやく下ろされたら、そのときこそ「発進、攻撃せよ」である。

各空母の甲板員はすでに一時間をかけて、格納庫にある各機を点検し、飛行甲板にあげ、戦闘機と爆撃機をそれぞれの定位置へと移動させていた。エンジンが目を覚まし、整備員たちは最後の点検に余念がなかった。

空母「飛龍」の「第二航空戦隊」飛行隊長、天谷孝久中佐は各機の無線機から封印をはがした。それらは航海中の無線封止を確実なものにするため、かれが講じた安全策だった。

〇五五〇時(午前五時五十分)、オアフ島北方二二〇カイリ。空母たちは速力を二四ノットにあげると、飛行甲板に東からの向かい風を受けるべく、左舷側に舵をきった。風にかんしては、飛行に正にうってつけだったが、海のほうは荒れており、すべての艦がその艦首に波長の長い高波を受けることになった。

日本の航空技術は当時、世界がうらやむレベルにあった。その誕生の年が紀元二六〇〇年（西暦一九四〇年）にあたることから〈ゼロ戦〉の愛称で呼ばれた〈三菱A6M〉零式艦上戦闘機は、その敏捷さや操縦桿に対するレスポンスの高さから、すでに伝説的存在だった。ただ、機体はおよそ堅牢とは言い難かった。また燃料タンクは自己密封式《セルフシール》ではないため、銃弾を受けると機体に火がついた。ただ、それ以外の点については、〈ゼロ戦〉は大戦劈頭の数年間、アメリカ軍が飛ばしていた航空機をあらゆる面で凌駕していた。最大スピードは時速五六五キロ、両翼に二〇ミリ機銃各一挺、さらに機首にも七・七ミリ機銃二挺を備え、おそろしく狂暴だった。射撃の精度と破壊力を最大限にするため、弾帯には徹甲弾二発、曳光弾一発、徹甲弾二発、曳光弾一発、そして徹甲弾二発、焼夷弾一発の順で銃弾がセットされ、敵機の燃料タンクやカウリング（エンジン・カバー）、エンジンなどを貫通・炎上させることが可能だった。

連合軍から「ヴァル」と呼ばれた〈愛知D3A〉九九式艦上爆撃機でさえ、最大スピードは時速三八〇キロをほこり、七・七ミリ機銃三挺を備え、爆弾投下後は連合軍の大半の戦闘機と互角の戦いを演じられた。いわゆる急降下爆撃機で、第一波は飛行場の施設を狙い、第二波では艦船を狙うことになっていた。投弾後は〈ゼロ戦〉に合流して、機銃掃射にあたり、胴体前部に配置された七・七ミリ機銃二挺と、コクピット後方の七・七ミリ機銃一挺にそれぞれ五〇〇発の銃弾が装填されていた。

連合軍から「ケイト」と呼ばれた〈中島B5N〉九七式艦上攻撃機はオアフ島に対し、高高度を飛行する水平爆撃機と、海面をすべるように突進する雷撃機という二つの役割を担っていた。〈九七式艦攻〉は操縦士、爆撃手、無線士の三人によって運用され、時速三七八キロで一九九三キロ飛行でき、コクピット後方の七・七ミリ機銃一挺には九七発入りの弾倉を手動で随時装填することができた。しかも多くの〈九七式艦攻〉は、主翼にもさらに二挺の機銃を備え、爆撃任務しだいでは、八〇〇キロの航空魚雷もしくは爆弾を一発、あるいは五〇〇ポンド爆弾二発、もしくは六〇キロ爆弾六発を搭載することが可能だった。

源田と淵田は、三タイプの航空攻撃を計画していた。まず、〈九九式艦爆〉による急降下爆撃と〈ゼロ戦〉によって、フォード島、エワ、カネオヘ、ウィーラー、ヒッカムの各航空隊基地を叩き、アメリカ側の防衛力を殲滅する。〈九九式艦爆〉はまた、海軍関係の主要目標にも打撃をくわえ、その間〈ゼロ戦〉はまずは機銃掃射をおこない、次いで残敵掃討に移ることになっていた。

単艦、もしくは二隻ずつ横並びで、真珠湾にもやう米海軍の艨艟たちは、夜明け時点では碇泊灯のなか、その暗い艦影をさらしているはずだった。そこへ〈九七式艦攻〉のうち、魚雷をだいたパイロットたちが襲いかかる。失速寸前まで行き足を抑えると、かれらは埠頭から見て外側にならぶ艦船めがけて、二五フィート（七・六二メートル）の最低高度ぎりぎりで、改良型魚雷を投下する。一方、装甲甲板を備え、埠頭の内側にならぶ、真珠湾の女王とでも呼ぶべき戦艦群には、〈九七式艦攻〉のうち高高度を水平飛行する部隊から、爆弾が投下される。

総指揮官の淵田中佐は、その五〇機（実際には四九機）からなる爆装の〈九七式艦攻〉第一波をみずから直率することになっていた。一方、雷装の〈九七式艦攻〉四〇機〔実際には三七機〕は村田少佐が、また急降下爆撃をおこなう〈九九式艦爆〉五四機は高橋赫一少佐が、そして〈ゼロ戦〉四五機〔実際には四三機〕は板谷茂少佐がそれぞれ率いることになっていた。第二波攻撃を率いるのは、淵田の右腕、空母「瑞鶴」の嶋崎重和少佐だった。かれは雷撃、急降下爆撃、水平爆撃のどれをやらせてもうまかった。嶋崎少佐は水平爆撃機隊五四機を直率し、さらに江草隆繁少佐の急降下爆撃機八一機〔実際には七八機〕、進藤三郎大尉の戦闘機三六機〔実際には三五機〕がこれに加わる。嶋崎の水平爆撃隊のうち、一八機は二五〇キロ爆弾二個を搭載し、残り三六機は二五〇キロ爆弾一個と六〇キロ爆弾六個をそれぞれ積むことになっていた（一キログラムは二・二ポンドに相当）。異なる種類の爆弾を積んだ機は、目標の大きさとその戦略・戦術的価値に従って、一度に一発、一度に二発、もしくは全弾投入を使い分けることになっていた。

爆撃機の搭乗員たちは、すでに標的を割り振られ、そのシルエットを暗記していたが、淵田は真珠湾の狭い開口部に可能なかぎりの艦船を沈めることの重要性を部下たちにくり返し説いていた。十分な数だけ沈めることができれば、敵艦隊は出撃も、南雲艦隊への反撃も不可能になるからだ。

十二月の海はひどく荒れ、波しぶきが空母の飛行甲板にかかるほどだった。漆黒の闇のなか、黒々とした艦船たちがその波を引き裂くように進んでいく。唯一の光は、各艦の上部構造のてっぺんで瞬く、相互連絡のための灯火だけだった。風と雨に煽られるなか、淵田は一〇度も傾く飛行甲板を不安げに見つめていた。「夜明け前の暗い海のなか、白い波濤に煽られつづけ、各艦は前後左右に揺れていた。雷鳴のような音を立てて、波が船体に当たるのが聞こえた。通常なら、こんな天候のもとで飛行許可など下りはしない。時折、飛行甲板を波が洗い、愛機を海に持っていかれぬよう、搭乗員が必死に抑える場面すらあった[32]」と淵田はふり返っている。

「空母赤城の飛行長、増田正吾中佐が私のほうに顔を向けて言った。『隊長、動揺がひどいが、夜間発艦はどうだろうか？』と。なるほど海は荒れ、風も強い。空はまっ黒で、水平線もさだかでない。『横揺れ《ローリング》より縦揺れ《ピッチング》のほうがひどいですね』と私は応じた。『演習なら、さしあたり夜明けまで発進見合わせといったところですな。しかし、なあに大丈夫ですよ。ピッチングにうまく合わせれば、発艦は十分可能です』と」。

航空兵たちはみな「必勝」と書かれたハチマキをきりりと締めると、それぞれの愛機に乗り込んだ。いよいよ総指揮官の淵田中佐の搭乗という段になると、機体のかたわらで淵田に手を貸した飛行隊先任整備兵曹が、白布のハチマキを手渡して言った。「これは整備員たちからの、自分たちも真珠湾にお供したいという気持ちをこめた贈り物です。どうか持っていってください」と。淵田はうなずくと、それを受け取って、飛行帽のうえからキリリと締めた。

「わたしの搭乗機には、総指揮官機たることを示す識別、すなわち赤地に黄三線が、尾翼一杯に夜目にもくっきりと描かれていた」と淵田は続ける。「航空母艦は取りかじに転舵し、北方から吹いてくる風に立ち向かいつつあった。マストには今や、Z旗とならんで戦闘旗が開かれた。試運転の終わった飛行機は、次々と航空灯を点出する。その航空灯がプロペラの震動で小きざみに震えていた。発着艦指揮所から、出発を指示する青ランプの信号灯が、大きく円弧をえがいて振られていた。『発進』。まずは前方にならぶ戦闘機から発艦を始めた。爆音が高くなったと思うと、機はゆるゆるとすべり出した。始めはゆっくりだが、着実に速度をあげていく。艦の動揺は相変わらず激しく、飛行甲板がぐらっと傾く。そのたびに見送りの人びとはハッとかたずをのんだ。しかしその瞬間、飛行機はスーッと離艦した。続いて、次の飛行機が離艦してあとを追う。機体が宙に浮かぶたびに、歓声があがった」

「第一次攻撃隊」で水平爆撃を担当する空母「蒼龍」の九七式艦攻パイロット、大多和達也一飛曹はふり返る。「艦の動揺が激しくて、発艦は一五分間、延期された。ずいぶんと長く感じられた。ようやく信号灯が円弧をえがき、まずは戦闘機が発進した。われわれはそのあとなので、みんなで帽をふり、幸運を祈った。わが攻撃編隊はきわめて大規模で、優に一〇〇機は超えていた。ゼロ戦がしっかり護衛についていたから、不安はなかった」

空母「加賀」の九七式艦攻で、魚雷攻撃を担当した吉野治男一飛曹は言う。「われわれの士気は高く、作戦の成功に疑問の余地はなかった。実際、恐怖さえほとんど感じなかったほどだ[33]」と。南雲「機動部隊」の空母群はみな荒れる海に煽られていた。艦載機の中には、喘ぐように宙にうかび、かろうじて発艦する機体さえあった。「風とエンジンが互いに負けまいと、競い合うように唸っていた」と、「第二次攻撃隊」に参加し、九九式艦爆で急降下爆撃をおこなったパイロット、阿部善次大尉はふり返る。「最初に発艦したのは九機の零式戦闘機（ゼロ戦）だった。いずれも暗闇のなか、信号灯の誘導に従って、一機また一機と所定の位置につき、真っ暗な空へと飛び出していった[34]」。夜明け直前の暗がりでは、暗緑色の機体に描かれた真っ赤な日の丸さえも確認できなかった。パイロットたちは所属中隊の指定高度に従って、二〇〇メートル、四〇〇メートル、あるいは五〇〇メートルへと上昇し、全機発艦が終わるまで上空を旋回したあと、それぞれの指揮官機を先頭に編隊を組んだ。

「空母の甲板から、飛行機がその銀翼をひるがえしながら次々と上がっていき、やがて一〇〇機以上が空にうかんだ」と水兵の倉持壱岐はふり返る。「われらが海鷲たちはいまや大編隊を組みつつあった。十年以上にわたる厳しい訓練。やがてこの日のあることを思い、われわれが耐えたあの苛酷な歳月は、果たしてしかるべき成果を生むのだろうか。そんな想いがどっと押し寄せてきて、われわれは、いまにも泣きそうな気分で、この壮観な情景を見つめた。誰も彼もが両手を合わせ、神仏に心の底から祈った。その間も、われらが海鷲たちは、上空いっぱいに、まるで凱歌のように、エンジン音を響かせていた。そして彼らは、オアフ島の真珠湾に向け、その偉業をなし遂げるべく、一路進撃したのである[35]」

ワシントンでは、ジョージ・マーシャル陸軍参謀総長が、朝の乗馬を済ませたところだった。将軍はそのあと、執務に戻るため、「ミューニションズ・ビルディング」へと向かった。「到着すると、ブラトン大佐が傍受記録を手渡した。そこには日本側回答の最終第一四部も含まれており、すぐさま通読した。……文書の本文を読み終えると、末尾に十二月七日午後一時に手交せよというメモが付いていた。もちろん、その意味するところは明らかだ。部屋にいる全員がそう思っていた。何らかの、極めて決然たる行動が、午後一時に実施されるのだ。なにしろ日曜日のワシントン時間の午後一時である。しかも国務省がらみと来ている。こんな条件が揃うなんて、かなり異常なことだった[35]」

外交官が日曜日に公式会合をもつことだけでも異例だが、「MAGIC」情報によると、日本の外務省はワシントン大使館に対し、アメリカ側当局者と面会する時間まで指定しているという。情報担当のG2部員であるルーファス・ブラトン大佐にとって、その点だけでも「きわめて衝撃的」であり、「あえてそう指定したのなら［当然ながら］非常に重要な何かが控えているはずだと考えざるを得なかった」。結果、ブラトン大佐は「おそらく日本は、太平洋地域にある何らかの米軍施設を攻撃するつもりなのだ」と判断した。ただ、ハワイのことは、ブラトンの念頭に浮かばなかった。「海軍作戦部の誰も、G2の誰も、十二月七日の日曜の朝に、太平洋艦隊の主力がハワイに居残っているなんて、思いもしなかったから。海に出ているものと、われわれは全員、考えていた。……それが戦争計画の一部であり、しかも彼らに対しては、戦争の危機が迫りつつあると、すでに警告を発していたのだから[36]」

陸軍情報部長のシャーマン・マイルズ将軍がふり返る。パナマ、西海岸、フィリピン、ハワイに警告を発すべきです——。われわれがそう提案すると、マーシャル参謀総長はこれに同意した。「スターク海軍作戦部長にすぐさま電話を入れようと思った。そして彼も［日本からの第一四部を］見たことを知った。そこで太平洋地域に駐留する各司令官に対し、このことを伝達すべきだと提案した。フィリピン、ハワイ、カリブ海、パナマ運河、さらにアラスカをふくむ西海岸にと。するとスターク提督は、現場を混乱させる恐れはないかと指摘した。警報はすでに発しているのだから、いまここで屋上屋を重ねるようなマネをすると……」と言われた。(36)

ならば、陸軍側だけでもやっておこうと、マーシャル将軍は考えた。そのうえで、状況は十分深刻であり、保安上の理由から、通常の電話は使用しないことにしようと決め、すぐさまメモを書いた。「日本は東部標準時午後一時に最後通牒に相当するような文書を手交する予定であり、しかも彼らは暗号解読機を直ちに破壊するよう命令を受けている。この時間設定がどれほど重要かは判然としないが、しかるべき警戒が必須である。この件については海軍当局にも伝達されたし。マーシャル」と。この将軍のメモを、ブラトン大佐は陸軍省信号センターに送り、伝達を指示した。カリブ海の基地は一二〇〇時に受領し、マニラは一二〇六時、サンフランシスコのプレシディオ基地は一二一一時に受け取ったが、大気の状態が悪くて、ハワイ方面の電信は一〇三〇時以降、送れずじまいの状態が続いていた。信号センターの当直士官、エドワード・フレンチ中佐は当初、海軍の回線で送ってもらおうかとも考えたが、結局、民間の電信会社を使ったほうが早いと判断した。ワシントンからサンフランシスコへは、ウェスタン・ユニオン社を経由し、そこからホノルルまではRCAに頼もうと。かくてこの電文は一二一七時に送られた。

そのころ、海軍のアルヴィン・クレイマー大佐とアーサー・マッコラム大佐は、東郷外相が指定した東部時間午後一時というタイミングについて検討を加えていた。このタイミングは、世界の他地域ではいったい何時に相当するのかと。スターク海軍作戦部長との会合のさい、マッコラムはこう指摘した。ワシントンで一三〇〇時ということは、ハワイでは午前七時三〇分、「極東では未明にあたり……それがどういう意味を持つのか見当がつきませんが、この時間に攻撃開始ということなら、極東地域、あるいはハワイにおいて、何らかの作戦行動が始まるように思われます[37]」と。ただ、マッコラムは「真珠湾がそうなると敢えて言ったことは一度もない」とのちに主張している。「日本との開戦劈頭、もしくは開戦の直後に、艦隊に対する奇襲攻撃がなされるというある種の感触は、そのころの海軍士官なら、大半の者がいだいていたから」と。ワシントンの海軍関係者の多くは、まず宣戦布告を受け、米艦隊が出撃し、しかるのちに攻撃を受ける――そんなシナリオを信じ込んでいた。そうした思い込みが非常に強かったため、キンメルと彼の艦隊が十二月七日の朝、いまだ真珠湾に留まっていたと知って、多くのものが非常なショックを受けたのである。

〇三四二時（午前三時四二分）のハワイ。二隻の掃海艇「コンドー」と「クロスビル」は、真珠湾口に置かれたブイの南西およそ一三カイリで、掃海作業に当たっていた。すると、「コンドー」の当直士官、R・C・マックロイ少尉がおよそ一〇〇カイリ先に、奇妙な形状の白波が立っていることに気がついた。その白波は港のほうに接近しつつあった。少尉と操舵員のB・C・ユトリックは、少尉の双眼鏡でその白波をじっと観察した。「ありゃ潜望鏡ですな。ですが、この水域に潜水艦はいないはずですが[38]」とユトリックが言った。すると突然、その〝潜望鏡〟が一八〇度向きを変えたのだ。おそらく「コンドー」の存在に気づいたのだろう。

「コンドー」は点滅式のライトを使って、駆逐艦「ウォード」にメッセージを送った。「潜水中のサブマリンを発見。西方にすすみ、速力九ノット」と。同駆逐艦にはミネソタ州出身の予備役兵たちが乗っていた。信号を受けたオスカー・ゲプナー大尉は「ウォード」でこの一年あまり近海の哨戒任務にあたってきたが、こんなメッセージは初めてだった。そこで艦長のウィリアム・アウターブリッジ

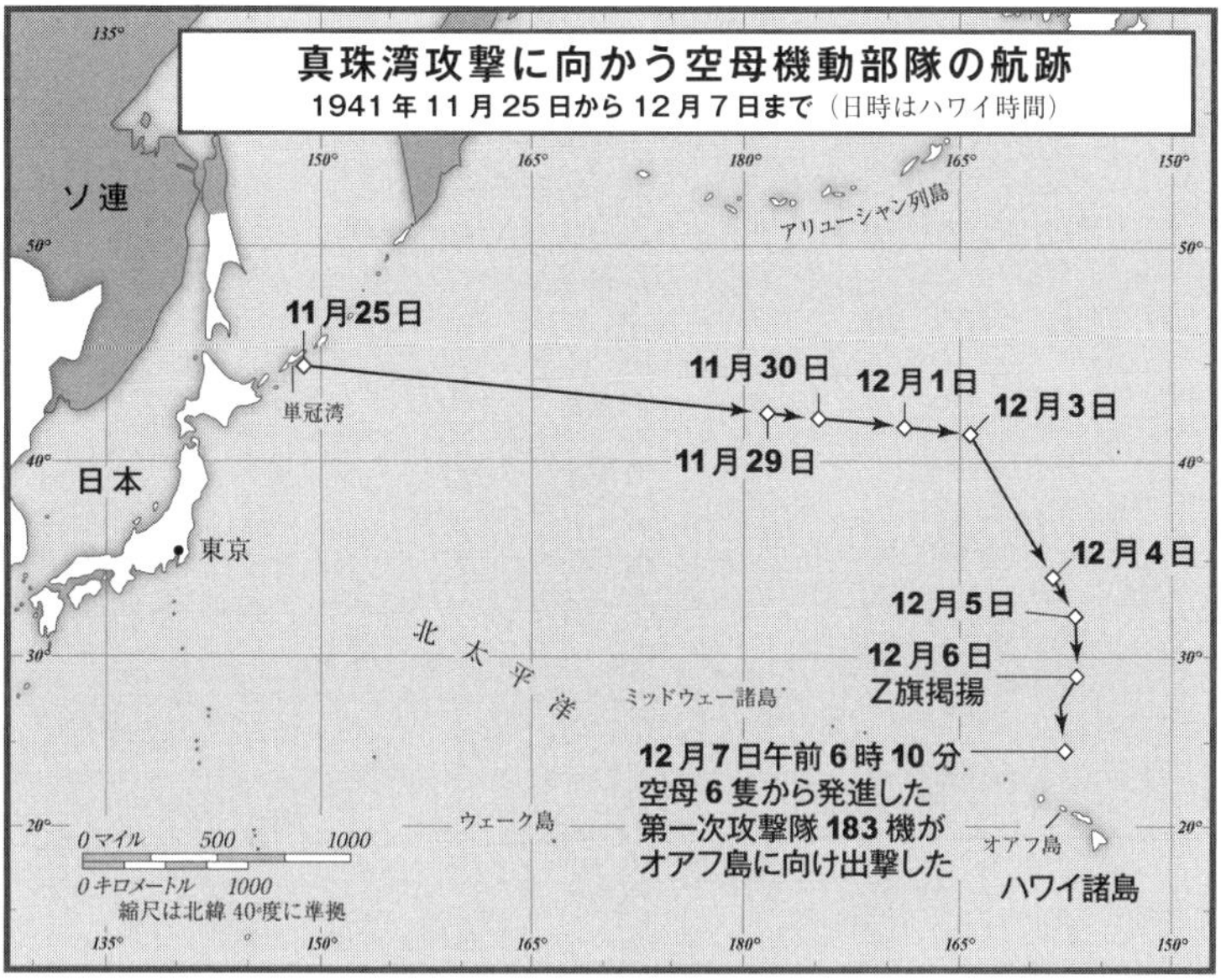

大尉を起こした。実はアウターブリッジにとって、十二月六日は、初めて指揮官になり、初めて哨戒任務に出た、初めての夜だったのである。かれはアナポリス海軍兵学校の一九二七年卒業クラスで、卒業後ずっと平時の海軍勤務だったため、駆逐艦長のポストを得るまでになんと一四年も待たなければならなかったのだ。

発光信号のやりとりをしばらく続けたあと、駆逐艦「ウォード」は総員戦闘配置を発令した。水兵たちは寝台を飛びだして、それぞれの持ち場に駆けつけた。およそ一時間、同駆逐艦は見張員に白い航跡なるものを探させ、またソナーを使って、潜水艦の金属製船体からの反射はないものかとじっと耳を傾けた。アウターブリッジ艦長は言う。「一時間ほど捜索したが、何も見つけられなかった。そこでふたたび［掃海艇コンドーと］連絡をとり、こう質問した。『そちらが目撃した潜水艦のおおよその距離とコースを教えてほしい』と。すると返事が返って来た。『コースはわれわれが当時取っていたもので、磁方位〇二〇、距離は湾口からおよそ一〇〇〇ヤード（約九〇〇メートル）で、明らかに湾口に向かっていた』と。うむ、われわれは見当違いの方角を探していたようだ。まずは西に向けて航行し、……われわれの担当水域の捜索を続けていた。つまりブイが並ぶ外側にある制限水域を[39]」

〇四四三時（午前四時四三分）に捜索を諦めて、駆逐艦「ウォード」は戦闘配置を解除し、アウターブリッジ艦長をふくむ多くの乗員がその後、就寝した。

真珠湾口に張られた魚雷防止網の見張員は〇四四七時、ゲートを開いて、掃海艇「クロスビル」を通してやった。姉妹艦の掃海艇「コンドー」もこのあと通る予定なので、見張員はゲートを開けっぱなしにしておいた。「コンドー」は〇五三二時に湾内に入ったが、タグボート「ケオサンクワ」が〇六一五時に湾内から外にでる予定なので、ならばとゲートをそのまま放置することにした。キンメルの想定する魚雷防止網の役割は、敵方の大型潜水艦や水上艦が湾内に向けて放った魚雷を阻止することにあったが、そんなこんなで〇四五八時から〇八四〇時のあいだ、湾口は開けっ放しの状態となり、おかげで日本の小型潜航艇は内部に忍び込み、獲物を探すことが可能になったのである。

源田実中佐が放った「第一次攻撃隊」一八三機（一八九機中、六機は発艦に失敗）はわずか一五分で、それぞれの空母を発進していった。爆音を響かせる軍用機たちの巨大な雲のなか、高度三〇〇〇メートルには、淵田美津雄中佐が直率する水平爆撃隊がいて、攻撃部隊の先頭を占めていた。左手には高橋赫一少佐率いる急降下爆撃隊が高度三四〇〇メートルを往き、右手の高度二八〇〇メートルには村田重治少佐の雷撃隊、そして高度四三〇〇メートルにはそれらすべてを守るべく、板谷茂少佐率いる制空隊の〈ゼロ戦〉が目を光らせていた。水平爆撃隊は戦艦「長門」の一六インチ砲弾を改良した八〇〇キロ爆弾を一発搭載していた。その命中確率を、総指揮官の淵田中佐はかなり悲観的に見積もっており、二〇パーセントがせいぜいだろうと思っていた。もし仮に、南雲「機動部隊」がアメリカ側から攻撃を受けるような事態になったら、水平爆撃隊の爆弾をすべて魚雷に換装して対処することになっており、またもしアメリカ艦隊が抵抗の気配を見せなかったら、雷撃隊の魚雷をすべて爆弾に換装して、オアフ島にダメ押しの第三次攻撃を仕掛けることも視野に入れていた。

「第一次攻撃隊」が各空母を飛び立つと、第二波の飛行機たちがすぐさま、格納甲板からエレベーターで飛行甲板にあげられ、〇七二五時、「第二次攻撃隊」一六七機があとに続いた（一七一機中、四機が発艦に失敗）。阿部善次大尉は言う。「飛びながら、いろいろなことを考えた。もし空母を発見できなかったら、われわれの第二目標は巡洋艦だな。あの小型潜航艇は、果たして湾内に入れたのだろうか。空襲が始まるまで、待機しているはずだが。そんな状況に人は耐えられるものだろうか。われわれの爆弾のうち一発が、彼らの背中に、誤って落ちやしないだろうか[40]」と。

水平線に太陽がのぼった。その光景に、総指揮官の淵田は日の丸を連想し、思わず英語で「ああ、壮麗なる夜明け《グローリアス・ドーン》よ！」と叫んでいた。「やがて東の空がほのぼのと明るみはじめる。真っ黒にみえていた脚下の雲が、しだいに白みをおびてくる。風防ガラスを開き、背後をふりかえって、編隊群を眺めた。どの銀翼もいっぱいに朝日をうけて輝いていた。……しかし雲層のために海面が見えないので、偏流の測定ができない。わたしはクルシー（方向探知器）のスイッチを入れた。ホノルル放送局の電波をキャッチしようというのである。まもなく軽快なジャズが高い感度で入ってきた。クルシーの枠型空中線《アンテナ》をぐるぐると回して、電波の方位をピタリと測った。……なんの気もなしにダイヤルをちょっといじって、ホノルル放送の感度を調整した。すると感度の低くなったジャズの奥のほうで、気象通報らしいささやきが入ってきた。……『オオムネ半晴。山ニハ雲ガカカリ雲底三万五〇〇〇フィート。視界良好。北ノ風一〇ノット』と。しめたッ、あらかじめ仕組んでおいても、ほしい時にほしい情報が、こんなにぴたりと行くものではない[41]」

三人乗りコクピットの中央部にすわる淵田は、目の前の操縦員、松崎三男大尉に、今から無線航法でゆくと言った。そして操縦席のクルシーの指示計を、ホノルルの「KGMB」に合わせるよう指示した。つまり、カリフォルニアから飛んでくる米陸軍航空隊の〈B-17〉爆撃機編隊を誘導するため、夜通し流していたビーコンが、日本軍機を真珠湾に連れてくる役割も同時に果たしたというわけである。

真珠湾のすぐ外側で、補給船「アンタレス」は、水先案内人が碇泊位置を指示するのを待っていた。同船はおよそ一〇〇ヤード（九〇メートル）後方に平底船を曳航していた。とそのとき、〇六三〇時、「アンタレス」の船長、ローレンス・グラニス中佐が「右舷前方およそ一五〇〇ヤード（約一四〇〇メートル）」に、奇妙な形状の潜水艦を発見した。そいつは「どうやら潜水制御装置に不具合を起こしているようで……必死に潜ろうとしていた[42]」。中佐はさっそく駆逐艦「ウォード」に通報した。じつは「ウォード」のH・E・レンビグ上等兵も双眼鏡でその奇妙な黒い物体を見ていた。ただ、レンビグ目線で見ると、その物体は「アンタレス」が平底船を曳航するさい、引き綱に取り付けたなんらかの器具のように見えていた。そこで舵をにぎるゲプナー大尉に一声かけると、大尉も、なんかブイの一種みたいだなと言った。ところが、そのとき当直に就いていた多くのものが、わいわい言い始めた。ありゃ、潜水艦の司令塔に間違いないぜ、必死に平底船の陰に隠れようとしているんだ、そうだよ、教科書に出てくる古典的な潜水艦トリックだ、つまり、見つからないよう敵方の船の背後から、そっと相手側の港に侵入しようってわけだ——といった具合に。

とそのとき、ゲプナー大尉は海軍の対潜哨戒機が上空で旋回していることにようやく気がついた。なるほど、部下たちの言うとおりだと確信し、大尉はアウターブリッジ艦長にふたたび電話を入れた。艦長はそのとき海図室の寝台で仮眠を取っているところだったが、すぐさまパジャマの上に〝キモノ〟を羽織ると、現場に復帰した。なんだか知らないが、ともかく怪しいやつだなと艦長は思った。「うちの海軍にあんな形状の船はないし、あんなもの、一度も見たことがなかった。……まあ、潜水艦だろうと判断した。それ以外にあるまいと。潜水艦に間違いあるまいと思われ、わが海軍にあるやつとは随分と違っていて、そいつが制限水域で活動し、しかもそこは潜水艦用の水域ではなくて、いかなる随伴艦もない場合、攻撃をおこなうべしというメッセージも受けていたし、たしかうちにもそいつが届いていたはずだ。なので、私にとって、絶対的に、疑いようなく、何をなすべきかは、明らかだった」と。

〇六四〇時、アウターブリッジ艦長は再度、総員戦闘配置を発令し、砲弾が用意され、大砲に装塡され、「全速前進」の命令一下、同艦はエンジンを全開にし、五ノットから二五ノットへと増速した。上空では海軍の哨戒機〈ＰＢＹ〉のパイロット、ウィリアム・ターナー少尉が発煙弾を二個投下し、潜水艦の位置をマーキングした。もっとも、ターナー自身は、あの潜水艦は遭難中のアメリカ艦船で、たんに助けを求めているだけだと信じていたのだが。かくて「第二次世界大戦」におけるアメリカ軍の最初の一発が放たれることになるのである。標的から距離五〇ヤードまで接近したとき、駆逐艦「ウォード」の乗員たちが砲撃を開始した。「ウォード」の一番砲を任されたＡ・アート掌帆兵曹は照準器を使うには近すぎると判断し、ふだん猟銃を撃つときの要領で狙いをつけた。〇六四五時だったが、アートはこの一発目を外してしまい、砲弾はその司令塔のはるか後方の海に落ちた。すると三番砲を預かるラッセル・ナップが三〇秒後に発砲し、「喫水のところ……船体と司令塔の継ぎ目部分」に命中させた。ナップがすぐさまホイッスルを四度吹くと、水中兵器担当下士官《トーピードマン》のW・C・マスクザヴィルツが四個の爆雷——石油缶に詰めた爆弾で、さまざまな方式で着火する——を「ウォード」の艦尾から投下した。「ウォード」の水兵、ラッセル・リーツが当時をふり返る。「突如、水中から飛び出してきて、潜水艦だと分かった。潜望鏡だけでなく司令塔全体が見えた。そのあと三番砲が発射され、司令塔の喫水線付近に砲弾が当たると、水しぶきがあがるのが見えた。爆雷には一個につきTNT火薬が二五〇ポンド詰まっていた。だから一〇〇〇ポンドの火薬が爆発したわけだ。潜水艦の間近に投下したから、これで沈めたなと、ほぼ確信した」と。そして、マスクザヴィルツは嬉しそうにこう報告した。敵潜水艦は、吹き上がる四本の水柱のうち「一本目に突っ込んだと思われます」と。海軍情報部長のT・B・イングリス少将はこう言っている。「この攻撃の結果、当該潜水艦は一二〇〇フィート（三六〇メートル）の海中に沈没したと思われる。大量のオイルが海面に浮かんだ」と。

〈PBY〉哨戒機で上空をとぶウィリアム・ターナー少尉にも、いまや状況がすっかり呑みこめた。「防衛水域で見かけた潜水艦には、あえて許可を得ることなく、対潜爆弾を投下することも可」という命令どおり、「あいつを沈めてやろう」とやる気満々だった。さっそくカネオヘ湾海軍航空基地に報告した。だが、それを受けた同基地の第一〝パットウィング（哨戒航空団）〟司令、クネフラー・マクギニス中佐はこう思った。まったく、ターナーのやつ、何を勘違いしているんだと。

〇六四八時、駆逐艦「ウォード」の見張員が制限水域を航行する小型の平底船を発見した。いたって普通の光景で、この辺りに魚の群れがいることを、地元の日系漁民はよく知っているのだ。ところが、それに続く事態はおよそ普通ではなかった。その船は突如逃走をはかり、「ウォード」が追いつくと、その日系人船長はエンジンを切り、白旗を振ったのだ。おそらく銃撃戦があって、潜水艦が沈められたという話を聞き及び、その船長は撃たれまいと必死だったのだろうが、それにしても奇妙だった。「ウォード」は規則違反をおかしたその平底船をホノルルへと引っ立てて、あとのことは沿岸警備隊に任せた。「第一四海軍管区」のジョン・B・アール参謀長はこの話を聞いて、こう思った。敵潜水艦がうろついていると思われるときに、なんでまた「ウォード」の連中は平底船の護送などやっているのだ？　現にいま、私は二十四時間の警戒態勢を取るよう命令を発しようとしているところなのにと。

〇六五三時、「ウォード」のアウターブリッジ艦長から「第一四海軍管区」の当直士官に無線連絡が入った。「われわれは防衛水域で活動中の潜水艦に対し、すでに攻撃を加え、砲撃および爆雷投下をおこなった」と。〇七〇三時、アウターブリッジ艦長から続報が届いた。「この水域の別の潜水艦に対して爆雷四個を投下。……全弾投下まで攻撃をつづけたのち、補充に戻り、さらなる爆雷を確保した」と。

「ウォード」からのメッセージを受けた取ったレックス・ブラック少佐は、戦争計画士官のヴィンセント・マーフィー中佐に電話をかけた。偶然ながら、マーフィー中佐は、敵の襲来時に従うべき最新手順の見直し作業を終えたばかりで、それによると、現在分散している空母任務部隊を真珠湾にもどし、より適切な戦争計画に従わせることになっていた。電話口にでたマーフィー中佐は、ブラック少佐にこう言った。「これからちょっと身支度を整えるので、その間は［司令部の当直士官、また［第一四管区司令官ド・］カミンスキーに電話して、当面する状況において何ができるか否か、ハロルの］ブロック提督にこの件を上げるべきか否か、訊いてみてくれ」と。ところが、ブラック少佐が何度かけても、カミンスキーの回線は話し中だった。そこでマーフィー中佐に状況を説明すると、中佐は言った。「分かった。じゃあ、私のオフィスに来てくれ。そこで海図と各艦船の現在位置の検討をおこなおう。もう一本、別件で電話をかけたら、それで終わりだから」と。だが、マーフィー中佐が電話をかけようとしても、一度目も二度目も話し中だった。そこで中佐は交換手を呼び出した。そして、「もしそれが最高度の重要性を持たない通話なら」割り込んで、マーフィー中佐の電話に可及的速やかに応答するようカミンスキーに言ってやってくれと指示した。

カミンスキーの回線が当時、ずっと話し中だったのは、かれが状況に忙殺されていたからだと、後日判明する。駆逐艦「ウォード」の〇六五三時発のメッセージを、〇七一二時に受け取ったあと、カミンスキーは、こいつは間違いなく「交戦」を意味するものだと判断した。そこでブロック提督に電話を入れようとしたが、つながらなかった。ならばと「第一四管区」の参謀長、ジョン・アール大佐の自宅に電話を入れた。ところが、アール大佐は、どうせまたガセさと取り合ってくれず、もっとハッキリした証拠を持ってこいとカミンスキーに申し渡した。そこでカミンスキーはキンメル司令長官のところの当直士官と、「第一四管区」の作戦担当士官、チャールズ・マムセン中佐に、事の次第を説明した。するとマムセン中佐はカミンスキーにこう指示した。待機中の駆逐艦「モナハン」にメッセージを送り、「直ちに出動し、防衛水域にいる駆逐艦ウォードと接触せよ」と伝えるのだと。〇七一五時までには、アール参謀長もさすがにブロック司令官とこの件について話をしていたが、大佐も提督も、「ウォード」が実際のところ何を目撃したのか判断できず、「もう少し様子を見てみよう」ということになった。

戦争計画士官のヴィンセント・マーフィー中佐がオフィスに入ると、電話が鳴っていた。「第二哨戒航空団」の作戦担当士官、ローガン・ラムゼイ少佐からだった。いま自宅にいるのですが、じつはたった今、麾下の哨戒機〈ＰＢＹ〉から、「真珠湾口の一カイリ沖合で、なかば潜航中の潜水艦を沈めた」という報告を受けたのだという。マーフィーはラムゼイに言った。「そいつは妙だな。さっき似たような報告を、沿岸哨戒中のうちのＤＤ［駆逐艦］から受けたばかりなんだ」と。ラムゼイ少佐は、何か思い当たることがあったらしく、マーフィーにこう言った。「対応を急いだほうがいいですよ。私もすぐ作戦センターに向かいますから(43)」と。

ラムゼイ少佐の娘、当時一六歳のメアリー・アンは、その日のことをよく憶えていた。「その朝の「フォード」島は、とても静かでした。空母がすべて出払っていたから。あと憶えているのは、「父が」大急ぎで家を飛びだし、車に乗ると、司令部に駆けつけたことです。母の寝室に入り、私は言いました。『いったい何が起きたのかしら』。すると、母が言いました。真珠湾のネットのすぐ外側で、日本の潜水艦を沈めたんですって」と。

司令部の当直士官であるカミンスキーが、マーフィー中佐をふたたび呼びだし、駆逐艦「ウォード」をめぐる一件について、その後の経緯を詳しく伝えた。すると、中佐が訊いた。「貴官は今回の攻撃にかんし、詳細情報を他の方面から伝達されるか、あるいはもっと詳しい情報を耳にしたことはあったか」と。「いいえ、いきなりでした(44)」とカミンスキーは言った。ともあれキンメル司令長官に一報したほうが良さそうだとマーフィーは判断した。提督はその日曜日、在ハワイの陸軍側トップ、ショート将軍とゴルフをやることになっていたから。報告の電話が入ったとき、キンメル長官は、着替えもひげ剃りもまだだったが、「すぐに行く」とたちまち応じた。

一連の経緯について、ハズバンド・キンメル司令長官はこう述べている。「七時三十分から四十分の間に、当直参謀から一連の報告を受けた。ウォードから報告がきたこと、ウォードを支援するため待機中の駆逐艦が一隻派遣されたこと、ウォード報告の検証作業がいま進行中だということ。攻撃がおこなわれたとき、私はその検証結果を待っていた。真珠湾沖で潜水艦を攻撃したとの報告に確認作業をおこなったのは、過去において数件の事例があり、しかもそうした接触がすべて未確認に終わったため、より思い切った《ドラスティック》行動に打って出るには、それがしかるべき前兆だとの、私の判断が必要だったのである」[45]

RCAのホノルル支店に、マーシャル将軍が送った警告文がようやく届いた。ハワイ時間の午前七時三三分だった。それはワシントン時間の午後一時三分にあたり、東郷外相が手交時間として指定した刻限をすでに三分すぎていた。帝國海軍の「第一航空艦隊」が放った「第一次攻撃隊」はこの時すでに、オアフ島北方三五カイリまで来ていた。その電報はRCAの配達員、フチカミ・タダオに手渡された。フチカミはオートバイに跨がると、通常の配達任務に向かった。マーシャルの電報にはどこにも「至急」という指示はなく、故にその他多くの電報と一緒に、シャフター陸軍基地にまとめて届けられた。

在ワシントンの日本大使館では、野村大使が気を揉んでいた。タイプ清書の終了目処は立たないが、その作業ペースを見て、とりあえずハル国務長官に電話を入れた。面会時間を若干遅らせてほしいと野村は要請した。ハル当人はすでに「MAGIC」情報により第一四部を読み、この会談は外交交渉の打ち切りを公式に宣言するだけのものだなと判断しており、野村の要請を了承した。

日曜の朝だというのに、オアフ島の北端、カフク岬の米陸軍「オパナ・レーダー基地」では、ひどく地味な作業が続けられていた。北部の海岸線の、戦略上とりわけ重要な六カ所には、レーダー員からなる小規模部隊が展開され、カフク岬もそのひとつだった。彼らが現在扱っているレーダー装置は、二週間前に供用が開始されたばかりの新型兵器だったが、動作がいまひとつ当てにならなかった。それでも、うまく動くときは、半径一五〇マイル（約二四〇キロ）圏内にあるいかなる飛行機も追尾できた。これら六個部隊が、それぞれ得た情報を「シャフター陸軍基地」の情報センターに無線連絡すると、待機している要員が、木製テーブルに広げた地図上に、航空機をしめす小さな矢印を逐次記入していく手はずになっていた。

キンメル海軍大将の相方、ハワイにおける米陸軍のトップであるショート中将は戦後、そのレーダー云々は訓練目的のためのものであり、本物の部隊と考えたことは一度もないと証言している。実際、ショート将軍はそもそも〝レーダー〟とは何なのか、それにどんなメリットがあるのかをまったく理解しておらず、ただ陸軍省が装備一式をあてがってきたため、新兵訓練に利用しただけというのが実態だった。第一、在ハワイの将官たちは、レーダーの半径一五〇マイルという索敵範囲を、接近してくる敵機の存在を一時間早く教えてくれる優れものとは見なしていなかった。また、たとえ敵機の接近が分かっても、それに対抗する主要兵器、すなわち邀撃戦闘機の発進準備を整えるには、四時間もかかるのが現状だった。さらに、そんな新型装置を託された信号部隊の現場将校も扱いに苦慮していた。装置類をあまり酷使して、肝心なときに使用不能になることを彼らはむしろ恐れていた。「シャフター陸軍基地」の情報センターに勤務するリチャード・シンメル二等兵は、この新技術に対する現場将校の意見は概ねこんなものだったと語っている。「陸軍で今後もし、何らかのトラブルに見舞われる部隊があるとしたら、レーダー部隊はその最たるものだろうなと、思われていた(46)」そうだ。

「オパナ・レーダー基地」でその朝、〝訓練〟に励んでいたのは二等兵の二人組、ジョゼフ・ロカードとジョージ・エリオットだった。普段ならレーダー・スコープに三時間向かっていれば、二五機前後の機影を見つけられるのに、今日はまったく見かけなかった。戦争が差し迫っていると、マーシャル参謀総長が十一月二十七日に警告する前、かれらの作業時間は午前七時から午後四時までだった。ところが、「第一種警戒態勢」の一環として、ショート将軍はレーダー部隊の活動時間を夜明け前後所になってしまった。

の午前四時から七時までに変更し、さらに機器類が破壊活動に遭うことを恐れ、要員たちを四五口径拳銃で武装させることまでした。運用方式のこうした変更により、オアフ島のレーダー基地のうち、十二月七日午前七時に要員がいまだ居残り、実際に活動しているところは、結果的にオパナ基地一カ所になってしまった。

「オパナ・レーダー基地」は人里離れた場所にあるため、そこの要員たちはカワイオラにある小さな宿営地から、さらに九マイル（約一四キロ）離れた場所に野営していた。一日に一回、ピックアップ・トラックがそことカワイオラの間を往復していた。作業チームは通常三人で構成されるのだが、三人目にあたる男がその朝、俺は眠いんだと言ったため、まあ、日曜日の作業量なら二人だけでも十分かということになった。ロカード二等兵がレーダースコープを担当し、エリオット二等兵が作図と運転・操作を担当した。

その朝はずっと何事もなく過ぎていったが、〇六四五時、北東一三〇マイル（二一〇キロ）沖合で、小さな光点が明滅を始めた。

〇六五四時、上官から電話が入り、もうその辺で作業を切り上げていいぞと言われた。だが、朝食のため二人を宿営地に運んでくれるトラックがいまだ到着しないので、待つまでの間、もう少し続けるかということになった。

〇七〇二時、自分はもう少し練習をしたいのだがとエリオットが言って、オシロスコープのダイヤルを操作しはじめた。ロカードがその肩越しにのぞき込み、レーダーのエコーについて説明を始めた。と突然、大きな光点が画面上に現れた。二人ともそれまで見たことのない、でっかい何かだった。二人はびっくりして、どうやらスコープがまた故障した（じつによく壊れた）のだと思った。そこで二人は位置を入れ替え、ロカードが機材をいじり始めた。だが、どこにも問題がないことがすぐに分かった。ということは、自分たちがいま見つめているものは「途方もなく異常な事態……恐ろしいほど数の多い飛行機群」ということになる。その巨大な光点は「飛行機のものと判断できるくらい高速で動いていた。艦船ではない。動きがあまりに速いから。そこでわれわれは情報センターの交換手に電話をかけた[47]」

太平洋の島々では、空は夜明けとともに一気に明るくなる。ごく短時間のうちに、全天に光が満ちあふれるのだ。だが、「第一航空艦隊」の航空兵たちが空母を離れ、一気に急上昇したとき、空は相変わらず暗く、視界不良で、総指揮官の淵田中佐はいささか不安を覚えた。果たして部下たちは問題なく標的までたどり着けるだろうか。着けたとして、悪天候のせいで精確な攻撃が不可能になりはしないだろうかと。やがて雲が割れ、すぐ目の前に暗緑色の海岸をあらう白波が見えた。その先には湿気を大量に含んだ、オアフ島の山並みが広がっていた。島の北端、カフク岬に、どんぴしゃりで到着したのだ。

故郷の日本列島と比べると、かれらが進んできた太平洋は緑の気配すらない灰色の海だった。特に「第一航空艦隊」は身も凍るような北太平洋を横断してきたため、自然はとりわけ厳しかった。日本の天候は、アメリカのノース・カロライナ州やサウス・カロライナ州に似ている。首都東京は、テネシー州ナッシュヴィルと同緯度にある。だが今や、日本の攻撃部隊の眼下には、窓ガラス洗浄液の「ウィンデックス」を思わせる真っ青な海、そしてそれと境を接するように、ゴルフコースがそこここに広がっていた。オアフ島のサトウキビ畑の上空をまるで滑るように進みながら、魚雷を抱いた〈九七式艦上攻撃機〉のパイロット、松村平太大尉は、きれいに刈られた淡褐色の芝生の臭いをかぎながら「常夏の国の暖かい空気[48]」を存分に味わったという。同じ〈九七式艦攻〉ながら、水平爆撃隊に加わった橋本敏男中尉は、美しい密林と小さな家々に魅了され、カメラを取りだすと、故郷への土産にと写真を撮り始めた。〈零式艦上戦闘機（ゼロ戦）〉の操縦桿をにぎる志賀淑雄中尉は、遠洋練習航海の途中、一九三四年に立ち寄ったホノルルの楽しかった経験をふと思い出した。その好ましい記憶が、いまの感情とせめぎ合い、彼はいささか動揺した。

戦艦「ウェスト・ヴァージニア」のラッパ手、リチャード・フィスクは言う。「わたしが起床ラッパを吹く直前、六時前後、六時をちょっと回ったあとだったか、われわれはフロート機が一機、やってくるのを目にした。外見はうちのＪＲＦ［グラマン・グース］に似ていた。だが、だれも注意を払わなかった。そいつは真珠湾のうえを旋回し、二度回ったあと、北に戻っていった(49)」。だがそれは巡洋艦「筑摩」から飛び立った偵察機で、同機は標的にかんする報告を〇七三五時に無線連絡してくる。「在泊艦は戦艦一〇、甲巡一、乙巡一」と。そして各艦の在泊位置を示したあと、真珠湾の天候にかんする報告が続いた。〇七三八時における気象条件は「風向八〇度、風速一四メートル、敵艦隊上空の雲高一七〇〇メートル、雲量七」と。それと前後して、ラハイナ泊地に向かった同「利根」の偵察機からも連絡が入った。「敵艦隊はラハイナ泊地にあらず(50)」と。

一方、「オパナ・レーダー基地」では、エリオット二等兵が位置記入板のところに行き、レーダーで目撃した巨大な光点の現在地――北方一三七マイル（約二二〇キロ）、東に三度――を記録した。それが終わると、〇七〇六時にヘッドフォンを装着し、自分たちの発見を「シャフター陸軍基地」に報告した。だが、誰も応答しなかった。午前七時ジャスト、非番となった瞬間に、情報センターにいた全員が朝食を取るため、一斉にオフィスを出ていってしまったのだ。そこでエリオットは有事対応マニュアルに従って、今度は電話で、情報センターの交換台に連絡した。当時そこにいたのは、ジョゼフ・マクドナルド二等兵だった。エリオットはマクドナルドにこう告げた。「きわめて多数の航空機が北方、東に三度からやってくる」[51]と。マクドナルド二等兵は、ここには自分一人しかいないと思っていたので、そのメッセージをきちんと書きとめ、さらに精確な時間を確認するため、作図室にある大時計に目をやった。するとまだ一人、職場に残っている人物が目に入った。カーミット・タイラー中尉だ。そこでマクドナルドは中尉にそのメモを手渡し、自分はこのような報告をこれまで受けたことがありませんと告げた。

カーミット・タイラーは元々パイロットで、邀撃指揮の訓練など一切受けておらず、しかも情報センターの実務経験はたった一日しかなかった。ただ、仕事が片付いても、〇八〇〇時（午前八時）までは職場に留まるよう命じられていた。たとえ「どんな仕事をやるべきか分からなくても、職場に留まり、仕事を続けるのだ」と言われたのだ。それでも、レーダーというものがこの世に存在することと、そして自分の任務は「敵機もしくはそれと思しき航空機がこちらの空域に入ってきたとき、邀撃機に指令をだす管制官を支援する」ことにある——と学んだばかりであった。その二人組の報告なるものだが、あまり大した発見ではないなとタイラー中尉が言ったため、マクドナルド二等兵は交換機のところに戻り、オパナ基地を呼びだした。今度はロカード二等兵が受話器を取り、興奮ぎみの口調でこう報告した。光点はさらに大きくなり、高速で移動中です。少なくとも五〇機以上が時速一八〇マイル（約二九〇キロ）でオアフ島上空に接近しつつありますと。マクドナルドはタイラー中尉の言葉をそのまま伝え、大したことではないので心配するなと強く言ったが、ロカードは、その中尉どのと直接お話したいと言った。なぜなら、こんなもの、これまで見たことがないからだと。

エリオットの報告を聞いているうちに、タイラー中尉はふと思い出した。そうだ、ハルゼー提督の空母「エンタープライズ」任務部隊が現在、外洋に出ていたんだ。もしレーダー・スコープの不具合でないならば、その光点は海軍機のものではあるまいかと。そのあと「たまたまついていたラジオから、ハワイアンが聞こえた」とタイラー中尉はのちにふり返っている。「ああ、〈B－17〉爆撃機が数機、飛来するようだ。〈B－17〉を運んでくる私の友人の爆撃機パイロットが言っていたことがある。深夜零時以降にラジオ局が放送を続けていたら、それは〈B－17〉が飛来するって合図だぜと」

何も心配することはないのだと、タイラー中尉はロカードに力説した。

ある意味、タイラー中尉の言うことは正しかった。ランドン少佐の指揮のもと、カリフォルニアから飛来した〈B－17〉爆撃機数機はなるほど当時、オパナ基地のデータが示した地点から、ほんの五度ズレた場所に到着しつつあったのだから。ハワイ駐留の多くの将校がその朝そうだったように、タイラー中尉も、自分が接した警報を割り引いて捉え、そしてちょうど海軍が怪しげな潜水艦の存在を陸軍側に伝えなかったように、陸軍側もその特異なレーダー反応について海軍側に伝えることは一切なかったのである。もし仮にタイラーがこの情報を、「第一四追撃航空団」の作戦担当士官、ケネス・バーグクイスト陸軍少佐に伝達していれば、少なくとも最終的に、アメリカ軍機が精確な方面に派遣され、南雲艦隊を発見できていたかもしれない。ロカードとエリオットの二人組もじつはミスをおかしていた。電話を替わってもらったあと、その光点は五〇機をこえる飛行機群を意味していると いうことを、タイラー中尉に言わなかったのである。そう聞けば、さしものタイラーも、そいつはアメリカの空母艦載機だとか、カリフォルニアから飛来した爆撃機だとは思わなかった可能性がある。後日、陸軍の聴聞会において、カーミット・タイラー中尉は、対応システム全体に問題があったと主張して、自己弁護をはかることになる。「もし、このAWASシステムが二四時間態勢で運用され、かつまた、もっと使い勝手が良ければ、おそらく[52]陸軍に対しては四五分前に、海軍に対してもたぶん三〇分前には、警報を発することができたでしょう」と。だが、たとえ手遅れであっても、何らかの警報があれば、まったく無いよりはましだったのではないだろうか。

米海軍の予備役士官、ウィリアム・E・G・テイラーは英国海軍で一年、アメリカの航空部隊でさらに一年、戦闘機を飛ばした経験を持ち、イギリス海峡を挟んだ英独の空中戦、いわゆる「英国の戦い」のレーダー運用についてしかるべき知識があったため、当時オアフ島の陸軍レーダー警報システムにかんするアドバイザーに任命されていた。その彼が言う。「戦闘指示官（管制官）と戦闘機がやりとりをする場合、戦闘機が沖合五マイル（八キロ）を超える地点にいると、完全な対応はもはや無理である」と。ただ、たとえそうだとしても、「そうした施設は二十四時間態勢で運用すべきであり、航空警報システムには、十分な人員を配置すべきだと、私は当時も、そして今も感じている」(53)と。

世界でもこの辺りでは、夜明けが近づくと、あらゆる島でほぼ毎日、雨の気配をともなった冷たい風が吹きはじめる。そしてそれがやむと、明るいブルーの太平洋は、何事もなかったかのように、ゆらゆらとたゆたうのである。

雲が切れて、間近にせまるオアフ島の海岸線が確認できたため、総指揮官の淵田中佐は、「展開」――攻撃準備――を下令した。そして総指揮官機のパイロット、松崎三男大尉に対し、アメリカの戦闘機に目を光らせろと注意喚起をおこなうとともに、おもむろに信号拳銃を取りだした。源田中佐と打ち合わせた手順によると、完璧な奇襲をなし遂げた場合は、信号弾、いわゆる「号龍」を一発発射することになっていた。するとまずは雷撃機が攻撃にかかるとともに、制空戦闘機たる〈ゼロ戦〉はその間、敵の航空機や基地を叩き、しかるのち急降下爆撃機と水平爆撃機が攻撃に参加することになっていた。だがもしも、接近を察知され、すでに警報が発せられ、アメリカ側の備えが整っていたら、強襲モードでやるしかない。その場合、淵田は「号龍」を二発発射し、最も脆弱性の高い雷撃機はとりあえず待機して、まずは急降下爆撃機、戦闘機、水平爆撃機がアメリカの航空部隊と防空部隊に襲いかかる手はずになっていた。

真珠湾はまったく気づいていない——という「筑摩」偵察機の報告が届かないうちに、淵田たちは目標に到達してしまったが、これまでの全飛行行程のあいだ、敵の邀撃機や戦闘準備をうかがわせるような兆候はまったく見られなかったため、どうやら奇襲に成功したようだと淵田は判断した。〇七四〇時、オアフ島の北端、カフク岬を眼下に眺め、淵田は信号拳銃を一発発射した。海岸線に沿って、南西側から回りこみつつあった各パイロットは、奇襲のさいのそれぞれの持ち場へと移動を開始した。淵田は自分が直率する水平爆撃隊の動きを注意深く見守っていたが、〈ゼロ戦〉をとばす、菅波正治大尉率いる第三制空隊が、所定の編隊を組まないことに気がついた。ちょっと待ってみたが、どうやら菅波のところの連中は信号を見逃したようだと判断し、二発目の「号龍」を発射した。ところがそれを見た、降下爆撃隊の指揮官、高橋赫一少佐は、二発か、ならば強襲モードだなと判断した。結果、少佐は麾下の爆撃機たちに前へ出ろと指示を与え、フォード島とヒッカム陸軍航空隊基地内の防空施設を叩くべく、逆落としに入った。その高橋少佐の動きを見て、今度は雷撃隊を率いる村田重治少佐が驚いた。爆撃などされた日には、黒煙のせいで、こちらの目標が見えなくなるじゃないか——そう考えた村田少佐は、可及的速やかに目標を叩かねばと、麾下の雷撃隊を突進させた。

本来の攻撃開始時間《ゼロ・アワー》は午前八時のはずで、時刻はいまだ〇七四九時だったが、淵田総指揮官は後席の電信員に命じた。「総飛行隊に対し発信、全軍突撃せよ」。水木徳信兵曹が電鍵を叩く。「突撃」をしめす簡単な略号、トトトの連送だ。同じく〈九七式艦上攻撃機〉だが、爆弾をだいた水平爆撃隊四九機は高度九八〇〇フィートで編隊を組んで、ひとまず待機に入った。一方、雷撃隊所属の〈九七式艦攻〉四〇機は、高度五〇フィートまで降りていき、いまにも海面に腹が着きそうな低空から魚雷を放った。〈九九式艦上爆撃機〉からなる五一機の降下爆撃隊が高度一万三〇〇〇フォートまで上昇する間、制空隊の戦闘機〈ゼロ戦〉のうち一八機は高度六五〇〇フィートに降下するも、残り二五機の〈ゼロ戦〉は一万二五〇〇フィートを巡航していた。淵田総指揮官が源田参謀と入念に練りあげた攻撃計画はどこへやら、いまや日本軍機は奇襲・強襲など関係なく、それぞれの目標めがけて滅多打ちモードに入っていた。

　観光客には当時あまり知られておらず、地元民だけが珍重するハワイのビーチのひとつ、それがオアフ島の伝説的な北部海岸、ハレイワである。そのハレイワのビーチ・ハウスで週末を過ごしていたマン家の人々は、その日曜の朝いちばんに、叩き起こされてしまった。ペットの二匹のパグが狂ったように吠えるなか、航空機エンジンの重低音がいきなり襲ってきたのだ。マン夫人は思った。きっとウィーラー飛行場の暴走パイロット、たぶん海岸線の低空飛行が何よりすきな悪名高きアンダーウッド中尉だわと。夫のジェイムズ・マンと息子の〈ジュニア〉が驚いて外に出ると、かれらの頭上を、一〇〇機前後の飛行機が旋回していた。まだ一三歳だったが、すでにいっぱしの軍用機おたくだった〈ジュニア〉が言った。「あれ、機体の塗装を変えたんだね[54]」と。

　ハレイワは、陸軍の飛行場や真珠湾の海軍基地に向かう攻撃ルートの直下にあたるため、淵田の攻撃部隊が〝展開〟したのも、各爆撃機が与えられた目標に向け散開したのも、アメリカ側の反撃に備えて、それらを援護する戦闘機が駆けつけたのも、すべてこの海岸の上空だった。だが、なにしろ島全体が兵士や水兵、パイロットであふれ返っている土地柄なので、数百機程度の航空部隊の存在はそれほどの注目を浴びなかった。ゴルフ場に出かけるもの、教会へ日曜礼拝に行くもの、ワイキキでサーフィンに興じるもの、西海岸で釣りを楽しむもの、日曜出勤で基地に向かう軍関係者でさえ、あれはアメリカの飛行機だとごく自然に受け止め、気にも留めなかった。日本人スパイの吉川猛夫も、ハワイの米陸軍トップのショート中将も同様で、また何かの訓練だろうぐらいに考えていた。ショート将軍などはこう思ったほどだ。あれ、海軍は私に演習のことを言ってこなかったな、それとも言われたのに、こっちがうっかり忘れていたのかなと。ただ、すべての人がのちにこうふり返ったことだけは確かである。いやあ、あの日はじつにいい天気だったと。

熱帯の冬の朝に発生する霧がようやく晴れ、淵田総指揮官は双眼鏡ごしに、アメリカ太平洋艦隊の堂々たる陣容を確認できた。淵田は当初、困惑した。総領事館のスパイは戦艦九隻が在泊と報告してきたのに、視界には七隻しか見当たらなかったからだ。それは「ペンシルヴェニア」が乾ドック入りしていたのと、吉川が「ユタ」を現役戦艦としてカウントしたためだった。「ユタ」はすでに退役し、標的艦として使われていたのだ。特に淵田にとって最大の失望は、アメリカ側の空母が見渡すかぎり、どこにもいなかったことである。

早くも〇七五三時、淵田の電信員はこう打電している。「トラ、トラ、トラ（われ奇襲に成功せり）」と。「ト」は〝突撃〟の「ト」。「ラ」は〝雷撃〟の「ラ」を指し、また「トラ」とは日本語で〝タイガー〟の意である。淵田は寅年生まれなので、これもまた吉兆といえよう。このメッセージは最終的に日本海軍全体に伝達された。「Z作戦」によって、アメリカ陸海軍に対し完璧な奇襲攻撃を実現したことが、帝國全体にかく伝えられたのである。

空母「赤城」艦上でこの報告に接した、「第一航空艦隊」司令長官、南雲忠一中将は驚いて口もきけなかった。草鹿龍之介参謀長は黙って、感喜の涙を流した。二人とも、山本と源田の練った、およそ法外な攻撃計画がまさか機能するとは、ほとんど信じていなかったのである。

マトソン海運の旅客船「ルアライン号」が太平洋の北東航路をたどって、サンフランシスコに向かっていた〇七三〇時ごろのこと。当直の〈小柄な《タイニー》〉・ネルソンがSOS信号を耳にし、その電文内容を一等航海士のエドワード・コリンズに見せた。それはアメリカ軍のため、タコマからハワイに向けて木材を運搬中の貨物船「シンシア・オルソン号」二一四〇トンが、潜水艦から攻撃を受けている――と助けを求める内容だった。

帝國海軍の潜水艦「伊二六」の艦長、横田稔中佐は、僚艦の「伊一〇」とともに、十二月五日まで、ソ連と米アラスカ州のあいだに広がるアリューシャン列島の哨戒任務にあたっていた。さらに同艦は、五日から十七日にかけて、ハワイに向かう軍用船にかんする報告をおこなっている。「トラ、トラ、トラ」という淵田のメッセージを合図に、日本の東アジア征服が開始され、以後、両潜水艦の任務もたんなる偵察から、アメリカ船舶の撃沈へと移行した。横田が潜望鏡で捉えた最初の標的のひとつが「シンシア・オルソン号」だった。「伊二六」――同船より一〇〇フィート（三〇メートル）長く、重量は四〇〇ポンド（一八〇キロ）重く、魚雷管六本、二五ミリ機銃二挺、一四〇ミリ砲一門を備えていた――は、米国籍のこの船をX日のゼロ・アワーまで追尾したあと、その真後ろ、距離およそ一〇〇〇メートルのところに浮上した。

横田はまず、甲板の大砲を一八発撃ち、さらに潜水後、魚雷一基を発射した。しかしこれがすべて外れたため、再浮上すると、さらに二九発の砲弾を叩きこんだ。「シンシア・オルソン号」が沈み始めると、「伊二六」はその場を離れ、アメリカ西海岸沖を遊弋しながら、さらなる獲物を探した。

「船を放棄し、全員救命ボートに移乗した」[55]――。「シンシア・オルソン号」は「ルアライン号」に無線でそう伝達した。その翌日、日本の潜水艦「伊一九」がこう報告している。わが艦は浮上し、同船の生存者若干名に食料を提供したと。この報告が貨物船「シンシア・オルソン号」の消息を伝える最後のものとなった。同船には乗員三三名、さらに陸軍所属の二等兵二名が便乗していた。無線士のサミュエル・ジスキングと衛生兵のアーネスト・ダヴェンポートである。これら三五名の遺体はとうとう発見されなかった。

章末注

(1)「問題は日本が今後もわき腹をさらし続けておくのか」「完全に同意します!」: Congress of the United States, "Hearings before the Joint Committee on the Investigation of the Pearl Harbor Attack," Seventy-Ninth Congress, 1946, Center for Legislative Archives. ／以下「PHA」

(2)「二人が部屋を出てきたとき」: Vice Admiral William R. Smedberg, "Aide to Admiral Stark," in Stillwell, Paul, ed. *Air Raid: Pearl Harbor!* Annapolis: Naval Institute Press, 1981.

(3)「明日には到着すると思うが」: PHA.

(4)「サムライは、寝ている人間を決して殺さない」: Brinkley, David, narrator. *Pearl Harbor: Two Hours That Changed the World*. NHK/ABC News Productions, May 26, 2001. ／ＮＨＫスペシャル「パールハーバー／日米の運命を決めた日」日米開戦から五〇年の一九九一年に米ＡＢＣと国際共同制作。

(5)「俺らのことをそんなに嫌っていたなんて」: LaForte, Robert S., and Ronald E. Marcello, eds. *Remembering Pearl Harbor: Eyewitness Accounts by US Military Men and Women*. Wilmington, DE: Scholarly Resources, 1991.

(6)「午後遅く、もしくは夕方早くに」: PHA.

(7)「紳士諸君、彼らは攻撃してくるだろうか」: Ibid.

(8)「皇国の興廃繫《かか》りて此《この》征戦に在り」: Gordon W. Prange Papers, Hornbake Library, University of Maryland. ／以下「Prange papers」

(9)「先生の電報で、要点は分かりました」: PHA.

(10)「こいつはちょっと時間がかかりそうだ」: Ibid.

(11)「この一文をすぐさまグルーに伝達しろ」: US Department of State, *Peace and War: United States Foreign Policy, 1931-1941*, National Archives, Maryland. ／以下「State」

(12)「非常に賢明な一手だ」: PHA.

(13)「人民の子たる私は」: Ibid.

（14）「突如として席を離れたら」：Ibid.

（15）「午後九時ごろ、退庁・帰宅」し：Clausen, Henry C., and Bruce Lee. *Pearl Harbor: Final Judgement*. New York: De Capo, 1992.／『真珠湾最後の真実』ヘンリー・C・クラウゼン、ブルース・リー／鈴木主税訳（飛鳥新社）

（16）「もし戦争に突入するなら」：Ibid.

（17）「伍長、海軍があそこで何をやっているか」：Travers, Paul Joseph. *Eye Witness to Infamy: An Oral History of Pearl Harbor*. Lanham, MD: Madison Books, 1991.

（18）「アジアで戦争が起こるかもしれない」「まったく、せっかくの夜を」：Clarke, Thurston. *Pearl Harbor Ghosts*. New York: William Morrow, 1991.

（19）「まったくすごい標的だな!」：Ibid.

（20）「親潜水艦（潜航艇母艦）の雰囲気はいつもと同様、おだやかだった」：Allen, Thomas B. *Remember Pearl Harbor: American and Japanese Survivors Tell Their Stories*. Washington, DC: National Geogrphic Society, 2001.

（21）「目標、真珠湾!」：Ibid.

（22）「別れの杯」：Verklan, Laura, writer and director. *Tora, Tora, Tora: The Real Story of Pearl Harbor*. A&E Television Networks, 2000.

（23）「ぐっすり寝れた」：Prange papers.

（24）「攻撃の前夜、わたしは眠れなかった」：Brinkley.

（25）「大君の御楯とただに思ふ身は」：Costello, John. *The Pacific War*. New York: Rawson, Wade, 1981.／『真珠湾、クラーク基地の悲劇：責任はだれにあるのか』ジョン・コステロ／左近允尚敏訳（啓正社）

（26）「日本国政府は遺憾ながら」：PHA.

（27）「ハル国務長官の執務室」：Stimson, Henry. *Diaries of Henry Lewis Stimson*, Yale University Library, New Haven, CT.

（28）「きわめて短い緊急メッセージを受け取っていた」：PHA.

（29）「さあ、行くぞ」：Schmidt, Warren R. "Lieutenant Zenji Abe: A Japanese Pilot Remembers." May 2001. http://www.historynet.com/lieutenant-zenji-abe-a-japanese-pilot-rembers.htm.

（30）「地上になんらかの目標を定めて」：Ibid.

（31）「ハワイは寝ているよ」「航空兵たちの成功を確信しております」：Friedrich, Otto. "Day of Infamy." *Time*, December 2, 1991.

（32）「夜明け前の暗い海のなか」：Editors, "Remembering Pearl Harbor," *National Geographic*, June 28, 2014

(33)「われわれの士気は高く」：Allen.

(34)「風とエンジンが互いに負けまいと」：Schmidt.

(35)「空母の甲板から」「ブラトン大佐が傍受記録を手渡した」：PHA.

(36)「きわめて衝撃的」「スターク海軍作戦部長にすぐさま電話」：Ibid.

(37)「極東では未明にあたり」：Ibid.

(38)「ありゃ潜望鏡ですな」：Lord, Walter, *Day of Infamy*. New York: Henry Holt, 1957.

(39)「一時間ほど捜索したが」：PHA.

(40)「飛びながら、いろいろなことを考えた」：Schmidt.

(41)「ああ、壮麗なる夜明け《グローリアス・ドーン》よ！」：Prange papers.

(42)「右舷前方およそ一五〇〇ヤード」：PHA.

(43)「対応を急いだほうがいいですよ」：Ibid.

(44)「貴官は今回の攻撃にかんし」：Ibid.

(45)「七時三十分から四十分の間に」：Ibid.

(46)「レーダー部隊はその最たるもの」：Travers.

(47)「途方もなく異常な事態」：PHA.

(48)「常夏の国の暖かい空気」：Blakeman, Karen. "R. I. Fiske, Pearl Harbor Survivor, Dead at 82." *Honolulu Advertizer*, April 5, 2004.

(49)「わたしが起床ラッパを吹く直前」：Ibid.

(50)「在泊艦は戦艦一〇、甲巡一、乙巡一」：Genda, Minoru. *Shinjuwan sakusen Kaikoroku*. Tokyo: Yomiuri Shinbunsha, 1973. 源田実『真珠湾作戦回顧録』（読売新聞社／一九七三年）／［参考］淵田美津雄『真珠湾攻撃』（ＰＨＰ文庫／二〇〇一年）

(51)「きわめて多数の航空機が北方」：PHA.

(52)「もし、このＡＷＡＳシステムが」：Ibid.

(53)「戦闘指示官（管制官）と戦闘機がやりとり」：PHA.

(54)「あれ、機体の塗装を変えたんだね」：Lord.

(55)「船を放棄し、全員救命ボートに移乗」：McWilliams, Bill. *Sunday in Hell: Pearl Harbor Minute by Minute*. New York: Open Road, 2014.

第2部

攻撃！

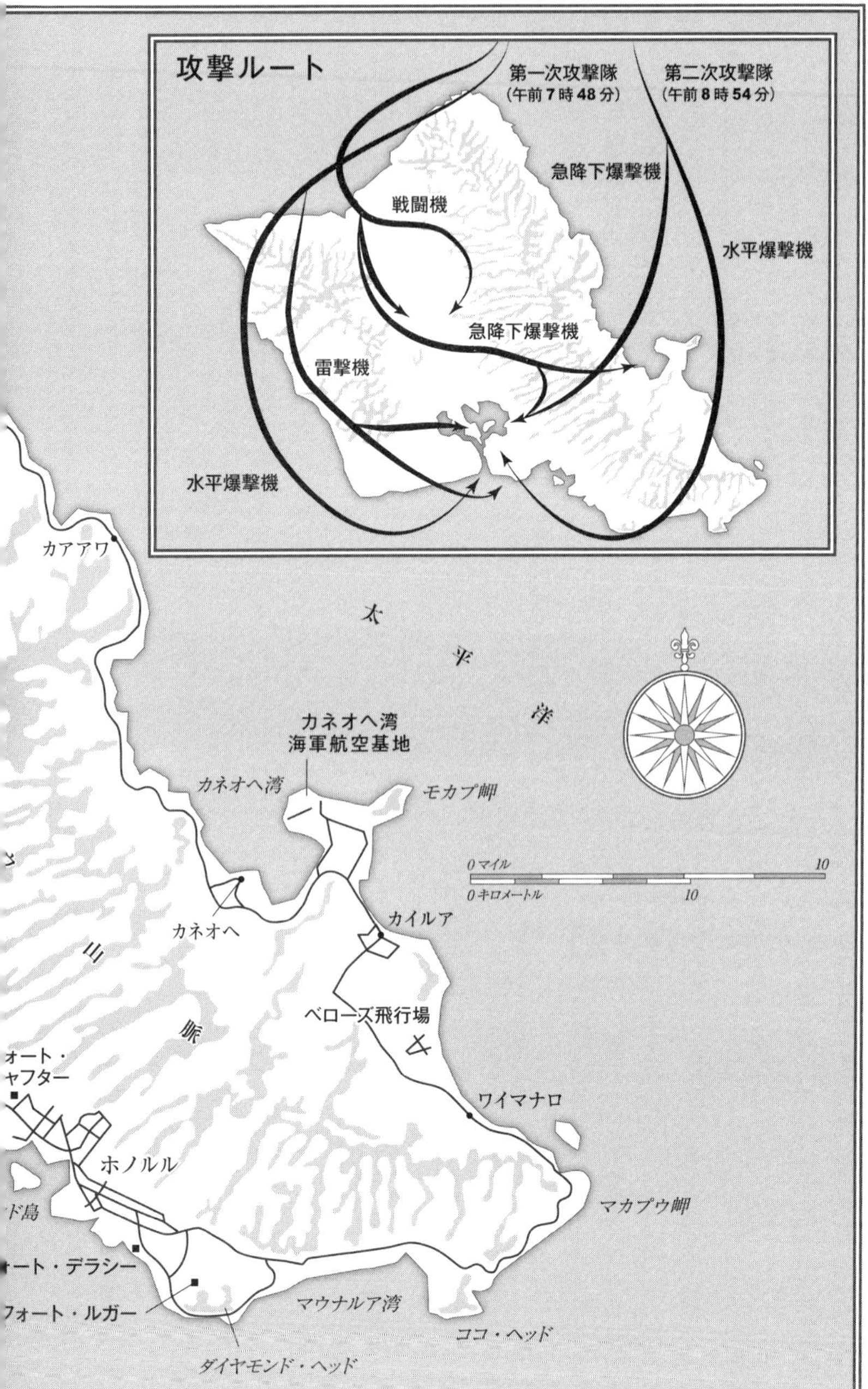

攻撃ルート
第一次攻撃隊
（午前7時48分）
第二次攻撃隊
（午前8時54分）
急降下爆撃機
戦闘機
水平爆撃機
急降下爆撃機
雷撃機
水平爆撃機
カアアワ
太
平
洋
カネオヘ湾
海軍航空基地
カネオヘ湾
モカプ岬
0マイル
10
0キロメートル
10
カネオヘ
カイルア
山
脈
ベローズ飛行場
ワイマナロ
ホノルル
マカプウ岬
ド島
ォート・デラシー
フォート・ルガー
マウナルア湾
ココ・ヘッド
ダイヤモンド・ヘッド

ハワイ諸島
ホノルル
太平洋
カフク
ワイメア
ハレイワ飛行場
ハレイワ
ワイアルア
ワイアナエ山脈
コオ
スコフィールド兵舎
コレコレ峠
ウィーラー飛行場
ワイアナエ
真珠湾海軍基地
パール・シ
イースト・ロ
アイエ
ミドル・ロック
ウェスト・ロック
フォード島
ルアルアレイ
ナナクリ
エワ
ワイピオ半島
バーバーズ・ポイント海軍航空基地
エワ飛行場
ヒッカム陸軍航空
フォート・カメハメハ
太平洋
オアフ島 1941 年

第6章 空から

一九四一年十二月七日（現地時間）は、アメリカ海軍が史上最悪の敗北をきした日として記憶されることになるのだが、源田・淵田両中佐の戦略のなかでまず第一に重視されたのは、爆撃機と戦闘機を用いて、アメリカの航空部隊をどれだけ叩けるか――という一点だった。それさえ叶えば、アメリカ側がみずからを防衛し、あるいは南雲艦隊に反撃を加えることが、ともに不可能になるからだ。それゆえ日本のハワイ攻撃において、最初に餌食となったのは、真珠湾の巨大な海軍基地があるオアフ島の南側ではなく、その反対側だった。

〇七四〇時（午前七時四十分）、淵田率いる大編隊がカフク岬のすぐ北方まで来ると、総勢四三機のゼロ戦たちはそこで分離し、オアフ島中央部、米陸軍航空隊の「ウィーラー飛行場」に北西側から突入した。五分後、空母「翔鶴」、「瑞鶴」を発進した降下爆撃隊がぐるりと大回りして、今度は南方から「ウィーラー飛行場」に襲いかかった。その頃、「瑞鶴」と「翔鶴」を発進した一一機のゼロ戦はカネオヘ湾の海軍航空基地を攻撃すべく、真珠湾やフォード島、米陸軍航空隊の「ヒッカム飛行場」の北方を通過すると、東へと進路を取り、また「赤城」、「加賀」を発進したゼロ戦たちは、オアフ島の南西海岸にある米海兵隊の「エワ・ムーアリング・マスト飛行場」へと向かった。

カメハメハ高校にかよう一七歳のフレッド・カマカは、家業のウクレレ製造に役立つはずと、当時は木工の上級コースで学んでいた。朝食を済ませたフレッドは、校内にある小山に登った。そこに立つと、オアフ島の見事な景観が一望できた。ワイキキ海岸の向こうにはダイヤモンド・ヘッドの稜線、パンチボウルの火口、そして港湾地区をいだくホノルルの街（オシャレなアロハ・タワーが人目を引いた）が広がっていた。視線を西に転じれば、風にあおられ、ザワザワと音を立てる「エワ・プランテーション」のサトウキビ畑やパイナップル畑が見え、それらの背後にはワイアナエ山脈が聳えていた。ふと視線をあげると、「ヒッカム飛行場」と真珠湾の海軍基地のあいだに、V字編隊を組んで接近してくる飛行機の大集団が見えた。ほどなく、それらは縦一線になって、一機また一機と急降下を始めた。先ほど車で乗りつけた、エインズリー・マヒコア中尉が、見学にきた学生たちに説明を始めた。「あの飛行機はおそらく空母艦載機です。空母艦隊そのものは、いま現在、真珠湾にはおりませんが。爆発のすごさを再現するため、地面に空けた穴にダイナマイトがセットされています。しかも、爆発をよりリアルに見せるため、燃え上がる飛行機のかわりに、発煙筒がたかれることになっています」と前説をおこなった。一週間前、このアトラクションの視覚効果は完璧だった。陸海軍合同のウォーゲームには見学者が多数集まり、その中にはホノルル港の模擬爆撃まで含まれていた。すると、フレッド・カマカがひどく興奮したような口ぶりで何かを指さした。「おいおい見ろよ、味方を撃墜しちまったぜ！」

見学者全員の目の前で、空から落ちてくるのはどうやら民間機のようだった。この当時、破壊活動の防止を企図したショート司令官の警戒措置のせいで、オアフ島に駐屯する三一個防空中隊のうち、たった四個中隊しか持ち場についておらず、しかも弾薬を手元に置いている中隊はひとつもなかった。弾薬はカギのかかった補給所からそのつどトラックで運んでこなければならなかった。オアフ島に配備されている対空砲は七八〇門を数えたが、そのうち、要員が配置についていたのは、その四分の一にすぎなかった。昨年、ハワイ勤務につかされた、カリフォルニア州兵「第二五一沿岸砲連隊」所属の三人組――ヘンリー・ブラックウェル軍曹（二〇歳）、クライド・ブラウン伍長（二一歳）、ウォーレン・ラースムセン軍曹（二一歳）――はこの日は非番だった。このうちブラックウェルとブラウンは、ホノルルの「K－T飛行サービス社」のロバート・タイスがやっている「民間パイロット訓練プログラム」を受講しており、すでに飛行ライセンスを取得していた。その二人に誘われて、ラースムセンも十二月七日の朝、「ジョン・ロジャーズ空港」にやって来た。「K－T」から、そのタクシーみたいな黄色をした小型機〈パイパー・カブ〉を二機借りて、みんなでこれから熱帯の楽園の上空へ繰り出そうという趣向だった。その頃、ボブとエドナのタイス夫妻は、飛行場へ向かう途中だった。ブラックウェル、ブラウンの二人とは随分と親しくなったので、別れのあいさつをしておこうと思ったのだ。実はこの両名は明日十二月八日付けで、カリフォルニアに戻ることになっており、今回の飛行はいわば、ハワイで過ごした思い出深き日々に捧げる、空のアロハというわけだった。

三人の州兵は日の出直後に離陸し、ワイキキ海岸やダイヤモンド・ヘッドの上空を一気に抜けると、海岸線に沿うように西へと転進した。かれらは沖合二マイル付近、高度にして五〇〇フィートと八〇〇フィートの間を飛んでいた。〇七五五時、米海軍のノーマン・ラプエ機関兵曹（四一歳）は全長六五フィートのタグボート、「YT－153」を駆りながら、入港する雑役補助船「アンタレス」に水先案内人を送りとどけるべく、真珠湾の水路を進んでいた。「ウィーヴァー陸軍基地」のすぐ南方で、ライト・イエローの二機の〈パイパー・カブ〉が攻撃を受けているのが目に入った。襲来した日本機にとって、小型の民間機など優先順位の低いターゲットだったが、「第一航空艦隊」の面々は、遭遇した目標にはどんなものでも攻撃を加えるよう命じられていた。「彼らに逃れるすべはなかった」

とラプエは言う。「二機はいずれも沖合およそ二・五マイル、高度およそ五〇〇フィート近辺を飛行しているとき、日本軍機と出くわした。……黄色い飛行機の一方は海に向かって急降下し、もう一方は一瞬旋回しかけて、やはり海へと降下した」[1]。〇八三〇時までに、陸軍の救助艇が派遣され、ラースムセン、ブラックウェル、ブラウンの捜索がおこなわれたが、三人ともとうとう見つからず、彼らの乗機の残骸すら発見できなかった。

三人の州兵が引導を渡されたのと同じころ、二六歳の飛行教官、トミー・トンバーリンと訓練生のジェイムズ・ダンカンは、蛍光オレンジに塗られた、〈エアロンカ65TC〉に搭乗し、ライエの町の目印ともいうべきモルモン教寺院の北方を飛んでいた。とその時、二発の赤い曳光弾が機体後部の、キャンバスを張った部分を貫通した。教官は訓練生から機体の制御を引き取ると、すぐさま降下に入り、日本軍機二機はさらなる攻撃を加えてきたが……これも外れた。水面すれすれを飛びつつ、トンバーリンは南東に向かい、コオラウ山脈の峠道をたどるようにして、「ジョン・ロジャーズ空港」に帰投した。どこか身を隠す場所はないかと、トンバーリンは探したけれど、見つからなかった。その民間空港は、源田が選んだ主要目標のひとつ、米陸軍の航空基地「ヒッカム飛行場」のすぐ南東にあったため、到着した二人が仰ぎみると、空は襲いくる軍用機で満ち満ちていた。

当時、オアフ島の上空にはこれ以外にも民間機がいくつも飛んでいた。二二歳の女性飛行教官、コーネリア・フォートは、〈インターステートS－1Aカデット〉で飛行訓練生にレッスンをつけていた。彼女たちの針路には、飛行機が二機、飛んでおり、このままだとそのうちの一機とぶつかりそうな気配だった。フォート女史は操縦桿を大きく動かしながら、スロットルを入れた。まったく、またも陸軍航空隊の俺さま操縦かと腹が立った。あとで抗議文を送ってやるからなと、フォート女史は登録番号を確認しようとした。すると、両翼に日の丸が見えた。「こんなチビ飛行機の出る幕じゃなさそうね」と彼女は即座に悟った。大急ぎで着陸すると、「アンドルー飛行サーヴィス社」に急行した。足元で機銃弾がうなるなか、彼女は叫び声をあげて駆け込んだ。「ジャップが攻撃してくるわよ！」と。するとそこにいた全員が、なんだこのバカ女はという感じで大笑いした。(2)

〇七五〇時ごろ、ボブとエドナのタイス夫妻は「ジョン・ロジャーズ空港」にある「K－T飛行サービス社」の格納庫に到着した。妻がちょっとした事務手続きをやっている間、夫のボブはそうだ外にでて、駐機場でちょっくら日光を浴びてこようかと思い立った。おい、すぐ来てみろと叫ぶ夫の声がした。エドナ夫人が行ってみると、夫は遠方に広がる黒煙を指さして言った。「たぶんヒッカム飛行場で何か事故が起きたんだ」と。するとタイス夫妻は、自分たちのいる方角に向け飛んでくる一機の飛行機を見た。先に女性教官、コーネリア・フォートに発砲したのと同じタイプの機体が、今度はタイス夫妻に狙いを定めたのだ。「民間空港なのに、ずいぶん低空を飛んでくるのね」とエドナ夫人が言った。

状況がよく呑み込めないボブが、妻のほうを見て、何かを言いかけた。とその瞬間、機銃弾がボブの後頭部に命中し、のどの脇から外に出た。エドナはのちに語っている。弾がでた穴はとても大きくて、「ゴルフボールが通ったみたいだった」と。ボブは地面に倒れた。エドナは夫のかたわらに跪いた。看護婦経験のあるエドナはすぐさま脈を確認したが、夫はすでに事切れていた。

ボブ・タイスを殺した日本人搭乗員は、今度はマウイ島への出発をまっていた、ハワイ航空の〈DC－3〉旅客機に銃弾を浴びせた。両翼も、操縦席も、二基のエンジンも、客室もずたずたになったけれど、事の重大性を察知したハワイ航空の地上要員がすばやく乗客を機体からおろし、格納庫へと誘導したため、負傷者はひとりも出なかった。

そのころ、弁護士のロイ・ヴィトーセクと一七歳になる息子のマーティンは、二人乗りの軽飛行機

〈エアロンカ・タンデム〉で空の旅を楽しんでいた。ロイは操縦に集中していたため、自分たちの周囲に複数の飛行機が現れたことに気がつかなかった。すると、息子が突如として叫んだ。「パパ、P‐40戦闘機だよ！」と。周囲を見回した父親は、そのうちの一機が付けている日の丸に突如気がついた。「なにがP‐40なもんか、ありゃ、日本機だ！」[3]。親子は銃撃を受けたけれど、機体があまりに小さいため、当たらなかった。ロイは愛機を急上昇させると、南に向かい、状況がもう少し落ち着くまで時間をつぶそうと、海上をぐるりと大回りした。そのころ、エドナ・タイスはふと気がついた。そういえば、うちの黄色い〈パイパー・カブ〉二機を借りていった、あのカリフォルニアの三人組はまだ戻ってこないわねと。「第二五一沿岸砲連隊」所属のバックウェル、ブラウン、ラースムセンは、歴史上、「第二次世界大戦」で戦死した最初のアメリカ兵士として記録されている。

「カリフォルニア州兵F砲兵中隊」はキャンプ・マラロケに駐屯していたが、日本軍機が次に現れたのがそこだった。「レモン大尉が食堂の端をぐるりと回って走ってきた」とウォーレン・ハッチンズ伍長は当時をふり返る。「ズボンはボタンが半分しかかかっておらず、拳銃を握った手を高々とあげて、『よーし、上等じゃねえか、戦争開始だ！』と叫んでいた。だがわれわれは、日本の飛行機がこのキャンプに機銃掃射を開始するまで、大尉どのの言うことが信じられなかった。当時、私は伝令として、シャーマン大佐からレモン大尉に宛てた一連のメッセージを手に、本部に向かうところだった。だが途中、便意を催して、E中隊に立ち寄った。トイレに腰かけているとき、ジャップの一機がそこのトタン屋根に機銃掃射を加え、隣の便座を真っ二つにしていった。便座どうしの間隔は一八インチ（約四六センチ）だった。幸運にも無事、用を足し終えて、ズボンを持ちあげたが、便上の沈思黙考のおかげで、連中はまた来るかもしれんな」と同伍長は思いいたったそうである。

日本軍機は、主要目標に向かう途中、行きがけの駄賃とでもいわんばかりに、あちこちに攻撃を加えていった。「映画なんかだと、飛行機は目標に急降下しながら、ダダダダダダと機銃掃射するのが通り相場よね」と、絵本作家でもある真珠湾の語り部、ドリンダ・スタグナー・ニコルソン女史は言う。「でも、日本軍機が真上を飛んでいるときは、エンジン音にかき消されて、発砲音ははっきり聞こえないの。ただ聞こえなくても、途中に挟まる曳光弾で、何を狙っているのかは分かるけれど。当時、わが家のキッチンは燃えてしまい、屋根の一部も吹き飛んでしまった。お隣さんの玄関ドアは、機銃掃射でずたずたになり、蝶番が壊れて、落ちてしまった」と。ちなみに彼女は当時、六歳だったそうだ。「一時間くらい経ったあと、パパは一家を車に急き立てた。レフア通りに出て、丘陵地帯を道なりに進み、サトウキビ畑に身を隠したの。その畑で、攻撃が終わるまでじっと待ったんだけれど、急降下爆撃機がまた戻ってくるなんて、考えもしなかった。私は飼い犬のフラ・ガールのことばかり考えていた。彼女は黒と白のミックス犬で、ハワイではポイ・ドッグと呼ばれている犬種だった。あの子に爆弾や銃弾があたったら、どうしよう。そう考えた瞬間、私は初めて泣きだした」[4]

　真珠湾基地のゲートとホノルル市街をつなぐ道路沿いに、陸軍航空隊の「ヒッカム飛行場」はある。最新鋭の施設で、一九三九年に開所したばかりだった。見事な芝生、四車線の大通り、アールデコ調のテラコッタ製前面を持った管理棟、ムーア式の給水塔を備え、世界最大の兵舎――全部で一〇を数える左右の張り出し部分《ウイング》に三〇〇〇人が眠っていた――や、一度に兵士二〇〇〇人に対応できる大食堂を擁していた。「ヒッカム飛行場」は爆撃機のための基地で、〈B－17〉が六機、〈A－20〉が一二機、〈B－18〉が三三機、翼を休めていた。海軍とのライバル意識は強烈で、隣人の水兵どもに対する陸軍側の鞘当ては日常茶飯事だった。なにしろ空母が入港すると、海軍のいかれたパイロットどもが街にあふれ、人気回復に邁進するのだから。

　アイラ・サザン二等兵はその朝、ヒッカム基地の兵舎で寝ているとき、大砲の発砲音らしきものに起こされた。次いで真上を飛行機が通過していく、狂ったような爆音が聞こえ、さらに爆発音がつづいた。急降下爆撃機が爆弾を一発、兵舎の窓に叩きこんだのだ。ガラスの破片が飛び散り、空中を舞い、負傷した男たちの怯えたような絶叫が響いた。サザン二等兵は、そうだ、ガスマスクだと思ったけれど、あまりのショックにダイアル錠の組み合わせがとっさに思い出せなかった。ようやくマスクを確保し、もう一人の兵士とともに銃器を手に入れようと保管室へ向かった。だが、そこにもカギがかかっていた。力ずくでドアを蹴破ったが、中の銃器もすべてがっちりロックされていた。ようやく旧式のスプリングフィールド銃数挺と、コルト四五口径半自動拳銃をいくつか外すことができたが、弾込めの途中、床に伏せなければならなかった。敵機の爆弾投下で、いまや保管庫にもガラス片が飛びこんできたからだ。

なんとか武器を手に入れた二人組は、あのクソったれ敵機に一矢報いてやろうと、現場に戻った。片方が手動式の小銃を抱え、茂みの背後に身を隠すと、もう一人はトラックの下から軽機関銃をぶっぱなした。さらに進むと、基地内にある野球場のホーム・ベース付近で、三脚付きの銃を手に反撃を試みている二人組を発見し、合流した。スタンリー・マクラウド軍曹とウィリアム・アンダーソン伍長だった。かくて練兵場にトムプソン軽機関銃を設置し、発砲を開始したけれど、四人全員、機銃掃射にやられてしまった。そんな折りも折り、「ヒッカム飛行場」につとめる一〇〇人ほどの民間人が出勤してきた。そのうちの一人、購買部員のフィリップ・エルドレッドは、車で基地へ向かう途中、日本軍機の銃弾を浴びて死亡した。

そのころ、「ヒッカム飛行場」の作戦将校、ゴードン・ブレイク大尉はカリフォルニアから飛んでくる〈B‐17　フライング・フォートレス〉爆撃機一二機を迎え入れるべく準備に当たっていた。大尉のかたわらには、ロジャー・ラメイ少佐も控えていた。その〈B‐17〉飛行隊を率いるトルーマン・ランドン少佐は、じつはラメイ少佐の親友だったのだ。

本土から大編隊がやってくるというニュースを知って、「ヒッカム飛行場」の面々は「空飛ぶ要塞」の勇姿をこの目で見てみたいと思った。なにしろデカくて、ワクワクさせるし、ピカピカの新品揃いなのだ。そんな飛行機マニアの集団の中に、ヒッカムの整備士、ジェシー・ゲインズとテッド・コンウェイも混じっていた。二人は見たい一心で、その朝わざわざ早起きしたほどである。完璧なV字編隊で飛来した爆撃機たちは、やがて散開を始めた。「まるで航空ショーみたいだな」[5]とコンウェイが言った。だが、近くにいた誰かが、なんか変だぞと言い出した。〈B－17〉というより、海軍の戦闘機みたいじゃないかと。次いで先頭の機体から何かが落下するのを、ゲインズは見た。基地の燃料タンクが爆発し、次いで兵舎の食堂がやられ、三五人が一瞬で亡くなった。飛行場で茫然自失の見学者たちに、日本軍機が機銃掃射を浴びせたため、彼らはみな、蜂の子を散らすように逃げまくった。

一方、ハワイに接近中の本物の〈フォートレス〉搭乗員は、分厚い煙がまるで幕のようにオアフ島全体を覆っているのを目にした。サトウキビ畑で火事でも起きて、その舞い上がった煙の残りが徐々に薄れつつあるのだろうかと首をひねった。トルーマン・ランドン機の爆撃手、アーウィン・シハックは、飛行機の一団が一列縦隊でみるみる接近してくるのを確認した。海軍機かなと思った。その時ふと、ハップ・アーノルド陸軍航空隊司令官の「戦争が迫っている」という警告が頭をよぎった。とはいえ現在、かれらが積んでいる武器は五〇口径機関銃一挺だけで、しかもそいつは錆止め処置を施して、木箱に仕舞われていたのである。

一方、すさまじい発砲音を耳にして、出迎えにきていたブレイク大尉とラメイ少佐は慌てて外に飛びだした。すると、両翼に日の丸が描かれた急降下爆撃機が、航空機材の保管庫に爆弾を投下したあと、機首を引き起こして急上昇するのが見えた。燃料残量がもはや乏しく、おそらく満足な武器すら持っていない〈B−17〉パイロットのことを思い、恐怖に駆られたブレイク大尉は、彼らの安全を少しでも確保しようと、管制塔に駆けつけた。行ってみると、管制官たちは〈フォートレス〉に対し、どの滑走路を利用すべきか、飛行場の風向と風速はどの程度か——と、必要な情報をすべて伝達したあとだった。とはいえ、その飛行場はいまや「正体不明機」から攻撃を受けている真っ最中なのである。

太平洋を横断する一三時間の飛行の最後の最後で、かなりバテぎみの〈B−17〉機長、トルーマン・ランドン少佐は、一群の飛行機がこちらに接近してくるのを目にした。当然ながら、友軍機と考えた。ところが、より高いところを飛んでいたそいつらは、機体をくるりと一捻りすると、そのまま逆落としをかけてきた。「クソ、ジャップだ！」と誰かが叫んだ。

ランドンはなんとか身をかわしたが、旋回して着陸態勢に入ると、ブレイク大尉が管制塔から無線で警告した。「ケツにジャップが三機張り付いてるぞ」と。

それら三機のゼロ戦が、背後からランドン機をまさに攻撃しようとした瞬間、地上の対空砲に詰めていたアメリカ兵たちが、近づく〈B−17〉に向けて砲弾を浴びせかけたのである。兵士たちはパニック状態だったのか、あるいは〈B−17〉を敵機と誤認したのかもしれない。だが、そんな修羅場にも怯まず、乗機を見事着陸させ、しかも死傷者ゼロだったのだから、ランドン機長の技量の高さには恐ろしいものがあった。あるいは純度百パーセントの強運の持ち主だったのかもしれない。

次いで二番機が着陸態勢に入った。パイロットは、レイモンド・スウェンソン大尉である。ゼロ戦一機による攻撃は、わずかに外れたものの、一回目はうまく着陸できなかった。二回目のトライでは、ゼロ戦の放った焼夷弾が命中・爆発し、搭乗員の一人、ウィリアム・シック中尉が脚に負傷し、さらにほんの数秒後、同機の後ろ半分が炎に包まれた。乗員すべてが機体前部に移動したとき、同基地への機銃掃射を試みた別のゼロ戦が放った一発が、シック中尉の顔面に命中した。スウェンソン機長はそれでもなんとか機体を着陸させた。降りてみると、救護チームだけでなく、「ホノルル・モーター・クラブ」所属のオートバイ乗りたちにも出迎えられた。「ヒッカム飛行場」が攻撃されていると聞いて、何か手伝えることはないかと駆けつけてきたのだ。負傷したシック中尉は「ヒッカム病院」に搬送された。指揮官代行のフランク・レイン大尉が言う。「かれに思わず目が行ったのは、冬用の軍服を着ていたからだと思う。この島ではそんなもの、誰も着ないからね。それから下襟に、医療部隊の将校であることをしめす記章が付いていたこともある。顔面を負傷していて、手当をしようと私が近づくと、床の担架に寝かされている負傷者のほうを指さして、こう言ったんだ。『かれらを診てやってください』と。次の救急車にはきみを乗せるからなと声をかけた。［だが］翌日、かれは死んだと聞かされた(6)」

「第八八偵察飛行隊」所属の〈B-17〉六機の面々は、「ヒッカム飛行場」の連中がどんな目に遭わされているかを聞いて、警戒心を募らせた。それでも三機はヒッカムに降りたものの、リチャード・カーマイケル大尉とハロルド・チャフィン中尉がそれぞれ操縦する二機は、大きく迂回して、オアフ島の東海岸へ向かうコースを選択した。ロバート・バーナード軍曹が言う。「その頃には、空は対空砲の白煙でいっぱいになっていた。『ジャップが真珠湾を攻撃したぞ』という声が、インターコムから聞こえた。とその瞬間、わたしは無線手ハッチ越しに、六機の〈ミツビシ〔戦《ゼロ》〕〉を目にした。対空砲は特定の目標を狙っているというよりも、飛行機でありさえすれば、構わずぶっ放している感じだった。ヒッカム飛行場が近づくにつれ、パイロットが着陸指示を求める声がし、すぐさま指示が返ってきた。『東から西へ着陸せよ。第二滑走路、風速毎時五マイル……おい、気を付けろ、ケツにジャップが一機くっついてるぞ！』というようなものだった。結局、ヒッカム上空で三度旋回するハメになり、おかげで巨大な戦艦が炎上したり、煙と炎がいたるところで上がるさまを目撃した。対空砲のせいで、着陸は無理そうだった。うちのパイロット、アーカンソー州出身のハロルド・〈ニュート〉・チャフィン中尉が副操縦士と航空機関士に対し、どうも下の状況が気にくわんと告げた。気にくわん気にくわん気にくわんと三回くり返したところで、航空機関士が言った。『分かりました。じゃあ、こんなところ、おさらばしましょう』と。『で、どこへ行くんだ?』とパイロットが慌てて聞きかえした。『分かってると思うが、この機にはあと一五分、運が良ければ二〇分飛べる程度の燃料しか残っていないんだぞ』と[7]。航空機関士は「ハレイワ補助飛行場」を推薦した。そこの滑走路は〈B-17〉専用のものより若干短いけれど、機体重量のほうもかなり軽くなってますし、なんせ、もうじきガス欠ですからと。そこでチャフィン機が先導し、カーマイケル機もそのあとに続き、山岳地帯を越えた。かくて二機の爆撃機は無事着陸することができたのである。

「耳慣れないエンジン音にギョッとした瞬間、塹壕に向け猛烈なうなり声が迫ってきた」とバーナード軍曹は言う。「日本の戦闘機が一機、飛行場の端から端まで駆け抜け、滑走路の端にとめてあった旧式の〈P-36〉練習機たちに、機銃掃射を浴びせたのだ。飛行場の面々は航空兵も地上要員も、あるだけの小火器とライフルを総動員して、そのジャップに夢中になって発砲した。さらに〈ヴァル〉急降下爆撃機(九九式艦上爆撃機)が一機やってきて、われわれに銃弾を浴びせた。そいつはわれわれの目の前を通過すると、急上昇方向転換《シャンデル》をやってのけ、一瞬、地面から突っ立ったような姿勢を取ったあと、海へと消えていった。ほんの数秒後、今度は〈P-40〉戦闘機がやってきて、〈ヴァル〉を追った。その直後、五〇口径(一二・七ミリ)機関銃の発砲音が聞こえ、巨大な煙の塊が海へと落ちていった。〈ヴァル〉、一丁上がり」

〈B-17〉のロバート・リチャーズ大尉は、日本軍機の銃撃に圧倒され、陸《おか》へ向かうことを諦め、いったん海へと逃れた。ゼロ戦の追撃を受けつつ飛んでいると、「ベローズ飛行場」の短い滑走路が眼下に見えた。四発の大型爆撃機だが、うまく風にのせることができれば、この私なら着陸できるはずだと大尉は考えた。だがしかし、同飛行場の機付長、アール・サットンが〈P－40〉戦闘機を滑走路に移動してきたため、リチャーズ大尉は機首を持ち上げ、着陸をやり直さなければならなかった。「ベローズ飛行場」のコヴェルスキー軍曹は言う。「うちのアスファルト製滑走路は〈P－40〉でもぎりぎりの長さなので、〈B－17〉はちょっと無理かなと思ったと。だから同機が風下の海側から再接近してきたとき、てっきり悲惨な不時着になるだろうなと思った。車輪を下ろし、機首をぐいっと上げて空気抵抗を増し、滑走路の半ばあたりで接地こそしたものの、あれで停まるわけはないと分かっていた。すると同機は車輪を引っ込め、胴体着陸を試み、ついで側溝を越え、さらに滑走路わきのサトウキビ畑へと突っ込んでいった」[8]。消防隊や救急車が救助に向かったが、〈B－17〉の乗員たちは現場を離れることを拒んだ。機体の残骸から「ノルデン」爆撃照準器を取り外したことが確認できるまで、この場を動くわけにはいかないと彼らは言った。こいつはアメリカのノウハウの塊なので、日本軍がこのあと万一侵攻してきた場合、敵の手に渡したくなかったのだ。

そのころ、フランク・ボストロム大尉は悩んでいた。あまりに何度も襲撃を受けて逃げまくったため、このままだとどこの飛行場にもたどり着けそうになかったのだ。そこで大尉はかれの〈B－17〉爆撃機を「カフク・ゴルフ場」に強制着陸させることにした。じつに賢明な判断だった。なるほど機体は壊れたけれど、修理可能な状態に留めたし、第一、乗っていた全員が命を拾ったどころか、傷ひとつ負わなかったのだから。

日本軍機は依然、アメリカの飛行場に爆撃と機銃掃射を加え、死と破壊を広げていた。「ヒッカム飛行場」のウィリアム・メルニクが階段の踊り場で兵隊仲間と雑談をしているとき、第七格納庫に命中した爆弾の衝撃波が襲ってきて、かれらは全員、床に叩きつけられた。一人の軍曹が外へ出ろ、外に出るんだと大声をあげていた。そのビルが次の目標になりそうなので、外のほうが安全だろうと全員が思った。そのあと彼らは、兵舎から逃げだしてきた面々と合流し、練兵場に集結した。多くのものがTシャツ姿だった。ダダダダッという音に、目を向けると、爆撃機が一機、急降下しながら、プロペラの間から機銃掃射を加えてきた。みな蜂の子を散らすように逃げた。だが、そのまま倒れて亡くなるものもいた。その場にいたある兵士はこうふり返っている。自分は要するに、アメリカ政府からお金をもらって、バカンスを楽しめるのだと思って、ハワイにやってきたんだ。でも今や、死なずに済んで、本当に良かったと思っている自分がいると。レオン・ウェブスターがいたのは別のグループで、そちらの面々はPXの並びにある建物に身を潜めていた。一人の航空兵が混乱をいいことに、ビール一ケースと煙草数カートンをPXから盗みだした。それを見て、ウェブスターは猛烈に腹が立ったが、男はその略奪品が重荷になって、うまく走れず、敵にやられてしまったという。

いまやあちこちで火の手があがっていた。停まっている飛行機が一機やられると、爆発が起こり、辺り一面に飛び火するし、またオクタン価の高い航空燃料のタンクから、炎の川が滑走路や道路の舗装面を、まるで溶岩のように幾筋も広がり流れていた。ウィリアム・メルニクは次々落ちてくる爆弾や、爆発の衝撃、空中を行き交う銃弾の恐怖に追い立てられるように、建物から建物へと逃げつづけた。すると一人の男がやってきて、「助けてくれ、大尉どのが撃たれたんだ」と言った。マルコム・ブルムウェル大尉はなにかの破片を受けて、重傷を負っていた。

メルニクはこうふり返っている。「われわれは大尉を保管室へ連れていき、部屋のすみに寝かせた。大尉は胸部から出血し、痛みでうめいていた。部屋には当時、およそ五人の人間がいて、その一人が電話で救急車の出動を要請した。ほどなく建物の前に救急車が到着し、その大尉を運ぶのを手伝ってくれと言われた。大尉を移動させるさい、運転手たちが私のほうを見た。シャツが血まみれだったため、私も大けがをしていると勘違いしたのだろう。『大丈夫か、さあ、救急車に乗って』と言った。そこで私は答えた。『私はどこも悪くありません』と。だが運転手は『分かっている、分かっているから』と言って、私を車内の、大尉が寝かされているのと同じ場所に、無理やり乗せた。仕方がないので、そのまま車内を抜け、身をよじって運転席に出ると、そこのドアから外へと出た。救急車から遠ざかる私を目にして、ショックで気が動転しているのだろうと、運転手は考えたようだ。戻りなさい、戻りなさいと叫びながら、私のあとを追いかけてきた。彼はほどなく諦め、救急車に戻ると、負傷者一名を病院に搬送した。あとで聞いたところによると、あの大尉は胸部に受けた傷がもとで亡くなったそうだ。ふり向くと、同じ飛行隊仲間のバーナード・マルカヒが目に入った。向こうもこちらを見て、言った。『知っているか、ビル。俺らはこの二時間ちょっとで、過去一九年よりも多くの体験をしちまったんだぜ』と[9]」

メルニクの回想は続く。「さらなる空襲があって、そのあとに日本軍部隊の進駐がつづくという話が広がっていた。食堂に入ると、そこは混乱の巷だった。日本軍と戦いつづけるため、山岳部を目指すべきだと言うものがいた。サクランボのシロップ漬けの五ガロン容器と、アメリカンチーズ〔米国産チェダーから作るプロセスチーズ〕が入った五パウンド袋を数個取り出して、ほらとみせてくれる者もいた。そうか、山に籠もって、引き続き戦わんといかんのかと、われわれは思った。そこでマルカヒと二人して、チーズ少々を手に取り、またサクランボのシロップ漬けも二つかみほどポケットに入れた」

トラック運転手のエドワード・ホール二等兵は、給料が割増になるので、日曜朝イチの厨房勤務を買ってでたが、いきなり爆発音が聞こえて、流しの下に身を隠した。その後、外に出てみると、敵機がかれに向かって飛んできて、機銃が火をふいた。ホールは凍りついたように動けなかったが、その敵機は突如、機首をあげて上昇した。電線に気がついて、パイロットが機体の引き起こしをやったのだ。おかげでホールは命拾いをした。

銃弾を避けつつ、ホール二等兵と仲間たちは、補給棟の屋根の下（ちょうどひさし状になっていた）をくぐりながら、移動を続けた。どんな状況かと、ホールがひさしの下から身を乗りだすと、誰かがホールのシャツを掴んで、引っ張った。「出るんじゃない、死にたいのか！」。だが、ホール二等兵の姿はすでに敵に見つかっていたようだ。その直後、彼らが隠れていたビルそのものが、機銃掃射によってズタズタにされてしまったから。

「とその時、大尉どのが全員を集合させた。練兵場の端にずらりと並ばせたあと、大尉どのはおもむろに口を開いた。『諸君、われわれはいま戦争状態にある』と。まるでわれわれが気づいていないかのような口ぶりだった」と「第一九輸送飛行隊」のジョージ・ギャビックは言う。「そのうえで、大尉どのは［見張りとして］練兵場の東と西に計二名の歩哨を立てるとした。言うや否や、即実行である。おかげでわれわれは数人の仲間を失うはめになった。残りのものは散開し、建物の裏手や下側に身を隠した。それでも爆撃が始まるまでは、すべてが順調に思えた。まあ、何をすべきか、どこへ行くべきか見当もつかなかったし、いざというとき飛びこむ、たこつぼ壕すらなかったけれど。というわけで、その場にただじっと立ち、爆弾が迫り、命中した瞬間に、ぱっと地面に伏せるだけだった。一発目の爆弾は私のすぐ目の前、道路を挟んだ反対側の、車が数台停まっている辺りに落下した。破片の大半はその自動車たちが吸収してくれたけれど、一個だけこちらに飛んできて、私がさっきまで立っていた場所を通過すると、およそ三〇フィート離れた泥の上に落ちた。でも、地面に伏せていたおかげで、私は命を拾った。だが、次の破片は地面すれすれを飛んできて、私の左脚、膝の上、尻の下あたりに命中した。私はのたうち回った。最初に頭に浮かんだのは、むかし見た古い映画『西部戦線異状なし』だった。たしか脚を撃たれた一人の兵士を、もう一人の兵士が運んで、病院に連れていく場面だった。その病院で、かれは片脚を失うことになる。その瞬間、私が思ったのはそれだけだった。そうか俺も脚を失ったかと思って、そろそろと手を伸ばすと、脚はまだ付いていた。その時の気分たるや、何とも言えない」[10]

勇気の発露もあれば、恐怖も、そしてパニックもあった。とある中尉は精神的崩壊に見舞われ、発見されたときは身を隠し、涙を流していたという。一方、別の将校は「攻撃後、人事不省に陥り、担架にのせられ、米本土に送られていった」。「第五爆撃連隊」の地上要員、ハロルド・フィッシェンコードは、あの悲鳴は生涯忘れられないと言う。その男は、火の着いた〈B－18〉爆撃機の機首部分に閉じ込められ、生きたまま焼き殺されたのだ。ガブリエル・クリスティー一等兵は、同じく一等兵のジェイムズ・ルイスが倉庫で仰向けに寝ているのに気がついた。ルイスの奴は、胆力と勇気があるな、俺なんか恐くて、何をやっていいかも分からないのにと思った。あとで聞いた話によると、ルイス一等兵は大量の破片を背中に受け、あの時すでに事切れていたという。

民間人のカール・ブラウンは、滑走路付近にいるとき、いまだ無事な一機の飛行機が攻撃されかけているのを目にした。「なんてことだ、あの機を救わないと！」と誰かが叫ぶのを、ブラウンは耳にした。かれはパイロットでも整備士でもなかったけれど、とっさにエンジンをかけ、日本軍機とそれに応戦するアメリカ側の対空砲のあいだで、問題の飛行機をジグザグに地上滑走させた。危険な場所から同機を無事移動させたあと、一人の新兵がカンカンになって、この民間人に叫んだ。「ここから出ていくんだ！　きさま、ここが戦闘地域だと分からんのか！」と。

カルロス・マックウィストン曹長はこう証言する。「最後の爆発のあと、わたしは飛び起きて、次なる爆弾が落ちてこないうちに、もっとましな避難場所を探そうと走りだした。じつはそれは、爆撃の最後をつげる爆発だったことが、あとになって分かった。辺りを見渡すと、ほんの数フィート離れた場所に、航空兵が二人、うつぶせに横たわっていた。一人は臀部から下、脚が二本とも切断されていた。かれの横たわる地面には血が滲んでいた。二人目は、頭部にひどいケガを負っていた。何かの物体が左のこめかみから入って、右耳のすぐ上から飛びだしたのだ。脳が地面にはみ出ていた。二人ともすでに死んでいた[11]」

陸軍の「第二九自動車中隊」は負傷者の手助けをしてくれる人間を求めていた。誰かがシーツを持ってきて、そこに赤い十字を描き、トラックの屋根のうえに広げた。まあ、そんなマークに関係なく、日本軍機は爆撃や機銃掃射をやったけれど。

モニカ・コンター中尉は、「ヒッカム飛行場」にいる六人の看護婦の一人だった。彼女たちが働く病院は三週間前に開院したばかりで、まだ全部のベッドにマットレスが行き渡らないくらいだった。当時の様子をコンター女史はこう話している。「あらゆる種類の負傷者がいて、血やら、爆発した建物からあがる粉塵やらに、まみれていた。一部は銃弾や爆弾の破片による戦傷で、ひどいものだった。私たちは負傷者の痛みやショックをなんとか和らげようと試みた。一〇ＣＣの注射器に、モルヒネを一杯に吸いあげ、被害者のあいだを回りながら、次々に注入していった。負傷者には可能なかぎり標識を付けるようにした。それが済むと、トラックや救急車に乗せ、あとはしかるべき施設に任せた。重度の傷だったので、あのまま亡くなったかもしれない。中には運び込まれた時すでに事切れているものもいて、その場合は病院の裏手に運び、覆いをかけることぐらいしかできなかった」

コンター女史は言う。「飛行機の爆音が聞こえた。聞いていると、高度がどんどん下がってきて……私たち二人は突然、作業を止め、お互いを見た。……ドカンという音がした。日の丸をつけた飛行機がいくつも見えた。爆弾がみるみる迫ってくる。……五〇〇ポンド爆弾一発が病院の芝生のうえに落ちた。……病院全体が揺れた。次の瞬間、誰かが叫んだ。『全員、伏せるんだ!』。そう聞いて、みなその場に伏せた、身体を丸めて、次の瞬間を待った。私たち全員、あの爆弾で死ぬのだわと思った」

コンター女史は、床に伏せるとき、ゴミ缶の蓋をかざして、頭部を守った。するとその蓋を奪おうとするものがいたけれど、彼女はしっかり握って離さなかった。フィリップ・スプロールズ大尉は言う。「彼女だけでなく、これにつづく三〇時間あまり、みな働きづめだった。負傷者はポーチの床に寝かせて、応急処置を施した。多くのものが死んだ。患者から注射の針を引き抜くと、もう死んでいることとさえあった。実際、床は血まみれだった。靴底いっぱいに血がべったり付いているのを、彼女が見せてくれた。マリー［トリプラー病院の看護婦］が言った。「多くの人が、自分の腕や脚を抱えてやってきた。完全に切断されていたけれど、その場に置いていくなんて、とてもできなかったのだ。片腕や片脚をなくして来る人がいたし、両脚と片腕とか、四肢すべてを失った人もいた。そうした人々は、いまだ意識があって、ジャップのことを罵っていた」と。ジョージ・ギャビックが言う。「トリプラー［病院］に到着したのは午前十一時ごろだったが、私は相変わらず四五口径を手元においていた。手放したくなかったのだ。見上げると、日本人の医師がいて、私の治療に当たろうとしていた。よく憶えてはいないのだが、私はその医師を撃とうとして四五口径をまさぐり、そしてみんなは『違う、違う、かれは味方だ』と言っていたそうだ」

カルロス・マックウィストン曹長は言う。「ターナー大尉と私は、わが飛行隊の戦死者を確認するため遺体置き場へ行った。死者たちは簡素な木箱にはだかで入れられていた。見たところ、多くのものが無傷だった。爆風などの衝撃で命を落としたものがいたという説を裏書きするものだろう。死者のあいだを歩きながら、こんな想いが脳裏を横切った。おそらくこのあと、侵攻作戦が開始されるだろうから、第一撃を生き延びたわれわれより、彼らのほうがむしろ幸運だったかもしれない」と。

「ヒッカム飛行場」の格納庫火災をめぐっては、ホノルル消防局のカリヒ署の面々にも応援要請があった。ただ当初、その火災が敵の攻撃によるものだとの連絡が、消防署側には行っていなかった。現場に到着すると、基地所属の消防車一台が、爆弾をくらって燃えているのが見えた。そこから二〇フィート離れた場所には、別の消防車があって、機銃掃射を受けたらしく、運転手はハンドルにもたれかかるようにして死んでいた。結局、民間の消防隊員もヒッカムで三名が死亡し、負傷者も五名に上った。

マカラパの上級将校用住宅では、メイフィールド夫人がメイドのフミヨを連れて隣家を訪れていた。攻撃が始まり、彼女はその家の女主人、アール夫人ともども、一緒に防空壕に入った。そうだ居間にあった籐椅子を逆さまにして、その上にクッションを積んだらどうかしらと、二人の将校夫人が思いついた。その作業の最中に、メイドのフミヨが尋ねた。「あの、メイフィールド夫人、その、私たちを攻撃しているのは日本軍でしょうか[12]」と。メイフィールド夫人は、イエスとしか答えようがなかった。「ヒッカム飛行場」の下士官用住宅ではその頃、ウォルター・ブラッキー夫人がいざという時にそなえて、心の準備をしていた。わが家のなかで、銃弾から身を守ってくれそうな最も安全な場所は、バスタブの中だわねと。また真珠湾にうかぶフォード島では、海軍の潜水艦士官と結婚したクレア・フォンダーハイド夫人が居間に坐りながら、四五口径自動拳銃をぎゅっと握りしめ、いつでも来いと覚悟を決めていた。

オアフ島の中心部にある「ウィーラー飛行場」は、〈P-40〉追撃機（戦闘機）九九機、〈P-36〉

追撃機三九機、各種旧式飛行機を擁する陸軍航空隊「第一四追撃航空団」の拠点だった。〇八〇〇時の直前、ウィルフレッド・バーク二等兵は、テントがずらりと張られた中庭で、航空兵の一団と話をしていた。バークが日曜日のこんな時間にそんな場所にいたのは、これからボスのフォレスト・ウィルズ軍曹のお供をして、教会に行くことになっていたからだ。〇八〇二時、一団の航空機が猛スピードで上空を通過し、真珠湾方面に飛び去った。

その日曜の朝、「ウィーラー飛行場」の航空機群を守っていたのはフスコ一等兵で、彼が手にする武器は一九〇三年製のスプリングフィールド銃一挺だけだった。上空を通過した飛行機の主翼に日の丸を目敏く見つけ、フスコ一等兵は機関銃を手に入れようと、最寄りの格納庫に走っていった。兵器庫のドアにはカギがかかっていたため、フスコはそいつを壊さざるを得なかった。銃弾のほうは別の格納庫に仕舞われており、そしてその格納庫は現在炎上中だった。どれもこれもハワイの米陸軍を統率するショート中将が、もっぱら警戒すべきは敵の破壊活動だと位置づけたためであり、結果、「ウィーラー飛行場」がその所属機の飛行準備をなんとか整えるまでに、じつに四時間もかかってしまった。

「わたしはそのころ一三歳で、〈P－40〉が駐屯するウィーラー基地に近い陸軍住宅に住んでいた」とヘレン・グリフィス・リヴァモントは当時をふり返る。「姉とわたしがまだベッドにいるうちに、大騒ぎが始まって、日曜日の朝に模擬戦をやるなんて随分だわねと、姉と話したものだ。爆弾の音がどんどん大きくなるので、私たちは起きて、両親のいるキッチンへ行った。母はパニック状態だった。母は第一次大戦後にドイツから来た戦争花嫁で、それが本物の爆弾だとすぐに分かったからだ。母はドアを出ると、お向かいさんのコンクリート製の建物に向かった。わが家は木製で安全でないからと。姉が母につづいて飛び出したので、これは私も行ったほうがよさそうねと判断した。出ると、母の姿はどこにもなく、姉とわたしは家と家の間にいたのだけれど、ともかく銃弾を避けるようにして走った。まるで一時間もかかったように感じられたわ(13)」

「ウィーラー飛行場」の兵舎で飛び起きると、ガス・アホーラはちょっと考えた。さてと、今日は車を洗おうか、それともゴルフに出かけようかと。すると航空機エンジンの音がした。これまでに聞いたことない爆音で、しかも大きくなる一方だった。なんかの不具合だなと思った。パイロットが何とか立て直すことを願ったけれど、爆発音がして、建物全体が揺れた。ああ、パイロットは死んだなと思った。パラシュートが見えないかと、窓から外を眺めると、滑走路から煙が上がっていた。なんだ、ありゃ。「クソ海軍」の奴らが小麦袋で作ったベティ・クロッカー爆弾を使って、爆撃訓練でもやっているのか──と思った瞬間、アホーラの目に、主翼に輝く日の丸が見えた。「おいおい、海軍じゃねえぞ！」とアホーラは声をはりあげた。「ありゃ、クソったれニップどもだ！」

爆弾が滑走路に命中するのを目にしたとき、米陸軍爆撃部隊の指揮官、フラッド大佐は近くの宿舎前におり、当初は何かの事故だろうと思った。だがそれは、「ウィーラー飛行場」の第一格納庫におかれた機体整備場に向けた攻撃だった。付近にいた者は、建物が一瞬、宙に浮いたかと思った。爆発の威力がそれだけ大きかったのだ。しかも、爆発はさらに続いた。ラッカーやテレビン油、航空機用燃料など、可燃物を満載した保管庫が大きく揺さぶられ、さらに弾薬庫がこれに続いた。機銃用の弾帯が一斉に弾けだし、まるで独立記念日の花火大会のようになった。

食堂で順番を待っていた兵士の一人が窓から外をうかがうと、大きな爆発が起きた。「ひええ、あの中尉、地面に叩きつけられたぞ」と彼は言った。「おいおい、ありゃ、墜落なんかじゃねえぞ」とヘンリー・ウッドラム二等兵は叫んだ。「ジャップがやったんだ！」と。食堂内の男たちが一斉に出ようとしたため、彼らはドア付近で団子状態になってしまった。それを見たウッドラム二等兵は、保温用のスチーム・テーブルを跳び越えると、キッチンの内部を突っ切って、裏口から外に出た。物資の搬入口のところで足を止めると、飛行機が一機、まさに自分のほうにやってくるのが見えた。そして機体から爆弾が一発投下された。爆発の衝撃があまりに大きく、しかも間近だったため、かれは建物内に押し返され、食料貯蔵室まで一気に吹き飛び、辺りの野菜がかれの上に雨あられと降ってきた。

中国人コックの多くは冷蔵室に身を隠そうとした。だが、別の爆弾がそこを直撃し、彼らは全員死亡した。

ラッパ手のフランク・ゴベオ二等兵は「戦闘準備」を意味するラッパの吹きかたを知らなかったため、俸給の支給開始を告げるラッパを吹いて、各員の注意喚起をはかった。それを聞いて、男たちが兵舎からわらわらと集まってきたところへ、更なる機銃掃射を試みようと、敵機が突っ込んできた。うち一機は高度があまりに低かったため、電話線と電線に両足を引っかけたほどだ。「ウィーラー飛行場」の基地司令は言う。やたら近かったため、こちらを見てニヤリと笑ったパイロットの金歯まで確認できたと。

交換手のロバート・シャタック一等兵は、車で出勤する途中、攻撃を受けた。破片で片方の脚が切断され、かれは即死した。

アーサー・ファーナー曹長は、服を着て、パール・シティの自宅から基地へ向かおうとしたが、襟章が見つからなかった。どうしたの、ネクタイを締めていかないのと、曹長の妻がしつこく訊いた。そこで曹長は「戦争が始まったんだ」と妻に告げた。「戦争中はネクタイを締めないんだ」と。[14]

「ウィーラー飛行場」の防火隊に所属するその二人の兵士は、有事のさい、基地の対空防御を担うことが期待されていた。そのため、防火詰所の屋上に備えられた五〇口径対空機関砲の操作法を六時間にわたり学んだりもした。だが、その有事が実際に訪れたとき、彼らは消火作業に忙殺されていたため、問題の機関砲は結局、営倉の看守一名が、受刑者たちの助けを借りて、操作することになった。

　爆弾投下を済ませたあと、急降下爆撃機たちは戦闘機に合流して、今度は機銃掃射を開始した。一九機の急降下爆撃機が西から、ついで東から発砲し、さらに今度は東西両方向から格納庫や兵舎を狙って、めったやたらと銃弾を浴びせた。「ウィーラー飛行場」の新兵たちは、日本軍機がいかにダメかという話を延々と聞かされていたが、実際の編隊がまさに頭上に出現したため、その技量なるものを実体験することになった。ウィルフレッド・バーク二等兵は言う。「急降下爆撃機の降下なるものを目にしたのは初めてだった。それは身がすくむような光景だった。戦争中でもあんな恐ろしかったことはない。音を立てて逆落とししてくる急降下爆撃機の真後ろに、次の一機が追尾しており、その間も、さらに六機か七機が、自分の順番を待ちながら、空に列をつくって待機しているんだ。一番手が頭上までやってくると、じつに鮮やかな引き起こしをこなし、くいっと再び空へ戻っていくんだ[15]」と。「第一七基地航空群」のフレデリック・クーパー中尉もこんな感想を述べている。「編隊の位置取りは完璧だし、爆弾投下のタイミングも完璧なので、連中が地上まできっちり逆落としをこなし、見事な投弾をやってのけるのを、思わず見入ってしまったほどだ」

　ヘンリー・ウッドラム二等兵はその朝、目を覚ますと、「第一四追撃航空団」司令部まで走って行った。途中、工事現場を横切った。そこには建物の基礎作りのため、溝が掘られていた。すると、両脚の真後ろを銃弾が走り抜け、煙があがった。慌てて材木の山の背後に身を隠し、そこで様子をうかがった。ウッドラムは言う。「左手の坂のところで〈P－36〉が一機、炎上しており、作業用テントの上に、火の着いた破片をまき散らしていた。テントはボウボウと燃えていた。男が一人、そのテントから飛び出してきて、勢いよく古い〈プリマス〉に乗り込んだが、一〇〇フィートほど走ったところで、飛行機から機銃掃射を受け、炎上する金属塊がまたひとつできあがった。運転していたGIの方は、なんとか車を飛びだしており、衣服から煙こそ上がっていたものの、無事、建物内に逃げ込むことができた」

材木の山を弾よけに進むウッドラム二等兵に、男たちが数名合流した。そのうちの一人、「二十歳前後のひょろっとしたクルーカットの若者が、置かれた材木の外れまで這っていき、背伸びして、半身をさらした」とウッドラムはふり返る。「『おい、戻ってこい。そんなところにいると撃たれるぞ』と私は言った。『平気さ、ここにいれば、奴らが来るのが見えるから大丈夫だよ』と。その若者は始まったばかりの戦争のことを、何かのジョークであるかのように笑い飛ばしたが、数分後、突如、のどの奥から妙な音を発すると、もんどり打って倒れた。身体を固くし、次いで俯せで震えたあと、言葉にならない言葉と血を吐き出して、そのまま息絶えた。かれの靴の爪先が、私の頭のすぐ脇で、泥の地面を虚しく蹴っていた。われわれは彼の遺体を材木の陰にゆっくりと引き戻した。もはや弾よけは必要なかったのだが。その遺体は筋肉が弛緩し、奇妙なゴボゴボという音がもれていた。真新しい、まだ暖かい血の臭いが、ほかの臭いと入り交じった」[16]

日本軍の銃手たちは、米兵がそこに隠れていることをすでに摑んでおり、材木の山自体を狙いはじめた。兵舎まではおよそ五〇メートルの距離があったが、ともかく頑張って走ろうと、みな決意した。機銃掃射で、途中一名がやられたものの、ウッドラムは無事たどり着き、命を拾った。

そのころ、ウィルフレッド・バーク二等兵は、下士官用居住区に向かっていた。標的となりそうな場所は極力避けて、とある住宅の壁の背後に格好の通路を見つけた。とその時、一発の爆弾がかれの背後で炸裂し、何人かが命を落とした。比較的安全と思われる場所になんとかたどり着いたバークが、後ろをふり返ると、所属する航空団の飛行機たちが、じつに整然と機銃掃射を浴びていた。焼けた油からあがる煙が、空気と入り交じり、その黒煙があまりに濃いものだから、さしもの日本軍機も、待機列線の外れにある〈P-36〉戦闘機を数機、見落としたほどである。

日本軍による「第一次攻撃」が終了したため、バークは自分のテントに戻り、ヘルメット――「第一次世界大戦」由来の鉄かぶとで、編み込むのに三〇分はかかりそうな裏打ちが付いていた――を回収した。テントへ向かう途中、爆弾が破裂した場所のすぐ脇を抜けた。そこでは少なくとも六、七人が亡くなっており、歩道があった場所に、内臓が飛散していた。ひとりの伍長が負傷者に手を貸してやれとバークに命じた。男たちは、銃撃で穴だらけにされたテントへと運びこまれていた。バークが面倒をみた負傷者の中には、頭の一部が欠けているものや、腹部に大きな穴があいて、内臓が見えるものもいた。

基地内のすべての建物がいまや炎上中か、あるいは爆発の結果、廃墟と化しているかのようだった。作戦将校のケネス・バーグクィスト少佐は、もはややれることはないなと判断し、車を一台用意させると、「フォート・シャフター」に遣れと運転手に命じた。デイヴィッドソン将軍に状況全般を報告するためだった。途中、一群の飛行機がやってきて、少佐の車が路肩で動けなくなるまで、縦一列で機銃掃射を加えていった。運転手は近くの藪に逃げたが、少佐は後輪の陰に身を潜めた。ところが、運転手がサイドブレーキをかけずに脱出したため、車が徐々に動きだすではないか。少佐は身を隠す場所を求めて、中腰姿勢のまま車に付いていかざるを得なくなった。銃弾が車に向けて雨あられと降り注いだが、バーグクィスト少佐はからくも無事だった。ようやく騒ぎが一段落したので、少佐は車に飛び乗ると、走り去った。運転手は片脚を負傷し、路肩に横たわっていたけれど、少佐はかれのことをすっかり忘れていた。

「ウィーラー飛行場」の犠牲者は、戦死三九名、負傷者五九名だった。基地司令のウィリアム・フラッド大佐は、軍がこれほど狼狽し、かつまた準備不足だった理由についてこう総括している。「合衆国は日本より優位にあると全員が知っていたため、あんなチビの黄色い連中にそんなことができるなんて完全に想定外だった[17]」のだと。

「ウィーラー飛行場」の隣には、陸軍の巨大兵舎「スコフィールド・バラックス」があった。吉川猛夫も仲間の枢軸側スパイも、こちらの基地には航空機その他の重要機材がいっさい発見できなかったため、優先目標には入れていなかった。ただ、地理的に「ウィーラー飛行場」に近いため、日本側の急降下爆撃機も戦闘機も、行きがけの駄賃みたいに、スコフィールドの将校宿舎や病院、建物群の中庭などに機銃掃射を加えていった。その時の記憶はやがて小説となり、さらにはそれを原作とする映画『ここより永遠に』という形で作品化されることになる。小説家ジェイムズ・ジョーンズは書いている。「当時、日曜日の朝には半パイントの牛乳が特別メニューとしてテーブルに並んだ。併せて玉子料理もしくはパンケーキとシロップ——こちらも日曜だけのボーナス支給だ——が並んだ。私たちの大半にとって、二マイル離れたウィーラー基地から聞こえはじめた爆発音に耳をそばだてるよりも、その半パイントの牛乳を確保することのほうが、より重要だった。『なんか爆破作業でもしているのかね』と、数人の古参兵が口をパンケーキでいっぱいにしながら宣《のたま》った。最初の戦闘機が一機、低空を引き裂くように飛んできて、MG（機銃）を頭上でぶっぱなして初めて、われわれは外へと走りでたが、それでもうっかり盗まれないように、半パイントの牛乳はしっかりと抱えていた。突然、ある種の畏怖の念にわれわれは捉われた。自分たちはいま、歴史的瞬間を目にし、行動しているのだと[18]」

フランシス・ガブレスキ少尉が当時をふり返る。前の晩に「スコフィールド・バラックス」の将校クラブで踊りまくり、〇八〇〇時ごろに目が覚めた。さて教会へ行くかと思ったとき、「遠くのほうで」エンジン音と爆発音、さらに「機関銃の発射音みたいなのが聞こえた。なんか不吉な感じの音だった。飛行機が一機、屋根をかすめるように飛んだため、私は外にでて見上げた。後席の男が建物に銃弾を浴びせていた。思わず『オー・マイ・ゴッド』と叫び、『こいつは戦争だぞ』と口にした。私だけでなく、驚いて口もきけない他の者たちもようやく気がついた。さっきのあれは本物の爆弾で、うちの飛行機や格納庫が狙われているのだと。次に思い浮かんだのは、あの飛行機を救うため、いったい何ができるだろうかということだった。すぐに階段を駆けあがり、廊下を走り、パイロットたちをベッドから叩き起こし、おい、戦争だぞと告げた。飛行服を着て、待機列線まで駆けつけるんだ」と。(19)

ガブレスキ少尉は言う。「身支度もそこそこに、われわれが待機列線に向かうと、二機の追撃機が発砲しながら襲ってきた。われわれは連中が過ぎ去るまで、地面に伏せていた。ようやく列線に着くと、筋肉を総動員して、いまだ無事な機体を押したり引いたりしながら、炎上中の飛行機や建物から遠ざけた。全部で三〇機前後の機体をなんとか救うことができた。火の着いたとある格納庫には三〇口径の弾薬が保管されていた。中に入ると、熱気があまりに強く、薬莢が爆発し、人や機体のあいだを曳光弾が飛びまわっていた。最後の格納庫には給油トラックが並び、いずれもガソリンで満杯だった。われわれはトラック移動を試みたけれど、なんとカギが付いてなかった。そこでわれわれはとりあえず、延焼の原因になりそうな航空機と火災の処置に取り組んだ。いったい何が起きているのかは誰にも分からなかった。われわれは一二機を離陸させ、時間にしておよそ一八分離れた真珠湾までそれらを運ぶことにした。いまも生きている味方の対空火器が、われわれに向けて発砲したけれど、まあ、当然といえば当然のことだった」と。フランシス・ガブレスキは真珠湾を生き延び、その後ヨーロッパ戦線に送られ、やがていまだ存命の、アメリカの最も偉大な撃墜王になるのである。

「ジャップ機を目の当たりにし、これは実際に起こっていることなんだと悟ったときの感覚と感情を、私は生きているかぎり決して忘れないだろう」と言うのは「スコフィールド陸軍病院」の外科医、レナード・ヒートン軍医少佐である。ヒートン少佐はのちにこうふり返っている。「これだけの大海軍部隊をかかえ、そのことに密かな自負を感じていたため、こんなことがここで起きるなんて、われわれは一度たりと想像すらしていなかった。頭上も周囲も、敵機だらけだった。こうした状況に接したら、おそらく多くの者が口に出しただろう言葉を私も口にした。『〝わが方の〟飛行機はどこにいるんだ。なんでまた、ジャップ機がまたもやってきて、道路を駆け抜けながら、あらゆるもの、あらゆる人間に機関銃を撃ちまくっているんだ』[20]」と。

ヒートン少佐は言う。「われわれは今、わが病院の玄関先にいるはずである。だがしかし、まるでここは、映画『風と共に去りぬ』から飛び出してきた、アトランタの病院みたいじゃないか。病院はすでに満杯で、あふれた患者が、廊下や外の芝生に寝かされていた。玄関先の馬蹄型ロータリーではトラックやら救急車やらが数珠つなぎになり、内部は死者や負傷者であふれかえっていた。この小さな新設病院はオープンしたばかりで、こんな洪水みたいな人間を処置するだけの医師も看護婦も、機材すらないのだ。そこらじゅうで静かに坐ったり、横たわっている何十人もの負傷者にしてやれることはほとんど、あるいは全くないのだ。彼らの多くは、乗機が破壊されたあと、空軍基地から歩いてきた航空兵たちだった」と。

少佐は言う。「病院のドアから若い医師一名と看護婦一名が出てきて叫んだ。『もう患者を下ろさないで。うちは満杯なんだから』と。その若い医師は、本人と少数の当直スタッフでは到底こなし切れない作業量を前に、明らかに殺気だっていた。敵機は依然として格納庫や兵舎のならぶ一帯を叩いていた。連中の機銃は、まるで弾丸が尽きることがないように思われた。幸いなことに、大半の人間はいまでは何らかの弾よけを確保していた。日本人パイロットの不朽の評判どおり、彼らは病院には爆弾を投下せず、しかも病院は、屋上にはっきりと赤十字が描かれていたから。もし彼らがそのルールを破ったら、とんでもない人死にが発生していただろう。なぜなら、すべての負傷者と、それを救助する者たちの多くが、いまや病院の内部とその周辺に密集していたから」

　少佐はさらに言う。「一人の軍医下士官が病院のドアを開けて叫んでいた。『その患者はトリプラーへ連れていけ、いいかトリプラーだ』と。トリプラー総合病院はホノルルにあって、オアフ島でいちばん大きな陸軍病院だった。ロータリーの先頭にならぶ数台のトラックと救急車が移動を開始した。およそ四台がバックしたところで、動きがぱたりと止まった。救急車一台が動かないのだ。きみもあとに続いて、車列を動かしなさいと促すため、その医師と私は運転手のところへ駆けつけた。医師がドアの窓から、頭を突っ込んだ。その赤毛の運転手は、ハンドルに両腕を預け、そのあいだに頭を載せていた。医師が運転手の髪の毛をつかみ、ぐいっと引き起こした。なるほど移動は無理だな。運転手の顔は、調理前のハンバーグのパテみたいだった。カーキ色のシャツは、腰まで血で濡れていた。一目みて、状況を悟った若い医師は、近くにいた二人の男に声かけをし、運転手を下ろすと、かれが救急車で連れてきたその他の負傷者と一緒にした。その運転手は口をきかず、表情もまったくなかった。ショック状態に陥っているのだろう。結局、その運転手は担架もあてがわれぬまま、自分自身の救急車の一番手前で、弱々しく横たわることになった」

　少佐はこうも言う。「われわれは運ばれてきたその航空兵を芝生のうえに放置するしかなかった。いずれ死ぬと感じていたので、私はその姿を見るに忍びなかった」

「私はその炎上するフォード・セダンに向かって走った。肉の焼ける臭いがしたため、車内の人間を助けるのは無理だなと分かった。同乗者のほうは、前につんのめったような姿勢だった。衣服は焼けて剝がれ、皮膚の状態はあえてここで形容したくない性質のものだった。その運転手の姿はきっと、私の心から生涯消えないだろう。その乗用車は機銃掃射を受けて炎上した。運転手はハンドルに覆いかぶさり、手にはいまでも〈トンプソン〉機関銃を握っていた。顔面はひどく焼け、黒焦げの皮膚が、顔の骨の輪郭を際立たせていた。頭蓋骨と黒髪に思わず目が行った。木でできた機関銃の銃床はほぼ焼けてしまったけれど、いまだぶすぶすと燃え続けていた。もし報告書を書かなければならないとしたら、たぶん『黒色のフォード・セダンに兵士二名、一人は黒髪、いずれも焼けて本人確認は不可能』といった簡素なものになっただろう」とヒートン軍医少佐は言っている。

当時のアメリカ陸海軍の将兵のうち、圧倒的多数は、十代もしくは二十歳《はたち》をいくつかこえたばかりの若者で、人世経験も戦闘経験もなかった。例えば、一九四一年にオアフ島には四万人の下士官兵がいたけれど、その平均年齢は十九歳である。作家ジョン・スタインベックはのちに、こうした柔《やわ》な兵士について書いている。「彼らには兵士になるための唯一の条件が欠けていた。すなわち敵の砲火による洗礼だ。それを経験するまで、彼らは決して兵士にはなれない。ひどい状況に巻き込まれたとき、自分がいかに行動すべきか、自然に悟れるものなど唯の一人もいない。状況をしっかり引き受けるか、そこから逃げるか、持ちこたえるか、正気を失って支離滅裂になるか、あるいは良き兵士になれるかは、誰にも分からないのだ。それを知るすべはなく、それこそがおそらく何にも増して悩ましい点であろう。……人はみな、心のなかにあり得べき自分をかかえているが、それが当人の思い通りになることは、決してないのである」[21]

〇九三〇時、南雲機動部隊による「第二次攻撃」のさなか、ボブ・キンズラー二等兵の中隊に命令が下った。トラックに乗り、日本軍の侵攻に備えて、海岸防衛に当たれと。実弾を喰らうっていうのは、どんな感じのものなのだろうと、新兵たちが議論を始めた。そのうちの一人が言った。「ジャップには二五口径（六・三五ミリ）の弾薬しかないと聞いたことがあるぞ。それって、三〇口径（七・六二ミリ）の弾よりは増しってことじゃねえのかな」。そうか、弾が小さければ小さいほど、痛みもそれだけ小さいってことかと、それを聞いて多くの新兵がなんとなく納得した。でも実際のところ、弾がどれだけ小さければ、痛みが耐えられる程度に収まるのだろうか。砲兵陣地に向かう途中、カメハメハ自動車道路の上り坂の部分にさしかかると、破壊された真珠湾が眼下にみえた。キンズラーは思った。「俺らは第一次大戦由来のつば広の帽子をかぶり、軽武装で、平均年齢は一九歳だった。ああ、俺らは死にに行くんだなと全員が思った」[22]

しかし、どうしてまた、こんな混乱を来したのか——。想像するのは容易でないかもしれないが、それらは間違いなく、因ってきたる原因があったのである。例えば、在ハワイの陸軍側トップ、ショート中将の対敵防諜官であるジョージ・ビックネル中佐が「シャフター基地」に電話をかけて、真珠湾が攻撃されていると伝えたとき、それを受けた男は開口一番、「寝直しな、おまえさん、悪い夢でも見たんだよ」[23]と言ってのけた。あるいは、実際に人が亡くなっている戦闘場面に接した駆逐艦「リード」のハロルド・プーレン少佐は、同僚士官に「スゲーな。まるで映画のセットみたいだ」と告げている。さらに連邦議会で証言した陸軍工兵隊のチャールズ・アッターバックはこう語っている。「その朝、私が聞いた唯一のことはですね、議員閣下、『やつら、寝込みを襲いやがって』でした。私は当日、そうした感想を五〇回は聞かされたと思います」と。

現実と印象は必ずしも一致しない。例えば、『ここより永遠に』に登場する「スコーフィールド・バラックス」では、小説版も映画版も、一時間にわたって三機から機銃掃射を受け、かなりの犠牲者が出たかのように描かれている。だが実際には、真珠湾から飛来した不発弾が一発、厨房の小麦粉入れに落下し、空薬莢がバラバラと中庭に降り注ぎ、あとは何か獲物はないかと探していた日本軍パイロットが、地上の男たちに銃弾を数発浴びせた程度だったのだ。たしかに二名が戦死し、一七名が負傷したけれど、この日の「スコーフィールド」は比較的幸運にめぐまれた基地だったのである。*

コオラウ山脈に守られ、ホノルルや真珠湾の騒動から遠く離れた「カネオへ湾海軍航空基地」には「第一哨戒航空団」所属の三個飛行隊が駐留し、〈PBY－5　カタリナ〉――米海軍の信号偵察飛行艇――を三六機運用していた。その静かな日曜の早朝、「VP－14飛行隊」を率いるマレイ・ハンソン大尉のもとに、一本の電話がかかってきた。「大尉、通信部です。すぐお出でください。おたくのパイロット一名がたったいま、司令部宛てにメッセージを送ってきて、フォード島南方一カイリの地点において、潜水艦一隻に対し爆弾を投下したと報告。これに対しCINCPAC（太平洋軍司令部）は、同パイロットに〝ジグ〟せよと指示しました」とのこと。

そのパイロットとは、駆逐艦「ウォード」が明け方、真珠湾の入口付近で小型潜航艇を攻撃するのを支援したウィリアム・ターナー海軍少尉だった。ハンソン大尉は言う。「すぐ行くと、私は伝えた。

*　「スコーフィールド・バラックス博物館」の学芸員、ハーブ・ガルシアはこう語っている。「思い出してほしいのですが、それを目撃した兵士たちはきちんと訓練を積んだ観察者ではなく、大恐慌時代の興奮した未成年にすぎません。ですから、うわさは話すたびに大きくなり、さらに映画『ここより永遠に』によって強化されているのです。この地に戻って来られた在郷軍人の九〇パーセントは言います。『そうさ、爆撃を受けて、機銃掃射を浴びたんだ』と。わたしが異論を挟もうものなら、彼らはこう言います。『おいおい、坊主、私はここにいたんだ。お前さんはいなかっただろう？』とね」

すでに夜明けとともに、うちの捜索機をさらに数機発進させたばかりだった。この時点まで私は、飛行機たちが戻ってくるまで、朝刊を読みながら、格納庫で時間をつぶし、乗員から任務後報告を受けたあとは、機体の点検をおこなわせ、格納庫の安全確保に当たる［つもりでいた］。だが、海軍の通信用語で〝ジグ〟というのは『貴官のメッセージを確認後くり返せ』という意味である。うちの飛行艇が発信した、その暗号化された接触報告があまりに法外だったため、CINCPAC側も当該パイロットに、暗号電文に相違ないかと確認したうえで、もう一度くり返せと指示したわけである」

ハンソンは言う。「その通信担当の当直士官と状況を話し合いながら、わたしはふと目を窓のほうにやった。美しいコオラウ山脈を背景にカネオヘ湾が見えていた。その連絡が、単なる暗号化手順のミスによるものとは思えなかった。それから一〇秒も経たなかったのではないだろうか。われわれの頭上を、飛行機が低空飛行で駆け抜けていくのが、目でも耳でも確認できた。するとそのうちの一機が、ノースロップ・キャッスル大尉のボートハウス脇を通り、わが飛行艇作戦地区の上空を抜けた直後に、そこに碇泊する機体のひとつが突如炎上したのである。それとほぼ同時に、侵入機は急上昇して機体を反転させると、そのまま遠ざかっていった。その一瞬、私ははっきりと、その恐るべきゼロ戦の主翼に日の丸――日本海軍機のあかしだ――を確認したのである。それは一九四一年十二月七日午前七時五十二分のことだった。この日のくることを恐れ、しかしある程度はその到来を予測していた瞬間がついにやってきたのだ。われわれは大日本帝國と交戦状態に入ったのである」

ハンソンは続ける。「カネオへの海軍航空基地は新設の基地だった。軍関係者の多くはその名を聞いたことさえなかった。だが、日本人は明らかに知っていた。一部の建物は未完成で、基地の道路はいまだ舗装されていなかったというのに。私は基地内のOOD（当直士官）詰め所に走っていき、こう叫んだ。『日本軍機が基地を攻撃しているぞ。警報を鳴らし、基地司令を呼んでくれ』と。すでにその情報は、当直士官も承知していたが、警戒警報を発するための手段がなかったのである。当面の措置として、基地全体に警報を発する場合は、工事業者の計時係の小屋にある作業員向けの汽笛を利用することになっていた。だが日曜日だったため、小屋にはカギがかかっており、しかも汽笛用の蒸気が利用できなかった。つまり警報は発せられないのだ。うちの飛行隊長、サーストン・B・クラーク少佐［歴史家のクラークとは別人。かれは一九四六年生まれ］に電話をかけると、少佐はすでに起床し、敵の攻撃にも気づいていた。私に合流しようとして、少佐は宿舎を車で出発したが、その道々、かれの車はくり返し機銃掃射を受けた。かれはOOD用の武器庫から小火器数挺を勝手に持ちだすと、外に飛びだした。かくてクラーク隊長とわたしは、管理棟の後ろに身を潜め、その重くて不格好で、命中精度のわるい四五口径自動拳銃を空に向け、時速四〇〇マイル［原文ママ］で通過するゼロ戦を撃墜しようとしたのである。あの〝壮挙〟を、わたしは生涯忘れないだろう」

ガイ・エイヴェリー三等航空機関兵曹はバンガローのポーチで眠っているとき、飛行機のエンジン音を聞いて、目が覚めた。「ああ畜生、陸軍のバカどもが」とかれは一瞬考えた。だが、そのエンジン音に聞き覚えがなかったため、窓に近づくと、「ゼロ戦が基地中心部の上空で散開し、無差別発砲を開始するところだった」。かれは家中の男たちに向かって叫んだ。「ジャップが来たぞ！　戦争だ！」と。誰かが声をかけた。「心配すんな、エイヴェリー。戦争なんて二週間で終わるから」と。ガイ・エイヴェリーは言う。「われわれは一番手にやられた。真珠湾攻撃が始まったのはそのおよそ七分後だった。うちの当直士官が近くのベローズ飛行場に電話で警告を発し、併せて支援を要請したが、イタズラ電話だと思われてしまった」と。カネオへの工事業者、サム・アウェアウも、ベローズ基地やヒッカム基地に電話で警告したけれど、本気にされなかったという。

カネオへの基地司令、ハロルド・〈ビューーティー〉・マーティンは、この新たな航空基地の編制間もない面々――海軍三〇三人、海兵隊九五人で構成――が実戦下において、十分反応してくれるかどうか不安視していたが、「あいつらは見事だった。動揺するものなど皆無だった。全員がそれぞれの持ち場に戻っていき、やるべき仕事をやってのけたのだ」[24]という感想を残している。

サイ・ジレット大尉はそのとき、カイルアの自宅にいて、シャワーを浴びていた。電話が鳴って、大尉夫人が出た。当直士官からで、すぐ基地に来てくださいですってと。なんだ、日曜日だというのに。どうせ大したことじゃあるまいと、ジレット大尉はまずはヒゲを剃った。また電話がかかってきて、カネオへの飛行機が炎上中ですと報告した。それを聞いて、大尉はすぐさま愛車のコンバーティブルに飛び乗り、基地へと駆けつけた。着いてみると、破壊を免れた飛行機は、哨戒任務に出ている三機のみだと知らされた。日本軍機の機銃に追われて、大尉の部下たちは逃げ回っており、かれらの軍服の下からパジャマがのぞいていた。

ジレット大尉は、水兵たちに加勢して、武器庫のカギを破壊すると、トンプソン軽機関銃を一挺、ワシづかみにし、走りながら滑走路を横切った。上に遮蔽物のないところに出ると、機銃掃射を必ず浴びせられた。大尉の脇にいた、とある少尉は戦死した。ジレットは言う。「一瞬、走るわれわれは横並びになり、次の瞬間、その少尉は滑走路で倒れていた」と。

「スカッシュ」こと、マーシャル上等兵は襲いくるゼロ戦の銃撃を一〇〇ヤード（約九〇メートル）にわたって出し抜いた。彼がなんとか命を拾うと、仲間たちは歓声を上げた。

五人のパイロットが一台の車で駆けつけてきた。彼らは機銃掃射を受けつつも、何とかそれをかいくぐり、飛行場まで無事到着した。だが、車を降りた五人組が目にしたのは、すでに破壊された愛機たちだった。と次の瞬間、今度はかれらが乗ってきた車が爆発した。

オズワルド・タンチョスはその時のことをこう証言している。「突然、敵パイロットの背後、後席にすわる銃手が、一カ所に集まっている俺らの存在に気がついた。そして銃口をこっちに向けたんだ。俺は叫んだ。『ここから逃げるんだ！　あの野郎、俺らを撃つ気だぞ！』と。俺らは一斉に方向転換し、食堂内の、身を隠せそうな場所に駆けこんだ。俺らがさっきまでいた場所をその野郎が放った銃弾が走り抜けていった。幸い誰にも当たらなかった。……俺は全長およそ六フィート、底部が床からおよそ一六インチ（約四〇センチ）離れている二層シンクの下に潜りこんだ。しかも深さ六インチから八インチぐらい水を張って、弾が飛んできても大丈夫なようにした。……この騒ぎが始まってから、二、三〇分がすぎた頃、こっちのトラックが一台、外の通りに停車した。俺は仲間に言った。『たぶんライフル用の弾薬を運んできたんだ』と。そこで六から八人ほどで、建物の外に出た。やはりそうだった。俺らは、クリップひとつに銃弾五個が嵌まったやつを、およそ一〇〇個ほど抱えあげると、通りを横切り、テントまで運んだ。そこには自分用の小銃が寝台に立てかけてあって……[25]」

　タンチョスは言う。「突然、ジャップ機の集団が地平線の向こう、真珠湾地区のほうからやってきて、俺を目がけてまっすぐ飛んできた。やつらは横一線に広がり、持てる銃器を一斉に発砲したように思われた。その音ときたら、俺ひとりを狙って、雹《ひょう》がどっと襲ってくるような感じだった。白い曳光弾が、俺の両脇をものすごい勢いで飛んでいく。その一部は距離があまりに近いため、耳元で破裂するように聞こえた。一瞬、動揺した。罠に嵌まったみたいだった。俺は一クリップ五発の銃弾をただただ撃ち続けた。だが、不思議と恐怖は感じなかった。たぶん私の命をお救いくださいと祈ったせいだろう。自己流の簡単なやり方だったが、どうか私を見守りくださいと神様に祈ったんだ。そう唱えると、たちまち不安は消え去り、まるで自分の周囲に、楯が下りてきたみたいだった。その後は、敵の銃弾がすぐ脇を抜けるのを見聞きしても、恐怖をまったく感じなかった」

　タンチョスは続ける。「いちばん左にいる敵機が、俺にまっすぐ狙いをつけた。そのパイロットが発砲を始めると、一秒間に一発の割合で、プロペラ・シャフトから焼夷弾が飛んできた。その銃弾は赤い航跡をひき、そして四番目の銃弾が俺の右肩に命中するなと、とっさに計算した。そこで横にわずかにズレて、その弾をやり過ごした。その弾は、俺の後方、およそ二〇フィート（六メートル）のところで地面にぶつかり、爆発した」

タンチョスは言う。「ひゅーっという、爆弾が落ちてくるような音が聞こえた。俺は地面に伏せて、標的を最小限にするため丸くなった。……あとで知ったことだが、付近にいた何者かが対空砲を撃ち、［しかも］その砲弾は敵機に命中したり、空中で爆発することなく、俺らの上にそのまま落ちてきたらしい。ただ、そいつは、気が動転していて、発射前に砲弾を発火準備状態にしておかなかったんだ」

そしてタンチョスはこう言って、証言を終えた。「三発の砲弾のうち、最後のやつが落下すると、俺は突然、恐くなって、身震いした。火線に身を置くなんて、自分はなんてバカだったのだろうと思った。それでも、確かな満足感があったことは間違いない。俺は怯むことなく、やつらに立ち向かい、傷ひとつなく生還したのだから」

複数の目撃者の記録によると、兼子正大尉率いるゼロ戦五機ないし六機は当時、管制塔を、次いで海上に浮かぶ飛行艇四機を攻撃し、さらに佐藤正夫大尉率いるゼロ戦五機ないし六機が、駐機場に置かれた飛行機を破壊したという。

航空兵器担当下士官のジョン・フィンは、カリフォルニアの配管工の息子で、一七歳で入隊契約に署名し、いまや一五年の軍歴をほこるベテランにして、「カネオヘ湾海軍航空基地」の武器全般を掌握する曹長だった。妻のアリスとベッドにいるとき、フィン曹長は飛行機の爆音を耳にした。窓から一機機影を確認し、さらに機銃掃射の音も聞こえた。服を着替え、車で基地まで向かった。当初は制限速度を守っていたが、「飛行機が一機、後方から接近してくる音が聞こえた。視線をあげると、そいつは急上昇反転飛行をやり、そのさい主翼の下面にでっかいおなじみの〝赤いミートボール〟が見えた。日本軍機をしめす日の丸だった。そこでしばし、様々な雑念が心をよぎった。その間、基地内においてわが海軍の水兵どもを轢かずに済んだのは、まことに幸いだった」(26)

現場に入ったフィン曹長は、こいつは誰か、仕切り役が必要だなと判断し、みずからその役割を買って出た。じつは対空砲がないため、カネオへ基地はほとんど無防備だったのだが、そのことを誰もフィンには告げなかった。基地内の飛行機は一機も救えなかったことが判明すると、フィンは燃えている機体から五〇口径（一二・七ミリ）機関銃を取り外すよう命じ、さらに金属加工担当に言って、その機関銃を上に載せる簡易三脚を造らせた。こうしておけば、基地防衛に転用できるはずだから。その後二時間、フィンはみずから率先垂範し、その五〇口径を使ってみせ、可能なかぎり多くの敵機を落とそうとした。「わたしは猛烈に腹が立っていた。あのクソ敵機どもをすべて撃墜したかった。敵機の密集度は途方もなく分厚く、そのうえを歩いて渡れるほどだった。わが方の飛行機はすべて燃えていた。するとそこへ、そいつがやってきて、煙のなかに消えた。わたしは自分に言いきかせた。『やつが煙から出てきたら、目に物見せてやる』と。わたしは銃をぐるりと回し、煙の中心部に狙いを定めた。そこへやつが猛スピードで飛び出してきた。しっかり狙って、その機のプロペラ・ハブに銃弾を叩きこんだ。たぶん八発は放ったはずだ。そいつは私を倒そうとしたが、丘の中腹に激突した。……わたしには数トンの弾薬があり、しかも皆が総出で弾薬を次々運んできた。六カ月間撃ちつづけても、弾切れに悩まないくらいあった」

〇八三〇時、「第二次攻撃隊」の一部として、護衛役のゼロ戦に守られた、九機の水平爆撃機がカネオヘにやってきた。爆弾が周囲で炸裂し、駐機場にいたフィン曹長も襲われた。「今でも憶えている。私はその即製機銃の周囲を歩きまわりながら、世界のあらゆることに悪態をつき、地面を蹴り、絶叫し、怒鳴りまくっていた。わたしは沈着冷静、あらゆることに平然と臨むタイプのヒーローじゃない。怒りのままに戦うタイプなのだ。……わたしは左腕を撃たれ、左脚を撃たれ、骨折もした。さらに破片を、胸部や腹部、右肘や右の親指に受けた。一部のものは、ほんのかすり傷程度だったが、さすがに頭蓋骨までやられると、ああ、これでおしまいだなと全員が思った。『た、大変だ。曹長どのが頭をやられたぞ！』とね。わたしは二八カ所だったか、二九カ所だったかに穴があき、そこから血を流していた。それでも片脚を引きずりながら、歩き回っていた。サンゴ礁が砕けてできた砂地の上でも、裸足だった。左腕は動かなかった。肩から何かでっかいボールが垂れ下がっているような感じだった」。それでも、ジョン・フィン曹長は、直接そう命じられるまで、持ち場を離れることを拒否し、しかも基本的な応急手当以外は、いっさいの治療を受けようとしなかった。おかげ「VP－14飛行隊」の三機が哨戒任務から戻ってきたとき、それらに再武装をほどこす面々を監督することができた。「最悪なのは、握り拳の関節と、肘のこことここにある、ごくごく小さな破片だった。そいつらは肉眼では確認できないのだが、なんとこいつが、すごく痛むのだ。でも基本的に……それで死ぬようなもんじゃないがね」

フィン曹長は言う。「あのジャップどもを褒めてやらねばなるまい。連中は軍事的にすばらしい仕事をやり遂げ、しかも、われわれの隙をまんまとついてそれを実現したのだ……それは子供のころから、馴染みのあるやり方だった。ある南軍の将軍も言っているじゃないか、敵の機先を制するには、これから行くぞと誰にも言わないことだと」

後日、「太平洋艦隊」司令長官、チェスター・ニミッツ提督は空母「エンタープライズ」艦上で式典を催し、ジョン・フィンの勇敢さに対し、アメリカでも最高位の「名誉勲章」を授与することになる。

ゼロ戦パイロットの飯田房太大尉が、米海軍航空隊基地の兵器庫に銃弾を浴びせているとき、兵装員のサンズがBAR（ブローニング自動小銃）で反撃を試みんと、脇のドアから飛び出してくるのが見えた。かれはこう叫んでいた。「俺にもう一挺、BARをくれ！　あの黄色い野郎に必ず当ててみせるから！」と。建物を楯――日本側の銃弾ですでに相当ボロボロだったが――がわりにして、サンズは飯田の直撃を回避していた。これに怒った日本人パイロットは、サンズを仕留めてやろうと、そのアメリカ人に直進した。だが、サンズは迫りくるゼロ戦に鉛の銃弾を浴びせ続けた。そしてそれは世上名高い名戦闘機の、最も脆弱な部分、すなわち燃料タンクに命中したのである。

その異臭と計器がしめす状況から、飯田は自分が墜落するのだと分かったはずだ。飯田大尉は日ごろ、仲間の飛行士にこう説いていた。機に不具合が生じたら、爆弾として使うべきだと。そしていま、かれは自らの助言に従った。サンズと兵器庫を標的に、自爆攻撃を敢行したのである。

同じくゼロ戦パイロットの藤田怡與蔵中尉は言う。「飯田大尉が手先信号で知らせてきた。まずは口元を指差し、左右に振る。それは燃料切れという意味だった。次いで大尉は下を指差し、そして『さらば』という感じで手をふり、あとは機体を半分横転させると、地上へと向かった」[27]と。だが、飯田機は標的の建物を外し、道路に激突した。陸軍兵士のアーサー・プライスは言う。「われわれはその日本軍機からなんとか書類の類いを回収した。その中には一枚の地図があった。……あとで見てみると、給水タンクが燃料保管所と記されていた。あのパイロットたちは攻撃のさい、同タンクにやたら銃弾を浴びせていたが、発火炎上は叶わなかったわけだ」

ちなみに、藤田怡與蔵中尉は戦後、「日本航空」に就職し、人気の高い東京＝ホノルル便で機長を務めたこともある。オアフ島が近づいてくると、「落ち着かない気分になることもあった」と藤田は語っている。

「カネオヘ湾海軍航空基地」の南東には、陸軍航空隊の「ベローズ飛行場」があった。そこは本来「第八六観測飛行隊」の駐屯地だったが、当時は「第四四追撃飛行隊」も、射撃訓練をおこなう際に利用していた。夜明け前後に、兵たちが眠るテント村に軍曹の大声が響いた。カネオヘが「大変なことになっている」そうだと。〇八一〇時、今度は陸軍の「ヒッカム飛行場」から電話が入り、うちはただいま「炎上中」で、そちらからも消防車を出してくれとの要請だった。だがしかし、あまりにも多くの人々が十二月七日にそうだったように、こうした先触れのような事前警告は、いずれも無視されてしまうのである。

〇八三〇時、兼子正大尉は両翼の二〇ミリ機銃の弾を撃ち尽くしたため、今度は機首の七・七ミリ機銃で「ベローズ飛行場」のテントを狙った。対空砲担当のレイモンド・マクブリアトリー一等兵がその銃撃を目撃し、しかも機体に日本軍機をしめすマーキングがあったことから、この目撃談は兵たちの間で激しい議論となった。だが、将校連はだれ一人、なんらの指示もおこなわず、空襲警報のサイレンも鳴らなかったため、マクブリアトリーたちは、日曜礼拝のため教会に向かった。だがその後、カリフォルニアから飛来した〈B－17〉爆撃機一機が滑走路に不時着し、そのまま盛り土に突っ込み、さらに日本軍機九機による同基地への機銃掃射も始まった。ようやく空襲警報のサイレンが鳴り始めると、さすがに男たちもそれぞれのテントから走り出て、身を隠す場所を探した。マクブリアトリーと仲間たちも、礼拝堂から慌てて駆けもどり、それぞれの持ち場についた。

あるグループは武器が保管されている建物へと向かい、スプリングフィールド銃やブロウニング自動拳銃に弾薬を装塡した。機関銃用の弾帯は見つけられなかったが、偵察機に機関砲一門、さらに滑走路わきに三〇口径の対空砲二門を発見した。陸軍がのちに作成した真珠湾報告によると、〈ゼロ戦〉や〈九九式艦爆〉を相手に、スプリングフィールド銃で対抗することは、「効果に乏しい」ことが判明したという。

レイモンド・マクブリアトリーとウィリアム・バートはさっそく、飛行隊長の〈O－47〉偵察機に駆け寄った。三人乗りの同機の後部座席にある、旋回式の三〇口径機銃が目当てだった。機銃掃射をおこなっていたゼロ戦が、その彼らに向かってきたため、二人はいったん地面に伏せたが、攻撃が途切れた瞬間を狙って、二人してコクピット内に飛び込むと、じつに四五〇発も撃ち返して、一歩も退かなかった。両名はこの働きが認められ、やはり最高位の「名誉勲章」を授与された。

一連の指示と偶然が重なって、その朝、「ベローズ飛行場」にいた将校はたった四名にすぎなかった。しかも本来は反撃にでるはずの〈P－40ウォーホーク〉戦闘機は、燃料タンクがほぼ空っぽで、武器の大半は点検のため分解されていた。それでも「第四四追撃飛行隊」所属の戦闘機パイロット三名と、同飛行隊の地上要員たちは、その三機をなんとか戦列に復帰させるべく、燃料補給と武装のため、あらゆる努力を払った。三人の戦闘機パイロットはすぐにでも飛び出したかったが、武装担当将校のフィリップス中尉は、五〇口径機銃六挺すべてに弾薬がセットされるまで、何人たりと飛行を禁じると命じた。だが、九機のゼロ戦が飛来し、機銃掃射を始めると、三人のパイロットはこの決定を覆そうと決意した。

まずはハンス・クリステンセン少尉が愛機のコクピットによじのぼろうとした。だがその時、一発の銃弾がかれの背中に命中し、少尉はその傷がもとで死亡した。

整備中の〈P－40〉に駆けつけたジョージ・ホワイトマン少尉は、地上要員に言った。主翼から下りて、弾薬補給もそこで終わらせるように、そうすれば、飛ばせるからと。いきなり地上滑走を始めたため、整備士たちは主翼の機銃にかぶせるカバーを戻せなかったほどである。その離陸途中の〈P－40〉に、二機のゼロ戦がたちまち気がついた。ホワイトマン少尉は回避を試みたけれど、十分なスピードを得られず、彼の愛機はエンジンを撃ち抜かれ、爆発炎上した。

サミュエル・ビショップ中尉は、ホワイトマン機の後方から離陸を開始したが、同機が銃撃され、炎上するのを目の当たりにし、怒りにわなわなと震えた。よーし、ホワイトマンを攻撃した二機をまとめて仕留めてやると試みたが、旋回性能ではゼロ戦にとうてい及ばず、ビショップ機は撃墜され、沖合半マイルの海にそのまま落下した。

「わたしは興奮状態にあった。すると、戦闘機が一機、わたしに向けて真っ直ぐに突っ込んできた」とゼロ戦パイロットの藤田怡與蔵中尉は当時をふり返る。「これは正面衝突だなと思った。だが、最後の瞬間、敵機は衝突を回避しようと機首をあげた。一瞬のことだった。彼はわたしの真正面で腹部を曝したのだ。わたしは発砲を開始した。そして彼は落ちていった[28]」と。

片脚に銃弾を一発受けたものの、ビショップ中尉はなんとか愛機を飛びだし、そして救命胴衣を膨らませると、泳いで基地にもどった。

ヘンリー・アングリン技術軍曹は当時、海兵隊の「エワ・ムーアリング・マスト飛行場」内にある自宅で、三歳の愛息子、ハンクの写真を撮っていた。とそのとき、「飛行機のエンジン音と機銃掃射の発砲音」が聞こえた。息子といっしょに外へ出てみると、近所の人たちもぞろぞろ出てきた。当然、アメリカのパイロットが撃っているものと、全員が思っていた。……だからだろう、道路にあたった銃弾から土ぼこりが立ち上るのを見て、誰かが言った。「おいおい、あいつ、実弾を使ってるじゃないか。こりゃ、誰かが営倉送りになるな」と。

「第一次攻撃隊」の制空隊を率いて、空母「赤城」を発進した板谷茂少佐麾下のゼロ戦九機と、空母「加賀」を発進した志賀淑雄大尉のゼロ戦九機、計一八機は〇七五五時、同海兵隊基地への攻撃を開始した。機銃弾は三種類のものが混合されており、それぞれ発火性、爆発性、貫徹性に特化したもので……まずは航空機を叩き、次いで人を狙った。

この騒ぎのさなか、三歳のハンクが突如駆けだした。もはや演習でないことは明らかだった。ヘンリー・アングリン軍曹は息子を発見すると、飛びついて、自分を盾にし、小さなハンクを守った。周囲で機銃掃射が行き交うなか、父子はいっしょに地面を這って、写真班用のテントまで戻った。いいか、その木製ベンチの下にじっと隠れているんだよと、息子に言い含めると、同軍曹はカメラを手に、現場へと向かった。だが、飛びだしたとたん、かれは片腕を撃たれてしまい、ほうほうの体でテントまで戻った。すると、息子のハンクが自分のすぐ脇の床を指さして言った。「さわっちゃダメだよ、ダディ。熱いから」と。

アール・ヒンツ伍長をふくむ一団は、基地から半マイル離れた場所でキャンプを張っていた。とその時、武器をもって集合せよという意味の召集ラッパが聞こえてきた。ヒンツ伍長はミネアポリス出身で、海兵隊予備役部隊に参加。その後、一九四〇年十二月十六日に現役兵士となり、サンディエゴから空母「エンタープライズ」に乗って、ハワイにやって来た。「第二一海兵隊航空群」に所属し、サトウキビ畑を切り開いて、この「エワ飛行場」の建設に当たってきた。同基地は十二月七日時点では、いまだ建設途上にあった。同基地の正式名称は「エワ・ムーアリング・マスト飛行場」といったが、そこに「ムーアリング・マスト（係留柱）」の二語が入っているのは、一九三〇年代の米海軍の発展構想が元である。当時、米海軍は飛行船の大規模展開を目指しており、それらの拠点となる世界規模の係留柱ネットワークを必要としていた。ちなみに、かつてエワにあった高さ一〇〇フィート

〈約三〇メートル〉のマストは現在、航空機を誘導する管制塔に置き換わっている。

「第二一航空群」の部隊長、クロード・Ａ・〈シェリフ〉・ラーキン中佐は、攻撃が始まったとき、ホノルルの自宅にいた。すぐさま一九三〇年製〈プリマス〉に乗って、アクセルをいっぱいに踏み込むと、同基地に駆けつけた。途中、ゼロ戦が一機、機銃掃射を浴びせてきた。ラーキン中佐は車体をすばやく路肩に寄せると、側溝に飛び込み、敵機が離れるまでそこに隠れていた。その後、愛車にとって返し、「エワ飛行場」に到着したのは〇八〇五時だった。さらにその後、基地防衛に奮闘し、銃弾を受けて、重傷も負ったけれど、ラーキン中佐は持ち場を離れることを断固拒否した。

アール・ヒンツ伍長は消防車のエンジンをかけると、エワの滑走路に隣接する作戦棟に機付長を送りとどけるべく出発した。滑走路脇には当時、四八機が駐機していたが、そのほぼすべてが炎上中だった。これらを救うことはもはや難しいなと思った瞬間、一機のゼロ戦が彼らに向けて発砲、銃弾が後輪二つを貫通した。二人は車を停止させると、すぐさま飛び降り、トラックの下に身を隠した。

「ウィーラー飛行場」への機銃掃射をあらかた終えると、坂本明大尉は愛機、〈九九式艦爆〉の矛先を次なる目標へと向けた。そして、死傷者を回収せんと努力する「エワ飛行場」の救急車目がけて、五二発を叩きこんだ。都合八度の機銃掃射により、エワの〈Ｆ４Ｆ〉戦闘機一一機のうち九機と、〈ＳＢＤ－１〉捜索／爆撃機三二機のうち一八機が破壊された。

ハワード・〈ブリガム〉・ヤング海軍少佐が明け方、愛機、〈ダグラス・ドーントレス　ＳＢＤ－３〉で、空母「エンタープライズ」を発進したとき、少佐はオアフ島西方二一五カイリにいた。さらにその一時間後、ホルステッド・ホッピング少佐率いる「第六捜索・爆撃飛行隊」の〈ＳＢＤ－２〉および〈ＳＢＤ－３〉からなる編隊が、二機一組でハワイ諸島の南西方面に向け索敵を開始した。ハルゼー提督が発艦前にそう指示したため、同編隊は「エンタープライズ」の飛行甲板には直接戻らず、いったんフォード島の海軍航空基地に下りて燃料補給をおこない、さらに午後の索敵をこなしたうえで、夕食時、「エンタープライズ」に帰投することになっていた。

「SBD」とはそもそも何の頭文字か？ そりゃ、「スロー・バット・デッドリー（速度は遅いが、侮れない）」だろ。なるほど、たしかに「スロー・バット・デッドリー（速度は遅いは、堅牢さもない）」もんな――と後年、言われるようになるけれど、この二人乗りで、通常二機一組で運用されるダグラス社がほこる「SBD」シリーズは、索敵と急降下爆撃の二役をこなせる優れもので、大戦劈頭の数年間、アメリカ海軍にとって最も重要な航空機のひとつだったのである。〈SBD〉のコクピット後方には無線士兼銃手が控えていた。その座席は三六〇度回転が可能で、四周すべてを狙えた。特に最新型の〈SBD‐3〉は空中における格闘戦の面でも、格段の進歩を遂げていた。なにしろ、後方銃手には三〇口径（七・六二ミリ）連装機銃一挺、パイロットには機首部分に五〇口径（一二・七ミリ）の固定式機銃二挺が与えられていたのだから。

ちょうど米陸軍の〈B‐17 フライング・フォートレス〉爆撃機が十二月七日、いきなり戦闘に直面したように、計一八機からなる米海軍の〈SBD〉編隊もこれから、修羅場の真っ直中にあるフォード島に着陸するハメになるのである。

ホッピング少佐は言う。「あと少しでバーバーズ岬というところまで来たら、分厚い煙が見えた。その時、無線機からこんな報告が聞こえた。『攻撃しないでくれ。こちらシックス・ベイカー・スリー、アメリカ機だ』と。さらにその声は後席の銃手に対してだろうか、いいか、これから着水するからな、それに備えろ、と告げていた[29]」

実はその無線の声は、空母「エンタープライズ」の「第六爆撃飛行隊」に所属するマヌエル・ゴンサレス少尉のものだった。さらにその五〇〇ヤード右手、高度にして五〇〇ヤード高い位置には、フレデリック・ウェーバー少尉の乗機もいた。オアフ島の海岸まであと二五カイリ前後まで来たとき、ウェーバー少尉はさらに三〇〇〇ないし四〇〇〇フィート高いところに、航空機の奇妙な一団が「ぐるぐると空中集合しつつ」あるのを目撃した。おそらく陸軍航空隊の連中だろうとウェーバーは思った。実際には、南雲「機動部隊」に向けて帰投する「第一次攻撃隊」所属の急降下爆撃機群だったのだが。ふと気づくと、ゴンサレス機の姿がなかった。ウェーバーは機体を一回横転させ、さらに四、五回向きを変え、友人の飛行機を探そうとした。すると同じ方角に向かう機影を見つけた。ゴンサレス機だと思い、間合いを詰めた。距離二〇〇〇ヤードまで接近すると、同機が一八〇度反転したので、ウェーバーもそれに倣うと、その飛行機はいきなり速度をあげ、そのさい、日の丸が見えた。ウェーバーはスロットルを全開にし、機体を急降下させ、海面からわずか二五フィート（七・六メートル）のところで、ようやく急上昇に転じ、事なきを得た。

「エワ飛行場」とフォード島の中間地点で、〈ブリガム〉・ヤング少佐は、いきなり前方から対空砲火を浴びた。その直後、今度は後方から「角張った降着装置を備え、低翼配置の主翼をもった戦闘機」に襲われた。銃火を避けながら、機体をジグザグに振りつつ、急降下した。ヤング機のすぐ後ろには、ペリー・ティーフが操縦する〈SBD〉が飛んでおり、そちらの〈ドーントレス〉も当然ながら攻撃を受けていた。もっとも操縦士のティーフも、銃手のジンクスも、まったくの無傷で、引きつづきヤング機の追尾を続けていたけれど。彼らはパール・シティの北方にあるサトウキビ畑や、長さ三インチ（約八センチ）の棘のあるメスキート（イナゴ豆）の低木の上をかすめ飛んだ。でも、こんなことをやっていたら、そのうちアメリカの対空砲部隊に撃墜されかねんなと、ヤングは思った。そこでとにかく俺たちは友軍機なんだと、フォード島の管制塔に無線連絡を試みたけれど、向こうさんもすでに修羅場状態らしく、とうとうフォード島とは連絡が取れなかった。

オアフ島は現在、敵の攻撃下にある模様――と、ウェーバー少尉はとりあえず仲間の〈ＳＢＤ〉に無線連絡したものの、それを耳にした者はあまり多くはなかった。それが済むと、さて行くかと、少尉は決死のダイブをおこなった。そして友軍が放つ銃弾の雨をかいくぐり、かれはフォード島に見事着陸してみせたのである。

実はエドワード・ディーコン少尉は「攻撃しないでくれ、こちら……アメリカ機」というゴンサレス少尉の悲鳴にも似た声を聞いていた。彼は僚機のウィリアム・ロバーツ少尉とともに〇八三三時、バーバーズ岬の上空に到達したが、これを聞いて、とりあえず高度一〇〇〇フィートまで上昇した。いまや「エワ飛行場」からあがる黒煙のせいで、フォード島はほとんど見えず、別の着陸場所を探していると、正面に敵の急降下爆撃機、およそ二〇機ほどが飛んでいるのが目に入った。ディーコン、ロバーツ両少尉は、「ヒッカム飛行場」に着陸しようと降下を試みたが、地上のアメリカ兵は五〇口径（一二・七ミリ）機銃と二〇ミリ機関砲で一斉に攻撃してきた。ディーコン機もロバーツ機もともに被弾した。ロバーツ機はなんとか着陸できたものの、ディーコン機はエンジンが咳き込みはじめ、揚力を失い、たちまち失速した。その時の高度は二〇〇フィートで、パラシュート降下には低すぎた。そこでディーコンは着水を決断。かれは愛機をじつに見事におろし、当人も、後席のオードリー・〈ジェリー〉・コスレット三等無線士兼銃手も、辛くも命を拾った。すると、一八〇メートル離れた海岸から何者かがいきなり発砲し、ディーコンは太ももに、コスレットは手首と首に銃弾を受けた。ディーコンは救命いかだをなんとか放出し、海峡部にうかぶ一隻のボートに向け、必死で櫂を漕いだ。二人はようやく「ヒッカム飛行場」に連れていかれ、その後、救急車で病院まで運ばれた。

「エワ飛行場」に駐屯する「第二一航空群」の部隊長、クロード・ラーキン中佐は、ジョン・ヴォグト少尉の〈SBD〉が、日本の〈九九式艦爆〉と空中衝突するのを目撃した。操縦士のヴォグトと、同乗のシドニー・ピアス三等無線士兼銃手はなんとか機外に脱出したものの、いかんせん高度があまりに低かった。森に落下し、木々と激突し、二人とも結局、助からなかった。

クラレンス・ディキンソン大尉は、僚機のジョン・マッカーシー少尉に無線連絡し、高度四〇〇〇フィートまで上がろうと呼びかけた。そこなら安全と思ったのだが、「真珠湾に向かおうとすると、たちまち日本の戦闘機二機に攻撃された」。マッカーシーはそのゼロ戦たちをなんとか照準に捉えようと、必死に機体を操ったが、逆に手ひどい銃撃を受け、エンジンとメイン・タンクが火を噴いた。マッカーシー機はいったん落下し、なんとか立て直そうと試みたすえ、ふたたび落下し、ついに地面に激突する一部始終を、ディキンソン大尉は目撃することになった。

するとその直後、パッとパラシュートが開いた。マッカーシーは片脚こそ骨折したものの、なんとか生を拾ったようだ。だが、同乗のミッチェル・コーン三等無線士兼銃手は、機体もろとも落ちていき、遺体はとうとう回収されず、「生死未確認《アンノウンズ》」としてホノルルの「パンチボウル（国立太平洋記念墓地）」に眠る、数多くの真珠湾犠牲者の一人となった。同じ部隊で同様にその運命がいまだ定かでない兵士には、ウォルター・ウィリス少尉とフレッド・デュコロン先任下士官がいる。二人の乗った〈SBD〉は「ルーク飛行場」へ向かう途中、行方不明となった。

そのころ、ディキンソン大尉とウィリアム・ミラー一等無線士兼銃手は、四機か五機の軍用機から同時に攻撃を受けており、うち一機は一〇〇フィート（約三〇メートル）も離れていない至近距離から撃ってきた。やられました、「主翼にも火が着いたように思われます」とミラーが言った。ディキンソンは「大丈夫か、ミラー」と訊いた。すると、「ミスター・ディキンソン、弾薬は六缶ともすべて使い果たしました」と言った。とその瞬間、ミラーが絶叫した。「まるでそれは二つの肺からすべての息を吐き出すような声だった。人がこんな声を出すのを、私は以後、二度と聞いたことがない。それは苦悶の叫びだった。その瞬間、ミラーは息絶えたのだと私は確信した。あとは、いくら呼びかけても、返事はなかった」

左側の燃料タンクに火がつき、〈ＳＢＤ〉はいよいよ制御不能に陥った。ディキンソン大尉はミラーに脱出しろと命じたけれど、後席からの返事はなかった。〈ＳＢＤ〉がきりもみを始めたため、ディキンソンは緊急脱出を試みた。幸いなことに、日本軍機は大尉自身にも、彼のパラシュートにも、発砲することはなく、また「エワ飛行場」の海兵隊からも、銃弾を浴びせられずに済んだ。ディキンソン大尉が降り立ったのは、建設中の道路のうえで、最近表面を均したためか、ひどく柔らかかった。そのあと、日曜日のピクニックに来ていたカップルと出会ったおかげで、車で基地まで送ってもらえた。

のちにこの日の思い出を話していたとき、クラーレンス・ディキンソンは突如、すすり泣きを始めた。じつは空母「エンタープライズ」を発艦する直前、ウィリアム・ミラーにこう言われたのだ。「ミスター・ディキンソン、私の四年にわたる軍務は、あと数日で年季明けになるんですよ。でもおかしなことがあって」と。「何だい、ミラー、おかしなことって」。「いっしょに無線学校を受けた二一人中、海中に落ちた経験がないのは、私ひとりなんです。ですから、大尉どの、今日、海に落とさんようにしてくださいよ」

ディキンソン機とマッカーシー機のすぐ南方では、ハート・ヒルトン中尉とジャック・レミング二等無線士兼銃手のコンビが哨戒飛行をやっていた。「撃つんじゃねー、こちとらアメリカ機だ！」という罵声、そして「そのゴムボートをどけろ、それじゃ、着水できねえだろうが！」という怒号が聞こえたとき、レミングはショックを覚えた。そして、こう思った。「この逆上男はどうかしている。

第一、無線封止を守っていない。いささかおかしいのではないだろうか」と。じつは米海軍の航空兵はみな、任務中は無線は黙らせておくよう訓練を受ける。何か連絡が必要なときは、互いが目視できるほど接近し、パッと掌を開いたら『ツー』、ギュッと握ったら『トン』という風に、モールス信号を使った手話で対話をおこなうのが決まりだったのだ。とその時、レミングは火薬の臭いをかいだ。乗機がちょうど真珠湾に近づきつつあったのだが、見ると、黒煙が二本の柱となって空にのぼっていた。

空母「エンタープライズ」の艦載機七機は依然として空中にあり、およそ高度四〇〇フィートでオアフ島に接近しつつあったが、見上げると、高度四〇〇〇フィートには敵の戦闘機がいた。だが、そいつらは攻撃してこなかった。〈SBD〉対〈ゼロ戦〉の戦いがどれほどアンフェアなものか、十分承知していたので、アメリカ兵たちは敢えて戦いの火蓋を切るようなことはしなかった。〈SBD〉たちはともあれ旋回を始めた。そしてついに〇八四五時、一瞬の凪のような瞬間が訪れた。フォード島はさすがに危険と判断して、一行は「エワ飛行場」に次々着陸した。すると、そこの海兵隊員から、この飛行機はほとんどすべて日本軍機に破壊されてしまったので、〈SBD〉も可能なうちにここから出て行ったほうがいいですよと言われた。そこで七機は再度離陸し、またまたフォード島を目指した。

海峡部分を越えると、米駆逐艦が一隻、その二八ミリ四連装機銃や一二・七ミリ、一一・四ミリ機銃をぶっぱなしてきた。友軍からの攻撃に腹を立て、後席のジャック・レミングは、〈オルディス・ランプ〉――モールス信号用の携帯用点滅装置――を手にすると、ピストル・グリップを握ったり離したりしながら、その駆逐艦に抗議の信号を送った。操縦席のヒルトン中尉は、機体を右に傾けて、両翼に星のマークが付いていることを駆逐艦のブリッジに見せつけたのち、さらに前進した。だがしかし、ヒルトンは最終的に真珠湾は無理だなと判断し、「エワ飛行場」に戻ることにした。残った他の四機もヒルトン機のあとを追い、結局、全機無事に着陸できた。

ハワイ駐留のアメリカ陸軍を統率するショート中将の手勢はいまや、かなりの損失をこうむっていた。わずか一時間四五分で、人的被害は一六三名が戦死、三三六名が負傷、四三名が行方不明となっていた。保有する二三一機のうち、六四機が破壊され、九三機が修理不能、そして七四機はダメージこそあるものの、修理は可能と判断された。ハルゼー提督の空母「エンタープライズ」を発進した艦載機一八機のうち、六機が失われ、また人的被害も戦死八名、負傷者二名に達していた。

後日分かったことだが、悪天候と装備の不具合で、「エンタープライズ」の真珠湾帰投は一日遅れの十二月八日となり、おかげで同空母の実害はいたって軽微だった。

ハルゼー麾下の「第二空母戦隊」に所属する巡洋艦「ノーサンプトン」の海兵隊員アーネスト・フィリップスがその時の状況をこうふり返っている。「空母の曳航訓練をやっているとき、ケーブルがぶっ切れて、しかもスクリューに絡みついてしまったのだ。こいつを解きほぐすには、潜水夫を送って作業をしなければならず、そのせいで真珠湾到着の時間にズレが生じた。彼らはすでに対潜防御網をしかるべく張ってしまったあとなので、『入港は十二月七日午前十時まで遅らせたし』と言ってきた[31]」と。

フィリップスは言う。じつは当時、「駆逐艦数隻が潜水艦の存在をソナーで捉えていた。だが、送られてきた電文によると、『誤報だ。この海域にはいかなる潜水艦も存在しない。どうかソナー員に機器類の適切な運用を指示され』たく、さもなくば言葉が独り歩きする恐れもこれありとのことだった。まったく、ありもしない所にソナー感があるなどと言いやがってと、提督はかなりおかんむりだった」。

「午前八時前後に総員戦闘配置が発令された。そして、日本軍が真珠湾を攻撃中と告げられた。もちろん、そうした演習をわれわれは以前やったことがあり、ああ、こいつも新手の訓練だなと思った」

そして、フィリップスはこう言う。「われわれは日本軍機に発見されなかった。それほど接近していなかったから。なるほど黒煙は見えたけれど、港がどうなっているかは分からなかった。われわれは艦首を別の方角に向けた。時折、飛行機が撃墜されるのを見て、われわれは歓声をあげた。のちにその多くは、ヒッカム飛行場から離陸した、わが方の航空機だと知るようになるのだが」

（下巻へつづく）

章末注

（1）「彼らに逃れるすべはなかった」：McWilliams, Bill. *Sunday in Hell: Pearl Harbor Minute by Minute*. New York: Open Road, 2014.

（2）「こんなチビ飛行機の出る幕」：Harding, Stephen. "First Planes Down at Pearl." *History Net*, November 4, 2013. http://www.historynet.com/first-planes-down-at-pearl.htm.

（3）「パパ、P-40戦闘機だよ!」：Ibid.

（4）「映画なんかだと」：原著者自身によるインタビュー。

（5）「まるで航空ショーみたいだな」：Spector, Ronald H. *Eagle against the Sun*. New York: Free Press, 1984.／『鷲と太陽：太平洋戦争——勝利と敗北の全貌』ロナルド・H・スペクター／毎日新聞外信グループ訳（ティービーエスブリタニカ）

（6）「かれに思わず目が行ったのは」：McWilliams.

（7）「その頃には、空は対空砲の白煙」：Stephens, Glenn A. "Hot Reception at Pearl Harbor." *VFW Magazine*, December 1975.

（8）「うちのアスファルト製滑走路は」：Ibid.

（9）「われわれは大尉を保管室へ連れていき」：

McWilliams.
(10) 「大尉どのが全員を集合させた」: Gabik, George. Oral History of George J. Gabik, 19th Transport Squadron, 102 Eden Ave., Satellite Beach, FL 32937. http://hawaii.gov/hawaiiaviation/world-war-ii/december-7-1941/December%207%20Memories%20of%20George%20J.%20Gabik.pdf.
(11) 「最後の爆発のあと」: State of Hawaii, Hawaii Aviation Archive. "Eye Witness Accounts of the Bombing of Hickam AFB. http://hawaii.gov/hawaiiaviation/world-war-ii/december-7-1941/first-hand-accounts-of-the-bombing-of-hickam-afb.
(12) 「あの、メイフィールド夫人」: Ibid.
(13) 「わたしはそのころ一三歳で」: Richardson, James O. *On the Treadmill to Pearl Harbor*. Washington, DC: Naval History Division, 1974.
(14) 「戦争が始まったんだ」: Lord, Walter, *Day of Infamy*. New York: Henry Holt, 1957.
(15) 「急降下爆撃の降下なるもの」: McWilliams.
(16) 「二十歳前後のひょろっとした」: Ibid.
(17) 「合衆国は日本より優位にある」: Clarke, Thurston. *Pearl Harbor Ghosts*. New York: William Morrow, 1991.
(18) 「当時、日曜日の朝には半パイントの牛乳」: Jones, James *WW II: A Chronicle of Soldiering*. New York: Ballantine, 1975./*From Here to Eternity: The Rsetored Edition*. New York: Open Road, 1998.
(19) 「遠くのほうで」: Editors, "Remembering Pearl Harbor," *National Geographic*, June 28, 2014.
(20) 「ジャップ機を目の当たりにし」: State of Hawaii.
(21) 「彼らには兵士になるための唯一の条件」: John Steinbeck,. "Fear of Death as Green Troops Sail to Invasion," *New York Herald Tribune*, October 3, 1943.
(22) 「ジャップには二五口径の弾薬」: Clarke.
(23) 「おまえさん、悪い夢でも見たんだよ」: Congress of the United States, "Hearings before the Joint Committee on the Investigation of the Pearl Harbor Attack," Seventy-Ninth Congress, 1946, Center for Legislative Archives.
(24) 「あいつらは見事だった」: Ibid.
(25) 「突然、敵パイロットの背後」: Richardson, K. D. *Reflections of Pearl Harbor: An Oral History of December 7, 1941*. Westport, CT: Praeger, 2005.
(26) 「飛行機が一機、後方から接近」: Goldstein, Richard. "John Finn, Medal of Honor Winner, Dies at 100." *New York Times*, May 27, 2010.
(27) 「飯田大尉が手先信号で知らせてきた」: Verklan, Laura, writer and director. *Tora, Tora, Tora: The Real Story*

of Pearl Harbor. A&E Television Networks, 2000.

（28）「わたしは興奮状態にあった」：Ibid.

（29）「あと少しでバーバーズ岬」：Historic Wings. "Scounting Squadron Six at Pearl Harbor. December 7, 2012. http://fly.historicwings.com/2012/12/scouting-squadron-six-at-pearl-harbor/.

（30）「この逆上男はどうかしている」：Ibid.

（31）「空母の曳航訓練」：Richardson, *Reflections*.

訳者略歴
平賀秀明（ひらが・ひであき）
一九五六年生まれ。早稲田大学卒業。中国通信社、共同通信社勤務を経て翻訳家に。訳書にM・C・アロステギ『暗闇の戦士たち』、D・スタントン『巡洋艦インディアナポリス号の惨劇』（以上、朝日文庫）、B・ヘイグ『キング・メーカー』『反米同盟』『極秘制裁』、J・フィンダー『解雇通告』（以上、新潮文庫）、J・T・キャンベル『北朝鮮軍の賭け』（二見文庫）、E・トーマス『レイテ沖海戦1944』、L・ライト『倒壊する巨塔』、A・ビーヴァー『ノルマンディー上陸作戦1944』『第二次世界大戦1939―45』、D・E・ホフマン『死神の報復』（以上、白水社）など多数。

パール・ハーバー
恥辱から超大国へ　上

二〇一八年七月一〇日　印刷
二〇一八年八月五日　発行

著者　クレイグ・ネルソン
訳者 ©　平賀秀明
装丁者　日下充典
発行者　及川直志
印刷所　株式会社理想社
発行所　株式会社白水社
東京都千代田区神田小川町三の二四
電話　営業部〇三（三二九一）七八一一
　　　編集部〇三（三二九一）七八二一
振替　〇〇一九〇‐五‐三三二二八
郵便番号　一〇一‐〇〇五二
www.hakusuisha.co.jp
乱丁・落丁本は、送料小社負担にてお取り替えいたします。

株式会社松岳社

ISBN978-4-560-09646-8
Printed in Japan

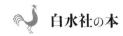

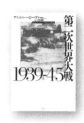

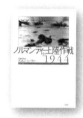

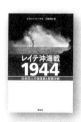